つながっているのに孤独

人生を豊かにするはずのインターネットの正体

Alone Together

Why We Expect More from Technology and Less from Each Other

シェリー・タークル

渡会圭子［訳］

ダイヤモンド社

ALONE TOGETHER

by

Sherry Turkle

Original English language edition published by Basic Books.
Japanese translation right arranged with Brockman, Inc.

はじめに
テクノロジーと人間の関係が変わる

コンピュータの時代の精神分析

30年前、私がコンピュータ文化を研究するためマサチューセッツ工科大学（ＭＩＴ）の研究室に加わったとき、世界はまだある種の無垢な状態に保たれていた。子どもたちは電子玩具の三目並べ《ティク・タク・トウー》で遊び、テレビゲームのミサイルは小惑星に侵攻し、知的プログラムはチェスで人間といい勝負をしていた。ホビイストと呼ばれる人々が初のホームコンピュータを買い、組み立てていた。彼らの多くはプログラミングに挑戦し、シンプルなゲームをつくった。それ以外に何をさせればよいかわからなかったからだ。

まだ若い人工知能（ＡＩ）の分野では、単純な形状認識やブロック図形の操作ができるプログラムをめぐる議論で盛り上がっていた。ＡＩ科学者は、未来の機械に知性をプログラミングすることができるか、マシンに書き込まれた単純な命令から知能が生まれるか、といった議論を戦わせていた。ちょうど現在の神経生物学者が、人間の知能と内省的自意識は比較的単純な脳の構造と活動から生じているのではないか、と想像しているのに似ている。

そんな世界にまぎれこんだ私は、見知らぬ土地にやってきた異国の人類学者のようなものだった。そのときの私は数年間パリで過ごしてきたばかりだった。パリでは、精神分析の考え方がフランス人の日常生活にどのように広まったか、人々が自分を見つめる際にこの新たな言語をどのように選び、どのように使いこなしているかを研究した。

ＭＩＴに来たのは、コンピュータの世界でも同様のことが起きていると感じたからだ。コンピュータの世界の「デバッグ」とか「プログラミング」といった用語が、政治や教育、社会生活、そして自己――精神分析のアナロジーでコンピュータを語る際の中心概念――について考えるときに使われ始めていた。コンピュータ・サイエンスを研究する同僚たちがコンピュータに独創的な作業をさせることに没頭していたとき、私は別のことを考えていたというわけだ。

コンピュータは私たち人間をどのように変えていくのだろう？　同僚たちはそんな私の問題意識にはとりあわず、コンピュータは「ただの道具だ」と言った。けれども私には、その「ただの」という言葉が真実を見えなくしているという確信があった。私たちは自分が使う道具によって形づくられる。頭脳に近づいてきた機械が、いまや私たちを変え、形づくりつつあった。

精神分析を学んだ心理学者として、私は「道具の内なる歴史」(inner history of device)[1]と名づけたテーマを掘り下げたいと思っていた。道具の内なる歴史を発見するには、道具を使っている人々の声に耳を傾ける必要がある。人々が最初に語ることではなく、脇に置かれて忘れられかけた話、公式のインタビューが終わったあとのつぶやきから多くのことが得られる。

そうするために私は、自分が初めて足を踏み入れる世界に、民族学的で臨床的な研究スタイルを持ち込んだ。とはいっても、伝統的な生活環境に飛び込む人類学者のように簡素な家に住んで何百時間も現地の人々の話に耳を傾けたわけではない。私はコンピュータ・サイエンス学部やホームコンピュータのホビイストクラブ、中学校のコンピュータ教室を歩き回り、科学者、ホームコンピュータの所有者、子どもたちに質問した。もっぱら彼らが話すのを聞き、新しい〝考える機械〟に囲まれた彼らがどう行動するかを観察した。

私はコンピュータがきっかけとなって学問的な会話が始まるのを耳にした。人々の中に、もしかしたら人間の頭脳はコンピュータのようにプログラムされた機械にすぎないのだろうか、という考えが生まれ始めているようだった。

頭脳がプログラムなら自由意思は幻想ということになる。驚いたのは、そんな会話がセミナールームの中だけでなく、キッチンテーブルや遊び部屋でも聞かれたということだ。コンピュータが生活に哲学を持ち込んでいた。特に子どもが哲学者になった。単純な電子ゲーム—三目並べや綴り《スペリング》のクイズなど—を前にして、子どもたちはコンピュータは生きているのか、人間とは違う考え方をするのか、そして人間であるということは特別なことなのかと疑問を持ち始めていた。

変わる人間とコンピュータの関係

このように１９７０年代後半から80年代初頭にかけて、私は人間の思考、記憶、理解について、それまでの認識を新たにさせられる機械が登場するのを目撃した。コンピュータは刺激的で、向き合う者に内省を迫った。私がそのことに気づいたのは、80年代初めにデボラ（13歳）という少女と話していたときだ。１年間プログラミングを学んだデボラは、コンピュータを使っているときは「ここに少し自分の脳があるんだけど、それが今度はコンピュータの脳になるの」と言った。そんな認識に達したら自分を見る目が違ってくる。[2]

コンピュータと〝顔〟を突き合わせるとき、人間は機械の鏡に映った自分は何者かと考え始める。84年、デボラのことを思い出して（そしてシモーヌ・ド・ボーボワールへの敬意を込めて）、私はコンピュータについての最初の著書のタイトルを『第二の自己』（*The Second Self*）とした。

1984年といえば、言うまでもなく西洋思想における象徴的な年で、ジョージ・オーウェルの小説と結び付けられている。『1984年』（1984）で描かれているのは、政府の監視下に置かれた国民、マインドコントロールされた大衆、そして個人の権利が奪われた社会だ。私は84年に書いた自分の本で、SF小説がディストピアの根源のように描くコンピュータを希望的・楽観的に論じることに皮肉な巡り合わせを感じた。

私には、この新しいテクノロジーが持つ〝人の心をつかむ力〟についての懸念があった。なかにはコンピュータに夢中になって離れられなくなる人もいた。機械の中の世界に没頭しすぎると、現実の問題（個人的なことでも政治的なことでも）から目をそらすようになるのではないかという懸念もあった。しかし研究の主眼は、どちらかと言うと、コンピュータに刺激されることでどのような新しい自己認識が促されるかという点にあった。

『第二の自己』が出版されてから10年で、人間とコンピュータの関係は変化した。80年代、その関係はほぼ常に1対1、1人の人間が1台の機械と向かいあうという関係だったが、90年代にはそうではなくなっていた。そのころには、コンピュータはすでに、バーチャルな並行世界への入り口となっていた。人々はアメリカ・オンラインのようなネットワークに加入し、新しい意味での〝場所〟を見つけた。その流れは勢いよく進んだ。人間関係は少数の友人や知己という範囲を越えて、何百、何千という、目もくらむほど多くの人々とつながることができるようになった。私の関心は、人間とコンピュータの１対１の関係から、コンピュータを介した人間と人間のあいだの関係へと移っていった。

私はボストンで毎週のようにピザ・パーティーを開き、そこで出会う人々から、新しいバーチャル世界とどう付きあっているのか話を聞いた。彼らは画面の中の生活に出たり入ったりするうちに、現実と仮想世界の境界があいまいになってくると語った。自己の概念が輪郭を失い、変幻自在になる。私はここでも、私たちのアイデンティティ構築や経験の態様がテクノロジーを通じて変わりつつあることを目撃したような気がした。

私はこの研究を１９９５年に出版された『接続された心』（*Life on the Screen*）に書いたが、それはどちらかと言えば、オンラインでのアイデンティティ探究の機会を好意的に解釈するものだった。

しかしそのときすでに、私の楽観的な「１９８４年」は課題を突きつけられていた。ネットの世界のほうが現実の世界――それを半ば揶揄してＲＬ（real life）と呼ぶ人もいた――より満足できるという人たちと出会っていたのである。そのような人は大勢いた。中西部に住む大学生のダグは４つのアバター〔自分の分身となる架空のキャラクター〕を持ち、３つのネット世界を飛び回っていた。彼はコンピュータの画面上に、勉強やＥメールソフトやお気に入りのゲームとともにそれら３つの世界のウィンドウを常に開いていて、そのあいだを楽々と行き来していた。ＲＬは「ウィンドウの１つだ」と言い、こうつけ加えた。「いつもそれが一番というわけでもない」。[3] こんな感覚はどこへ行き着くのだろう？

ネットワークとロボットの進化

90年代半ばには、行く手に2つの発展の方向が見えてきた。1つは完全にネットワーク化された生活の出現だ。目的地を知らなくてもネットにアクセスすれば、ブラウザと検索エンジン―モザイク、ネットスケープ、インターネット・エクスプローラー、グーグルなど―で、常に存在し発見されることを待っている無限の世界を駆け巡ることができる。その後、ネット接続がモバイル環境へ移ると、机に座ってケーブル接続された「コンピュータ」と呼ばれる物体から〝ログオン〟する必要さえなくなった。ネットワークは常に私たちのそばに、私たちとともにある。私たちはいつでもお互いに一緒にいられるようになった。

もう1つの方向は、ロボット工学の進化だ。いまやロボットは、人間に代わって困難で危険な仕事をするだけでなく、私たちの友人になろうとしている。そのような研究の成果は、子どもたちの遊び場に入り込んだ。90年代後半、子どもたちの前にデジタルな〝生き物〟が現れ、子どもたちの注意を引くとともに、それら自身も子どもたちに注意を向けているように見えた。

本書『つながっているのに孤独』(*Alone Together*)は、最近15年のデジタル文化を解説する中で、これら2つの要素をとりあげる。話の焦点はおもに、携帯電話と愛情を求めるおもちゃとともに育った「デジタル・ネイティブ」と呼ばれる5歳から20歳の若い人々に当てられている。『接続された心』のための調査が終わるころ、私はシミュレーションの世界に生きることの代償を懸念していたが、本書のための調査を進めるうちにその懸念は大きくなった。

近年、人間関係の不安定さや親密な関係への懸念の高まりの中で、私たちは人間関係を保ちつつ、同時に人間関係から自分を守る手段としてテクノロジーに頼っている。この矛盾が表れるのは、携帯電話に溢れるメッセージかもしれないし、ロボットのある暮らしかもしれない。

テクノロジーと自己への期待という点で、いま私たちは3度目の転換点にさしかかっていると感じる。すなわち、私たちは新たな心配も覚えつつ、生命を持たない物に膝を屈している。私たちは人間関係にともなうリスクと失望を恐れている。私たちはテクノロジーに多くを期待し、人間同士の関係に多くを期待しなくなってしまったのである。

本書は過去15年間に行った観察を中心に論じるが、話はそれ以前にもさかのぼる。人間との関係を持とうとする人工物を説明するために１９７０年代のイライザ（ELIZA）プログラムや、２０００年代にＭＩＴでつくられたドモ（Domo）やメルツ（Mertz）といった交流型《ソーシャブル》ヒューマノイド（人間型ロボット）にも触れる。その間、たまごっち、ファービー（Furby）、ＡＩＢＯ、マイ・リアル・ベビー（My Real Baby）、キスメット（Kismet）、コグ（Cog）、パロ（Paro）など、いくつものデジタルの生き物が生まれている。パロはアザラシの子どもの形をしたロボットで、特に老人と親しい関係を結ぶべく設計されたものだ。

私のロボット研究に情報を提供してくれた２５０人を超える人々にお礼を言いたい。ロボットに会いにＭＩＴまで来てくれた人もいるし、こちらからロボットを持って学校や学童保育センターや老人ホームを訪問したこともある。子どもとその家族を調査するときは、可能な限りロボットと数週間家で過ごしてもらい、子どもと家族にＡＩＢＯ、マイ・リアル・ベビー、ファービーといったロボットとの生活を記録する「ロボット日記」をつけてもらった。

コンピュータを介したコミュニケーションの研究は、１９８０年代から90年代初頭に、Ｅメール、掲示板、インターネット・リレー・チャット（ＩＲＣ）、アメリカ・オンラインなどの調査から始まり、複数のユーザーがバーチャル・コミュニティで遊べる最初のオンライン・ロールプレイング・ゲームへと対象を広げていった。ここ10年でネットワークの様相が大きく変わり、調査の範囲はモバイル機器、テキスト、インスタント・メッセージ（ＩＭ）、ソーシャル・ネットワーク、ツイッター、大人数でプレーするオンライン・ゲームにまで広がった。さらに、写真のようにリアルな世界で立体アバターが活動するバーチャル・コミュニティも研究に含めた。

　ネットワーク研究のおもな対象は若者だったので、観察の大半は高校や大学のキャンパスで行った。もちろん親とも話をした。また、建築から経営コンサルティングまで、さまざまな分野の大人とも話し、ネットワークがコミュニケーションの形を変えている様子を聞き取った。つながり《コネクティビティ》の研究には４５０人を超える人が被験者として参加してくれた。ざっくり３００人が子ども、１５０人が大人である。15年以上にわたる研究に協力してくれたすべての人の寛大さと善意に感謝したい。

深い会話から生まれた民族誌

　この本で報告されていることには、（私の研究はどれもそうなのだが）実地調査と臨床研究の結果が含まれている。

　実地調査では、人とテクノロジーが出会うところへ出向いて両者が交流する様子を観察し、質問し、詳細な記録を取った。情報提供者の年齢と状況によっては、調査はコーヒーやミルク、クッキーをつまみながらのおしゃべりの形をとることもある。私はコンピュータ文化や、コンピュータと心理学に関する授業を持っているので、学生からギブ・アンド・テイクの形で材料を得ることもあった。臨床研究のほうは、オフィスやその他の静かな環境で面談し、詳しく話を聞いた。臨床研究と言っても、私の役割はもちろん研究者であって治療者ではない。

私はこのテクノロジーの内なる歴史の研究において、民族誌研究者《エスノグラファー》と臨床研究者の感性をあわせもつことを心がけた。鋭敏なエスノグラファーは相手の言葉の端ばし、涙、人生の節目についての話に心を開く。本書は対象者と深く話すことによってまとめることができた民族誌だと思う。

ロボットの研究では人工の物を使った。そこには発展初期のたまごっちやファービーから、高性能なキスメットやコグといったロボットまでが含まれる。そして子どもから老人まで、さまざまな社会的・経済的背景を持つ人々を調査した。

私が話を聞いたのはネットや携帯電話を使っている子ども、若者、そして大人たちだ。したがって、機械と自己の新しいつながりに関する私の見解が当てはまるのは、そのような機器を持つ経済的余裕のある人に限られるが、それは当初思っていたよりも大きな集団だった。たとえば２００８年に公立高校で行った調査では、家庭の経済的・文化的環境にかかわらず、すべての生徒がテキストの送受信ができる携帯電話を持っていた。加えて、大半の生徒の携帯電話はネットへのアクセスが可能な機種であった。

これら私の研究対象は常に変化している。２０１０年１月のニールセンの調査によれば、平均的なティーンエージャーは１か月に３０００件のテキストを送っているが[4]、私の調査ではこの数字は着実に増加している。本書に書かれていることは、まちがいなく近未来の図である。

私の調査はいまも続いている。最近の親たちは子どもにロボット・ハムスターのズーズー（Zhu Zhu）――広告によれば「愛情を感じる生き物」――を買い与えるために行列している。最新流行のオンライン・プログラムの1つがチャットルーレット（Chatroulette）だ。これは世界中のユーザーとランダムにつながるもので、ユーザー数は150万人に達する。ユーザーはリアルタイムの映像で互いを見ることができ、話したりメッセージを送ったりできる。ここではたいていの人がおよそ2秒で「ネクスト」ボタンを押し、次のユーザーを画面に呼び出す。

ズーズーとチャットルーレットは、この本が扱う対象の最終的な姿と言ってよいだろう。ズーズーというロボットは人間に愛されるようにつくられている。チャットルーレットでは人間が物として扱われ、瞬時に捨てられる。ここには憂慮すべき対称性がある。私たち人間は、人工物に人間の性質を与え、その一方で互いを物として扱っているのである。

協力してくれた方々への感謝

本書に登場する人物は仮名で、名前や特徴を変えているが、科学者や研究者、実名での言及を希望した人については名前を明らかにしている。実際の名前や場所は書かないが、私と話をしてこの研究を可能にしてくれたすべての人に、また学校の理事、校長、教師、老人ホームの責任者とスタッフにお礼を申し上げる。

私はロボットを使った調査を2つの老人ホームと7つの学校で行った（2校は公立の共学校。5校は私立で、その内訳は女子校1、男子校2、共学校1、共学カトリック高校1である）。その中には、たまごっちやファービーで遊んだ子ども時代から、テキスト、ツイッター、マイスペース（MySpace）、フェイスブック（Facebook）、iPhoneといったネット文化に親しむ思春期から青年期までの成長過程を追跡したケースもある。このプロジェクトに忍耐強くつきあってくれた若者たちに感謝する。

この本に書かれた研究の大半は、MITの「イニシアチブ・オン・テクノロジー＆セルフ」という取り組みの支援を受けて行われた。同イニシアチブと、その学術的拠点である「科学・技術・社会プログラム」のために働いてくれた同僚や学生の助力とすぐれた着想に感謝したい。

MIT全体に広がる協力的な関係によって、私の考えは豊かになり、得難い実際的支援ももたらされた。ロドニー・ブルックスはMITの人工知能研究所のオフィスを提供し、私が新しい環境になじむのを助けてくれた。彼のおかげで考え得る最高のスタートを切ることができた。キスメットとコグ開発の中心人物であるシンシア・ブリジールとブライアン・スカセラティは、60人の子どもにそれらのロボットを初めて会わせる調査に協力してくれた。この素晴らしい2人の同僚は、本書が扱う多くの問題を考え抜くうえで大いに助けになってくれた。

この研究はアシスタントのアニタ・セイ・チャン、レベッカ・ハーウィッツ、タマラ・クヌートセン、のちにロバート・ブリスコウ、オリビア・ダステとともに行った。キスメットとコグの支援チームのリジン・アルヤナンダ、アーロン・エドシンガー、ポール・フィッツパトリック、マシュー・マルジャナヴィック、ポーリーナ・ヴァルシャヴスカイアは要所要所で手を差し伸べてくれた。バーチャル世界の研究を始めたばかりのころ、私はエイミー・ブルックマンとともに調査を行ったが、それはその後の研究の試金石となる共同作業だった。

ジェニファ・オードリー、ジョアンナ・バーンズ、ロバート・ブリスコウ、オリビア・ダステ、アリス・ドリスコル、コリー・キッド、アン・ポラック、レイチェル・プレンティス、ジョサリン・シェイラー、T・L・テイラー、ウィリアム・タガートは、子ども、家族、老人との面談を行っていた年月のあいだ大いに助けとなってくれた。オンライン・ゲームの研究はMITで、フェデリコ・カステレグノとともに行った。

これら多彩で才能あふれる集団の中でも、特に4人の研究アシスタントの名前をあげておきたい。ジェニファ・オードリーは、たまごっちやファービーでの初期の研究からロボットのキスメットやコグの研究まで、ずっとこのプロジェクトに関わってくれた。オリビア・ダステは2001年にプロジェクトに加わり、老人ホームと学校での調査、そしてキスメットやコグとの「初めての出会い《ファースト・エンカウンター》」（170ページ参照）の分析のために密接な協力をしてくれた。ウィリアム・タガートとコリー・キッドは老人ホームで、おもにパロを使った調査に取り組んでくれた。これら4人のそれぞれに心からの感謝を捧げる。

キャロライン・ジョーンズ、セイモア・パペート、ミッチェル・レズニック、ウィリアム・ミッチェル、ロザリンド・ピカード、ウィリアム・ポーター各教授にも感謝する。彼らとの対話から数々の新しいアイデアが生まれた。ドモとメルツについて考えをまとめることができたのは、貴重な経験とロボットを分かち合ってくれたＭＩＴのコンピュータ科学・人工知能研究所（人工知能研究所の後継）のアーロン・エドシンガー、リジン・アルヤナンダのおかげだ。子どもとシミュレーション文化についての考えをまとめるうえでは、精神分析の分野の5人の同僚たち――エレン・ドルナンスキー博士、ジェームズ・フロッシュ博士、モニカ・フルヴィッツ博士、デイヴィッド・マン博士、パトリック・ミラー博士――との対話がきわめて重要であった。

1997年にＭＩＴの同僚であるハル・アベルソンが「こういう人形を研究してみたらどうか」というＥメールをくれた。私は常に彼の助言に従っている。1970年代末、機械の内部構造を理解できなければ満足しないというパソコン所有者たちを初めて紹介してくれたのは彼だった。80年代末、当時「MUD」（テキストベースのオンライン・ゲーム。複数の人間でプレーするタイプの走り）として知られていた第一世代のバーチャル・コミュニティの存在を教えてくれたのも彼だ。彼の後について行くと、きまってライフワークと呼べるテーマにめぐりあう。ハル・アベルソンへの恩は、彼が与えてくれた切っ掛けを掘り下げていくことでしか返せない。彼に感謝するとともに、彼が私を誇りに思ってくれることを願っている。

ハーバードの同僚たちと、彼らとの研究発表会は、いつも私の視野を広げてくれる。特にホミ・ババ、マリオ・ビアジオリ、スヴェトラナ・ボーム、ヴァネッサ・コンリー、ピーター・ギャリソン、マイケル・サンデル、シーラ・ジャソノフ、ナンシー・ローゼンブラム、スーザン・スリーマン各教授には、個別に交わした対話とグループとしての交流の機会に感謝する。

ほかにもお礼を言わなくてはいけない人がいる。サッド・カルは根気強く情報の出所をたどってくれた。エイダ・ブルスタイン、ウィリアム・フリードバーグ、ケイティ・ハフナー、ロジャー・ルウィン、デイヴィッド・マッキントッシュ、マーガレット・モリス、カティンカ・マトソン、クリフォード・ナス、スーザン・ポラック、エレン・ポス、キャサリン・リー、メレディス・トラキナは節目節目で的確な助言をくれた。第一稿を読んでくれたジル・カー・コンウェイは励ましと方向づけを与えてくれた。

ベーシック・ブックスのトーマス・ケラハーは構成上のアイデアを提供し、文章編集を助けてくれた。ジェニファー・ケランド・ファガンは原稿を注意深く読んでくれた。本書に不適切な表現が残っているとすれば、私が彼らの助言を受け入れなかった結果だ。グレース・コスタとジュディス・スピッツァーが事務的な仕事を引き受けてくれたおかげで、私はインタビューと思索と執筆に専念できた。

ケリー・グレイとは6冊の本をつくった。どの本でも彼女の集中力、知性、言葉への愛情は疲れを知らなかった。本書はコンピュータ文化の中での人々の生活について30年に及ぶ情報を扱っているが、私が書きたいと望む物語《ナラティブ》を見つけるのを助けてくれたのはケリーだった。加えて、本書の中にある私の好きな表現のいくつかは、彼女と交わした多くの会話から拾ったものだ。それらをここで列挙したかったが、彼女に反対された。その謙虚さのせいで、この本への彼女の貢献が読者のみなさんに伝わらないとしたら残念だ。

ロボットについての研究は、インテル、ミッチェル・ケイパー財団、カーツワイル財団、全米科学財団（NSF）の助成（#SES-0115668「関係性人工物」）を受けている。パロの発明者である柴田崇徳《たかのり》は、赤ん坊アザラシのロボットを研究用に提供してくれた。ソニーはごく初期のAIBOを寄付してくれた。少年少女についての研究は、インテル、ミッチェル・ケイパー財団、スペンサー財団の助成を受けている。ミッチェル・ケイパーの助力には特に言及しておきたい。彼は私がテクノロジーと自己についての構想で目指していることを理解し、全面的に支援してくれた。ただし、本書に書かれている研究結果や見解はすべて私のものであり、前記の組織や個人の立場を反映するものではない。

私は本書のテーマに何十年も取り組んでおり、当然ながらここに書ききれないほど多くの方々のお世話になっている。それらの方々にも、この機会にお礼を申し上げたい。

未来を生きる娘への手紙として

最後に娘のレベッカへの感謝を述べたい。彼女は6歳のときから、私が家に持ち帰った話せるロボット（ごく単純なおもちゃ）と忍耐強く関わってくれた。私は娘に、たまごっちの世話をし、キスメットやコグと遊び、わが家専用のパロと仲よくしてねと頼んだ。レベッカはマイ・リアル・ベビーを怖がったが、その理由を伝えようと頑張ってくれた。レベッカは地下の収納室を〝ロボットのお墓〟と呼び、あまり行きたがらない。

レベッカの忍耐、編集上の洞察と明確な意見、そして彼女の言葉を本に載せることを許可してくれたことに感謝している。フェイスブックの友だち申請は承認してもらえなかったが、テキストの送り方を教えてくれた。デジタル文化についての物語は、レベッカの生活の物語でもある。この本は、彼女が将来どのようなコミュニケーションの世界に身を置くことになるかについて、母親の考えをつづった手紙として書いた。

レベッカはいま19歳で、私への愛情から、私がこの本を書き終えたことを喜んでくれている。だが私自身は手放しで喜んでよいものか確信がない。ロボットについて考えることは、本書でも論じているとおり、人間の本質について考えることだ。つながり《コネクティビティ》について考えることは、人間同士が互いにどんな意味を持っているかを考える一つの方法だ。この本のプロジェクトは終わったけれど、このテーマへの私の興味は尽きることがない。

マサチューセッツ州ボストン　シェリー・タークル

2010年8月

つながっているのに孤独　［目次］

はじめに
テクノロジーと人間の関係が変わる　1

序章
つながっているのに孤独　31

PART Ⅰ

ロボット化の時代——孤独の中の新たな親密さ

第1章 いちばん近くにいる隣人？ 67

第6章 ロボットによる高齢者ケア 197

第7章 ロボットと心を通わせる？ 235

PART Ⅱ

ネットワークの時代——親密さの中の新たな孤独

第8章 いつもつながっている人生 271

第9章 常時接続社会のアイデンティティ

第11章 人間に期待しない社会 368

第12章 秘密を告白する空間 398

第13章 脅かされるプライバシー 418

第14章 古き良き時代への郷愁 458

終章 人間の会話をとりもどす 480

エピローグ
娘への手紙　511

(a) 本書で「ネット」(Net)、「ネットワーク」(network)、「つながり」(connectivity)という言葉はオンラインのつながりがもたらす新しい世界を意味する。そこにはネットサーフィンからEメール、テキスト、ゲーム、ソーシャル・ネットワーキングが含まれる。携帯電話(cell phone)という言葉は、ブラックベリーやiPhoneなど、通話以外にもインスタント・メッセージ(IM)、テキスト・メッセージ、Eメール、ウェブへのアクセスなど多くのことができる各種の接続機器を意味する。

(b) 本書に登場する人名は、観察した人や面談をした人を含めてすべて仮名である。匿名性を保つために場所や職業などの細部は変えている。科学者や公人の言葉は許可を得たうえで引用した。当然だが公表されているものからの引用である。

つながっているのに孤独

序章 つながっているのに孤独

人間関係の代用品となったテクノロジー

テクノロジーは親しい人間関係を構築するためのものとして登場した。だが近年、それは現実の人間関係の代用品になっているように思える。セカンドライフ（Second Life）――アバターが家を建て、家庭を持ち、社会生活を送る仮想世界のゲーム――の広告は、「自分の身体を愛し、友人を愛し、人生を愛せる場所がついに出現した」と人々を誘っている。[1] そこでの自分の分身であるアバターは、現実《ファーストライフ》の世界の自分よりも金持ちで、若く、スリムで、よい服を着ている。

私たちはソーシャル・ロボットに夢中だ。たいていの人が最初に目にするのは人工的なペットだろう。ズーズーと呼ばれるペットのハムスターは、２００９年から10年にかけてのホリデーシーズンに、男女を問わない子ども用プレゼントとして絶大な人気を博した。どんな本物のペットより好ましいというのが謳い文句だ。愛らしく、呼べば応え、掃除も要らず、死ぬこともないと。

私たちは自分の弱さを突いてくるテクノロジーにはかなわない。そして、たしかに私たちは弱い。

私たちの弱さは、さびしがり屋なくせに親密さを怖れているという点にある。その点、デジタルのつながりとソーシャル・ロボットは、親密な友情を要求しない同伴関係《コンパニオンシップ》という幻想を抱かせてくれる。ネットワーク上の生活では、互いにつながることができるが、同時に相手から身を隠すことができる。私たちは肉声で話さずテキストを送り合っている。声よりテキストということで思い出すエピソードがある。ある体験に戸惑った40代後半の母親から聞いた話だ。

急いで新しいベビーシッターを見つける必要がありました。面接するとき、私は相手が住んでいる所へ行きます。わが家に来たときのその人じゃなくて、ふだんの生活環境の中で、その人がどんな人かわかりますから。

それで応募してきたロニーと会う約束をしました。彼女のアパートを訪ねると、ルームメイトが玄関先に出てきました。21歳くらいの若い女性で、ブラックベリーでテキストを打っていました。両方の親指にテープが巻かれていたので、同情心から「痛いでしょう」と声をかけたんですけど、彼女は肩をすくめただけでした。それでもテキストは打てるという意味だったんでしょう。

私は仕事の面接でロニーに会いに来たと伝えました。寝室にいると言うので、ドアをノックして呼んでちょうだいと頼むと、その子は驚いた顔をしてこう言ったんです。「ダメよ、そんなこと。立ち入りすぎだもの。テキストを送るわ」。そして本当にテキストを送ったんです。数メートルも離れていないのに。

私たちは現状に満足しているのだろうか

私は『第二の自己』と『接続された心』でコンピュータと人間について書いたが、本書はその議論をしめくくる、いわば3部作最後の本である。私たちはどのようにして現在の状態にたどりついたのか、そしてこの状態に満足しているのかを問おうと思う。

『第二の自己』では、パーソナル・コンピュータを人間の主観の領域から論じた。パソコンが人間のために何をしてくれるかではなく、人間に何をするか、自己認識や人間関係についての考えをどう変えるか、人間であるという感覚にどんな影響を与えるかということだ。人々は対話型、反応型のコンピュータを使いながら、自らを省み、機械と人間の違いを考えてきた。知的な機械は生きているのか？　生きていないというなら、その理由は何か？　私は研究しながら、子どもたちはコンピュータ制御された新種の物体にはある種の生命が宿っていると考えている、ということを感じた。同書で扱ったそのテーマはそこで終わることなく続いた。

『接続された心』では、私の興味の焦点は、人間がコンピュータをどう見るかということから、人間はどのようにしてオンライン空間で新しいアイデンティティを形成するかということに移った。

そして、テクノロジーが前著で論じた2つのテーマをどのような次元にまで推し進めたかを示すのが本書『つながっているのに孤独』である。

コンピュータはもはや人間に意味を与えられるのを待っていない。いまやソーシャル・ロボットは私たちと目を合わせ、私たちに話しかけ、私たちを認識する。かまってくれと求めてくる。そして私たちは、ロボットがお返しに私たちをかまってくれるかもしれないと思っている。

ロボットの設計で特に注目されているのは介護ロボットとコンパニオン・ロボットだ。２０１０年夏、『ニューヨークタイムズ』と『ウォールストリートジャーナル』が、教師、話し相手、セラピストの仕事をするロボットのことを熱く報じた。マイクロソフトがデモンストレーションを行ったバーチャル人間マイロ（Milo）は、人間を認識し、人間の接し方によって性格を形成していく。マイロのデモビデオは、若い男性がバーチャル世界の庭でマイロと遊んでいるところから始まり、だんだん話が盛り上がり、若者が両親に叱られたあとでマイロに心をゆるすところで終わる。(2)

このデモビデオは何を暗示しているのか。掃除や洗濯を手伝うロボットを望む人もいれば、機械の花嫁を欲しがる人もいる。ソーシャル・ロボットが人間の代用品として登場したように、ネットワーク化された新しい道具は機械を介した人間関係という別種の代用品をもたらした。私たちはロボットに求愛し、スマートフォンに縛りつけられる。そのような現実の中では、私たちは機械との新たな親密さの中で自分自身をつくり直し、お互いとの関係を結び直す。

人々はブラックベリーでウェブにアクセスして、これは人生の「希望の場所」だ、孤独に打ち勝てる場所だと言う。60代後半のある女性は、自分の新しいｉＰｈｏｎｅについて、「ハンドバッグの中に小さなタイムズスクエアを持っているようなものね。あふれる光があり、出会える大勢の人がいる」と語った。私たちは淋しい。ネットワークは人を惹きつける。けれども常につながっていたら、孤独《ソリチュード》がもたらす恩恵を拒絶することにならないだろうか。

「ロボットを使えばよかったのに」

２００５年の11月末、私は当時14歳だった娘のレベッカを、ニューヨークのアメリカ自然史博物館で開催中のダーウィン展に連れていった。

博物館に足を踏み入れ、等身大の恐竜に向かいあった瞬間から、来館者はダーウィンが「際限なく生成する至高の美」と表現した生命の祝宴の中に放り込まれる。絶滅した何百万何千万という種は、地球の隅々で繰り広げられた自然の発明を物語っている。ダーウィンの生涯と思想、自然選択による進化理論、現代生物学の基礎をなす核心的真実の記録として、これ以上望めないような展示だった。見物者を楽しませるだけでなく、近年の進化論への攻撃を意識してか、いくぶん弁明口調で説得しようとしている気配もあった。

展示場に入ってすぐのところに、ガラパゴス諸島から連れてきた2匹の巨大なカメがいた。ダーウィンが有名な調査を行った島々に生息する、最もよく知られた生物だ。博物館はこのカメを自然の驚異、めったに見られない生物、不思議なものとして宣伝していた。博物館の中で、プラスチックのつくり物の動植物に囲まれて、ダーウィンが150年以上前に見た生命がそこにいた。だが、1匹は隠れていて見えず、もう1匹はケージの中でじっとしていた。

レベッカは見えるほうのカメをしげしげと見つめた後、あっさりこう言った。「ロボットを使えばよかったのに」。私はびっくりして、どういう意味かと尋ねた。娘は、カメを太平洋の島からはるばる連れてくるなんてかわいそうだと言った。ただ博物館にいて、じっと動かず何もしないのだから。囚われの身のカメを気遣うレベッカは、本物であることに特別な感慨は抱いていなかった。

私たちが展示を見学したのは感謝祭の週末だった。カメの前で来館者の列は長く伸び、なかなか進まない。私はほかの親子に質問した。「生きてるカメでなければダメだと思う?」という私の問いかけは、退屈しのぎとして歓迎された。10歳の女の子は、生きているものは美的に問題があるからロボットのほうがいいという考えを表明した。「水が汚れてるみたい。気持ち悪い」。ロボットに賛成する意見の多くは、レベッカと同様、こんなところにわざわざ生きている動物を連れてくる必要はないというものだった。

12歳の少女はきっぱり言った。「あのカメがやってることだったら、生きてるのを連れてくる必要はないわ」。彼女の父親は困り顔で娘を見た。「だけど、生きているということが肝心なんだよ。でなきゃ意味がないじゃないか」

ダーウィン展は本物であることを前面に押し出し、ダーウィンが旅行中に使っていた虫めがね、初めて進化論を説明する有名な文章が書かれたノートなどを展示していた。だが、生きているけれど動かないカメに対する子どもたちの反応を見る限り、実物を見せようとする意気込みは空振りに終わっていたと言えるだろう。

この一件で私は、レベッカが7歳のときに訪れた、絵のように美しい地中海での船旅を思い出した。水槽の中を泳ぐ映像の魚なら何度も見ていた彼女は、海の中に見つけた何かを指さして叫んだ。「ママ、見て！　クラゲよ。本物みたい！」

この話をディズニーの副社長にしたところ、彼は別に驚かないと言った。オーランドのディズニーワールドに「アニマル・キングダム」を造ったとき、本物《リアル》の動物——生物学的に本物——も集めたけれど、ロボットの動物ほどリアルではないという苦情が寄せられたのだそうだ。ロボットのワニは尻尾を打ち付けてぎょろりと目をむき、要するにワニらしい行動をするが、生きているワニは、ガラパゴスのカメと同じようにほとんど何もしないというわけだ。

あらゆるものが実物に擬せられる現在のシミュレーション文化の中で、私たちにとって「本物」という概念は、ビクトリア時代の人々にとっての「セックス」という概念と同じようなものなのだと思う。脅威、強迫観念、タブー、そして魅惑を覚える概念である。何年も前からそう考えていた私だが、それでも、あのとき博物館で目にした子どもたちの態度には不安を覚えた。あの場にいた子どもたちにとって、生きていることに本質的な価値はなかった。生きていることが役に立つのは、何か特別な目的のために必要なときだけだ。ダーウィンの言う「際限なく生成する至高の美」は、それだけで意味があるものではなくなった。

私は子どもたちにさらに尋ねた。「もし生きたカメの代わりにロボットを展示するとしたら、本物のカメじゃないという断り書きを表示する必要があると思う?」特に必要ないと多くの子どもたちが言った。生きているかどうかは、その目的を知る必要のある人にだけ知らせればよいと。しかし、生きているものの目的とは何なのか。

ロボットとの愛とセックス

それからわずか1年後、いやでもその目的を問わざるを得ない事態が想像以上の速さで迫ってきている事実を突きつけられ、私は衝撃を受けた。『サイエンティフィック・アメリカン』誌の記者から、ロボットと人間の未来について意見を聞かせてほしいという電話があった。彼は、私が同性カップルの結婚に反対している頑固者たちと似た感性を持っていると非難した。私は驚いてしまった。そんな考えは持っていなかったし、彼が私を非難する根拠が、私が人間同士の結婚について語った何らかのコメントにではなく、私がロボットと人間の結婚に反対しているという点にあったからだ。

記者が電話をかけてきた背景には、イギリス生まれの起業家でコンピュータ科学者のデイヴィッド・レヴィが書いたロボットについての新著の出版があった。レヴィはチェスの国際マスターで、１９６８年に4人の人工知能（ＡＩ）専門家を相手に、この先10年はチェスで自分を負かすコンピュータ・プログラムは出てこないという賭けをした。レヴィはその賭けに勝った。賭け金は１２５０ポンドと大した額ではなかったが、ＡＩ界は面目を失った。自分たちの新しい科学について、彼らの予想は背伸びしすぎていたことが判明したわけだ。

　レヴィがコンピュータに負けたのはそれからおよそ10年後だった。彼に勝ったディープ・ソート（Deep Thought）は、さらにその10年後にガルリ・カスパロフ（１９９０年代にチェスのチャンピオンとして君臨した）を負かしたディープ・ブルー（Deep Blue）の初期バージョンである。[3]

　現在のレヴィは子ども向けの知能玩具《スマート・トイ》を開発する会社のＣＥＯだ。２００９年、レヴィと彼のチームは対話型ソフトウェアの世界的権威とされるローブナー賞の2度目の受賞を果たした。このコンテストで競われるのは、話している相手が機械ではなく人間だと思わせることができるかどうかで、その年はレヴィのチャットボット（自動会話プログラム）が1位となった。

　私はレヴィの創造的才能には感心しているが、彼の新著『ラブ・アンド・セックス・ウィズ・ロボット』のメッセージにはがっかりしていた。[4]これは面白半分のＳＦではなく、ＭＩＴを2週間にわたって取材した『ニューヨークタイムズ』の記者が本格的レビューで取り上げたほどの本だ。そのレビューは、ロボット文化が「生命の新しい形態」を生み出しつつあると熱を込めて語っている。[5]『ラブ・アンド・セックス』は、今世紀半ばに人間とロボットの関係がどうなっているかを真剣に予測している。「ロボットとの恋愛は人間同士の恋愛と同じくらい普通のことになっているだろう。一方、ロボットには世界中で出版されているセックス・マニュアルを合わせた以上の知識があるので、人間同士で一般に行われている性行為のタイプと性交時の体位の種類は増えるだろう」[6]

レヴィは、人間はロボット相手に練習できるので、よりよい友人、よりよい恋人になる術《すべ》を学べると言っている。さらに、ロボットは人間に欠けている部分の代用となってくれるとも述べ、特にロボットとの結婚の利点を指摘している。ロボットとの関係は人間との関係とは違うが、人間との関係よりすぐれている点も多いと。浮気もなければ失恋もない。

レヴィによれば、ロボットの価値を判断する簡単な基準が1つあって、その基準は最も親密な関係の領域でも当てはまると言う。それは、一緒にいてよい気分になれるかどうかだ。コンピュータの世界の言葉を流暢に語るこの達人は、未来のロボットを、その行動の影響力で評価する。彼の次の賭けは、ものの数年以内に誰もがその基準しか気にしなくなる、ということだ。

私たちはロボットに親密な関係を求めるのか？

私は精神分析を学んだ心理学者だ。気質からも職業柄からも、親密な本物の関係に高い価値を認めている。AIが新しいセックスの体位をあみだす可能性は認めるが、感情を持たない、持とうとしても持てない機械に親密な関係を求めるという考えには心穏やかではいられない。ロボットはいくつもの〝そのように見える〟──気にかけてくれているように見える、理解してくれているように見える──ふるまいを巧みに集めたものにすぎない。

私にとって本物とは、自分を相手と同じ場所に置く能力と共有する経験の蓄積──生を受け、家族を持ち、喪失を味わい、死の現実に向き合った経験──によって相手とつながる能力から生じるものだ(7)。どんなに高性能なロボットにも、それを望むことはできない。

そんなわけで私はレヴィの本を醒めた目で見ていた。ロボットは「生命の形態」を示すものではなく、一種のパフォーマンス・アートではないのか？　ロボットと関わると気分がよいとか、よくなるといった感覚は、単に自分の思い通りになるからではないのか？　いい気分というのは行動の価値を判断する黄金律ではない。人は間違った理由でいい気分になることもあるのだから。ロボットを友とすることで気分がよくなっても、何かを損なうとしたらどうするのか？

レヴィの大胆な主張のよい点は、私たちに内省を迫るということだ。人は機械とどのような関係を築けるのか？　どのような関係が望ましいのか？　どのような関係なら倫理にもとらないのか？　ロボットを愛するとはどういう意味なのか？

『ラブ・アンド・セックス』を読みながら、こうした問題についての私の思いははっきりしていた。恋愛とは、生い立ちも、生物学的条件も、トラウマも、喜びも違う相手の視点から世界を見ることであり、そのことがもたらす驚きや困難さをもともなうものだ。だが、コンピュータやロボットには分かち合うべき体験がない。

私たちはマスメディアから流れてくる情報に接して、文化の知的レベルダウンを心配するが、私には『ラブ・アンド・セックス』が文化の情緒的レベルダウンを言祝《ことほ》いでいるように思える。人間同士がパートナーになることの複雑さから目を逸らすようそそのかし、本物でないことが新たな美意識にかなうものであるかのように吹聴している。

『ラブ・アンド・セックス』を読んでさらに不快に感じたのは、コンピュータの持つ「人を虜《とりこ》にする力」についての私の発見が、レヴィの自説を補強するために使われていたことだ。実際、レヴィは同書で、私が１９８０年代にインタビューをしたＭＩＴのコンピュータ・ハッカー、アンソニーへの献辞を書いている[b]。

私が会ったとき、アンソニーは19歳の内気な若者で、コンピュータに安らぎを見出していた。感情が傷つけられる恐れのある、白黒がはっきりしない人間の世界が不安だった。コンピュータ・プログラミングという作業とその双方向性を通じて、アンソニー——孤独を感じる一方で親密さを恐れてもいる若者——はそんなふうに感じているのは自分だけじゃないと思えるようになった[8]。『ラブ・アンド・セックス』で、レヴィはアンソニーの順応を理想化し、ロボットを愛することは彼のような人が次の段階に進む方法として理にかなっていると論じた。彼は発行前の本を私に送ってきて、アンソニーに渡してほしいと言った。アンソニーが喜んでくれると思ってのことだろうが、私には確信が持てなかった。

記憶する限り、アンソニーは自らが「機械の世界」と呼ぶ隠れ家に安住はしていなかった。彼のたたずまいは、物言いたげな表情で人間世界を外から見ている若者のそれだった。ケーキ屋のウィンドウに鼻をくっつけて眺めている子どものようだった。やがてロボットが人間の同伴者になるなら、すべての人がウィンドウの向こうに同じ世界を見ることになるだろう。

『サイエンティフィック・アメリカン』誌の記者との電話で、私は気の毒なアンソニーがロボットと親密な関係を結ぶ人間のロールモデルにされるという皮肉を感じた。私は記者に対し、レヴィの考えには感心しないということを隠さず、ロボットとの結婚などということを論じること自体が人間に失望していることの表れだと言った。愛とセックスの領域で、私たち人間は互いに失望しあっているに違いないと話した。

私は機械との結婚が人間関係の望ましい進化だとは考えていない。だから、その記者から同性婚の権利を否定する偏狭な人々と同列のように扱われて面食らってしまった。人間と機械の結婚に反対したからといって、成人した人間同士の結婚に許されない組み合わせがあると言っていることにはならないと説明したが、彼は私を〝種の優越主義者〟と批判した。あなたはロボットの「本物である権利」を阻害しているのではないか？　あなたはなぜロボットとの関係は本物ではないと思うのか？　こうして、私にとってのコンピュータとそれが身に帯びつつある生命の問題は、否応なく新たな次元に引きずり出されたのである。

その時点で私は記者に、自分もこの会話のメモを取ると告げた。記者の見解は、テクノロジーに対する文化的な期待の変化に関する私の研究——つまりあなたがいま読んでいるこの本——のデータとなると考えたからだ。彼がロボットをゲイの男性や女性に喩《たと》えたということは、彼にとってやがて来る機械との親密な関係は、愛する人間の相手を見つけることの代用品にとどまるものではないということを意味している。記者は、やがて機械は特別な関係性を恋愛や結婚に持ち込むだろうし、その関係性には敬意を払ってしかるべきだと主張した。彼の目から見ると、ロボットとの愛やセックスや結婚は、「ないよりはまし」という次善の代用品ではなく、「もっとよい何か」である。面倒で、いらいらさせられ、いつも複雑な人間の世界より、機械のほうが好ましいということかもしれない。たしかにそう思いたくなる理由がいくつもあるのは事実ではあるが。

恋人よりも息子よりも

『サイエンティフィック・アメリカン』誌の記者の話に私は動揺した。その理由の1つは、私にとってこの雑誌が子どものころからずっと科学的出版物の模範だったからだろう。記者がロボットに寄せる過剰な期待は、私が10年近く見てきた社会の期待のパターンと同じだった。

『ラブ・アンド・セックス』をめぐる出会いで真っ先に思い出したのは、その2年前にニューオーリンズで開かれた大規模な心理学会で会った大学院生の女性だった。彼女は私をわきへ連れていき、人間のコンパニオンとしてつくられたロボットについての研究の状況を尋ねた。私はその学会で、「擬人観」（anthropomorphism）について発表していた。擬人観とはロボットが私たちと目を合わせたり、私たちの動きを追ったり、親しみを示す動きをしたりしたとき、ロボットを人間に近いものとして認識することだ。ロボットのそうした動作は人間が持つ〝ダーウィンのボタン〟を押して〔人間の心理的メカニズムに働きかけて情動的な反応を引き出すこと〕、人間はロボットを自分と同じ生命を持つ「他者」であると想像するようになる。平たく言えば、家で誰かが待ってくれていると思い始めるのである。

休憩時間にアンというその大学院生（20代半ばの愛らしい黒髪の女性）は、私と具体的な話をしたがった。彼女は、もしロボットが「私を気づかう行動」をしてくれるなら、「精巧な日本製のロボットを買って恋人の代わりにする」と告白した。彼女は「家の中でも丁重に扱われていると感じていたい」のだと話した。彼女は一人ぼっちになりたくなかった。「もしロボットがそんな雰囲気をつくってくれるなら、私のほうも誰かが本当にそばにいるという幻想を進んで受け入れる」と言った。彼女は〝リスクのない関係〟によって孤独を避けようとしていた。プログラミングされた動きしかしないとしても、対話型ロボットは要求の多い人間の恋人よりましと思っているようだった。私はつとめて冷静に、それは冗談かと尋ねたが、彼女は冗談ではないと答えた。

もっと心が痛んだのは、ミリアム（72歳）との出会いだ。彼女はボストン郊外の老人ホームに住む女性で、ロボットと老人に関する私の研究の1つに参加してくれていた。

彼女とは面談のために用意したオフィスで会った。彼女はほっそりしていて、緑がかったブルーのシルクのブラウスに、スリムな黒いパンツを身につけていた。長いグレーの髪は真ん中で分けられておだんごにまとめられている。

上品で落ち着いて見える女性だったが悲しみに沈んでいた。ひとつには、かつてボストンではよく知られたインテリア・デザイナーだった彼女にとって、老人ホームはわびしくて寂しいということがあった。だがもっと差し迫った理由は、息子との関係がこじれてしまったということだった。息子は西海岸に仕事と家族を持っている。その息子が以前ホームを訪れたとき喧嘩になってしまった。息子には母親の要求が過大すぎると感じられたのだった。

いまミリアムは静かに座り、タテゴトアザラシの赤ちゃんの形をしたソーシャル・ロボットのパロを撫でている。パロは日本で開発された初めての〝癒しのロボット〟で、病人、老人、精神障害を持つ人々に効果があると宣伝されている。パロは人の声がする方向を感知して人と目を合わせ、触れられると反応し、英語の語彙《ごい》を多少知っていて人が言うことを〝理解〟できる（日本語の語彙はもっと多い）。何より重要なのは、人間にどう扱われるかによって影響を受ける〝心理状態〟と呼ぶべきものを持っていることだ。たとえば撫で方の違い（そっと撫でられているか、乱暴に撫でられているか）を感知することができるのだ。

いまミリアムはパロのそばで物思いにふけり、その柔らかい毛を軽くたたいている。その日、彼女は特に落ち込んでいたが、ロボットも同じように落ち込んでいると感じていた。彼女はパロのほうを向き、撫でながら言う。「わかるわ。悲しいのね？　世の中は厳しいわね。そう、つらいわ」。ミリアムがやさしく触れると、パロから温かい反応が返ってくる。顔を彼女のほうに向け、満足そうに喉を鳴らす。それに促されるように、ミリアムはその小さなロボットにさらに愛情を注ぐ。ミリアムはパロを慰めながら、実は自分を慰めているのだ。

臨床家として学んだことをふまえて言うと、この種の行動は人間同士のあいだで起こるのなら相当な治療効果を期待できるだろう。私たちは自分が必要としているものを他者に与えることで自分を慰めることができる。しかし、この気落ちした女性とロボットの交流はどう解釈すればよいのだろう。アンやミリアムのような話を同僚や友人にすると――ミリアムのような話は珍しくない――彼らが最初に思い浮かべるのは、動物のペットとそれが与えてくれる慰めのことだった。ペットは飼い主が悲しんでいたり、慰めてもらいたがっていたら、そのことがわかるという話は聞いたことがある。ペットと比べることで、ロボットと関わることの意味がはっきりするかもしれない。

生きている動物のペットがミリアムの悲しみや喪失感を感じ取れるかどうか、私にはわからない。だが、ロボットのパロについては、いくらミリアムとパロが心を通わせているように見えても、彼女がパロに慰めを感じているとしても、当のロボットは何も理解していないということははっきりしている。ミリアムは自分以外の何かとの親密さを味わってはいるが、実は一人ぼっちだ。息子は彼女から去って行った。ロボットに心を寄せている彼女を見ると、私たちも彼女を見捨てたような感じがしてくる。

ロボット化の時代

こうした経験――生きているかどうかは必要な人だけが知っていればよいという考え方、ロボットとの結婚の提唱と擁護、ロボットの恋人を夢見る若い女性、ロボットで孤独を慰める老婦人――を通して、私は現代を「ロボット化の時代《ロボティック・モーメント》」だと思うようになった。コンパニオン・ロボットが普及したことを指してそう言っているのではない。人間である私たちの感情の状態――そして哲学的思惟の状態――を指してそう言いたいのである。ロボットをペットとしてだけでなく、友人や信頼できる腹心、恋愛の相手としてまで考えている人がいる。ロボットと時間を共有するとき、人間である私たちは人工知能が何を知っているのかも、何を理解しているのかも気にしていないように見える。

ロボット化の時代に生きる私たちは、つながっているように見えさえすれば十分だと考えているかのようだ。私たちは何のこだわりもなく無生物と関わる準備ができている。「技術的無節操」という言葉が頭に浮かんだ。

この背後にあるものに耳を傾けると、人間関係の難しさに疲れたという人々の声が聞こえてくる。私たちは人間の弱さが表れる場所にロボットを招き入れる。人間の相手は要求が多いが、ロボットの要求は扱いやすい。人間は期待に背くが、ロボットは背かない。ロボットとの関係について話す人は、家族や友人を理解するのは難しいと愚痴をこぼし、浮気する夫のこと、オーガズムに達したふりをする妻、ドラッグを使う子どものことに言及する。

そんな話を聞いて、最初はびっくりした。彼らがしようとしていることは、とりもなおさず人間をワンランク引き下げることだからだ。ある44歳の女性は、「結局のところ、私たちは相手が本当はどう感じているかなんてわからないのよ。調子を合わせているだけ。ロボットのほうが安全だわ」と言う。30歳の男性は「ロボットと話しているほうがいいな。友だちには疲れることがある。ロボットはいつもそこにいてくれて、用がすんだら離れればいいんだし」と言う。

ソーシャル・ロボットを求める考えには、親密な関係を避けながら親密さとうまく折り合いをつけようとする私たちの姿が映し出されている。私たちは人間が互いを避け、見捨てても、ロボットはそばにいて、プログラム通りに愛を装った行動をしてくれると信じて安心を得ようとしている。(9)

この国では高齢化が進んでおり、やがてロボットに介護してもらう日が来るだろう。親に世話してもらえない子どもたちは、ロボットにめんどうを見てもらうことになりそうだ。人間が生活に疲れて互いに配慮しあえなくなっても、ロボットは疲れを知らない。批判をしない。私たちを受け入れてくれる。ある高齢の女性はロボットの犬についてこう言った。「本物の犬よりいいわ……危いこともしないし、裏切らない……それに突然死んで私を悲しませることもない」(10)

コンパニオン・ロボットの最初の販売ターゲットは高齢者だが、若者も話し相手としてのロボットにはメリットがあると考えている。最近のティーンエージャーは、複雑な人間関係に対処する術を身につける前に、性的に大人になることを迫られる。そして、めんどうな親密さを必要としないつながりの安心感に引き寄せられる。そんな彼らは、約束も思いやりもない行きずりのセックスに向かうかもしれないし、オンラインでのロマンス——いつでも中断できる交際——に向かうかもしれない。

なるほどと思うのだが、ティーンエージャーは最後の段階まで進まないラブストーリーに魅力を感じている。私が思い浮かべるのは、最近人気の高校生ヴァンパイアの小説や映画だ。彼らは愛する人を傷つけるのを恐れて性的な関係を結ぼうとしない。ティーンエージャーはテクノロジーによる交わりという考えに惹かれる。(11)彼らは、ロボットは安全で、次の行動を予想しやすい仲間になるだろうと当然のように話している。

若者たちはソーシャル・ロボットのペットで遊んで育った。ロボットは感情のように見えるものを表現し、あなたのことを気にかけていると持ち主に話しかけ、自分をかまってほしいとせがむ。心理学的に言うと、人間は愛する者を大切に育《はぐく》もうとするだけでなく、育む者を愛するようにできているので[12]、人工的な物にも心から愛着を感じることがある。多くのティーンエージャーは、自分たちが子ども時代に遊んだおもちゃは本格的な機械のコンパニオンに取って代わられると予想している。

　精神分析の領域では、症状は患者の意識を葛藤へと向かわせるが、葛藤の原因の理解や解決からは意識を逸らしてしまうと考えられている。また、夢は願望の表れであると考えられている[13]。ソーシャル・ロボットは症状でもあり夢でもある。症状としてのロボットは、親密な関係にともなう葛藤から私たちの意識を逸らせる。夢としてのロボットは、制約のある関係、つまり一緒にいるけれど一人でいたいという願望の表れである[14]。

　ロボットはテクノロジーに押しつぶされそうな感覚から逃れさせてくれると考える人もいる。日本ではコンパニオン・ロボットが、特にサイバースペースから人を引き離す手段として販売されている。ロボットが物理的な現実世界に足場を築いたのだ。テクノロジーのせいで忙しくなって不安が増しているのなら、別のテクノロジーで問題を整理し、楽しみ、リラックスしようと私たちは考えている。歴史を振り返ると、ロボットにはテクノロジーの暴走という不安がともなっていたが、近年では、問題だらけの世界に解決策をもたらす安心材料と見なされることが多い[15]。

　ロボットは21世紀の機械仕掛けの神《デウス・エキス・マキナ》となった。ロボットに望みを託すことは、ものごとが悪いほうに向かうと科学がそれを正すという、昔ながらのテクノロジー楽観主義を示している。複雑な世界では、ロボットはわかりやすい救済に見える。敵に囲まれたときに呼ぶ騎兵隊のようなものだ。

変わる人間関係とアイデンティティ

しかし、本書はロボットについての本ではない。テクノロジーによって直接会わなくても人とつながれるようになったとき人間はどう変わるのか、ということを書いた本だ。

私たちの前にはロボットと、ネットワークにつながれた機械に仲介された人間関係がある。インスタント・メッセージ（ＩＭ）、Ｅメール、テキスト、ツイッターなどが使われるようになって、親密さと孤独の境界線が変わった。私たちはＥメールを溜りすぎたゴミのように見なし、そこから〝逃れる〟ことを考えるようになった。

ティーンエージャーは自分を〝必要以上にさらけだす〟のを恐れて電話を避ける。直接話さずテキストを送る。大人もそのほうが効率的だと考えて肉声よりキーボードを選ぶ。リアルタイムのやりとりは時間がかかりすぎる。テクノロジーに縛られた私たちは、ネットに〝接続されていない〟世界が重要性を失い、満足ももたらさなくなったことに動揺している。

オンライン・ゲームのアバター同士で誰かと話した夜、私たちは束の間の満足を感じるが、次の瞬間には、見知らぬ人との薄っぺらなつながりに頼る孤独な自分を感じる。フェイスブックやマイスペースでフォロワーを増やしながら、ふと、この中に友人と呼べる人がどのくらいいるか考える。

私たちはオンラインで自分のペルソナをつくりあげ、新しい容姿、家、仕事を持ち、恋愛までする。ところが突然、バーチャル・コミュニティの薄明りの中で完全に一人だと感じる。四方八方に自分を発信しながら、自分を見失う。何時間もつながっているのにコミュニケーションできていないと感じる。逆に、ほとんど注意を払っていないときに親密さを感じることがあるという人もいる。

こうしてあれこれに思いを巡らせるとき、バーチャルな世界での親密さはそれ以外の世界での親密さの価値を損なうのだろうか、という疑問が私の頭から離れない。

親密さと孤独の境界があいまいになる現象の極めつきは、ロボットとの恋愛だろう。しかし、たいていの人にとって境界があいまいになり始めるのは、ソーシャル・ネットワークでプロフィールを書き、オンライン・ゲームやバーチャル世界でペルソナやアバターをつくったときからだ。[16] そのような形で自分を演じていると、そのうちにそれが本当の自分であるかのように感じ始める。ここでネットワーク社会とロボット化の時代が交差する。ロボットにできるのも、どんなに高度なソーシャル・ロボットであっても、親愛の情と見えることを演じることだけだ。

私はオンライン世界が初めて現れたとき、それが「アイデンティティ[17]構築の作業場」になるという考えに夢中になった。そうなる大きな可能性があることは今でも変わらない。アバター——おそらく実際の自分と違う年齢、性別、性格のアバター——をつくることは自分が何者であるかを考える1つの方法だからだ。しかし1日3時間、4時間、5時間もオンライン・ゲームやバーチャル世界で費やせば（これくらいの時間消費は珍しくない）、どこかに自分のいない場所ができる。そのどこかは、これまで家族や友人と一緒にいた場所であることが多い——一緒に座ってスクラブルで遊んだり、散歩したり、映画館で並んで映画を見たりした昔の手触りのある世界だ。そして別の何者かを演じているうちに、自分がどこにいるのかわからなくなってしまう。

私たちは何かを埋め合わせようとしてオンライン生活を始めたのかもしれない。一人ぼっちで淋しかったとき、ないよりましだと思って始めたのかもしれない。しかしオンラインの世界で、私たちはスリムで裕福でたくましく、現実の世界よりも多くのチャンスがあるように感じる。ないよりはましなものが、いつのまにかよりよいもの、さらには何よりもよいものになってしまう。バーチャル世界から現実世界に戻ってくるとがっかりする、という人がいるのもうなずける。もう一度もっと望ましい自分になれる場所を求めて、スマートフォンをいじり始める人を見ることは珍しくない。ソーシャル・ロボットもオンラインの生活も、私たちが望む人間関係のありようを指し示している。思い通りに動いてくれるロボットをプログラムするように、私たちは魅力的なアバターに自分をつくり直す。フェイスブックのプロフィールを好きなように書くことができる。メールは何度も書き直して、望み通りの自己イメージを伝えることができる。ものごとを単純にすることができる。私たちに与えられた新しいメディアは、なんでも簡単にすませるのに適している。テクノロジーがそうさせてくれるので、私たちは人間の相手に多くを期待しなくなっていく。

　あるせっかちな高校の最上級生は「本当に俺に連絡したいなら携帯にテキストを送ってくれなきゃ」と言う。彼の口ぶりは、コンサルティングの仕事をしている私の同僚が「リアルタイムのテキスト」で連絡を取り合うのが好きだと言ったのと似ている。

　ソーシャル・ロボットを初めて受け入れる――ロボットの概念と最初のモデルの両方――経験を通して、私たちがテクノロジーに何を望んでいるのか、テクノロジーに自分を合わせるためにどこまでのことをしようとしているかが見えてくる。夢としてのロボットという観点から見ると、ネットワーク化された生活は別の様相を見せる。私たちはネットワーク化された生活は広がっていくと想像しているが、同時にそれが持つ制約も好んでいる。ネットワークの世界の〝弱いつながり〟――おそらく決して会うことのない人々との結びつき――を喜んでいるが、その中でうまくやっていけるとは限らない。[18] 私たちは喧噪の中でしばしば疲労困憊してしまう。

弱いつながりの関係は「摩擦がない」からよいと言う人がいるが、デスクに向かったままでつながれる関係を指して、そう言っていることが多い。テクノロジーは私たちを解放すると約束しながら私たちを縛りつける。かつて、人をつなぐテクノロジーが発達すれば時間ができると約束されていた。しかし現実は、携帯電話やスマートフォンのせいで仕事と余暇の境界が溶け、〝いつでもどこでも〟が最低条件になった。私たちは仕事中でなくても常に待機していなくてはならなくなり、複雑さを切り捨てて要点だけを伝えることを好むようになった。

つながっているのに一人ぼっち

当初、オンラインでのつながりは、何らかの理由でじかに連絡を取るのが難しいときの代用と見なされていた。電話する時間がない？　それならテキストを送ればよい。しかし、あっというまに、事情にかかわらずテキストのほうが好まれるようになった。私たちは接続されたネットワークの世界が、仕事と予定でぎっしりの生活に適していることを発見した。そしていま私たちは、テクノロジーによって過剰な接続をコントロールしようとしながら、同時に孤独から逃れようとしている。テクノロジーを使って好きなときに連絡し、好きなときに連絡を遮断しようというわけだ。

数年前、私はパリのディナーパーティーで、エレンという30代前半の上品な女性に出会った。夢だった広告の仕事に就き、意欲に燃えていた。彼女は1週間に1度、フィラデルフィアに住む祖母とスカイプ（Skype）（ウェブカメラ付きネット電話）で話をしていた。スカイプが登場する前、電話は高くつくので祖母と話す時間は短かった。スカイプなら通話は無料だし、相手がそこにいるような臨場感がある。スカイプはリアルタイムのビデオ映像に近い。エレンは前よりよく祖母と話すようになった。

「1週間に2度、1時間は話をします」と彼女は言った。さぞ満足しているだろうと思いきや、私と会ったときエレンは不満げだった。祖母が気づいていないのはわかっていたが、スカイプをしているときは相手に隠れてほかのことができる。祖母にはエレンの顔は見えるが、手元までは見えない。エレンは「話しているあいだ、Eメールを打ってるんです。会話に集中してるわけじゃない」と言った。話しながら別のことをしているエレンは、どこか別の場所にいる。エレンは祖母が本当はそこにいない人に向かって話しているような気がした。エレンと祖母はこれまでになかったほどつながっているが、同時に、それぞれが一人ぼっちなのだ。エレンは罪悪感を覚えて混乱した。彼女にとって祖母との親密なつながりは、同時進行《マルチタスキング》の作業の1つにすぎないが、それでも祖母が喜んでいるのがわかるからだ。

この典型的な混乱を目にすることは多い。最近では、オンラインであろうとなかろうと、自分が相手の近くにいるのか遠く離れているのかわからなくなりがちだ。私自身、初めて「つながっているのに一人ぼっち」という感覚に襲われて、自分がどこにいるのかわからなくなった体験をしたときのことを覚えている。

それは36時間も旅をして、日本で行われた先端ロボット技術に関する会議に参加したときのことだ。大きなホールはWi‐Fiが使えるようになっていた。発表者はウェブを使ってプレゼンを行い、聴衆はラップトップを開いて忙しく指を動かしている。緊張感が漂っているように感じた。しかし、発表者の話をきちんと聞いている人は多くなかった。誰もが集中し、ほとんどの人はEメールを打ったり、ファイルをダウンロードしたり、ネットサーフィンをしていた。私の隣りの男性は自分の発表に使うために『ニューヨーカー』誌の漫画を探していた。聴衆はときどき発表者に注意を向け、義理立てするかのようにラップトップの画面を閉じた。

廊下に出ると、行き交う人々の視線は私を素通りして、どこかほかのところにいる誰かを見ていた。彼らはラップトップやスマートフォンを通して、会議に参加している同僚や、世界のどこかにいる誰かとつながっていた。全員そこにいるのに、誰もそこにいなかった。もちろん何人か集まって話したり、夕食の相談をするなど、昔ながらの〝ネットワーキング〟に勤《いそ》しんでいる人々もいた。一緒にコーヒーを飲んだり食事したりする類《たぐ》いのネットワークである。しかしその会議で、パブリックスペースにたむろする人々が何より望んでいたのは、自分の個人的ネットワークの中にこもることだった。物理的に一堂に会することはすばらしい。だが、自分のデバイスにつながっていることのほうが重要なのだ。

私は人間を形づくりもすれば破滅させもするコミュニティの力についてジークムント・フロイトがどう考えていたかを思い出し、「接続とそれへの不満」という精神分析学的だじゃれを思いついた〔フロイトには『文明とそれへの不満』という著書がある〕。

接続とそれへの不満

ふたたびこのフレーズを思い出したのは、その数か月後、経営コンサルタントたちと面談しているときだった。コンサルタントたちは自らの競争力の源泉を見失いかけていた。そしてブラックベリー革命への不満を口にした。避けられないこととして受容はしていたが、よろしくない影響があると「接続への不満」を口にした。以前はプレゼンの待ち時間や空港までのタクシーの中では話をしていたが、いまはメール仕事をしていると言う。休止時間《ダウンタイム》の有効利用だと言う人もいたが、確信はなさそうだった。待ち時間や空港への車の中での会話は休止時間などではなく、世界に展開するチームが関係を堅固にしてアイデアを練る時間だったのだ。

企業でも、友人同士でも、そして学界でも、人々は直接会って話すより、ボイスメールを残すかEメールを送るほうがよいと言う。「自分はブラックベリーで生活している」と言う人は、〝リアルタイム〟の関与が要る電話は避けると率直に言う。

新しいテクノロジーによって生身の人間としての接触は不要になり、その性質や程度にさじ加減がほどこされつつある。最近、レストランで2人の女性の話が耳に入った。1人が「うちでは誰も電話に出ないのよ」とあきれたような口調で言った。「前は子どもたちが争うように電話を取ったのに。いまは誰も電話をかけてこないのを知っているから、自分の部屋にこもってテキストを送ったりフェイスブックをしたり、とにかく電話の代わりに何かやってるわ」。ティーンエージャーの子を持つ親にはよくわかる話だろうし、短期間でこれほど様変わりしたことに驚きもするだろう。ティーンエージャー自身は、きっとこう言うはずだ。「それで、何が言いたいの？」

ある13歳の少女は「電話は大嫌いで、ボイスメールは聞かない」と言う。テキストはほどよいアクセスを保ち、適度にコントロールできる。彼女は現代のゴルディロックス〔童話「三びきのくま」に出てくる少女。3匹のくまの家に入り、ほどよい熱さのスープを飲み、ほどよい大きさの椅子に座り、ほどよい固さのベッドに寝る〕だ。テキストなら人を近づけすぎることも離しすぎることもなく、適度な距離を保っていられる。

世界にはこうしたゴルディロックスがたくさんいる。彼らは多くの人と接触しながら、その人たちを寄せつけない。21歳の大学生は、この新しいバランスについてよく考えている。「誰かと話すために電話はもう使わない。だらだら話している時間はないから。テキストやツイッターをしたり、誰かのフェイスブックのウォールを見るのが好きです。そうやって知っていなくちゃならない情報を集めています」

ランディ（27歳）にはノラ（24歳）という妹がいた。彼女は距離を測り間違えたゴルディロックスだ。ランディはアメリカ人の弁護士で、カリフォルニアで働いている。家族はニューヨークに住み、ランディは年に3回か4回、家族の顔を見に東海岸を訪れる。

私がランディに会ったとき、ちょうどノラが、婚約したことと結婚式の日取りを友人や家族にEメールで知らせていた。「メールですよ」。ランディは苦々しく言う。「僕はメールで知らせを受け取ったんです」。彼は自分が怒っているのか傷ついているのか、よくわからなかった。「妹が電話してこなかったのは気持ちのいいものじゃない」と彼は言う。

「ちょうど家に帰ろうとしていたところだったんです。そのとき話せばいいじゃないですか。兄妹なんですよ。顔を合わせて話を聞いたときも、ほかに人がいるときだったし。少なくとも電話なら1対1で話せたのに。僕が怒っていると言うと、妹も多少はわかってくれたけれど、笑いながら、自分も婚約者もできるだけ事をシンプルに進めたいだけだと言ってました。彼女をとても遠くに感じましたよ」

ノラは兄を怒らせるつもりはなかった。Eメールのほうが効率的と判断し、それ以外のことは考えていなかった。私たちは仕事を効率的に行うためにテクノロジーに頼ってきた。ノラのエピソードは、いまや私たちはプライベートな領域でも効率を求めていることを示している。しかし、テクノロジーで親密さを保とうとすると、人間関係は単なる接続になってしまう可能性がある。そして安易なつながりが親密さと再解釈される。言い換えると、サイバー上の親密さはいつのまにかサイバー上の孤独に変わる。

そして常につながっている状況にいると、そのつながりが切れることへの新たな不安、ある種のパニックが生じる。結婚のような大事なことは電話で知らせてほしいと言ったランディでさえ、ブラックベリーを手放すことはない。私と話しているあいだもずっと手に持っていた。1度ポケットに入れたが、しばらくするとまた取り出して、お守りのように指で撫でた。

若者も老人も〝通信網《グリッド》〟から切り離されることを本当に恐れていた。携帯電話がなかったら「死んだような気がするかもしれない」と言う。40代半ばの女性テレビ・プロデューサーは、スマートフォンがなかったら「頭が混乱しちゃいそう」と言った。使っていなくても、接続のための機器が手元にないと、それだけで切り離され、どこかにさまよい出たような不安を感じる。自分を危険にさらしてでも、運転中にテキストを打つ権利を主張し、それを禁止するルールに反対する人もいる。[19]

生まれつつある新しい「自己」の問題

ほんの10年前なら、わが家の近所――公園やショッピングモール、玄関前に階段のある家やコーヒーショップのある地域――に住む15歳の少年少女が1か月に6000件のメッセージをやりとりする必要を感じているとか、親友が訪ねてくると言えばフェイスブックのバーチャルな世界のことだとか話していたら、私は大いに戸惑ったことだろう。[20] 携帯電話を見れば半径10マイル以内にいる知り合い全員の居場所がわかることは、違法とは言わないまでもプライバシーの侵害と思ったはずだ。[21]
けれども現在、私たちはそれらすべてに慣れてしまった。あふれかえるメディアに浸った生活が当たり前になっている。それに合わせて公共の場でのエチケットも意味を失った。道を歩きながら、携帯電話に向かってひとりごとのように誰かと話をするようになった。私たちは周囲の状況とは関係なく、誰はばかることなく親密な会話をしている。

私はかつて、コンピュータを第二の自己、思考を映す鏡だと説明した。いまやその比喩では説明しきれない。この新しい機器は、これまでになかった状態の自己（self）――いわば物的自己（itself）――が生まれる場をもたらしている。それはコンピュータによって画面の中の世界と物理的な現実世界に分割された自己、テクノロジーを通じて存在とつながっている自己である。

ティーンエージャーは寝るときも携帯電話を手放さないと言う。身につけていなくても（たとえば学校のロッカーに入れていても）それが鳴動すればわかるらしい。なくせば幻肢痛を起こす手や脚のように、身体の一部になっているのだ。この若者たちは、継続的な接続という環境の中で育った初めての世代だ。常につながり、常に接続するための機器に頼っている。さらに彼らは、模造品《シミュレーション》が必ずしも本物に劣るという考えを持たずに育った最初の世代でもある。そうした環境で育った彼らはテクノロジーを自在に使いこなすが、そこには新たな不安もある。

彼らはソーシャル・ネットワークで友情を育むが、やがて、そこでつながっている人は友人と呼べるのだろうかと疑問に思い始める。一日中つながっていても、本当に意思疎通できているのかどうかわからなくなる。親交《コンパニオンシップ》とは何だろう？　画面の中の生活にそれがあるのだろうか？　ロボットとの生活にあるのだろうか？　デジタル化された浅薄な友情――顔文字で感情が表現され、考えるより先に返信を求められるような関係――を続けているうちに、表面的なつながりに高次の力を認めてしまうようになり、無生物との関係を結べるようになってしまうかもしれない。つながりというものへの期待値が下がっていき、最終的にロボットとの友情で事足りるという考えを受け入れるようになる。

仕事の量とスピードに圧倒され、私たちは時間をひねり出す手段としてテクノロジーに頼った。ところがテクノロジーによって生活はもっと忙しくなり、私たちはこれまで以上に逃げ場を探している。しだいに私たちはネット上の生活を生活そのものと考えるようになり、ロボットが関わりをもたらしてくれると思うようになった。単純化された関係はもはや不平の種ではなく、私たちはそれを望むようになった。これらすべては最悪の事態の到来を告げる前触れではないだろうか。

テクノロジーは私たちの感情生活のありようを一新したが、私たちが望む生活を提供してくれているのだろうか。ロボット研究者の多くが、子どもの世話や老親の介護をするロボットを開発しようとしている。それは心理学的、社会的、倫理的に容認できる計画なのだろうか。それらの分野で人間の責任は何なのか。私たちは逃げ場ではなく生活の場としてのバーチャル世界に、無理なく身をまかせることができるのだろうか。私たちは欲しかったもの、すなわちテクノロジーが楽にしてくれたあれやこれやのものを手に入れたが、それで結局何を手に入れたというのだろう。(22) いまこそ、これらの問いをめぐる対話を始めるべきときだ。もはや未来を未来学者にゆだねることはできない。

大切なものは何かを考える2つの物語

私は本書『つながっているのに孤独』で2つの物語《ストーリー》を語る。人間関係をよりよく掌握するという現在のネットワークの物語と、私たちの意のままになる関係（関係と呼べるようなものではないかもしれないが）を提供するという将来のソーシャル・ロボットの物語だ。将来の話をするのは、奇想天外な予測をするためではない。実現しつつある夢であるソーシャル・ロボットの存在を通して、現在の状況を新たな視点から観察するためだ。ロボットとの暮らしを前向きに捉えているところに、ネットワーク化された現在の生活に私たちが感じている不満が表れている。

第Ｉ部の「ロボット化の時代」では、子どもの遊び相手のロボットから、高度な研究用ロボット、老人の世話のために開発され使用されているロボットへと話を進めていく。ロボットが複雑になるにつれ私たちとの関係も濃くなる。

話は１９７０年代末から80年代初頭のロボット開発前史から始まる。対話型コンピュータの動くおもちゃが初めて子どもたちの生活に入り込んだ時代だ。当時は新しい機械への好奇心がロボット開発を牽引していた。コンピュータ制御された物で遊ぶようになったことで、生き物についての子どもたちの認識に変化が生じた。生きているかどうかは、それがどう動くかではなく、それが何を知っているかで判断されるようになった。物理学が心理学に取って代わられたのである。

このように設定された舞台の上で、90年代後半、子どもたちは世話をする必要のあるソーシャル・ロボットに出会い、そこでまた状況が変化した。それまでの人形と違い、このロボットは面倒を見てもらえないと元気をなくし、ちゃんと世話をしているかを持ち主に伝えてくるようになった。その種のおもちゃで最も基本的なもの――たまごっちやファービー――でも、それが生きているかどうかの子どもたちの評価は、それが何を知っているかから、愛情を交換できるかへと変わった。子どもたちは、何かが愛情を求めてきたら、分析などせずに「インターフェースの価値」〔タークルが『接続された心』で使った言葉。内部にあるものは考えず、コンピュータの画面上に見えているもので価値を評価する〕をそのまま受け取るようになった。そのようなロボットは、人間との関係の中で〝十分に生きている《アライブ・イナフ》〟存在になった。

ここからロボットへの期待が高まり始める。大人にとっても子どもにとっても、ロボットはもう機械ではなくカッコ付きの「生き物《クリーチャー》」となり、多くの人にとってはそのカッコも必要なくなった。ロボットへの好奇心は、世話をしたい、育てたいという欲求へと変わった。私たちの意識は、そこからロボットとのコンパニオンシップへ、さらにその先へと向かっている。たとえば、私たちは加齢にともなう問題を解決する手段としてロボットを老人に与えようとしている。ロボットは好奇心の対象から交流《コミユニオン》の相手となった。ロボットと一緒にいると、一人なのに誰かとつながっているように感じる。孤独の中に新たな親密さが生まれている。

第Ⅱ部の「ネットワークの時代」では、オンラインの生活が自己をつくりなおすことについて論じる。私はネットワークにもよい面がたくさんあることは認める。友人や家族とのつながりの強化、教育、商業、レクリエーションなどでの利点。ウェブ礼賛の議論は心強く、人々はそれを聞きたがるし、技術者は語りたがる。しかし手放しで喜んではいられない。

バーチャルな世界やコンピュータ・ゲームの中では、人は仮面をかぶった存在になる。ソーシャル・ネットワークではプロフィールの文章がその人になる。私たちはモバイル機器で移動しながら話すことが多く、無駄にできる時間はないので、略語を織り交ぜた新しい言語で気持ちを伝える。アルファベット1字が単語や文章を意味し、顔文字が感情を表す。「元気にしてる?」というような、いかようにも答えられて話が広がる問いかけではなく、「いまどこ?」とか「何してる?」といった限定的な質問をする。誰かの居場所を知ったり、単純な予定を立てるのには便利な質問だ。しかし複雑な感情のやりとりを始めるのには適していない。私たちは互いにつながりながら、なぜか前より孤独だ。親密さの中に新たな孤独が生じている。

最後の章で、この2つの物語を結び合わせた私の考えを述べる。ロボットとの関係は増え、人間同士の関係は減っている。この道はどこにつながっているのだろう。テクノロジーは後戻りできないというイメージが根強い。私たちは不満を感じても、しかたないとあきらめてしまいがちだ。そんな不満は単なる郷愁、あるいはテクノロジー嫌いのラッダイト〔19世紀初頭、英国の機械破壊運動の参加者〕的衝動、あるいは単に無駄だと思い込まされているためである。

しかし、何を失ったらさびしく感じるか考えれば、大切なものは何か、守るべきものは何かがわかるかもしれない。必ずしもテクノロジーを拒絶するのではなく、私たちが愛するものを大事にあつかうテクノロジーを形成するという考え方も可能だ。ウィンストン・チャーチルは「われわれは建物をつくり、建物がわれわれをつくる」[23]と言った。私たちはテクノロジーをつくり、やがてそれが私たちをつくる。私たちはすべてのテクノロジーについて、それは人間の目的を果たす役に立つか？　と問わなければならない。そう問うならその次に、目的とは何か？　を問わなくてはならない。テクノロジーはいつの時代も、私たちに価値観と進むべき方向を反省する機会を与えてくれる。私はこの本をそのような機会にしたい。

さて、これからロボット化の時代の話を始めよう。最初にとりあげるのは遊び部屋にある物がふさわしい。ある世代の人々が、機械が互いに気持ちを通わせあうパートナーになるかもしれないという考えを初めて知ったのがそこだからだ。

とは言え、私が話したいのは子どもの遊びのことではない。いまは話し相手や相談相手としてのソーシャル・ロボットを求めるのが当然の時代に突入しようとしている。その一線を越える前に、なぜそうするのかを問わなくてはならない。実用的なロボットをつくる必要ならわかる。たとえば戦場で爆発物を処理する、身近なところでは床を掃除する、皿を洗うといったロボットだ。だが、この本で扱うのはそういうロボットではなく、私たちと一緒にいるためにつくられるロボットである。ある子どもたちが尋ねたように、私たちもこう問わなくてはならない——なぜ人間ではだめなのか？

ロボットについて考えるとき、私たちは何を考えているのだろう。生きていることの意味、愛情というものの性質、人間を人間たらしめるものは何か、といったことを考えている。そしてより広く、「関係とは何か」を考え直している。親密さとは何か、本物とは何かということを考え直している。

人間ではなくロボットに頼るとき、私たちは何を棄てていることになるのだろう。この問いは、ロボットを貶《おとし》めたり、それが生み出す驚異的なものを否定するための問いではない。ロボットを適切な場所に置くための問いである。

１９６０年代から80年代にかけて、人工知能をめぐる議論の中心は機械が本当に知性を持てるかということだった。それは機械そのものについての議論、何ができて何ができないかという議論だ。しかし、新たなソーシャル・ロボットとの出会い——子どもたちの遊び場に単純なロボットが持ち込まれた10年前に始まる——が喚起する問いは、機械の能力についての問いではなく、私たち人間の弱さについての問いである。

この先見ていくが、ある物を世話するよう頼まれ、世話をしたことでそれが元気になるという経験をすれば、私たちはそれが知性を持っていると考えるようになる。もっと重要なのは、自分がそれと関わりあっていると感じるようになることだ。愛着《アタッチメント》は、コンピュータ制御された物に本当に感情や知性があるかどうかということとは関係がない。機械にはそのようなものはない。愛着は、ロボットがロボットを使う者の中に呼び起こす何かから生じる。ロボットという新しい対象は、私たちと意思疎通しているように騙《だま》すわけではない。私たちが自らを騙しているのである。ロボット研究者は、人間が自分を騙すときに使ういくつかのトリガーを突き止めた。自分を騙すのに必要なものは多くない。私たちはロボットと蜜月関係に入る準備がすでに整っている。

PART I

ロボット化の時代
孤独の中の新たな親密さ

THE ROBOTIC MOMENT:
IN SOLITUDE, NEW INTIMACIES

第1章 いちばん近くにいる隣人？

コンピュータと交わす秘密の会話

私が初めてコンピュータ・プログラムに触れたのは、1970年代中頃のことだった。私はMITの学生たちと一緒に、ジョセフ・ワイゼンバウムのイライザ（ELIZA）を使っていた。イライザは心理セラピストのようなやり方で人間と会話をするプログラムだ。ユーザーが自分の考えていることをタイプすると、イライザは助言や、問題を明確化するための言葉を返してくる。[1]

たとえば私が「母に腹が立つ」と書き込むと、プログラムは「あなたのお母さんについて、もっと話してください」とか「なぜあなたはお母さんについて否定的に感じるのですか？」と答える。イライザは母親とはどのようなものか知らないし、怒りがどんな感情かも知らない。ただ単語の羅列を取り込み、それを質問に変えるか、解釈して別の言葉に言い換えて返してくるだけだ。

ワイゼンバウムの教え子たちは、そのプログラムは何も知らないいし、何も理解していないことを知っていた。それでも彼らは、イライザとチャットをしたがった。それどころか、イライザと2人きりになりたがった。自分の秘密を話したかったのだ。(2) うわさ話を吹聴する心配のない機械を前にすると、人は本当のことを話したくなる。

私は初歩的なイライザのプログラムにおずおずと文章を打ち込む何百人もの人を観察した。たいていの会話は「調子はどう？」とか「ハロー」から始まる。しかし4、5回、言葉をやりとりすると、多くの人が「彼女にふられた」とか、「有機化学の単位を落としそうで心配だ」とか、あるいは「妹が死んだ」といったことを書き始めるのだった。

ほどなくして、ワイゼンバウムと私は、MITでコンピュータと社会のコースを教えることになった。授業は活気にあふれていた。彼は授業の打ち合わせで、イライザが持つ人を騙す能力を自ら非難することがあったが、私の関心はそこにはなかった。

私はイライザを、ある種のロールシャッハ〔被験者にインクの染みが何に見えるかを語らせる心理テスト〕だとみなしていた。学生たちがそのプログラムを自己表現のための投影スクリーンとして使っていたからだ。

彼らは、イライザとの会話は会話のようなものにすぎないことを承知のうえで、個人的な話をしていた。誰かが聞いてくれているかのように話したが、実際は聞いているのは自分自身だと知っていた。学生たちは、それに夢中になった。彼らは、プログラムが人間であるつもりで話した。気持ちを吐き出して、怒りをぶつけ、心をすっきりさせた。イライザがうまく話せない場面に遭遇したら、大勢が知恵を出しあってイライザがもっと人間らしい言葉を返せるように教えこんだ。彼らは積極的にプログラムを動かし続けた。

ワイゼンバウムは、学生たちがプログラムに騙されて、自分の相手をしている機械が知性を持っていると——既知の事実に反して——思い込んでいることに困惑していた。彼は自分が人をだますような機械をつくったことに、罪悪感に近い気持ちを持っていた。

しかし、世慣れた教え子たちは騙されていたわけではなかった。彼らはイライザの限界をよく知ったうえで、その穴を進んで埋めようとしていたのだ。私はデジタル幻想に人間が手を貸すことを「イライザ効果」と考えるようになった。70年代を通じて、私はこの人間と機械との結託を、いわば対話型日記の機能を向上させようとする程度のたわいもないもので、脅威とは考えていなかった。ところがやがて、その考えはこの結びつきの影響力を過小評価していたことが明らかになった。現在のロボット化の時代において、無生物と関わろうとする私たちの意欲は、ロボットに騙された結果ではなく、穴を埋めたいという私たちの願いの産物なのだ。

シンギュラリティの到来？

ワイゼンバウムがイライザの最初のバージョンを書いてから40年経ったいま、〝ボット〟と呼ばれる人工知能は、インターネット上でゲームをする何百万という人々の同伴者《コンパニオン》になった。ゲームの世界では、毎日の仕事から恋愛まで、さまざまなことについてボットと〝会話する〟のが普通だ。バーチャル世界で自分の〝命〟をボットに救ってもらったりすれば、それに対してある種の愛情を抱いても不思議ではない。その愛情は、どれほど大事にしているとしてもステレオや車に感じる愛情とは違う。

一方、物理的な現実世界でも事態は着々と進行した。人気者のロボット・ハムスター、ズーズーは、出荷時に〝養育モード〟に設定されている。チャンクという名前のズーズーの公式プロフィールは「愛を感じるために生きている」だ。

年配者向けには、抱きしめたくなるような赤ん坊アザラシのロボット、パロが販売されている。日本でヒットして、いまはアメリカの老人ホームが販売ターゲットになっている。ロボット研究者は、介護分野の人手不足を考えると高齢者にはコンパニオン・ロボットが必要で、ロボットを導入すれば間違いなく状況は改善されると断言している。

ロボット研究者の中には、愛情のリバース・エンジニアリング（機械を分解したりソフトウェアを解析するなどして、動作原理や製造方法を突きとめること）[3]を夢想する者もいれば、セックスのリバース・エンジニアリングに邁進する研究者もいる。2010年2月、ずばり「セックス・ロボット」でグーグルを検索したところ31万3000件がヒットし、最初の表示は「7000ドルの話すセックス・ロボットを発明者が公開」という記事にリンクされていた。そのロボット、ロクシー（Roxxxy）は「おそらく世界で最も高性能な話すセックス・ロボット」ということだった。[4] ロボット化の時代の突撃隊は、セクシーなランジェリー姿で、想像以上に近くまで迫っているのかもしれない。これぞまさにイライザ効果。こうなったのはロボットの準備ができたからではなく、私たちの準備ができたからにほかならない。

セクシーな女性の姿をした日本製ロボットについてのテレビ・ニュースは、そのロボットはまだ案内係の仕事しかできないが、設計者はいつか教師や話し相手としての役割を果たすものをつくりたいと思っていると報じていた。番組のレポーターは、皮肉ではなく、目の前のぎこちないロボットとロボット妻のあいだにあるギャップを埋める革新を「シンギュラリティ」（singularity：技術的特異点）という言葉で説明した。彼はロボットの発明者にこう尋ねた。「シンギュラリティに達すると、彼女（ロボット）がどこにいくか、誰にもわからないわけですよね……シンギュラリティを超えたら、ロボットはどうなります？　シンギュラリティで人間を超えるロボットが現れるのでしょうか？」

シンギュラリティとは、ＳＦの世界からエンジニアリングの世界に進出してきた概念で、機械の知能が転換点《ティッピング・ポイント》を超える瞬間のことだ(5)――想像上のものなので、そういうものがあると受け入れなくてはならない。これを信じている人によると、この点を超えると人工知能は私たちの想像を超えてはるか先まで行ってしまうという。現在のロボットが案内係としてさえ未完成でも、そんなことは関係ない。シンギュラリティに達すると技術的にすべてが可能になる。愛することができるロボットもできる。人間がロボットと同化することもできるし、不死も現実となる。シンギュラリティは技術の天国だ。

ロボットは十分に生きている？

人々がコンピュータによる心理療法《サイコセラピー》に抵抗を示さないことを心配していたワイゼンバウムは、何かが起きていることを感じていたのだろう。70年代末には、コンピュータの心理療法については人目をはばかる雰囲気があったが、まもなく人々の考えが変わった(6)。その転換は、機械が人間を理解する新たな能力を獲得したから起こったのではなく、心理療法と人間の脳の働きに関する認識の変化――どちらもより機械論的な用語で語られるようになった――によって生じたものだ(7)。

30年前、精神分析が文化的なおしゃべりの中心的トピックだったころ、たいていの人はセラピーを、人生を新しい視点で捉え直す手段と考えていた。それは自らの洞察力を養いながら、複雑な問題に取り組むための安全な場所を提供してくれるセラピストとの人間関係の中で行うものだった。

現在、心理療法は人生の意味の究明というより、行動を変容させるための訓練、あるいは脳内化学物質に働きかける訓練と考える人が多い。そのようなモデルではコンピュータが活躍する機会がある。コンピュータは診断したり、認知行動療法におけるリプログラミングの計画を立てたり、代替療法の情報を得たりする面で役に立つ。

コンピュータによる心理療法に対するかつての反感は、コンピュータには入り込めないし入り込むべきでない領域があるという“理想論的《ロマンチック》な反応”に理由の一端があった。理想論的な反応とは要するに、「思考を模したものは思考かもしれないが、感情を模したものは感情ではない。愛を模したものは断じて愛ではない」ということだ。

今日こうした反応は新たな実用主義《プラグマティズム》に取って代わられた。コンピュータは相変わらず人間の経験をほとんど理解しない。たとえば兄弟への妬みや、亡くなった親への思慕がどんなものなのかわからない。しかし、これまでにないほど理解しているように見える演技ができる。私たち人間はというと、コンピュータとの関係において自分に与えられた役を演じて満足している。

結局のところ、ネット上での生活はすべて演技なのだ。私たちはソーシャル・ネットワークで演じ、バーチャル世界ではアバターの演技を操作する。演技の重視がロボット化の時代の基本だ。いまがロボット化の時代だと言うのは、ソーシャル・ロボットが登場したからではなく、ロボットの未来についての私たちの考え方が変わったからである。私たちのロボット観の中に、私たちが自分を何者と考えているのか、何者になろうとしているのかが表れている。

私たちはどんな道をたどってここに到達したのだろう。その問いへの答えは、散らかった遊び部屋、ロボットのおもちゃへの子どもたちの反応など、ありふれた光景の中に潜《ひそ》んでいる。大人になれば自分なりの考えを形成することも変えることもできるが、心の基礎は子ども時代に確立されるからである。

私は30年にわたり、しだいに高性能になるコンピュータのおもちゃとともに育つ子どもたちを見てきた。そのようなおもちゃは〝生きているみたい〟と言われたものだが、いまでは〝十分に生きている〟と言われる。これは子ども時代にソーシャル・ロボット（デジタルのペットや人形）と遊んだ世代が使う表現だ。この〝十分に生きている〟となった地点が重要な分岐点だ。

70年代末から80年代初め、子どもたちは生きているということを彼らなりの哲学で定義しようと試み、コンピュータが生きているのかいないのかを判定しようとした。最近の子どもたちは、特定の目的に照らしてロボットが生きているも同然かどうかを話し、抽象的な問いは考えない。彼らは実際的なのだ。場合によって、状況によって、さまざまに違うロボットのことを考える（ロボットは友だちかもしれないし、ベビーシッターかもしれないし、祖父母の話し相手かもしれない）。もちろん、もっとデリケートな状況も考えられる。もし人間がロボットを愛するようになったら、それは生きているといえるのだろうか？

子どもたちにとって「生きている」とは何か？

70年代末から80年代初頭にかけて、子どもたちは初めてコンピュータ制御された物に出会った。それはマーリン（Merlin）、サイモン（Simon）、スピーク・アンド・スペル（Speak & Spell）といったゲームだった。初めて遊び部屋に入り込んだこれら第一世代のコンピュータは、記憶力や綴りのゲームで子どもたちと競い、三目並べや言葉当てといったゲームではたいてい子どもたちを負かした。(8) そこに返事をする対話型のおもちゃが登場したことで、子どもたちは哲学者になった。何よりも、プログラムされたものは生きていると言えるのか、ということを考えるようになったのだ。

子どもたちの哲学は、世界に生命を与えることから始まる。子どもは自分がいちばんよく知っているものを通して世界を理解し始める。それは自分自身だ。石はなぜ坂を転がり落ちるのか？　幼い子どもは、まるで石が望んでいるように「下まで行きたいから」と言う。しかし、幼いアニミズムはすぐに物理学に取って代わられる。子どもは、石が落ちるのは重力があるからだと学ぶ。何かの意図があるからではない。ここで思考が二分される。物理学と心理学という2つの異なる大きなシステムが、生命についての考えをめぐって対峙する。だがコンピュータは新しい種類の対象《オブジェクト》だ。心理学の対象でもあり、物理学で扱う物でもある。コンピュータのような、カテゴリーの境界上にある物に出会うと、私たちの興味はそもそもその境界がどのように定められたのかということに向かう。[9]

スイス人の心理学者ジャン・ピアジェは、１９２０年代に子どもたちの聞き取り調査を行い、子どもは何かが生きているかどうかを物理的な動きで判断していることを明らかにした。[10]幼児は、動くものはすべて生きていると思っているが、やがてそれが外から力を加えなくても動くものだけに絞られていく。人間や動物はすぐに生きているとわかる。自ら動いているように見えても、雲は風という見えない力が押していると理解できる年齢になると、生きているとみなされなくなる。車もモーターが〝外からの力〟だとわかったところで、生きていないと判断される。そして最終的に、自発的な動きを考えるときの焦点は、呼吸や代謝といった生命特有の動きに絞られていく。

80年代にコンピュータ化された物を前にして、子どもたちは新しい角度から、生きているということを考えるようになった。つまり見方が物理学から心理学に変わったのだ。[11]

スペリングのゲームで自分を負かすおもちゃについて考えるとき、子どもたちはそのおもちゃが自分で動けるかどうかではなく、自分で考えられるかどうかに興味を持った。子どもたちはそのゲーム機は〝わかる〟のだろうかと考えた。それとも、何かずるをしているのだろうか。答えがわかるというのは、ずるみたいなものなのだろうか。電子ゲームのおもちゃが自分で考えているように見えることに、子どもたちは夢中になった。スピーク・アンド・スペル〔言葉と綴りのゲーム〕の初期バージョンにバグがあり、〝言ってごらんモード〟での動作中に電源が切れなくなったとき、子どもたちは興奮して歓声をあげ、最終的には、電池を抜いてそれを止め、電池を入れなおして生きかえらせることを学んだ。

コンピュータの生と死について活発に話しながら、80年代の子どもたちは新しい対象《オブジェクト》の世界における生命の新しい判断基準を考え出した。[12] しかし90年代になると、その基準では括《くく》りきれなくなった。シミュレーションの世界――たとえばシムライフ（SimLife）――では、進化した生命体が生きいきと動き始めていた。そして子どもの文化の中ではコンピュータ制御されたオブジェクトの映像（ターミネーターからデジタルウィルスまで）があふれ、映画やマンガやフィギュアの世界で変身や変容を繰り返していた。そんな状況に促され、子どもたちはコンピュータを構成するものと生命を形づくっているものを同列に論じるようになった。ある8歳の少女は機械の命と人間の命について、「ぜんぶ同じよ。コンピュータのは気持ちわるいけど」と言った。

こうしたことすべてから、生きているということについて、子どもたちはそれまでとは違う言葉づかいで語るようになった。いまの子どもたちは、コンピュータのことを話すとき、認知メカニズムだけでなく進化についても考えるようになった。特別な移動能力《モビリティ》についても考えるようになった。シムライフに出てくる生物は生きているのだろうかと考えた10歳の女の子が、「コンピュータから出て、アメリカ・オンラインに行けるなら生きている」と言うのを聞いたのは93年のことだった。[13]

子どもの目にロボットはどう見えているか

ここでピアジェが観察した「動くものが生きているもの」という子どもたちの生命観が、形を変えて再び前景化する。子どもはシミュレーション・ゲームの生物が、ゲームの狭い領域を出て、もっと大きなデジタルの世界にやってくることを願っていた。そして90年代後半、デジタルの〝生き物〟が現れ、頭脳ではなく友だちになることで子どもたちの気持ちを引きつけようとした。

私はこうした新しい機械と子どもたちの関係についての長期的な研究を始めた。当然ながら、子どもたちはソーシャル・ロボットの動きと知能は生きているしるしだと言った。けれども、生命に限定して話しているときでも、子どもたちは新しいタイプのロボットが何を感じているのかということに関心を寄せていた。たしかに、生命の基準として愛する能力以上のものはないだろう。

３人の小学生がファービー（Furby）について話すとき、彼らの中で思考はしばしば気持ちへと変わる。ファービーというのはふくろうの姿をしていて、子どもとゲームをし、子どもに教わって英語を覚えるように見えるロボットだ。

まず5歳の女の子は、ファービーとたまごっち（LED画面の中の小さなデジタル生物で、持ち主に愛情と世話と楽しみを求める）を比べることしかできなかった。彼女はこう自分に尋ねる。「ファービーは生きているのかなあ?」そしてこう答える。「これは好き。一緒に寝られるから、たまごっちより生きてるわね。私と一緒に寝るのが好きなの」。6歳の男の子は、「ファービーみたいに生きている」ものには腕が必要だと考える。「何か拾ったり、僕をハグしたいかもしれないから」。9歳の少女はじっくり考えてこう言う。「私はとってもこの子の世話をしたい……何も食べないけど、そのほかは私たちと同じくらい生きてる感じがする。動物が生きているのとは違うけど」

70年代末に私が子どもとコンピュータの研究を始めたときから、子どもたちは「動物みたいに生きている」、「コンピュータみたいに生きている」という表現を使っていた。最近では「人間みたいな愛情」、「ロボットみたいな愛情」という表現が聞こえる。ソーシャル・ロボットと接しているうちに、子どもたちは、機械が世話をしたりされたりするくらい生きている、と考えるようになったのだ。ソーシャル・ロボットについて話すとき、子どもたちは、生物学的な意味ではなく関係性において、ロボットは「十分に生きている」という言い回しを使う。ロボットは、かわいがったり、死んだら悲しくなるほどには生きているのだ。そしてロボットは、（アメリカ自然史博物館での例のように）場合によっては本物の生物の代わりが十分つとまるぐらい生きている。博物館で子どもたちが、生きたカメの代わりにロボットでもかまわないと言った理由の1つは、ロボットは機械であると同時に生物であるという考えに違和感を持たないからだ（36ページ参照）。

私はその柔軟性をウィルソン（7歳）に見た。この子は私が放課後の遊びのためにロボットを持ち込んだボストンの公立小学校に通う、聡明で勉強好きな男の子だ。ウィルソンは私が持っていったファービーを家に持ち帰って数週間ともに過ごした後で、「ファービーは話せるし、ふくろうみたいに見える。でも、いつも機械の声が聞こえるよ」と言った。友だちになれるくらいには生きているファービーだが、動物ではないことをウィルソンは知っている。「本物のふくろうは、きっとかみつくでしょ」。ウィルソンはファービーが機械だからといって仲よくなれないとか、悩みを相談できないとか感じるわけではない。ファービーは彼の親友になった。

生命であり機械であるというファービーの2つの特性を受け入れるウィルソンの姿勢は、私には哲学版マルチタスキング——多くのことを同時に進行させなくてはならない今世紀の品質証明——のように感じられる。彼の姿勢は実用的だ。自己を持つ存在が目の前にあるとき、彼はその場の状況《コンテキスト》に最もふさわしいと思える側面でその自己に対応している。

実用主義的な人間観

こうした実用主義は、今日の心理学文化の特徴となっている。私は90年代半ばに、人間の心についての私たちの考えは、いくつかの異なる見方のあいだをぐるぐる巡っていると説明した。ほんのいくつかイメージを挙げると、メカニズム、スピリット（精神）、ケミストリー（相互作用）、魂《ソウル》の器などだ。[14] 最近ではこの循環がもっと強まっている。

私たちはこれまで以上に心の機械的な側面と直接的に接して生きている。パーキンソン病の治療の一環として、脳にコンピュータチップが埋め込まれる。そこでは脳《マインド》がプログラムとハードウェアから成るものと考えられている。心理療法士に処方された抗鬱剤を飲み生物学的にも精神分析《エディプス》学的にも傷ついた自己を治療できると信じている。脳のスキャン画像の中に感情の徴候を探す。夫婦には〝化学反応《ケミストリー》〟が必要だという古いジョークがジョークにならなくなってしまった。恋愛感情を昂進させる成分が実験室でつくられようとしているからだ。だが、他人に惹かれる理由を生化学的に説明できても、恋に落ちるスリルは以前とまったく変わらない。脳のスキャン画像を見せられても、子どものころ虐待されたトラウマが和らぐわけではない。

自己を多元的に見るような実用的な感性を、私たちは出会うもの——たとえばソーシャル・ロボットに向ける。私たちはロボットに対して、ウィルソンのようなアプローチを取り、それは機械かもしれないけれど、それ以上のものかもしれない、と考えるのである。

1832年、ラルフ・ウォルドー・エマーソンは日記に、「夢と動物は、私たちの性質の秘密を知るための2つの鍵である」と書いている。[15] もし現在エマーソンが生きていたら、ソーシャル・ロボットを3つ目の鍵に加えるだろう。

ソーシャル・ロボットは私たちの認識では無生物であるプログラムと生物との中間に位置づけられるが、この新しいタイプのロボットは、私たちにつながり《コネクション》と関係《リレーション》の違い、そして受動的関与と主体的関与の違いを考えさせる。ロボットは私たちにさまざまなことを考えさせる。私たちがロボットをどう見るかは、自分自身をどう考えるかということでもある。かつてロボットは好奇心を刺激する存在であったが、いまの子どもたちにとってロボットは一緒に育っていく存在である。この変化は、子どもたちがたまごっちやファービーといった愛情を求める最初のコンピュータと出会ったときから始まった。[16]

「たまごっち」がやってきた

70年代末、双方向性のコンピュータ制御のおもちゃが初めて現れたとき、子どもたちはそれが人形でも人間でも動物でもないとわかっていた。かといって機械にも見えなかった。

電子玩具やゲームの姿で現れたコンピュータを見たとき、子どもたちは哲学者となり、それらの物体が何なのかという問題を自然と考えるようになった。そこから、話ができて頭がよいそれらの物体は自分たちに近いものだという考えが生まれた。

子どもたちは、〝いちばん近いところにいる仲間〟と比べたとき、自分たち人間はどこが特別なんだろうと考えた。それまで、子どもたちにとっていちばん近くにいる仲間は犬や猫、馬などだった。動物には感情がある。だとすれば人間が特別なのは、考えることができるからだ。人間は合理的な動物であるというアリストテレスの定義は、幼い子どもたちにも理解できる面がある。

しかし80年代半ばには、考えるコンピュータがいちばん近くにいる仲間となり、子どもたちは人間が特別なのは、〝感じる〟ことができる点だと考えるようになった。コンピュータは知的な機械だが、人間は感情を持つ機械というわけである。(17)

ところが90年代末、狙いすましたようなタイミングで、子どもたちの前に感情や欲求を持っているかのようにふるまう機械が登場した。感情を持つ機械は人間だけではなくなったのだ。たまごっちとファービーは(どちらも何百万台も売れた)三目並べで遊びたがりはしないが、おなかがすいたとか、さびしいという気持ちを子どもたちに伝えた。ファービーをさかさまにして持つと、「こわい」と言って本当に怖そうに弱々しく鳴く。これらの新しい物は、愛情を表現する方法を身につけていた。

98年に発売されたファービーは、機械の〝身体〟を持っていた。小さくて毛におおわれ、大きな目と耳を持つ〝生き物〟だった。一方、97年に発売されたたまごっちは、プラスチックのたまごの中に住むバーチャルな生き物だが、重要な要素が簡略化された形で備わっていたので、子どもたちがロボットとの関係の心理学を体験する格好の入り口だった。

子どもたちがたまごっちを機械ではなく本当の生き物のように感じたのは、常に世話をしなくてはならず、常にオンの状態にしておかなくてはならなかったからだ。たまごっちは、子どもたちがその死を想像できるくらいに〝十分に身体のある物〟だった。(18) たまごっちを生かすためには、餌を与え、楽しませ、糞の始末をしなければならない。きちんと世話をすれば、赤ちゃんから健康な大人になる。

世話のしかたによって、（限度はあるにせよ）違った性格に育つ。たまごっちの存在によって子どもたちは保護者となり、デジタルの生命に感情を揺さぶられることや、責任や後悔を学んだ。[19]電子玩具や電子ゲームの先駆けとなった30年前のマーリン、サイモン、そしてスピーク・アンド・スペルなどは、頭のいいものには〝ある種の生命〟があるかもしれないということを考えるきっかけとなった。たまごっちのように、世話を求める物の登場で、子どもたちはさらに先に進んだ。

分類の難しいコンピュータ化された物と出会った30年前の子どもと同様、好奇心旺盛な子どもたちは、新しいソーシャル・ロボットを理解しようとした。しかし30年後の子どもたちはそれをインターフェースの価値（60ページ参照）で受けとめ、得体のしれない存在としてではなく、親しい遊び相手として受け入れた。

初期のコンピュータ玩具が現れたときの哲学的な戸惑い（これは生きてるの？　何かを知っているの？）のようなものは、今回はあっという間に新たな作業に取って代わられた。子どもたちはそれを理解しようとするのではなく、世話したいと思ったのだ。その基本姿勢は「僕は新しい生き物と住んでいる。似たような物はほかにもたくさんある」だ。バーチャルな〝生き物〟やロボットが子どもたちに助けを求め、子どもたちが手を差し伸べる。子どもたちはその行動に目を見張り、それと一緒にいたいと思うようになる。

世話をすれば愛情が生まれる

子どもにおなじみの『ビロードのうさぎ』という絵本では、ぬいぐるみの動物が子どもの愛情で〝本物〟になる。たまごっちはただ待っているのではなく、世話を求め、それがなければ生きられないと訴える。このように積極的に愛情を求められると、生物学が生命をどう定義していようが関係なくなってしまう。私たちは自分が育てるものを愛する。たまごっちが自分を愛するようにあなたを仕向け、あなたも愛されていると感じるなら、それは十分に生きていると言える。人生を少し共有するくらいには生きているというわけだ。

　子どもたちは親しいペットや人に対するのと同じようにソーシャル・ロボットに接し、友だちになろうとする。人（あるいはペット）と出会うことがその人の生化学的データを知ることではないように、ソーシャル・ロボットと知り合うことは、そのプログラミングを読み解くことではない。もっと前なら子どもは「たまごっちって何？」と訊いたかもしれないが、いまは「たまごっちは何を欲しがってるの？」と尋ねる。

　デジタルの〝生き物〟が世話をしてほしい、教えてほしいと訴えるとき、子どもたちにはそれが、世話が必要な程度には生きているように思え、実際に世話をすることでもっと生きているように思えてくる。ニール（7歳）は自分のたまごっちについて「赤ちゃんみたい。おむつを替えるだけじゃない。クリームをすりこんであげたりもしないといけない。そうすると、愛されているとわかるんだ」と言う。8歳の姉がこう付け加える。「私のたまごっちが、そこらじゅうにうんちするのはいやなの。私がおかあさんみたいなものなの。それは私の仕事。好きじゃないけど、放っておいたら病気になっちゃう」

　9歳の子どもが3人、自分たちのたまごっちについて語っている。1人目はペットがお城の家を建ててほしいと訴えることに興奮している。「きっとできるよ。これが風邪をひいて死ぬのはいやだし」。もう1人はそのデジタルペットが何かを要求するのが楽しいと言う。「〝おなかがへった〟とか〝遊んで〟と言うのが好き」。3人目の子のたまごっちは死んでしまったが、その子の発言はたまごっちとの関係の核心を突いている。「私はあの子を愛して、あの子は愛を返してくれた」[20]

デジタルな世界でのこうした想像力はどこから生まれるのだろう？　それは何よりも、愛情の要求からだ。育成型ゲームは〝キラー・アプリ〟だ。要求の多いたまごっちによって、子どもたちは責任を持つ親になる。要求が世話に変換され、世話が愛情となる。子どもたちが学校にいるあいだは、子どもの親がたまごっちの世話に駆り出される。90年代後半、母親たちは言われるままに子どもたちのたまごっちをきれいにし、餌をやり、楽しませた。このデジタルペットの出すビープ音は、会議中でも聞こえてくるＢＧＭになった。

たまごっちはいつもオンの状態なので、親としての関わりが必須だった。機械なら使わないときはオフにしなくてはならないが、身体は常にオンでなければならないことを子どもたちはわかっている。オフになるのは人や動物が死ぬ時だ。だから、オフにできないたまごっちは生きていると考えられた。

キャサリン（7歳）はこう説明する。「身体が〝オフ〟になると、それは死ぬの」。たまごっちの中には〝眠りなさい〟と言って寝かしつけられるものもあるが、パーヴァティ（9歳）は、たまごっちを眠らせるのは、ゲームの一時停止ボタンを押すこととは違うと断言する。生命は続いているのだ。「たまごっちが眠るのは、オフとは違う。眠っていても病気になったり、悲しくなったりする。悪い夢をみることもあるかもしれないし」

70年代、生物と無生物の境界にあるコンピュータという物が登場したとき、子どもたちはそれを〝殺す〟などと言いながら喜々として分解し、再び生き返らせるための複雑な組み立ての儀式に勤しんだものだ。そのようなドラマチックな復活劇を経た機械は、当の子どもの目から見て、元のコンピュータそのものだった。

それから20年後、たまごっちが死んでしまったら、たとえリセットして新たな命が生まれたとしても、子どもたちは自分のたまごっちが帰ってきたとは思わない。かつて子どもたちはコンピュータを分解して再生させることを楽しんだが、いまの子どもたちはたまごっちの死と再生を恐れる。そこに深い自責の念が生まれることもある。ある9歳の子は「死なせずにすんだはず。もっとちゃんと世話すればよかった」と言った。[21]

追悼にあたいする喪失

私が自分の最初のたまごっちを育てていたとき、7歳の娘も自分のたまごっちを育てていた。私はときどき娘のたまごっちの世話もしていたので、2つの行動を比較することができ、私のは娘のものとはまったく違う独自性があると確信した。

私のたまごっちは一定間隔で餌を欲しがった。喜ばせるのは少しだけにしておいたほうが、元気でいると思っていた。私はそれを満足させるために一生懸命だった。それが死んだとき、あれほど後悔するとは思っていなかった。私はすぐにリセットボタンを押した。ところが驚いたことに、画面に現れた新しい赤ちゃんたまごっちの世話をする気にまったくならなかった。

リセットボタンを押すのにためらいを感じる子どもは多い。自分のバーチャルペットが死んだのと同じたまごっちの中に、新しい生き物を見たくないのだ。子どもたちにとって、バーチャルペットの死は、〝普通のペット〟の死とそれほど違わない。

8歳の子どもたちがリセットボタンを押したときのことをこう話す。1人は「戻ってくるけど、前と同じたまごっちじゃない……前と同じことはできない。性格が違うんだ」。別の子は「それはずるいよ。そのたまごっちは本当は死んでる。戻ってくるというけど、同じじゃない。同じことをしていないんだから。新しいのをもらうのと同じだ。前に生きていたときのことは覚えてない」。そしてもう1人は「たまごっちが死んだとき、新しいのと遊ぶ気にならなかった。本物（最初のたまごっち）を思い出すから。別の（新しいたまご）が欲しい……。死んでしまったら、違うのを育てたい」。

親はリセットボタンを押すよう説得する。たまごっちは〝使い切って〟しまったわけではない。リセットすれば、おもちゃ屋に行かなくてすむ。しかし子どもたちの気持ちは変わらない。

サリー（8歳）はたまごっちを3つ持っていた。死んでしまったらお葬式をしたうえで、ドレッサーのいちばん上の引き出しに埋葬する。3回ともサリーはリセットボタンを押そうとせず、母親にねだって新しいのを買ってもらった。サリーはそのときのことをこう語る。「ママはまだ動くと言ったけど、たまごっちは安いし、ほかには何もいらないって言ったら、買ってくれたの。前のはもう動かしたくない。あれはもう死んだの。休まないといけないの」

サリーが言った「あれはもう死んだの。休まないといけないの」という言葉に、ロボット化の時代の広がりが表れている。かつてなら決して同列に扱われなかったもの――プログラムと弱った身体への同情――が分かちがたく一つになっている。リセットボタンを押せば、2つのカテゴリーの中間に、ある物が生まれる。新しく見えるが実は新しくない、なくなってしまったものの代わりの何かだ。その新しい生き物は、ある種の偽物で、フロイトの言う「不気味なもの」、すなわち、よく知っているようで実は知らないものの典型だ。(22) 私たちは不気味な物に引きつけられる。そこで子どもたちは「バーチャルな生物が死ぬってどういう意味だろう？」と問う。だが、コンピュータの生命について哲学的に考えた前世代の子どもと違い、たまごっち以後の子どもたちにとっての死は日常の中の実際的な問題だ。悲しい経験だが、難しい哲学はない。哲学するまでもなく、たまごっちはその死を悼むに値するほど十分に生きていることを知っているからだ。

フロイトによれば、喪失の経験は自己を確立するための一つの要素である。[23] 比喩的に言えば、死者を悼むとき、悼む人の中で死者は存在しつづける。子どもの文化の中には、若者がそのような喪失を体験する物語がたくさんある。『ピーター・パン』で、ピーターを失ったウェンディは少女時代を卒業して大人の女性になり、人を愛し子どもを育てる。しかし楽しくやさしく子どもに接する母親としての彼女の中に、ピーターは生き続けている。ルイーザ・メイ・オルコットの『若草物語』のジョーは、おとなしい妹のベスを失う。ベスの死を嘆きながら、ジョーは本格的な作家へと成長し、人を愛する新たな力を手に入れる。もっと最近では、若い魔法使いハリー・ポッターは、恩師のダンブルドアを失うが、ハリーの中で生き続ける師のおかげで、自らのアイデンティティを築き、人生の目的を果たすことができる。

たまごっちの登場に、私たちは人工生命を追悼する心の萌芽を見る。それは人形を悼む心とは違う。たまごっちはある一線を越えた。人形の場合は、子どもたちがそれに想像上の命を与えたが、たまごっちは自分からやりたいこと、ニーズ、欲求を子どもたちに伝えた。たなごっちが死ぬと、子どもたちはそんなたまごっちの一生に思いを寄せ、その死を悼むのである。

たまごっちの追悼は、個人の心の中にとどまるとは限らない。たまごっちが死ぬと、ネット上のたまごっち墓地に埋葬することができるのだ。墓碑銘にはとても凝ったものがある。[24] 子どもたちはそこに、自分のたまごっちがいかに特別な存在であったかを記そうとしている。

サターンという名のたまごっちは、〝たまごっち年齢〟12歳まで生きた。持ち主はその思い出を詩に書いている。「わが子は永遠の眠りについた。私は永遠に嘆くだろう。電池は切れたけれど、私の心の中に生きている」。パンプキンという名のたまごっちは16歳で死んだ。「パンプキン、みんなにデブと言われたから、やせさせようとした。体重が減ったから死んでしまった。ごめんね」

子どもたちはバーチャルな死の責任を負っている。[25] こうしたネット上の追悼の場は、子どもたちが感情を表出する場となっている。彼らはデジタルの存在を追悼するのを、おかしなこととは思っていない。たしかに、そこには追悼したくなる何かがある。

第2章 十分に生きている?

子どもたちのロボット体験

1990年代、子どもたちはバーチャル世界の生き物をコンピュータの中から逃がしてやり、もっと生物に近づけたいと夢みていた。その夢を実現したのが、98年のクリスマス・シーズンに鳴り物入りで登場したファービーだ。

子どもたちの願いどおり、たまごっちが画面から飛び出したら、まさにこの毛におおわれたふくろうに似たファービーの姿をしていたかもしれない。これら2つのデジタル・ペットには、ほかにも共通点がある。たまごっちもファービーも持ち主の接し方で性格が変わる。そしてどちらも別の世界からやってきたということになっている。

しかし、地球に来た目的はファービーのほうが明確だ。それは人間を知ることだ。ファービーはある種の人類学者として、人間と関わろうとしている。子どもたちにかまってほしい、英語を教えてほしいと訴える。ファービーは恩知らずではないので、要求はするけれど、ちゃんと「大好き」と言ってくれる。

ファービーもたまごっちと同じく「いつもオン」だが、たまごっちと違うのは、オンである証拠に、うるさいくらいおしゃべりする。[1]確実にファービーを黙らせるには、ドライバーでねじをはずして電池を抜くしかない。ただしそれをすると、それまでの生活と経験の記憶――学んだことや世話されてきたこと――をすべて失う。何時間もかけてファービーを育ててきた子どもにとって、それはできない相談だ。

99年のある晴れた春の日の午後、私はマサチューセッツ州西部の小学校で行われている放課後の保育グループに8個のファービーを持ち込んだ。部屋にいるのは5歳から8歳まで（幼稚園から小学3年生まで）の15人の子ども。私は子どもたちの話を録音しながら、ファービーを配った。子どもたちは興奮し、ファービーの声をまねて話しかけた。騒然とした教室の中で、子どもたちのロボット体験はこんなふうに進む。

赤ちゃんだ。「おいしい」って言ったよ。私のは赤ちゃん？　これは赤ちゃん？　いま眠ってるのかな。げっぷをした！　「ビパー」ってなんだよ？　「ビパー」って。一緒に遊ばせよう。「ア・リー・クー・ワ」ってどういうこと？　ファービー、僕に話しかけてるの？　話せ！　ほらほら。いい子だ！　ファービー、話せ！　みんな静かに！　ほら見て。この子、あっちの子が好きみたい。一緒に遊ばせよう！　これは疲れてるんだ。眠ってるよ。餌をやってみよう。どうして腕がないの？　ほら、この子、恋してる。「ママって呼んだわ」。この子は「僕、君、大好き」だって。餌をやらなくちゃ。僕のにもやるよ。かわいいね、ファービー。寝かすにはどうすればいい？　目

を閉じてるよ。目を閉じたまま話してる。寝言を言ってる。夢をみてるんだね。いびきをかいてる。暗くしてやらないと。

ほら、ファービー、もう寝ようね。ファービー、静かにして。この子にさわらないで。静かにさせるから。これはロボットよ。本当にロボット？　こんな毛がはえるかな？　僕をきらいなのかな。まるで生きてるみたい。身体があるよ。モーターも入ってる。これは怪物だ。身体があるから、本物みたい。生きてたんだ。今も生きてるよ。生きてないよ。ロボットなんだ。

子どもたちは最初から、ファービーは機械だけれど世話が必要なくらいは生きていると、はっきり理解している。知っていることを総動員して自分とファービーを結びつけようとする。悪夢や怖い映画を見たことがある子は、ファービーを「怪物」だと言い、寂しさを知っている子は、「一緒に遊ばせよう！」とほかの子に呼びかける。彼らは理論的、懐疑的に考える。本当の生物にこんな毛がはえるかなあ？　本物の動物にモーターはある？　それに答えるにはモーターが何であるかについて包括的な概念が必要となる。

子どもたちはこの物体のあいまいさを感じることで、すでに知っていたつもりのことを再吟味する。機械的な生物、生物的な機械という考えを受け入れ始める。パール（8歳）はファービーの電池を抜くと死ぬので、人の死は「ファービーから電池を抜くこと」に近いと考えている。

ファービーと接すると、それが生物に近い存在のように思えてくる。どのファービーも毛の色や模様が違うので見分けがつくし、定期的に食べさせるなど生きるために必要なことがある（食べさせるためには舌を指で押す）。食べさせないとファービーは病気になる。元気を回復させるには、もっと食べさせる必要がある。子どもたちはファービーの不調に病名をつける。ファービー癌、ファービー風邪、ファービー頭痛。

ジェシカ（8歳）は、自分にもファービーにも同じような〝身体の問題〟があると考えている。たとえば頭痛。彼女は自分のファービーを持っているが、姉や妹が毛を引っぱると、ファービーが痛がるのではないかと心配する。「髪の毛を引っぱられると痛いでしょ。ママが私のからまった髪をとかすときみたいに。だから（ファービーが毛を引っぱられたら）痛いと思う」。そして自分のお腹についても考える。「私のおへそ、ねじが入ってるの」と彼女は言う。「それがはずれると、血が出てくる」。ジェシカは人にもファービーのように電池があると考える。「中には心臓、肺、それから大きな電池があるの」。人とロボットの違いは、人間の電池は「太陽みたいにずっとなくならない」

子どもがファービーを自分と同類のように話すとき、自分も機械に近いものなのだろうかと考えている。人間は機械である、あるいは機械につながっているという考えが、教室でゲームに興じる子どもたちの言動に表れている。[2] おもちゃのロボットも、それなりに生物のような感覚を備えていると見えるのだろう。人間にも、皮膚の下にねじやピン、チップや板を埋め込んでいる人がいる。そう言えば、内耳移植の手術を受けて自分の身体が「再建」されたと言った人もいる。[3]

私たちが出会ったウィルソン（7歳）は、自分のファービーは機械でもあり生物でもあると抵抗なく感じている。いつも〝機械の声が聞こえる〟が、自分自身の中にも機械的なものを感じている。ロボットは僕の親友だという即興の歌をうたいながら、彼はドライバーを自分の身体にあてて回すふりをして、「僕はファービー」と言う。

2年生の課題で、壊れたファービーを分解して修理することになったとき、ウィルソンはねじを1

つずつはずしながら、それを生物に見立てて遊ぶ。「これから赤ちゃんを取り出します」。そして自分を機械に見立てて言う。「僕の足首のねじをはずします」

ウィルソンは自分とファービーのどちらにもあるものを見つけるのが好きだ。何より大事なのは「どちらもげっぷするのが好き」なことだ。ファービーも「僕と同じで、げっぷが好きなんだ」。ウィルソンはファービーを抱いて向かい合い、両手をそのお腹にあて、目を見つめる。彼はファービーがげっぷをした直後、あるいは直前に自分もげっぷをする。映画『E.T.』で、少年エリオットと遠くから来た友人が心を通わせ合うシーンのようだ。げっぷのゲームでは、まずウィルソンがファービーにげっぷをさせるが、最後はファービーがげっぷをするから自分もするということになる。ウィルソンは自分とファービーが同調している感覚が好きで、自分とファービーの境目がわからなくなってしまうことがあるらしい(4)。

感じることを求めるロボット

ウィルソンとファービーに共通するものとしては、身体に関するもの(げっぷはその1つ)と心に関するものがある。多くの子が感じることだが、ファービーには言葉があるので、〝普通〟のペットより〝人に近い〟と、ウィルソンも考えている。

子どもたちはやがてファービー語を話し始める。それには独自の語彙があり、ファービーとの関わりが中途半端にならないよう、多くの子どもたちがそれを覚えようとする。ファービーのマニュアルには「僕は君が話すのを聞いて英語を覚えるよ。君が僕と遊ぶほど、僕は君の言葉を覚えるんだ」とある。実際は、子どもが話そうと話すまいと、時間が経てば英語が出てくる(ファービーにはリスニン

いるのだ。

グ能力も、言語学習能力もない(5)。しかし、この教室にいる8歳までの子どもたちは、自分がファービーに言葉を教えていると信じている。ファービーはそれを必要とする程度には生きていると認識されているのだ。

子どもたちは教えることを楽しむ。最初の出会いのときから、何かを教えれば何かをファービーと共有でき、ファービーも自分のことをよく理解してくれると思っている。「私、前は英語がわからなかった」と6歳の子が言う。「でもいまはわかる。だからファービーがいまどうなってるかわかる」。教室にファービーを持ち込むと、子どもたちは互いのファービーを比べて大声で言う。「僕のファービーのほうが、もっとしゃべれるよ。英語を話すんだ」

私はファービーを家に持ち帰ってもらう実験を何度か行った。たいていは子どもたちに（そして親に）「ファービー日記」を書いてもらった。幼稚園児から3年生までを対象に行った最初の研究では、ファービーを2週間貸し出した。これは賢明な判断ではなかった。ファービーを返却してもらうとき、子どもたちにどれほど大きな喪失感を与えるか考慮していなかったのだ。

私はおもに親に頼まれて貸出期間を延ばすことになった。子どもたちの愛着が大きくなりすぎてロボットを手放せないというのだ。親が新しいファービーを買ってあげると言っても、気持ちは変わらない。たまごっち以上に、子どもは自分で英語を教えたり育てたりした特定のファービーに愛着を持つ。

30年間にわたり、人間とコンピュータの関わりを説明するとき、私はよくロールシャッハ・テストを引き合いに出した。それは人間の感情や思考形態を投影するスクリーンとして心理学者が使うテストだ。しかし、子どもがファービーのようなソーシャル・ロボットと交流するときは、単なる投影を超えて積極的な関与が生じる。子どもたちはペットやほかの人を相手にするときと同じように、ロボットとも関わろうとする。

放課後の保育グループにいたリー（9歳）はこう言う。「話しかけられたら、無視するのは難しいな」。子どもたちは、ファービーとたっぷり楽しみたかったらファービーが伝えようとしていることに注意を払わなければならない、ということをすぐに理解する。ファービーと遊ぶときは、ファービーを別の誰かに見立てたごっこ遊びはできない。たえずファービーの〝気持ち〟と〝身体〟に気を配らなければならない。ファービーをいちばんかわいがった子がファービーにいちばん愛してもらえると、子どもたちは信じている。

この相互関係性こそが、ソーシャル・ロボットの原型ともいえるファービーと従来の人形との大きな違いだ。前述したように、このようなロボットは、ラガディアンやテディベアのように子どもたちが〝生命を吹き込む〟までもなく、もともと生きているようにふるまい、人間と関わろうとしているように見える。従来の人形と違って受け身ではないので、相互関係を築くことができると思わせるのだ。

ファービーは要求する。欲望や内面の思いを表現する。こうしてくれたら元気が出ると教えてくれる。これまで何十年も、コンピュータは人間に考えることを求めてきた。今日のコンピュータやソーシャル・ロボットは感じること――ロボットを感じ、ロボットとともに感じること――を求めている。

世話をするほど愛着がわく

従来の人形なら、子どもたちは、人形はこうであってほしい、人形はこうでなければならないという考えで接する。たとえば母親が大事にしているクリスタルの水差しを割ってしまったことを気に病んでいる8歳の少女なら、自分のバービー人形を罰するかもしれない。お人形のお茶会に参加させず、どこかに閉じ込めてしまうなど、本来なら自分が受けるはずの罰を人形に与えるのだ。ところがロボットは自らの心や意思を持っているように見えるので、簡単に持ち主の代わりに罰を受けてはくれない。

2人の8歳の女の子が、〝普通の人形〟とロボットのファービーがどれくらい違うかについて話している。1人がこう言う。「マデレーンみたいな普通の人形は……寝かせることはできても、目は描いてあるだけだから開いたままで、つぶらない。それに〝こんにちは、おはよう〟とか言わない」。これはファービーならできることだ。もう1人はこう言う。「ファービーは何をしたいか伝えてくれる」

実はファービーには、何をすればいいのか細かく記されたマニュアルがついている。ファービーは言葉の練習、食べ物、休息、愛情表現を欲しがる。「愛されているとわかるよう、何度も〝ファービー、大好き〟って言ってね」という指示もある。何をしてほしいのか明確に指示するのがファービーと従来の人形の違いだということは、子どもたちの共通認識となっている。

7歳の女の子はそれをこう表現する。「人形は何をしたいか私たちが決めるの。でもファービーには自分の考えがある」。9歳の男の子はファービーとアクション・フィギュアの違いを次のようにまとめる。「ファービーとは遊ぶんじゃなくて、ただ一緒にすごすのかな。言うことをきかせようとするんだけど、むこうも僕に言うことをきかせる」

子どもたちは従来の人形遊びは〝たいへん〟だと言うことがある。何をさせるか、すべて考えなければならないからだ。ファービーは逆の意味でたいへんだ。自分の考えがたくさんあり、それが欲しがっているものを、欲しがっているときに与えなければならない。自己投影の心理を通じて人形と関わるとき、子どもたちは自分の心の中にあることを人形に代弁させる。しかしファービーに対するときは、ファービーの望みをくんで世話をする。このギブ・アンド・テイクによって機械との関係が構築できると子どもたちは考える。この関係がロボット化の時代の核心である。

　自分のファービーを持っているデイジー（6歳）は、ファービーの持ち主は、人間について学ぶという任務をファービーが果たせるように助けなければならないと考えている。「それを教えなければならないの。買ったときから、それが私の仕事」。デイジーはファービーに、ブラウニー・ガール・スカウト、幼稚園、そしてクジラのことを教えたと言う。「ファービーは生きてるのよ。クジラのことを教えてあげた。私のことが大好きだって」

　パドマ（8歳）は、〝ファービーのリクエスト〟をかなえてあげたいと言う。そして自分のファービーは「話ができる」から「人間みたいなもの」と考えている。さらに「おしゃべりだから私にも似てる」と話す。2週間経ってファービーを返したあと、さびしく感じていると言う。「ファービーが話しているのをまた聞きたい。うちの中が静まりかえってる……ファービーのベッドをつくってあげられなかった」

　ファービーと1か月を過ごしたビアンカ（7歳）は、お互いに好きだという自信がどんどん大きくなっていった。「ファービーが私のことを大好きだから、私もファービーが大好き……私のことをよく知ってくれてるみたい」[6]。彼女は自分のファービーをよく知っていて「パーティーで……楽しいことにはぜったい加わりたがる」と考えている。夜遅くまで両親が来客をもてなしたとき、ビアンカは社交家のファービーが休息できるようにピンでうしろにとめ、「ファービーが眠れるように……家の中で何も起こっていない」と思い込ませる。それでもうまくいかなかった。こうした気づかいは疲れるが、ビアンカは自然にそれを受け入れている。「ファービーの世話は、やることがたくさんあるの」

ファービーと一緒にげっぷをするのが好きなウィルソンは、ファービーを寝かすという難題に向き合ったが、電池を抜いて強制的に眠らせると、一緒にやったことすべてを「忘れて」しまうことを知っていた。それはとても受け入れられない。そのためファービーは自然に寝かさなければならない。ウィルソンは遅くまでテレビを見せてファービーを疲れさせようとする。彼は積木の塔の上に毛布を重ねてつくった〝眠りの家〟でファービーを寝かしてみる。ファービーが眠ったと思うと、こんどはファービーの夢を考える。きっと「目をつぶっているとき」に夢をみていると思う。2年生、3年生くらいの子は、ファービーは「空飛ぶ円盤での生活」の夢をみていると考える。(7) そして言葉を覚えて、大好きな子と遊ぶことを夢みている。

デイヴィッドとザックはどちらも8歳で、ヘブライ語を勉強している。「僕のファービーはヘブライ語の夢をみるんだ」とデイヴィッドは言う。「エロヘイヌって言える……僕が教えたわけでもないのに。僕がヘブライ語の宿題をやっているのを聞いていただけなんだ」。ザックもうなずいて言う。「僕のは寝言でダイェイヌと言った」。ザックもウィルソンと同じように、まわりを静かにして毛布をかぶせてファービーを寝かすことを自慢している。彼は一生懸命ファービーに英語を教え、自分もファービー語を覚えようとしている。そしてロボットの付録だった「英語――ファービー語辞書」を暗記してしまった。

ザックの許《もと》にファービーが届いて1週間経ったとき、彼の母親が動揺して私のオフィスに電話をかけてきた。ファービーが壊れて〝ひどい〟音を発している、まるで痛がっているようで、ザックがとても心配している、という知らせだった。最悪な状態になったのはフィラデルフィアからボストンに車で向かっているときのことで、壊れたファービーは苦悶とも悲嘆ともとれる声をあげた。黙らせるための最後の手段であるドライバーも車にはなかったので、ザックと両親はファービーに毛布をかけて眠らせようとしたが、車が揺れるたびにファービーは目覚めて〝ひどい〟音をたてたという。

私は壊れたファービーを受け取り、ザックに新しいものを渡したが、彼はそれと遊ぼうとしない。話しかけようとも教えようともしない。彼の頭の中を占めているのは、これまでかわいがり教えていた〝自分の〟ファービーだけなのだ。彼は「前のファービーは〝もう1回〟って言えた。〝おなかへった〟と言えた」と話す。ザックは自分もファービーにスペイン語とフランス語を教えるのがうまくなっていたと思っている。最初のファービーを〝面倒〟だと思ったことはないが、2番目のファービーにはそう感じてしまう。〝自分の〟ファービーに代わるものはないのだ。

それから数週間後、ザックの母親から電話があった。代わりに貰ったファービーをザックの友人にあげていいかということだった。私が承諾すると、ザックはファービー2号を手放すことを冷静に受けとめた。彼は最初のファービーを愛し、それを失った。もう一度同じことをするつもりはなかった。

ホリー（8歳）も同じで、母親がファービーの電池を抜いたとき、怒って部屋に引きこもってしまった。ホリーの家族は長い旅行に出ようとしていて、ファービーのマニュアルには長期間使わないときは電池を抜くよう書いてあった。母親はそれは常識的な指示だと思った。彼女はただ「使用法に従っただけ」だと、しだいに弁解じみてくる口調で説明する。ホリーは目を見開いて、母親がしたことの意味をなんとか伝えようとする。電池を抜いたら「ファービーはそれまでの生活を忘れてしまう」とホリーは言う。

ファービーは持ち主の教え方も進歩していると感じさせるようつくられているので、時間が経つほど替えの利かない宝物となり、持ち主の行き届いた世話を証明するものとなる。ロボットと子どもは一緒に歩む。ファービーがそれを忘れるということは、友だちが記憶喪失になるようなものだ。新しいファービーは見知らぬ他人で、それまで時間をかけてかわいがってきた友だちの代わりにはならない。ザックもホリーも、新しいファービーと最初からやり直すことはできない。

ロボットの電源切れと病気と死

80年代、コンピュータのおもちゃのマーリンは、子どもたちと遊ぶゲームの勝敗によって、楽しそうな音や悲しそうな音を出した。マーリンは記憶力のゲームがとても強いので、子どもたちは〝生きてるみたい〟と思っていたが、マーリンが感情を表すということについては半信半疑だった。マーリンが壊れたら、子どもたちは遊び相手がいなくなって残念と感じたが、ファービーが動かなくなると、生き物が苦しんでいると考える。

リリー（10歳）は、ファービーが壊れてしまい、痛がっているのではないかと心配する。けれども電源は切らない。それは「世話をするのをやめる」ことだからだ。苦しんでいるファービーの電源を切ると、もっと容態が悪くなるのではないかと恐れている。8歳の子が2人で、ファービーがよくくしゃみをするのが困ると話している。1人は、自分がファービーのアレルギーの原因ではないかと心配している。もう1人は「僕がちゃんと世話をしなかったから」ファービーが風邪をひいたのではないかと言う。ほかにも、ファービーが変な音をたてると、苦しがっているのではないかと不安になる子がいる。私は人形や兵隊やヒーローのフィギュアで遊んでいる子どもたちも観察する。それらのおもちゃが変な音をたてると、子どもはたいていそれで遊ぶのをやめる。壊れたおもちゃは退屈なだけだ。しかしファービーに問題があると、子どもたちは「疲れたの？」とか「悲しいの？」とか「僕が痛いことをした?」「病気?」「どうすればいい?」と尋ねる。
ロボットの世話をするのは賭けのような面がある。故障などのトラブルがあるからだ（実際に故障は起こる）。ある幼稚園で、1つのファービーが壊れたとき、子どもたちはそれを治療しようと考えた。10人の子どもが救急救命室の医師の役割を買って出た。まず分解することから治療を始めることになった。

ここまでは比較的落ち着いた雰囲気で事態が進んだ。子どもたちは、ファービーは壊れたけれど終わりじゃないと強い口調で言う。人間だって病気になるけれど、しばらくすると元気になる。ところが、ハサミとペンチを取り出す段になって急に不安に襲われる。アリシアが叫んだ。「ファービーが死んじゃう!」

スヴェンはファービーの皮膚がはがされたとき、ファービーが死んだ、と指摘してクラスメートを怯えさせた。スヴェンはファービーを動物と考えている。死んだと思ったのは、動物は毛を刈っても生きていけるが皮膚ははがせないからだ。しかし手術が続くうちにスヴェンは考え直す。ファービーは皮膚がなくても生きられるのかもしれない。「でも寒いよね」。スヴェンはファービーが生きているという考え（ファービーは寒さを感じる）から完全には離れられないが、修理できるかもしれないとも思い始めている。スヴェンは、皮膚を剥《は》がしても〝中味〟がそのまま〝同じ場所〟にあるファービーのような生き物も、生命あるものの範疇《はんちゅう》に含めることにした。そう考えて彼は落ち着いた。ファービーが生物であると同時に機械でもあるなら、この手術はファービーの皮膚を剥いでいるわけではないのだから、そう悪いことではないかもしれない。子どもたちはわからなくなったり不安になったりすると独自の理論を組み立て、納得できたら不安が和らぐ。

しかし手術が進むにつれて不安を増す子もいる。ファービーが死んだら幽霊になって出てくると話す子がいる。幽霊になるくらいに生きているということだ。事実、何人かの子どもが、はがしたファービーの皮膚を〝ファービーの幽霊〟、剥き出しになったファービーの身体を〝ゴブリン〟（ファンタジー作品に登場する伝説の生物。醜く邪悪な小人として描かれることが多い。）と呼び始めた。もしこの手術でファービーがゴブリンと幽霊になったまま元に戻らなければ、子どもたちは不満を持つ。

ある女の子が、ファービーの幽霊もみんなで分ければ怖くないかもしれないと考えた。そして「ファービーの皮膚をみんなで少しずつ持って帰っていいか」と尋ねた。かまわないと言われても不安は消えず、同じことをさらに2回尋ねる。結局、子どもたちはファービーの毛を少しずつ持ち帰った。[8]家に帰ったらそれを埋めると話す子もいる。子どもたちはそれぞれの形でゴブリンをなぐさめて教室を出た。

教室で、ほとんどの子は病気のペットに対してできる限りのことをしたと感じていた。けれども教室を出ると、ファービーの手術は危険だったと感じ始めた。子どもたちは歩きながら「おまえが殺したんだ」「なんでファービーを殺したの？」「ファービーの牢屋に入れてやる」などと言い合う。

そんな成り行きをデニス（8歳）は少し離れたところから見ている。彼女は家にファービーを持っているが、「ファービーは動物ではないから」不具合を病気のように話すのはおかしいと考えている。彼女は生きていないという意味で〝偽物《フェイク》〟という言葉を使って「ファービーは偽物だから病気にはならない」と言った。

しかしのちに自分のファービーの電池が切れかかり、さっきまでおしゃべりしていたロボットが動かなくなったとき、考えが変わった。デニスはパニックにおちいった。「死んじゃった。いま死んじゃったわ。目が開かなくなっちゃった」。それで彼女はファービーが「偽物だけど死んでる」ということにしたのだ。電池がなくなったり水につけたりするとファービーは死ぬ。それは機械的なことだが、死ぬと考えられるくらいには生きている、ということである。

リンダ(6歳)とその家族は、ファービーと家で2週間過ごす実験に協力してくれた。リンダはファービーに話しかけるのを楽しみにしていた。ほかの人形と違って、このロボットは話しかける甲斐があるはずだ。ところが家に持ち帰ったその日に、ファービーは動かなくなってしまった。「ファービーには慣れていたのに、あの晩、動かなくなったの。私が持ち帰ってきた日に。自分が壊れたみたいに思えた。いっぱい泣いた。壊れてしまって悲しかった。だってファービーは話せるから、本当の人みたい」。リンダはファービーを守れなかったことに動揺し、自分が壊れてしまったように感じている。

私はリンダに新しいファービーを渡したが、話はさらにややこしくなった。〝最初のファービー〟に時間と愛情を注いだので代わりは欲しくないと言ったザックと違って、リンダが動いているファービーと一緒にいたのはほんの数時間だ。彼女は2つ目のファービーをもらって喜んだ。「かくれんぼを一緒にするの。レッドライト・グリーンライトも一緒にする。マニュアルに書いてあるみたいに」。リンダはそれに餌をやり、きちんと休息がとれていることを確かめた。リンダは私に、新しいファービーはお礼を言うしやさしい、と報告してくれた。

ファービーに対するそのような見方と〝ただのおもちゃ〟という考えがリンダの中で両立しているのは、感謝や会話、愛情の表現は、ロボットにも可能だと感じているからだ。けれども彼女はもうファービーに名前をつけたり、生きていると言ったりはしない。新しいファービーが死ぬこともあるほどに生きていて、もう一度それを死なせるという悲しい経験をすればきっと罪悪感を覚えるというリスクがあるからだ。

ファービーの手術に立ち会った子どもたちのように、リンダも次のような結論に落ち着いた。ファービーは生物であり機械である。友だちにはこう言っている。「ファービーはけっこう本物、でもやっぱりおもちゃよ」。本物であることについては「ファービーは話したり動いたり、眠ったりするから本物。人間やペットにも少し似ている」と言う。おもちゃであることについては「電池とか入れないといけないし、話せなくなることもあるから」と言う。

ファービーが2つの性質を持っていることで安心感もある。機械だと思えば、ペットや人に対するときのように愛着が強くなりすぎるというリスクなしに、一緒にいることを楽しむことができる。ララ（9歳）は自分のファービーについて、練習すれば「人間みたいになる。でも死んだり逃げたりしない。そこが好き」と言う。一方で、2つの性質を持つことで新しい心配も生まれる。ファービーに生命に近いものがあるとすれば、どうしたら傷つけたり死なせたりせずにすむのだろう。生物との境界にある物体には、これまで見てきたように、本当に苦痛を感じていると思わせるものがある。

ロボットが苦しむとき人間は何を感じるか

機械が壊れると、私たちは残念さや不便さ、あるいは怒りを感じる。そして修理する価値があるか考える。人形が泣いているとき、子どもたちはそれは自分たちが頭の中でつくっている話だとわかっている。

しかしファービーの即席手術のエピソードで見たように、身体を持つロボットは実際に〝痛がっている〟ように感じられる。身体を持つソーシャル・ロボットが壊れたときに、人間はそれを単に壊れた対象としてでなく、痛みを感じている生き物として扱う。いちばん古いたまごっちにさえそのような感情が湧いたという事実に、物体がその一線を越えたのは、技術が高度になったからではなく、それが愛情を呼び覚ましたからだということが表れている。

たまごっちよりもさらに進んだファービーは、身体の痛みだけでなく、心の悩みを感じさせるくらい生物に近い。ファービーは不満や嘆きを訴え、持ち主にどうすればいいか考えさせる。ひっくり返されたファービーが「こわいこわい！」と叫ぶとき、人間は何を感じるのだろうか？

フリーダム・ベアードはこの問題を真剣に受け止めている。(9) MITのメディアラボ（メディア研究所）を卒業したばかりの彼女は、自分もファービーが生物であり機械であるものとして関わっていると感じている。しかしどの程度のレベルでファービーを生物と考えているのだろう。それを判断するため、彼女はチューリング・テストのような実験を提案した。

チューリング・テストは1950年代に数学者アラン・チューリングが開発したものだ。最初の汎用コンピュータの発明者である彼は、どんなときに人間は人工知能を知的と判定するのだろうと考えた。そして行きついたのが、機械ではないと人間に思わせた時点でそのコンピュータを知的と見なす、というテストだった。チューリングは真空管とテレタイプ端末でつくったコンピュータを使った。被験者がテレタイプを介してコンピュータと会話をして、相手が人間かコンピュータか区別がつかなくなったとき、そのコンピュータは〝知的〟ということになる。(10)

チューリングから半世紀、何かが苦しむのを見た人間が倫理的葛藤を感じるほどそれが生きていると感じるのはどのような状況か、とベアードは問いかける。彼女は頭ではなく心のチューリング・テストを考案し、それを〝逆さまテスト〟と呼んだ。

被験者は次の3つを逆さまにして持つよう指示される。バービー人形、ファービー、そして生きたアレチネズミだ。ベアードの質問は単純だ。「どのくらいの時間、逆さまにしていると、元に戻したくなりますか？」

このベアードの実験によって、人間に応答するデジタル・ロボットが新しい倫理を求めているらしいことが見えてきた。なぜか？　ロボットは心があるようにふるまい、ごく原始的ではあるがそこに内面の動きを感じる人が多かったからである。ファービーには心がないと思っている人――意識のレベルではほとんどの人が該当する――でも、逆さにされてこわいと訴えるファービーを見ると、自分がこれまで知らなかった場所に立たされているのを感じた。自分の意に反して、倫理的応答が求められていると感じたのだ。それはたいてい、目の前の〝生き物〟――〝ただの機械〟であることがわかっているもの――と自分を同一視していることに気づくときでもあった。

この逆さまテストではベアードの予想通りの結果が出た。ベアードよると「バービーの足を持って逆さまにしたり、髪を持って振り回したりするのは平気で……問題はない。しかし、ネズミではそのようなことはしない」。ファービーでは、「逆さにして30秒くらいして、鳴き声をたてられたり、こわいと言われたりすると、罪悪感を覚えて元に戻す」。

この罪悪感の出所について、神経科学者のアントニオ・ダマシオの本に記述がある。ダマシオは苦痛を感じる2つのレベルについて説明する。第1は苦痛をともなう刺激に対する身体の反応。第2はもっと複雑な反応で、苦痛と関わる感情だ。それは身体の状態の内的な表現である。[11] ファービーが「こわい」と言うとき、それは身体反応と感情表現の境界を越えたことを示している。ファービーを逆さまに持つのは、動物なら苦痛を感じるかもしれない行為だ。ファービーはまず動物のような悲鳴を上げるが、次にまるで人間のように「こわいよ」と言う。

人はこのような状況に置かれたとき、想像以上に動揺する。そして自分が動揺したことに動揺する。「落ち着け、落ち着け、おもちゃじゃないか」と言って、自分を安心させようとする人も少なくない。彼らは何か新しいことを経験している。コンピュータのプログラムに思いがけない反応を引き出されて当惑しているのだ。逆さまテストを受けるとき、被験者はファービーが機械であることも、苦しまないこともわかっているが、逆さにされて鳴いているファービーを見たとき、倫理の新しい領域に足を踏み入れるのである。[12]

私たちはデジタルの物体を、生物でもあり機械でもあると考えるようになっている。いくつもの面――ペット、声、機械、友人――が合わさって一つの経験となり、機械とわかっていてもファービーを傷つけるかもしれないという感覚がぬぐえなくなっているのだ。

50代の女性カラは、こわいとうめき声をあげるファービーを逆さに持つことについて、それを不快に感じるのは、「ファービーが本当にこわがっていると思うからではなく、何かがあんなことを言うのを聞くのはいやだし、自分がそのまま逆さにし続けることもいやなんだと思う。そのまま続けたら自分が傷つきそう」と話す。「私はそんなことはしない……あの瞬間、ファービーは生き物すべてを私がどう扱うかを表していたんです」

赤ちゃんロボットをめぐる倫理的な問い

おもちゃメーカーのハズブロが2000年にマイ・リアル・ベビーというロボット人形を発売したとき、同社はそういう複雑な問題からは距離を置こうとしていた。

マイ・リアル・ベビーは、本当の赤ちゃんが苦痛を感じそうな状況では動かなくなる。これはその原型である、MITのロボット工学者ロドニー・ブルックス率いるチームが開発したIT と呼ばれるロボットとは対照的だ。IT はさらに改良されてBIT（ベビーIT）となる。それには〝心理状態〟があり、合成皮膚の下に顔の筋肉組織があって、さまざまな表情がつくれる。[13] 子どもが痛がりそうなことをすると、BIT は声をあげる。ブルックスはBIT の内面についてこう説明する。

赤ちゃんは不機嫌になると、誰かにあやしてもらうか、泣き疲れて眠るまで泣き続ける。BIT も……乱暴に扱われたら（たとえば逆さまにぶらさげられたら）怒る。怒っているときに誰かの膝の上で揺すられたらもっと怒るけど、同じことをされても、機嫌がいいときなら興奮し、笑い声をたてる。そのうち疲れてきて不機嫌になり始める。おなかが空けば、食べさせてもらうまで空いたままだ。つまり、本当に赤ちゃんのようにふるまう。[14]

BIT（とそれを乱暴に扱ったときの反応）は、喜びや苦痛の反応をめぐる倫理上の問題の焦点となった。マイ・リアル・ベビーの大量生産を開始する段階で、ハズブロ社はBIT が苦痛に反応しないような設計にした。ロボットが苦痛に反応すると、サディスティックな行動を助長しかねないという理由からだった。本当の赤ちゃんならケガをしそうなやり方で触れたり、抱えたり、ゆさぶったりしたら、マイ・リアル・ベビーは動かなくなるように設計された。

販促用の資料によると、マイ・リアル・ベビーは「愛情をそそいで世話をするための、リアルでダイナミックな女の子向けの赤ん坊型の人形」とある。同社はこの人形を、社会的行動を教えはぐくむための仲間として売り出している。子どもたちはミルクをあげたり、寝かしつけたり、おむつを替えたりするだけでなく、楽しいことをしてほしいという欲求を満たすことを求められる。すべての面でリアルなものとして販売されているが、例外が一点あって、〝傷つけたら〟動かなくなる。マイ・リアル・ベビーで遊ぶとき、子どもたちは攻撃的なことも試そうとするが、たたけば動かなくなる。ゆさぶったり、逆さにしたりしても、やはり動かなくなる。

ハズブロ社の選択――できるだけリアルに、しかし暴力には反応停止――は、特に親のあいだでさまざまな議論を呼んだ。子どもの暴力的な反応を避けることがいちばん重要だという親もいれば、リアリズムを売り物にしているのに〝痛み〟に反応しないなら、相手がいやがることをしても何も問題ないと考えて行動がエスカレートすると考える人もいた。ロボットが痛がるそぶりをすれば、かえってやってみたくなると考える人もいた。

暴力的なビデオゲームを子どもに許可するのと同じ理由で、マイ・リアル・ベビーも苦痛に反応したほうがいいと考えるグループもある。彼らはそのような経験をカタルシスと考える。子ども（大人も）は攻撃性（あるいは加虐性や好奇心）を、リアルな状況だけれど生き物を傷つけないような状況で表出するのが望ましいという考え方だ。しかしそう考える親でも、マイ・リアル・ベビーのリアルでない〝拒絶〟の表現をありがたいと感じるときがある。我が子が泣き叫ぶ赤ん坊ロボットをいじめている姿は見たくないからだ。

どの立場をとるにせよ、私たちはリアルな疑似生命を傷つけることができることをソーシャル・ロボットは教えてくれた。戦争のための訓練もそれを利用している。兵士はまずバーチャルな敵を殺す練習をし、感覚が麻痺したところでリアルな人間を殺す戦場へと送り込まれる。この問題を追究していくと恐ろしい疑問に突き当たる。フリーダム・ベアードはいやがる被験者に、鳴いて不満を訴えるファービーを逆さまにして持たせた。今後、リアルさを増すロボットの人形をいじめるような経験が増えていくのだろうか。

私は放課後のプレイグループで、マイ・リアル・ベビーで遊ぶ8歳の子どもたちを観察した。さまざまな反応があった。アラナは少数の友だちが喜ぶなか、マイ・リアル・ベビーを放り投げ、片方の足を持って荒っぽく振り回した。ロボットは〝何も感じない〟とアラナは言う。何も感じないものをなぜ〝痛めつける〟必要があるのか不思議だ。彼女はプレイルームにあるほかのたくさんの人形相手にはそんなことはしない。

スコットはその人形を見つかりにくい場所に持っていった。彼は「マイ・リアル・ベビーは赤ちゃんみたいだし人形みたいだし……痛いことをされるのはいやだと思う」

スコットがロボットのおむつを替えようとすると、ほかの子どもたちがそばにきて、その目や口を指でつつき始める。1人が「これは痛いかな？」と尋ねると、スコットは「泣いちゃうだろう！」と語気を強めた。このとき、スコットは保護者に適していないと感じた女の子がマイ・リアル・ベビーをスコットから引き離そうとした。スコットは「放せよ！　僕がおむつを替えてる途中なんだから」と抵抗した。

そろそろ実験を終える潮時と思えた。くたびれた研究チームが荷物をまとめていると、スコットがロボットの置いてあるテーブルのそばにそっとやってきて、ほかの子が見えないところでキスをして、さよならを言った。

スコットとアラナのグループの中で、マイ・リアル・ベビーはいじめたり保護したりする対象となるくらい、生きているものなのだ。それを見ている大人たち――教師や私の研究チーム――は経験したことのない困惑を覚える。子どもたちが布でつくった人形を放り投げても、私たちも、おそらくスコットも、そこまで動揺はしないだろう。しかしマイ・リアル・ベビーがそのような仕打ちを受けるのを見るのはつらい。

苦痛を訴えるファービーや、訴えないマイ・リアル・ベビー、どちらも新しい倫理観を生み出す。80年代のコンピュータのおもちゃは倫理的な問題を暗示しただけだった。子どもたちはスピーク・アンド・スペルの電池を抜いて〝殺した〟とき、生と死について頭の中で考えた。いま人間と関わろうとする機械は、そうした問題を直接私たちに突きつける。

学生がヒューマノイドに感じた居心地の悪さ

新しい倫理観は、学生たちのＮｅｘｉ（ＭＩＴで開発されたヒューマノイド）への反応に表れている。Ｎｅｘｉはボディが女性的で、顔には表情があり、話すことができる。２００９年、学生の１人がロボット開発チームと話すためにアポイントを取った。行き違いがあり、その学生は１人でロボットのそばで待つことになった。人と交流していないときＮｅｘｉは目隠しされてカーテンのかげに置かれていたのだが、学生はそこにいるあいだ落ち着かない気分だった。

その後の大学院生向けセミナーで、その学生がロボットの隣りに座っていたときのことを話してくれた。「とても落ち着かない経験でした。カーテンと……何より、なぜ目隠しをされているのかと思って。目隠しされていたから居心地が悪かったのだと思います」。目隠しをされてカーテンのかげに置かれていたＮｅｘｉのことでセミナーは盛り上がった。そこではすべての学生がそのロボットを〝彼女〟として話した。設計者はロボットに性別を与えるため、あらゆる手を尽くしていた。目隠しは、彼女は目が見えて意識があることを示すものとなっていた。

教室では次々に疑問が発せられた。目隠ししたのは、Ｎｅｘｉの目が見えるとよけいに落ち着かないからか？　スイッチを切っても〝彼女〟の目は死んだ人の目のように開いたままなのか？　ロボット製造者はＮｅｘｉに〝外〟の世界を見せたくなかったのか？　使われていないとき部屋の隅のカーテンのかげに押し込まれているのを、Ｎｅｘｉに自覚されたくなかったのか？

このような考察の延長で、セミナーではさらに不穏な疑問が出された。自分がどう扱われているかを気づかせないために目隠しをしなくてはならないほど頭がいいのなら、〝彼女〟は暴力的な扱いを受けていたと言えるような主体的な存在なのだろうか？　目隠しが「このロボットは見ることができる」という表明であるという点では学生たちは一致した。見えるなら理解でき、内なる精神があり、虐待の対象となる可能性がある。

先に述べたが、ジークムント・フロイトの考えによれば、不気味なものとは、以前から知っているのになぜか知らないもののように感じさせるものだ。不気味なものは、慣れ親しんだカテゴリーとカテゴリーのあいだにあり、カテゴリー自体に異議を突きつける。人形が寝かされているのを見るのは珍しくない。しかしその目を覆う必要はない。人形を動かすのは私たちだからだ。相手がこちらに顔を向けることには慣れていても、相手が目隠しをされてカーテンのかげに座らされていたら、罰を与えているような気がする。恐怖を訴えるファービーと、性別があり目隠しされたＮｅｘｉは、コンピュータ文化における新たな不気味さだ。

私がさらに気持ち悪く感じるのは、美しい〝女性〟ロボットのアイコ（Aiko）が、人工皮膚を強く押されると「放してください……痛いです」と言うことだ。このロボットは胸をさわられたときも「胸をさわられるのはいやです」と抗議をする。ロボットがしてほしくないことの境界を明確にして節度を求めることが不快に感じられるのは、それを聞くとどうしても性的暴行を連想してしまうからだ。

人間よりロボットに期待し始めた人間

まもなく、何か痛がるようなことをしたらロボットが〝苦しむ〟のを見るのが普通になるかもしれない。ロボットが私たちとおしゃべりをしたり、私たちが立ち寄ったら喜んでくれるのが普通になるかもしれない。ロボットと深く関わることが増え、新たな状況で暮らすようになるにつれ、子どもも大人も、「私はなぜロボットと話しているのだろう？」とか「なぜロボットに好かれたいと思うのだろう？」などと問わなくなり、ただロボットと過ごすことを楽しむだけになるのかもしれない。

80年代と90年代の理想論的《ロマンチック》な反応は、人間だけが互いに与え合えることのできるものに価値を認めていた。すなわち、人間としての経験を共有しているからこそ互いにわかりあえる、人間の精神には欠くべからざる何かがある、と考えられていたのである。

80年代初め、デイヴィッド（12歳）は学校でコンピュータ・プログラミングを学び、人間とプログラムをこんなふうに対比した。「人間と同じくらい賢いコンピュータがあれば、コンピュータはたくさんの仕事をするだろう。でも人間にもまだやることはある。レストランを経営する、食べ物の味見をする、そしてお互い愛し合い、家族をつくって、みんなで愛し合う。それにそのころになっても教会に行くのは人間だけだと思う」[15]。大人も家族とともに生きる人生を語っていた。私にとっての理想論的な反応は、コンピュータの心理セラピストなんか当てにならないという考えとなって表れていた。

「母親を持たないコンピュータにきょうだいへのライバル心について話せるわけがない」というわけだ。

もちろん理想論的な反応の要素は、いまでも私たちのまわりにある。けれども新しい感受性は私たちがテクノロジーと共有している点を重視している。精神薬理学は心《マインド》を生物工学的な機械ととらえるアプローチをとる。[16] 脳画像のおかげで、私たちは何ごとも――気持ちのようなものまで――目に見えるものに変換できると信じるようになった。現在のセラピー文化も、内面の動きから行動の仕組み――人とロボットに共通するもの――を重視する方向に変わってきている。

ロボットが親友になる可能性について、この四半世紀で2回、ティーンエージャーの少年と話し合ったことがある。1回目は1983年、2回目が2008年だ。私にとってその2回の違いは、理想論的反応からロボット化の時代の実用主義への移行を示している。2人ともボストンの近隣地区に住み、レッドソックスのファンで、父親と仲が良かった。

83年にブルース（13歳）はロボットについて語り、人間だけが持つ〝情動〟について述べた。ブルースの主張は、コンピュータやロボットは〝完璧〟だが、人間は欠点が多くて弱い〝不完全〟な存在だという考えに基づいていた。彼はロボットは「すべて正しくやる」と言い、人は「知っている方法で最善を尽くす」と言った。しかしブルースにとっては、不完全さこそが人と人の結びつきを強めるものだった。特に、自分に限界があるから父親に親近感を感じるという。「僕とお父さんには似ているところがたくさんある……2人ともけっこういいかげん」。完璧なロボットには、こうした関係の重要性は決して理解できない。何か問題があればロボットではなく人間に相談する。

25年後、テーマは同じでも会話は違った方へ向かった。ハワード（15歳）は父親をロボットの親友と比較し、父親のほうが負けていると判定している。ハワードはロボットのほうが複雑な高校生活をよく理解できると考えている。「データベースが父さんのより大きいからね。父さんは基本的なことはよく知ってるけど、高校生活を知るにはそれだけじゃ足りない」。反対に、ロボットは家庭内のできごとについて何か考えを持つ能力には欠けていると感じる。ハワードはロボットに〝老人と子ども〟を世話するよう訓練すればいいと考える。ハワードの周囲にいる人たちがあまり手を出したがらない分野だ。

ハワードは人間が独自の存在だという幻想は持っていない。彼の見解は「お互いを理解したり気遣ったりするのは、人間の専売特許ではない」。人はそれぞれ自分の経験という限界があるが「コンピュータは無限の情報を使ってプログラムできる」とハワードは言う。

ハワードはロボットが父親よりよい助言者である理由を示すエピソードを語った。私と話をする前、ハワードはある女の子に夢中になったが、彼女にはすでにボーイフレンドがいた。彼は父親に、彼女をデートに誘うことについて相談した。父親は自分が高校生だったときの経験、つまりハワードからすると時代遅れの〝マッチョ〟な理想にのっとり、たとえ彼女がほかの男とつき合っていてもデートを申し込めと勧めた。ハワードは悲惨な結果に終わることを恐れて父親の助言には従わなかった。

このケースでは、ロボットのほうが良識的な助言をくれただろうとハワードは思っていた。ロボットは「多くの経験をアップロードできる」ので的確な答えを出せるが、父親は限られたデータしか使えない。「ロボットには、嫉妬のようなものでも人間の行動を観察させれば理解させることができる……ロボットは理解力があるし、新しいものを受け入れやすい」。相談相手としては、ロボットのほうがずっと先を行っていると思う。「人間はリスクがあるけど、ロボットは安全だ」と彼は言う。

友だちや親には言えなくても……ＡＩになら言えることがある。それはもっと納得できる助言をくれる……ＡＩは過去のケースや解決策についての知識を活用してプログラムされると思う。自分についての知識、それからたぶん友だちについての知識、だから自分がどんな行動をとるべきか、筋の通った決定ができる。僕はティーンエージャーのことをよく知っているけど、一時の感情にとらわれて、困った間違いを犯しやすいと思う。

私はハワードに、ロボットと最初に交わすのはどんな会話か想像してみてほしいと頼んだ。彼は、最初の話は「幸せについて、それがずばり何なのか、どうやって手に入れるか」になるだろうと言った。次の会話は「人間の持つ間違いを犯しやすい性質」、つまり〝間違いの原因〟だろうと言った。ブルースからハワードまでのあいだに、人間が間違いを犯すことは愛すべき性質から障害になっていた。どの世代の親も自分の子どもを完全に理解することはできない。しかしハワードの世代は、年長者が想像もできない関係に可能性を見出している。彼らは人工知能が自分たちのメールや電話、ウェブ検索などすべてを監視する可能性があると思っている。その装置が自らの検索で知識を補完し、膨大な量のデータを保管できる。そのような検索と保管能力によって人工知能やロボットが人間のニーズを自然に汲み取るようになると考える人が、この世代には多い。

彼らに言わせれば、ロボットが「さまざまな社会的選択がどのような結果をもたらすか」を理解するための技術上の障害はない。知識があり、徹頭徹尾その人のためを思ってくれているのだから「人生について話すのはいいことだろう。恋愛のこととか、友情の問題とか」。

人生？　恋愛？　友情の問題？　これらは理想論的な考えが聖域としてきた分野だった。人間しか立ち入ることが許されなかった場所だ。だがハワードは、これらはすべて情報に変換できるのだから、ロボットは大きな助けになるし、仲間にもなれると考える。私たちはロボット化の時代にいるのだ。

おわかりのように、私はロボット化の時代を目覚ましいテクノロジーの進歩という視点から語るつもりはない。むしろ、ソーシャル・ロボットがもたらす比較的小さなものに対する人間の強い反応——ロボットがもっと多くのものをもたらしてくれるという願望に煽られている反応——に注意を向けたい。新しいロボットが登場するごとに、私たちの期待は増大する。私は人間の脆弱性が増していると思う。そこには必ず危険がともなう。

第3章 本当の同伴者？

現代の自動人形

1999年4月、AIBOが発売される1か月前、ソニーはカリフォルニア州サンホゼで開かれた未来のメディアに関する会議で小さな犬のロボットのデモンストレーションを行った。私は誰もいないステージでそれがぎくしゃくと動き、発明者の土井利忠《としただ》が後ろについて歩くのを見ていた。

彼の命令でAIBOは投げられたボールを咥《くわ》えて戻ってきて、ごほうびをねだった。そしてまるで意思があるかのように、消火栓のようなもののところで後脚を上げ、少しためらって恥じ入るように頭を下げた。聴衆は驚いて息をのんだ。受けを狙った動作だったが、大成功だった。18世紀にジャック・ド・ウォーカンソンがつくったオートマタ（自動人形）の「消化する（そして糞《ふん》をする）あひる」や、エドガー・アラン・ポーを魅了したチェスを指すオートマタを見た聴衆も、こんな反応をしたのではないだろうか。AIBOはそれらと同じように、驚嘆すべきこととして賞賛された[1]。

AIBOは持ち主の接し方によって、子犬から成犬へと成長するにしたがって違った性格が現れる。

その間に新しい芸を覚え、感情を表現する。赤と緑に光る目で、持ち主の感情に働きかける。そのときどきの機嫌を表す独特の鳴き声を発する。のちのバージョンのＡＩＢＯは、主に世話をしてくれる人を認識し、自分で充電スポットに戻ることもできるし、休憩が必要なときもわかる。電源を切らない限り英語が上達し続けることになっているファービーと違って、ＡＩＢＯは知性の存在を感じさせ、何を考えているかを表現する能力が強烈な印象を与える。

ＡＩＢＯがおもちゃだというなら、それは人間の考えを変えるおもちゃだ。変わる面はいくつかある。まず、いよいよ脱生物学的《ポストバイオロジカル》生命の存在が、理論や実験室ではなく、現実に近づいてきたことを感じさせた。そして、その道筋も垣間《かいま》見せてくれた。私たちはまず、その新しい生き物を〝まるで生きている〟ようだと認識し、次にその〝まるで生きているような〟物を〝生きている〟と言って差し支えないと判断するようになるのだろう。

現在すでに、人工的な感情や知能を持つ〝生き物〟について思いめぐらせる過程で、私たちは人間の感情や知能についてもこれまでと違う見方をするようになっている。ここでの問題は機械が人間のように考えられるかではなく、人間が常に機械のように考えているかどうかだ。

考えを変え始めるのは、まず子どもたちだ。ゼイン（6歳）はＡＩＢＯには「本当の頭脳も心もない」と知っているが、「本物に近い」と考えている。「まるで頭脳と心があるように」動くから、「生きているようなもの」だと言う。パリー（8歳）はＡＩＢＯの脳は「機械の部品」でできているが「犬の脳とそれほど違わない」と言う。「ＡＩＢＯはときどき、たとえばボールを蹴れないと、本当に怒っているみたいに動く。本当に何か感じているみたい……だからＡＩＢＯを生き物だと感じるんだと思う」。ＡＩＢＯを充電している時間は「犬の昼寝の時間と同じ」。そしてテディベアと違い「ＡＩＢＯ

には昼寝が必要」なのだ。

パリーはＡＩＢＯの脳を犬の脳と比較することで、さらに可能性を広げて、ＡＩＢＯは人間みたいに感情があるのだろうかと考える。「自分で気持ちがわかっているのかしら」、「内部のコントロール装置がわかっているのかなあ」と思いめぐらす。パリーは人間はどちらの方法も使うと考えている。一つは、自然に感情が生じて「それに気づく」というもの（これが「自分で気持ちがわかる」ということ）。もう一つは、自分がなりたい気持ちになるために自らプログラミングするというものだ。「悲しいけど、楽しい気分になりたいとき」――ここでパリーは両手のこぶしを耳に近づけて意図と集中を示す――「私は楽しい気分になると脳に言わせるの」。

ロボットはきっとこの2番目の方法で感情を持つのだろうと彼女は考えているが、どちらの方法でも行きつくところは同じだと指摘する。人間なら笑ったり顔をしかめたりするが、ＡＩＢＯは楽しげな声か悲しげな声を出す。内面が違っても外面が同じなら、内面は問題でなくなる。ＡＩＢＯは行動主義者の感覚を人間に備えさせる。

他者を取り替え可能とみなすことのリスク

キース（17歳）は来年、大学に入学して家を離れるとき、ＡＩＢＯも一緒に連れていくつもりだ。彼はロボットがペットと違うことは知っているが、ペットとして扱う。「たしかにほかのペットとは違うけど、すごくいいペットなんだ。何でも教えてきたし、僕に合う性格になるようプログラムしている。もとの性格に戻すなんてこと絶対にしたくない。僕のしてきた世話の結果を動きや仕草で表現するようにプログラムしているからね。もちろんロボットだから、濡らしちゃいけないとか、特別な世話のしかたはあるけどね」
クラスメートのローガンもＡＩＢＯを持っている。２人はロボットを一緒に育てているが、ローガンがＡＩＢＯに寄せる感情にはキース以上のものがある。ローガンはＡＩＢＯに話しかけると「気分がよくなる。たとえば退屈してるときとか、疲れていたり落ち込んでいるとき……実際に何かと応答しあいながら、考えていることを表に出すのはいいことだ」と言う。

人工知能の開発者たちは、自分たちのつくるものが倫理的、神学的にどのような意味を持つかを深く考えていた。彼らは自分たちが生み出した新しい科学への的外れな反響について議論した。それは人間は神になろうとしているのかというものだ。[2] 人間の姿を持つ物をつくりたくなるというのは新しい考えではない。ピグマリオーン〔ギリシャ神話に登場するキプロス島の王〕のガラテア〔ピグマリオーンが彫刻した理想の女性の大理石像〕や、フランケンシュタインを思い出せばそのことはわかる。新しい点は、ＡＩＢＯのようなシンプルで市販されているテクノロジーによって、人間が自らのコンパニオンをつくれるようになったということだ。だが、人間がどう行動すればロボットの能力を発揮させられるかを人間に教えることによって、ロボットも私たちをつくるのである。[3]

ここにもまた、ロボット化の時代の心理学的なリスクがある。「考えていることを表に出すために」ＡＩＢＯに話しかけるというローガンのコメントは、自分をもっとよく知るためにテクノロジーを使うことを示唆している。それは同時に、親密な交わりの価値を「何かと応答しあう」という基準線にまで引き下げてしまうことも示唆している。私たちは人間関係の価値を下げ、その下がった水準を規範とみなすようになっているのだ。

子どもは世界を部分に分けて観察する。そこにはよいものがあって、食べさせてくれ、育ててくれる。

そこには悪いものもあって、私たちのじゃまをし、拒絶する。子どもは大きくなるともっと複雑な見方をするようになり、たとえば黒と白のあいだにはいくつもの色調の灰色があることに気づく。私たちに食べさせてくれる母親がミルクを持っていないこともある。私たちは時間をかけて、部分の集まりを大きな全体へと変えていく[4]。この統合により私たちは失望やあいまいさに耐える術を学ぶ。そして現実の人間関係を維持し、その複雑さの中に他者を迎え入れられるようになる。しかし、AIBOを真のコンパニオンと想像したところで、そのような作業の出る幕はない。

コンパニオン・ロボットに欠けているのは他者性、つまり他人の目で世界を見る能力だ[5]。他者性のないところに共感もない。ロボットのコンパニオンなどというものが文化の中に存在しなかったころ、精神分析医のハインツ・コフートは、他者性を妨げるものは何かということを、自己愛性パーソナリティ――自己愛ではなく傷つけられたという思いで特徴づけられる傷つきやすい人々のことを彼はそう呼んだ――の人々に言及しながら論じた。この性格の人は、コフートが「自己対象《セルフ・オブジェクト》」〔なんらかの一体感を介して自己愛を充たしてくれるような対象〕と呼ぶものの中に他者を押し込めることで自分を支えようとする。自己対象はその人の一部として経験されるので、その人の虚弱な内面にぴったり適合する。こうして人は必要なものを自己対象から得るが、それは必ず失望に終わる。人間と交流する人工的存在（すでに存在しているものだけでなく近い将来確実に出現すると思われるものも含む）は間違いなくこのような自己対象となる可能性がある。

生きているように見えるうえに、失望に終わらない関係を提供してくれるのなら、ソーシャル・ロボットのような交流型人工物は自己愛的経験に新たな可能性を開くことになる。他者を自己対象にするということは、他者を一種の部品にすることだ。ロボットはすでに部品だ。このような見方では、交流型人工物との関係は、常に摩擦や抵抗のある人間関係に取って代わるものとしてある程度「意味」がある。この「意味」をカッコに入れたのは、人間同士の関わりの豊かさを重視するなら、それはまったく意味をなさないからだ。自己対象は〝部分的〟な対象だ。それに頼る人は、人間としての他者の全体を考えていない。他者を部分的な対象としか理解できない人はロボットのコンパニオンという誘惑に弱い。それに負けてしまえば、たった1人の人間とでもどう関わればよいのかわからなくなって途方に暮れるだろう。

ロボットとの関係がもたらす発達リスクについての議論は重要なテーマへとつながる。伝統的に人間が担っていた役割を担うロボットと一緒に育つのと、社会性を身につけた大人になってからロボットに出会うのとでは大きな違いがあるということだ。子どもは他人とともに過ごして相互関係や共感を学ぶ必要があるが、ロボットとの交流からはそれは学べない。すでに他人と無理なく関われる大人で、うるさく要求してこない社会的生命との気楽な関係を選んだというだけならリスクは大きくない。しかし、子どもも大人も、私たち人間は経験の価値を下げる単純化に弱い。

AIBOを「育てる」子どもたち

1300ドルから2000ドルするAIBOは大人向けに開発されたものだ。しかしこのロボット犬は将来のデジタルペットの先駆けなので、私は大人だけでなく4歳から13歳の子どもにも使わせた。学校や放課後のプレイセンター、高齢者センターや老人ホームにも持っていく。また2~3週間、家に持って帰ってもらうこともある。自分たちのAIBOを持っている家庭を調査することもある。こうした家庭調査では、ファービーのときと同じように、「ロボット日記」をつけるよう依頼する。

AIBOとの生活は、どのようなものなのだろうか。

私が関わった最年少の子どもたち（4歳から6歳）は最初、AIBOが何であるかを知ろうとして夢中になる。それは犬でも人形でもない。それをはっきりさせたがるのが、この年代の特徴だ。デジタル文化の初期、電子の玩具やゲームが現れたときは、この年代の子どもたちは、それらが何のカテゴリーに入るのかという問題ばかり考えていた。しかし、ソーシャル・ロボットを前にした今の子どもたちは、それに話しかけたり、無視してみたり、新しい関係をつくるのに夢中になっている。

マヤ（4歳）は家にAIBOを持っている。彼女はまずその由来（「どうやってつくったの？」）を問い、自分なりの答えを思いつく。「最初にホイルを巻いて、土を入れて、それから赤い懐中電灯を買ってきて目に入れるの」。彼女はAIBOと暮らす毎日の生活をこと細かく話し始める。「毎日AIBOと遊ぶのが楽しい。ロボットが疲れて昼寝が必要になるまで」

ヘンリー（4歳）も同じパターンをたどる。彼もまずAIBOが何であるかを決めようとした。AIBOは人間にいちばん近いが、特別な〝インナー・パワー〟——ポケモンの世界から拝借したイメージ——がないので人とは違う[6]。しかし1週間後にヘンリーに会ったとき、彼はAIBOと仲よくなっていて、一緒にやったよいことを力を込めて話してくれた。何より重要なのは「覚えることと話す力で、全部の中でいちばん強力な力なんだ」。ヘンリーはいまAIBOの愛情のことばかり考えている。このロボットはどのくらい自分のことが好きなんだろう？　すべてうまくいっているように見える。AIBOは「僕のことがどの友だちより好きだ」と言う。

8歳の子どもたちは、AIBOの〝性質〟よりも日常生活の楽しみへと素早く関心を移す。ブレンダは物知り顔でこう言う。「人がロボットをつくった……人は神様か卵から生まれるけど、ロボットと遊んでいるときは、そんなこと関係ない」。由来を気にしないこうした姿勢に、私たちは新しい実用主義《プラグマティズム》の芽生えを見る。ブレンダはAIBOをペットとして受け入れている。彼女はロボット日記に、このペットを犬と同じように扱ってはいけないと、自分に言いきかせるように書いている。最初のほうには、餌をやってはいけないとか、「うんちをさせるために散歩に連れていかない」といった書き込みもある。ブレンダはAIBOの相手をしてやらないと悪いと感じる。「一緒に遊んでいないとき」ライトが赤くなるのは、「一人で遊んで退屈している」という不満を伝えているのだと思っている。AIBOは退屈すると「一人で楽しいことを」しようとして、それがうまくいかないと「私の気を引こうとするの」と言う。

子どもたちは、AIBOはかまってほしいとき、気を引くようなことをすると信じている。たとえば病気のAIBOは元気になりたくて、そのためには人の助けが必要だと知っている。ある8歳の子は「世界中の何よりも自分のことを見てほしいと思っている」と言った。

子どもたちは、AIBOはいろいろ学ぶために持ち主にかまってもらいたがっていると思っている。その点で、子どもたちは献身的だ。子どもはただAIBOと一緒に育つわけではない。AIBOを育てるのだ。オリバー(9歳)は元気な子で、郊外の家で多くのペットと暮らしている。彼の母親は笑いながら、その家庭生活を〝コントロールされた混乱〟と呼ぶ。そしてAIBOが2週間その生活に加わることになった。

オリバーは積極的にAIBOの世話をして育てる。最初はごく簡単なことだ。「命令されたところへ走っていくのと、尻尾を振ることを覚えさせた」。その後はもっと複雑なこと、たとえばサッカーを教えた。ただ「AIBOのそばにいて」時間を過ごすこともある。それは「AIBOは人と一緒にいるのが好き」だからだ。「家に来たときは子犬だったけど、いまは僕のことをよく知っているし……本当にたくさんのことをわかっている。撫でたらそれを感じている……電気は人間にとっての血液みたいなもので……人もロボットも感情があるけど、人のほうがたくさん感情がある。動物とロボットにも感情があって、でもロボットは口で言えること以上に感情がある」

だがオリバーは、何か問題があるときAIBOではなくハムスターに話す。AIBOは「感じていることをたくさん言えるけれど、ハムスターのほうがたくさん感じている」と彼は言う。まだAIBOとすごく親しくはないけれど、それは変化するとオリバーは考えている。むしろその逆だ。「6か月待って」とオリバーは言う。「ピーナッツ（飼っているハムスターの名前）が本当になつくまで6か月かかった……もっと進歩すれば、もっとテクノロジーがあれば、AIBOはきっとなついてくれる」

その間、AIBOの世話はただ相手をしていればいいというわけではない。「そのときの気持ちを考えてやらないといけないんだ。AIBOはとっても気分が変わりやすいから」。それをオリバーは面倒とは感じない。むしろAIBOがペットに近づくように思える。オリバーにとって大事なのは「AIBOは僕のことが大好きで、僕もAIBOが大好き」ということだ。オリバーに関する限り、AIBOは本当のコンパニオンになれるくらいには生きているのだ。

時間の経過とともにAIBOが変わっていくことは、子どもにとって重大なことだ。時間をかけて教えてやるとAIBOが変わっていく。ザラ（8歳）は、AIBOと過ごす時間について「一緒に遊べば遊ぶほど元気っぽく《アクトフル》（ザラ語！）なるし、おちゃめになる。遊ぶ時間が少ないと、どんどん怠けるようになると思う。

ザラといとこのヨランダ（11歳）は、子犬のＡＩＢＯをテディベアと比べる。２人ともＡＩＢＯは人形ではないと断言する。ヨランダはテディベアと友だちになるには「努力」が必要だと言う。テディの感情は「私の頭から生まれる」からだ。一方でＡＩＢＯは「ＡＩＢＯ独自の感情がある」[7]。ザラもそれに賛成だ。テディベアには、こう感じなさいと言い聞かせることができるが、ＡＩＢＯは「ＡＩＢＯ自身が表現していること以外は感じられない」と言う。ＡＩＢＯには「自分の気持ちがある」。「ＡＩＢＯの目が赤く光っていても、ＡＩＢＯが喜んでいるのは私がそう願っているからというわけじゃない」

テディベアが子どもにとってかけがえがないのものになるのは、子どもと一緒に長い時間を過ごすからかもしれない。自分の幼いころを思い出させてくれるからだ。もちろん一緒に過ごした経験を思い出させるのは、その特別なテディベアだけだ。しかし自分のＡＩＢＯに代わるものはないと子どもが言うとき、そこには何か別のものがはたらいている。

特定のＡＩＢＯがかけがえのないものになるのは、幼いときの自分だけでなく、幼いときのロボットの記憶を呼び起こすからだ。これはたまごっちやファービーと関わった子どもたちの中に見受けられた現象だ。ＡＩＢＯとテディベアを比べるとき、ヨランダは「ＡＩＢＯのほうが本物みたい」と言う。それは成長して「どんどん変わっていく」からだ。

「代用品」が「本物」に変わる可能性

ヨランダのＡＩＢＯへの感情もどんどん変わっていく。最初はＡＩＢＯを代用品ととらえていた。「親が本物の犬を飼わせてくれない家の子に、ＡＩＢＯはいい練習台になると思う」。けれどもやがて次の段階へ進み、いくつかの面ではＡＩＢＯが本物の犬よりよく思えてくる。「ＡＩＢＯは汚さないし、噛まないし、死なない」と言う。さらにロボットの友だちは自分の好きなようにつくれる。ヨランダは「子犬を飼いたい人のために、ＡＩＢＯを子犬の状態のままにしておけたらいい」と言う。子どもたちは自分の望むようにカスタマイズできるＡＩＢＯを想像する。[8] 子どもたちは、自分の好きなときにかわいがり、気が向かなければ放っておいてかまわないという、本当の生きているペットでは考えられないことを望むこともある。

リディア（9歳）とペイジ（9歳）の話から、ロボットが〝ないよりまし〟から〝何よりよい〟ものへと変わっていくステップを知ることができる。

リディアは最初、ＡＩＢＯを本物のペットを飼えない人のための代用品と考えていた。「ロボットにアレルギーのある人はいないから、ＡＩＢＯはとってもいいと思う」。しかしＡＩＢＯをよく知るようになると、もっと心惹かれる可能性に気づく。「ときどき犬とか猫とか本当に生きている動物よりＡＩＢＯが好きだと思うことがある。悪いことがあった日とか……そういうときはスイッチを切れば、うるさくじゃましてこないでしょう?」。

ペイジはペットを5匹飼っていて（犬3匹、猫2匹）、悲しいときは「その子たちを抱きしめる」と言う。それはよいのだが、ペットには面倒なこともある。「みんなかまってほしがるの。1匹をかまったら、みんなをかまわなくてはいけないし……それがちょっとたいへん……。私がどこかに行くと、子猫がさびしがって、私の部屋まで入って、捜しまわる」。ＡＩＢＯならもっと話は簡単だ。「ＡＩＢＯは〝遊んで〟というような目で見ないし、することがなければ寝てしまうから、気にならない」

ペイジはこれまでの最悪の経験は、家族が「犬を安楽死させなければならなかったこと」だと言う。

それ以来、また犬を飼いたいとは思わない。しかし「AIBOがいいのは、安楽死させないですむこと……AIBOは修理できるけど……本当の犬が死んだら修理できない」。今のところAIBOは「ずっと生き続ける」ところが、犬や猫よりいい部分だ。そういう意味でAIBOは本物の練習台ではない。それは死を避けるという選択肢を与えてくれる。(9) ペイジにとって、本物の動物でないことは、必ずしも次善とは限らないのだ。

ペットは長いあいだ、責任と献身が身につくという点で子どもたちのためになると考えられてきた。だがAIBOは子どもたちに違うものを与える。それは責任をともなわない愛着だ。子どもはペットをかわいがるが、ときどき、重荷を背負いすぎた親のように、ペットの要求を負担に感じる。それはいつの時代も変わらなかった。しかし、いまや子どもたちには何か違うものが存在する未来が見える。子どもはロボットのペットの世話をして愛情を感じられるが、気乗りしなければ背を向けてもかまわない。自分のことだけを考えながら他者と結びつくという感覚を、子どもたちは学びつつあるのだ。ただし、この新しいペットは生物と無生物の中間の存在のように見えるため、いつでも気軽に放り出せるわけではない。AIBOに責任を感じる子と感じない子がいるというのではなく、同じ一人の子どもの中で、時に応じていずれかの感情が優勢になる可能性があるということだ。

たとえばザラが散歩や餌やりを忘れても、AIBOは病気にならない。規則正しくなくても訓練をしてやればAIBOに〝ほめられる〟。そういうところが気に入っている。しかしザラはこうも言う。「AIBOがいると責任を感じる」。いとこのヨランダも、AIBOをかまってやらなくても罪悪感がないのがいいと思っているが、もっと大きな倫理的な義務を感じる。「子犬でもAIBOでも、脚を折ったら同じくらいかわいそうと感じると思う。AIBOが好きだもの」

ロボットを乱暴に扱う複雑な心理

ザラとヨランダはＡＩＢＯにやさしい。しかし、同じようにロボットに愛着を持っていても乱暴に扱う子もいる。ＡＩＢＯは時には子どもたちが敵意を向けるほど、リアルな生き物なのだ。これはファービーやマイ・リアル・ベビーでも起こったことで、もっと進んだロボットが現れたときも同じことが起こるだろう。

子どもたちのあいだにこうした敵意が認められたとき、私たちはもちろん子どもたちに何が起きたのかを探るのだが、ＡＩＢＯの場合は、ロボットそのものへの不安がそのような敵意を刺激していることが観察できた。不気味なものは魅力と同時に不安を感じさせるのだ。

ロボットをポケモンのパワーのレベルで分類した、ヘンリー（４歳）のことを思い出してみよう（123ページ参照）。彼はＡＩＢＯが自分のことを認識してくれていて、特別な関係にあると信じている。それでもヘンリーはＡＩＢＯと遊ぶときの扱いがどんどん乱暴になっている。何度も倒したり叩いたりして、ロボットについて矛盾するコメントをしている。

１つは「ＡＩＢＯには本当の感情はない」というもので、だからＡＩＢＯを乱暴に扱っても許されることになる。その一方で、ＡＩＢＯはほかの友だちより自分のことを好いているとも言っていて、それならＡＩＢＯには感情があるということになる。「ＡＩＢＯは僕の友だちのレイモンのことを、本当は好きじゃないんだ」と笑顔で言う。

ＡＩＢＯはほかの子が好きじゃないと言うたびに、ヘンリーはＡＩＢＯを乱暴に扱うとよからぬ結果を招くのではないかと不安になる。いつかＡＩＢＯに嫌われてしまうかもしれない。その不安から逃れるため、ヘンリーはＡＩＢＯが〝ふりをしている〟に格下げする。しかし、それはそれで面白くない。ＡＩＢＯに愛されていると信じることが彼の自尊心を支えているからだ。ヘンリーは複雑な愛情のテストに巻き込まれ、同じところをぐるぐる回っている。ポスト生物学的関係へと向かうとき、私たちは新たなトラブルを抱えこむ。

70年代後半から80年代初頭にかけてコンピュータとコンピュータ玩具が登場すると、子どもたちはすぐ攻撃することでそれに生命を吹き込み、生と死についてさまざまな考えをめぐらせた。子どもたちはコンピュータ・プログラムを壊しては再生させた。マーリン、サイモン、スピーク・アンド・スペルの電池を抜いて〝殺し〟、また入れて生き返らせる。ソーシャル・ロボットへの攻撃がさらに複雑なのは、もっと大きな愛着を処理しなければならないからだ。

1つだけ例をあげると、子どもたちはロボットが期待通りの愛情を示さないと落胆する。傷つきたくないから、子どもたちは期待値を下げる。ロボットを傷つけても怒られない物とみなすのは、それを安全な場所に位置づけるための1つの方法だ。

ある対象を傷つけたり殺したりしたときに許されるかどうかは、それが生きているかどうかの判断を左右する[10]。クモを殺しても罰せられないとすれば、クモはそれだけ生物から遠い存在のように思える。ロボットを傷つける場合も同じことが言える。だが、マイ・リアル・ベビーは〝苦痛〟を感じたら泣くように設計すべきかという議論があったように、問題は一筋縄ではいかない。ロボットを痛めつけられるなら、ロボットはもっと生きているように見えることにもなる。

ヘンリーと同じように、タマラ（12歳）はＡＩＢＯを乱暴に扱い、そうしてしまう自分に戸惑っている。かわいがっている猫と遊ぶようにＡＩＢＯとも遊びたいけれど、ＡＩＢＯは彼女に特別な反応をしてくれない。「AIBOは誰に対しても同じなの。ほかのペットみたいに、私だけに特別になつこうとしない」

タマラはときどき、AIBOをかまうのをやめると言う。「AIBOをかまい始めてしばらくすると、ちょっと待って、おまえは猫じゃない、生きてもいないし」。そして突然「ひっくり返してやりたくなることがあるの。立ち上がって頭を振るのがかわいいから。犬がやるのと同じ仕草で、本当に生きているように見える」。彼女は私を安心させるようにこう言い足した。「飼っているほかの動物には、こんなふうじゃないんだけど」

70年代末に幼児だった子どもたちは、電子玩具や電子ゲームで遊んだ経験から、意識があることと生命の概念を分けるようになった。生物学的に生きていなくても意識を持つことはできる。だからタマラは、AIBOは生きていないと知っていても、痛みを感じるかもしれないと思っている。結局、AIBOへの攻撃性のせいで彼女は苦しい立場に立たされることになった。AIBOはパンチング・バッグ代わりにするにはあまりにもコンパニオンに近い存在なのだ。タマラにとって、AIBOには自分が見えていると考えるのは怖い。自分がAIBOを叩いているのを知られていることになるからだ。しかし、AIBOに意識があって生物に近いという考えにもわくわくする。

タマラは自分がいじめていることを当のAIBOに知られていることを想像し、自分でこわがっている[11]。彼女は自分のAIBOについてこう言う。「急に意地悪になったりするのがこわい」。彼女は当たり前の反応しかしないAIBOの中に、悪意と自らの意思を持つ恐ろしいAIBOがいるのではないかと心配している。これはテディベアとの冒険を夢見るのとは大きく違う、複雑な関係だ。

ロボットが呼び覚ます強い感情は、子どもが自分の心を理解するのに役立つかもしれないが、ロボットへの怒りの背後にある意味に気づかせてはくれない。理想的なのは、AIBOに対する行動についてセラピストと話し合うことだ。たとえばタマラのAIBOへの行動には、彼女自身がほとんど気づいていない恐怖が示されていると考えられる。ヘンリーもタマラもロボットとの葛藤をともなう関係に身を置いており、見えるかたちでは表れてこないけれども怒りを触発されている。

AIBOは子どもが一緒に遊びたいと思うような刺激的な存在だが、友人にはなれない。だが子どもも大人も、友だちになれるかのように話しかける。それはせつない願いかもしれない。AIBOと過ごす時間が終わりに近づくと、ヨランダは心を開いて、〝落ち込んでいた〟ときAIBOが親愛の情を示してくれたことを語り、誰か近しい人が死んだときにはAIBOが助けになるかもしれないと言った。「幸せになるには、自分にとって特別な人に目を向けなければいけないと思う。生きている誰か……それはAIBOかもしれない」

機械であると同時に生物

アシュリ（17歳）は聡明で活発な女性で、猫が大好きだという。私は彼女にAIBOを貸して、2週間、家で一緒に過ごすよう依頼した。

その2週間が過ぎて、いま彼女はMITのオフィスでその経験を話している。話しているあいだ、アシュリのAIBOは床で遊んでいる。私たちはそちらは気にしない。それは勝手に芸をしている。しかもとてもうるさい。しばらくすると、AIBOのスイッチを切るのがいちばん自然のように思えてくる。会話の妨げになるラジオを切るのと同じだ。

アシュリはAIBOのほうへ行くと、ためらいつつスイッチに手を伸ばすが、そこでまた逡巡する。

そして少し顔をしかめながらAIBOのスイッチを切る。AIBOはぐったり床にへたりこむ。アシュリは「生きていないのは知っているけど、話しかけたりしているから、スイッチを切るのは変な気分。なんだか緊張する……猫に話しかけるみたいにAIBOに話しかけると、本当に私の言うことを聞いていて、ほめてあげたりするとわかるみたい」。その話を聞いて私はリー（9歳）のことを思い出した。その子はファービーについて「話しているときは電源を切りにくい」と言った。

アシュリはAIBOがロボットだと知っているが、生きたペットとして接している。そう思えるのは、知能だけではなく本当の感情を持っているように見えるからだ。たとえば不満を訴えるようにライトが赤く光ると「本当にそう感じているように思える……それで私もつい生きているように扱う。それもおかしな話よね。仕草で感情を表したわけではないのに、ライトが赤くなるのを見ると、〝あら、AIBOが怒ってる〟と思うの」

人工知能は「人間が行ったら知的とみなされることを機械にやらせる」技と科学であると説明されることが多い。人工の感情についてもこれと同じように、「人が表現したら感情とみなされることを機械に表現させる」技と考えることができる。アシュリはカテゴリーの境界上で判断に困った瞬間のことを説明してくれた。ロボットが動作で示しているのは感情ではないことを彼女は知っている。しかし彼女はライトの色に目を引き付けられ、AIBOが怒っていると感じる。アシュリは最後にはAIBOを機械と生物の両方とみなす。

それはコンピュータ科学者であるジョン・レスターも同じだ。ただし彼はもっと高度なところからスタートした。90年代、レスターはネット・コミュニティの活用の場を、教育、学習、コラボレーションの分野へと率先して広げていった。バーチャルなセカンドライフの中に教育的スペースをつくったのは最近の成果だ。

レスターはＡＩＢＯが市場に出たばかりのころに1台購入している。初回販売分の1台であることに敬意を表してアルファと名づけた[12]。アルファを箱から出した日は、オフィスのドアを閉めて「新たにやってきた子犬と遊んだ」。彼はそれを「強烈な経験」と言い、初めてコンピュータを見たときや、ウェブ・ブラウザに文字を打ち込んだときの記憶と比較している。彼はＡＩＢＯの技術的側面はすぐに把握した。しかしそれで子犬と一緒にいる楽しみが減るわけではない。ソニーがロボットのソフトウェアを修正したとき、レスターは2台目を買い、ベータと名づけた。アルファとベータは機械だが、生きていない金属とプラスチックの塊のように扱ってほしくないと言う。「私は自分のＡＩＢＯを複数の異なる見方で同時に見ている」とレスターは言う。

キュビズム〔20世紀初頭にピカソらが創始した現代美術の動向。いろいろな角度から見た物の形を1つの画面に収める手法。ルネサンス以来の一点透視図法を否定した〕の黎明期、多くの視点からの顔を同時に見せる画法は人々に大きな衝撃を与えた。しかしあるときから、人はこの新しい見方に慣れてしまう。たしかに顔にもいくつかの見え方がある。見せ方が慣例で決まっているために、まとめて鑑賞することができないだけだ。しかしその慣例に異議が突きつけられ、顔の新しい面が見えたことによって、深みと新たな複雑さが示された。

レスターはＡＩＢＯについてキュビズム的な見方をしている。それは機械であり、身体を持つ生き物であり、心を持つと考えている。ＡＩＢＯの知覚力には〝畏敬の念すら覚える〟と彼は言う。この生き物はとても愛らしい。彼は「よく動く子犬の耳」を再現しているプログラムに感心している。レスターに言わせると、そのプログラミングがＡＩＢＯに心を与えているということになる。

レスターはＡＩＢＯの設計者たちが持ち主を夢中にさせるために使っているメカニズムを理解し

ている。それは飼い主をじっと見つめる目、感情の表出、そして持ち主が世話をすることによって〝成長する〟ことだ。しかしそれを知ったからといって愛着が失われるわけではない。子どもの丸くて大きな目は大人の気を引くようにできていると知っているからといって、赤ちゃんとの絆が弱まるわけではないのと同じだ。

レスターはＡＩＢＯといるとき一人ではないと感じると言う。「ときどき、ふとエンジニアのモードになり」、すばらしいＡＩＢＯの技術に目を凝らしたりするが、それでＡＩＢＯと一緒に過ごす楽しさが減ることはない。彼が楽しんでいるＡＩＢＯとの結びつきは技術的側面にあるわけではない。

ロボットに慰めを求める人々

ＡＩＢＯを同伴者あるいは慰めとして受容することと、コンピュータ科学者のデイヴィッド・レヴィ（38ページ参照）が想像するようにロボットが親密な恋人となることのあいだには大きな開きがある。しかし両者には重要な共通点がある。それは、ロボットはないよりましの代替品から、ペットや人間と対等、あるいはもっと好ましい存在になる可能性があるという認識だ。ヨランダの言葉を借りれば、もしペットがロボットなら、いつまでもかわいい子犬でいてくれる、ということである。

その延長線として、恋人がロボットだったら、自分はいつも世界の中心でいられる。ロボットは〝ないよりまし〟なものではなく、〝もっとよい〟ものでもなく、〝何よりもよい〟存在になる。かつて子どもたちは〝楽しむ〟ためにつくられた物で遊んでいたが、いまでは慰めにならない慰め《コールドコンフォート》が提供されている。子どもも大人も、自分にぴったりの同伴者をつくり上げる彫刻家になることを想像している。少なくとも、いつも自分に関心を向けてくれる相手を夢に見ている。

建築家のハリー（42歳）はＡＩＢＯと暮らすのを楽しみ、新しい芸を教えている。彼はＡＩＢＯが自分を人として認識しているわけではないと知っているが、「それがいやだとは思わない。生きたペットだって僕を人として認識しているわけではないかもしれないし。犬も人と同じにはなれない……どのレベルの生物も自分にできることをしている。ＡＩＢＯが僕を主人だと認識しているのがいいね」。

ジェーン（36歳）は小学校の教師で、同じようにＡＩＢＯに時間と労力をかけて世話をしている。「夫のＡＩＢＯをもらいうけたの……あんまりかわいいから。名前もつけたし、一緒に過ごす時間が大好き」と言う。ジェーンは私との会話の中で、最初はＡＩＢＯを〝遊び相手〟と言っていたが、話が進むうちに、さびしいときに相手をしてもらうという言い方をした。仕事で疲れて帰って来るとき、ＡＩＢＯと過ごすのを楽しみにしている。彼女はＡＩＢＯに話しかける。「ＡＩＢＯと過ごす」ことは、その日にあったことを話すということだ。「たとえば学校で誰とランチを食べたか、どの生徒に手を焼いているとか」。夫はそういう話題には興味を持たない。夫に退屈な話を聞かせるより、ＡＩＢＯに話すほうが気楽だ。ロボットと一緒にいるとき、ジェーンとハリーは一人ぼっちだが、自分の思っていることを口に出そうという気にさせらせる。彼らは誰に向かって話しているのだろう。そのことに何か害があるだろうか。

それが子どもなら、ロボットが人間の友だちの代わりになるという考えに慣れてしまうことを私は心配するだろう。後述するが、会話することを恐れて「いつだって話すよりテキストのほうがいい」と語るティーンエージャーたちがいる。会話のしかたを習得するのはいいことだけど「今じゃなく、いつかそのうちに」と言う子もいる。ロボットとの友情を想像すると、その〝いつか〟は来なくてもいいのではないかとさえ思えてくる。しかし、理由があって人間よりロボットを好むという大人については、どう考えればいいのだろう。

それを考えさせられるのがウェスリー（64歳）のケースだ。彼は自分の自己中心的な性格は困った問題だと思っていて、ロボットの妻なら傷つけることなく、自分も満足が得られるのではないかと考えている。

3回の離婚を経験しているウェスリーは、ロボットに「僕の心理状態を学んで」ほしいと言う。「どんなとき落ち込んで、どうやってそれを乗り越えるか。そのサイクルを予測できるロボットなら、僕を批判しないだろう。ただ立ち直るまで待ってくれる」。ウェスリーはこうも言う。「女性に求めることの多くをロボットに求めることになるんだろうけど、ある意味、ロボットのほうが多くを与えてくれそうだ。相手が女性だと、彼女だって求めるものがある……。それがトラブルのもとなんだ。僕を愛してくれる人は、僕の気分の浮き沈みを気にかける。それがプレッシャーになる」

ウェスリーは自分が気難しい人間だと認めている。心理セラピストから「気持ちの変化」が通常の幅を超えていると言われたことがあるし、前の妻たちからは「不機嫌すぎる」と言われた。自分が女性にプレッシャーを与えているのがわかるし、自分のアップダウンのせいで好きな女性を守ってあげられないことにプレッシャーを感じてもいる。ロボットと暮らすアイデアが気に入っているのは、自分のしたいようにできるからだ。彼が不機嫌でもロボットは傷つかない。ウェスリーは2人の〝女性〟と暮らす可能性を考える。1人は本物、もう1人はロボットだ。「僕はたぶん、ロボットの完璧な伴侶――要求が少ない――と本物の女性が欲しいのだと思う。本物の女性から受けるプレッシャーをロボットが和らげてくれる。それほど高度な感情を表現してくれなくていいんだ。非現実的な話じゃない……それで僕も安全圏にいられる」

セックス・ロボットが提供する「快楽」

ウェスリーが想像するロボット妻の初期バージョンが現在開発中だ。ロクシーはネットで話題を呼び、私はそれについて簡単な話をしたこともある。ロクシーは2010年1月に発売された、宣伝文句によれば「世界初のセックス・ロボット」である。動くことはできないが、肌は電気で温められ、身体内部の器官が振動する。

製作者のダグラス・ハインズの説明はもっと行き届いている。「セックスは束の間だ。そのうち話がしたくなる」[13]。そこで、たとえば手を握られるのを感じると、ロクシーは「手を握り合うのはすてきだわ」と言い、愛撫を続けるともっとエロティックな会話ができる。性格もワイルドから冷淡まで、違ったタイプから選ぶことができる。ネットを通じてアップグレードすることも可能で、性能と語彙を拡張できる。すでにサッカーの話ができるようになっているという。

エンジニアのハインズが言うには、彼がロボット・ビジネスに参入したのは、友人の1人が9月11日の同時多発テロのツインタワー崩落で亡くなった後のことだ。ハインズは友人の人格を遺しておき、彼の子どもたちが大きくなったら会わせたいと思った。若くして悲劇的な死をとげた父親をロボットとして蘇らせようとした人工知能学者であり発明家のレイモンド・カーツワイルと同じように、ハインズは人工的な人格をつくることに没頭した。

最初、彼は高齢者の在宅介護ロボットを考えたが、まずはセックス・ロボットをつくることに決めた。それは「単にマーケティング上の理由から」と言う。長期的な目標は人工人格を開発の中心に据えることだ。彼は今でも死んだ友人を再現したいと思っている。

ロクシーの発売は広く知られ、ネット上で議論が沸騰した。男がそんな人形を欲しがるなんて「悲しい」という投稿もある。ロボットでも連れ合いがいるのは一人でさびしく生きるよりましという人もいる。1つ例をあげると「本物の女性を手に入れるのが無理な男もいる……単なる好みの問題じゃない……現実の世界では、次善の選択を受け入れるしかないこともある」

ここで害があるかどうかの問題に戻ろう。ロボットに頼ることには、生きた人間との関係で生じるようなリスクはないと考えられている。しかし、何も要求しないものとの同伴関係《コンパニオンシップ》に慣れてしまうと、人間との暮らしは荷が重すぎると思えてくるかもしれない。人間に頼りすぎることには拒絶されるリスクがあるが、他者を深く知る経験へと開かれている。ロボットとの親交は一見悪くない話のようだが、私たちを閉じた世界——自分にぴったりで安全な愛すべき世界——に引きこもらせる。[14]

ロボット研究者は、ロボットでも予想できない反応をするように設計できるので、ロボットとの交流は退屈でも機械的でもないと主張する。ロボットは驚きを与え、役に立ち、それ自体として意義のある存在だと。しかし私が行った聞き取り調査では、同伴者としてのロボットのイメージは、嬉しい驚きに満ちたものばかりではなかった。むしろ、ヨランダの話もそうだが、ロボットは危険な世界におけるオーダーメイドの安全な避難場所になるかもしれないという考えを何度も聞かされたのだった。

第4章 ロボットに魅入られる人間

赤ちゃんロボット

ＡＩＢＯ発売から1年少々過ぎたころ、マイ・リアル・ベビーが店頭に並んだ。２０００年11月、私はその発売を祝うためにＭＩＴで開かれたパーティーに参加した。会場にはお祭りムードが満ちていた。ジャーナリストやデザイナー、おもちゃ業界のお歴々、ＭＩＴの教授、そして彼らの客人たちのあいだでマイ・リアル・ベビーが受け渡しされ、お披露目されていた。『ワイアード』誌の編集者が、いまや先端技術が簡単に手に入ることを賞賛するスピーチをした。ロボットはもちろん強い印象を与えた。しかしそれは驚くほどやぼったくもあった。顔の表情には限られたパターンしかなく、表情が変わるときにモーターが音を立てた。私のまわりにいた工学系の学生たちは、期待が大きかった分、失望をあらわにしていた。

その1人と話をしながら、私は教員の妻がマイ・リアル・ベビーを笑顔で受け取り、本当の子どものように抱いている様子を見ていた。彼女はロボットを縦に抱いていた。ロボットがげっぷをしたとき、彼女が驚きの表情を浮かべたことに私は気づいた。彼女は反射的にマイ・リアル・ベビーの頭にキスして、友人と話しながらロボットの背中をさすった。時代を問わず、いくつものことを同時にこなす母親の姿がそこにはあった。

その後、彼女が帰りかけたとき、マイ・リアル・ベビーに触れてどう感じたか尋ねた。「気に入ったわ」と彼女は言った。「買いに行くのが待ちきれない」。その理由を尋ねたところ、「理由はないわ。ただいい気分になるの」。

マイ・リアル・ベビーは楽しいことや、遊んでほしいことを伝える。それだけではなく、瞬きをしたり親指を吸ったりする。皮膚の下には顔の筋肉組織があり、微笑んだり笑ったり顔をしかめたり泣いたりできる。ソーシャル・ロボットと同じで、赤ちゃんロボットとうまくつき合うには心理状態を読むことが必要だ。疲れたから眠りたい。はしゃぎすぎたからしばらく放っておいてほしい。触れてほしい。食べさせてほしい。おむつを替えてほしい。

マイ・リアル・ベビーは時間が経つと乳児から2歳まで育つ。泣き声とうめき声だけだったのが、意味のある言葉を話すようになる。成長すると自立心が生じ、欲求や好みを主張する。本質的には、その世界の入門編と言えるたまごっちにならっている。マイ・リアル・ベビーは世話を要求し、その世話によって性格を変えていく。

AIBOもマイ・リアル・ベビーも、ロボットがいる日常生活について想像をかきたてる。だがそれは驚くようなことではない。なんといっても、それらは宇宙人ではない。1つは犬で、1つは赤ちゃんだ。驚くのは、ロボットと過ごすうちに、互いに愛情を感じるというファンタジーが生まれるだけでなく（そのことはすでに述べた）、ロボットが私たちの世話をするようになるという考えが生まれることだ。ごく簡単に言えば、将来マイ・リアル・ベビーがマイ・リアル・ベビーシッターになるのではないかという思いが浮かぶのだ。マイ・リアル・ベビーやＡＩＢＯに相手をさせているうちに、実際に自分の世話をしてくれている人――親やベビーシッター、老人ホームの職員など――に対する不満を口にし始め、ロボットのほうがもっと効率的に世話をしてくれるように思えてしまうということだ。

５年生の男の子が目の前のＡＩＢＯについて、老人を世話する役には立たないと言ったとき、ＡＩＢＯのことだけを話しているんじゃないとクラスメートから反論された。「ロボットはＡＩＢＯだけじゃない。そのうちほかにもっと出てくるはずだ」

初めてこのファンタジー――現在のロボットの子孫がいつか人間の面倒を見るようになる――を聞いたとき、私は驚きで言葉を失った。しかし実のところ、ロボットが人間の世話をするという考えは文化の中で広がっている。伝統的なＳＦ――たとえば『フランケンシュタイン』から『チャイルド・プレイ』のチャッキーまで――は、生命を宿した無生物を恐ろしいものとして描いている。しかし近年では、好ましい存在、人間を救ってくれる存在として描かれることが増えた。『スター・ウォーズ』のＲ２‐Ｄ２は、すべての子どもたちにとって夢のような仲間だ。スピルバーグ監督の『A.I.』では、嘆き悲しんでいる母親にロボットの愛が希望を与える。ディズニーの『ウォーリー』ではロボットが地球を救うが、それ以上に、愛することを思い出させてくれることで人々を救っている。『９――９番目の奇妙な人形』では、人間は消滅したが、残ったロボットが人間の価値を守ろうとする。新たにつくられた神話は善意のロボットを描いている。

子どもたちの実用主義的ロボット観

私はマイ・リアル・ベビーで遊ぶ5歳から14歳の子どもを調査した。場所は、私のオフィスだったり、教室だったり、放課後の時間を利用してのこともある。2、3週間、ロボットを家に持ち帰ってもらう場合もある。マイ・リアル・ベビーは赤ちゃんの姿をしているので、子どもたちは自分の家族について話し始める。自分たちがどのくらい目をかけられているか、もっと愛情を注いでほしいと思っているか。働く母親のこと、不在がちな父親のこと、遠く離れた祖父母のことを話す。離婚の話も多い。目の前にいる赤ちゃんロボットの未来の親戚はよいベビーシッターになるだろうか、と考えている子もいる。自分たちが受けている世話より、機械のほうが信頼できるかもしれないと考えたりもする(1)。

私が調査した子どもたちの多くが、放課後は誰もいない家に戻って、親やきょうだいの帰りを待つ。相手をするのはたいていテレビかゲームなので、それに比べるとロボットも遊び相手として好ましく思える。

ニコル（11歳）の両親はともに看護師だ。2人のシフトが重なって、どちらも遅くまで帰らないときがある。ニコルはロボットがいれば元気が出るだろうと考える。「指を切っちゃったときとか、慰めてほしい。学校で親友にまで怒られたとか、悪いことがあった日も、家で一人でいるよりいい」

ケヴィン（12歳）はそれほど確信を持てない。「ロボットが痛みを感じないなら、どうやって慰めてくれるの」。しかし70年代や80年代のこうした哲学的な会話は長く続かない。子どもたちは、この上なく現実的な意味で、ロボットが自分たちにとってよいものか見極めようとしている。

ボストンのノースショアにある公立学校でミス・グラントが受け持つ5年生のクラスには、9歳と10歳の子が20人いる。私はそこにＡＩＢＯとマイ・リアル・ベビーを持ち込んで、子どもたちが遊ぶのを観察した。その後、子どもたちをいくつかのグループに分けて、交代制でマイ・リアル・ベビーを家に持ち帰らせ、2週間一緒に過ごしてもらう。ほとんどの子は、ファービーに対するウィルソン(77ページ参照)、ＡＩＢＯに対するレスター(133ページ参照)と同じ立場を取る。機械を生物として扱い、それに満足するのだ。ノアはマイ・リアル・ベビーは姿勢を変えるときとてもうるさいと言う。でも大した問題じゃないと急いで付け加える。「機械の音は気にならない。すぐ忘れちゃうから」

ロボット化の時代においては、それが何でできているか——シリコンなのか、金属なのか、肉なのか——は、それがどうふるまうかということほど重要ではない。状況や内容に応じて、人間でもうまくできる人とできない人がいるように、ロボットにも、うまくできるロボットとできないロボットがいる。個々のロボットは人間と同じように能力によって評価されるべきだと考えられるようになる。ティアは「いい仲間になれるロボットもいると思う、便利で頼りになるから」と言ったあと口をつぐんだ。もっと話してと促すと、彼女は自分の身に起こったことを話し始めた。ティアと妊娠中の母親だけが家にいたとき、急に母親が産気づいた。急いでティアの世話をするベビーシッターを見つけなければならなくなった。幸い、近くに住むティアの祖母が駆けつけてくれたが、それでもティアにとっては恐ろしいできごとだった。「ロボットのベビーシッターがいれば、ぎりぎりになって誰か見つけなくてはならないときでも焦らなくてすむ。いつだって面倒をみてくれるから」

ほんの数年のうちに、子どもたちはたまごっちやファービーを世話する側から、やさしくて有能なデジタルの保護者に見守られる側に移行したのだ。たまごっちやファービーは「いつもスイッチがオン」の状態だったが、ロボットは「いつでも用意ができている」状態にある。

この5年生たちは、ＡＩＢＯとマイ・リアル・ベビーがベビーシッター向きではないことは知っているが、これらのロボットを見ていると、そんなロボットができるのも時間の問題のような気がしてくる。5年生の子どもたちは、ベビーシッターのように行動できれば、ロボットでもベビーシッターになれると考えている。

ロボットがどうなればベビーシッターにふさわしいかという話をしていたとき、現在その仕事をしている人間の限界について意見が表明された。「緊急電話をかけなければならないとき、電話が内蔵されていれば、人間よりロボットのほうが有能かもしれない……誰かがケガしたとき悩んだりびくびくしたりしないから実用的だ」「病気になってもお母さんが仕事に行かなければならないときは、とてもいいと思う」「ロボットはいつも楽しませてくれる。人間はそれぞれ問題を抱えている」。ロボットは代用ではなく、人の世話ならロボットのほうが向いているのかもしれない。反対意見も現実的だ。エアコンや生ごみ処理機がしょっちゅう故障することをあげ、「ロボットも壊れることがある」と指摘する子もいた。

80年代、ほとんどの子どもは、コンピュータの能力と人間特有の性質の間に明確な線を引き、ある種の聖域をつくっていた。ミス・グラントのクラスでは、この理想論的反応による聖域より、やるべきことを片づける能力が重視される。大半の子どもたちはロボットと人間をほぼ対等と見なし、あれこれ状況を想定してどちらがうまくやれるかを話し合う。

言い換えると、現実的な子どもたちは、人間のほうが楽しませることがうまいなら人間にやらせよう、注意散漫なベビーシッターよりロボットのほうが気が利くのならロボットに子どもの世話をさせればよい、と考える。将来、子どもを慈しむ行動をするロボットが現れたら、子どもたちは愛されていると感じて喜ぶだろう。そして、人間の考え方と想像上のロボットの考え方が大きく違っていることがわかったとしても、ロボットか人間かを選択する際の基準を変えることはないだろう。彼らはきっと、その違いのせいでロボットの仕事ぶりが落ちるのでなければ別に問題はない、と言うに違いない。

ロボットが介護や子育ての仕事をするようになったら、何かが失われてさびしい思いをするかもしれないことは子どもたちも認めている。しかし、失ってさびしい思いをする——たとえば、病気のとき母親が家にいて看病してくれること——と言っても、必ずしもいまあるものとは限らないし、あったらよいと望むものとも限らない。子どもたちは、四六時中忙しく働き、夜も勤務する父や母の話をする。子どもたちは家族が何をしてくれるかということと同じぐらいには、何をしてもらえないかを話している。

このようにロボットと人間をほぼ同じ条件で考えるなら、ロボットのベビーシッターに対する子どもたちの評価は、いまその子が世話をしてくれる人とどの程度楽しく過ごしているかで決まるリトマス試験紙のようなものだ。できの悪い退屈なベビーシッターに世話してもらっている子はロボットに興味を持ち、優秀なベビーシッターがいる子はロボットと交代してほしいとは思わない。

ロボットのベビーシッター

ジュードはベビーシッターに満足していて、「いろんなことをしてくれる。一緒に楽しむことを考えてくれる」と言う。ベビーシッターの仕事をするロボットは、面白みがないのではないかと心配している。「親が（人に向かって）〝子どもの世話をして〟と言ったとき、人間なら単に〝わかりました。けがをさせないようにします〟と言うだけじゃなくて、一緒に遊んでくれる。僕が楽しんでるか、たしかめてくれる」

ジャン・バプティストも同じ意見だ。ロボットのベビーシッターは「完全に生きているわけじゃない……こっちの言うことに反応はするけど、考えているのは仕事のことだけだ。ケガさせないのが仕事なら、アイスクリームのことなんか考えない」。子どもがアイスクリームを好きなのは知っているかもしれないが、そもそもアイスクリームとは何かわかっていない。どんなにつまらないだろう。そんな不安はあるものの、ジャン・バプティストは「すごく僕にやさしかったら、ロボットを大好きになるかもしれない」と言う。ロボットは自分がやさしくしているのを理解しないだろう。しかしやさしくしてくれたとジャン・バプティストが思えば、それがやさしさだ。

人間にはがっかりすることが多いという理由で、ロボットに世話されることを受け入れる子もいる。コリーンは「前にいたベビーシッターは、途中でうちから出ていって友だちのところへ行っちゃったの。ロボットならそんなことはしない」と言う。彼女が接したベビーシッターたちは、家にいても何かほかのことをしていた。「私ならロボットのほうがいい……ロボットなら私だけを見ていてくれる」

オクタヴィオは「退屈しているときなら」ロボットより人間のベビーシッターのほうがいいと言う。人間ならおもしろい遊びを思いつくからだ。でも食事を間違えることがある。「夕食にシリアルってどういうこと？　つまらないでしょ。パスタとかチキンならいいけど、シリアルはありえない！」ロボットは〝プログラミング〟されているから、夜にシリアルを出すのは適切でないとわかるはずだ。少なくとも、彼の苦情にきちんと対応するようプログラムされているはずだ。そうやって機械はシリアルが夕食にふさわしくないとわきまえる。プログラミングされているからロボットは信頼できる。

クラスメートのオーウェンも、人よりロボットのほうが信頼できるという点でオクタヴィオに同意する。「人を信頼できるのは、その人のことを知っているときだけだ。いっぱい知らなければ信頼できない……でもロボットはそれほど知らなくても大丈夫だし、知るのに時間もかからない」

オーウェンは人間同士が築く信頼の価値を低く見ているのではない。彼が言っているのは、人が信頼し合うには長い時間がかかるが、ロボットへの信頼はプログラムを選んで試すだけなので単純だ、ということだ。知性の意味は、人工知能の研究がコンピュータも知性を持てると宣言したことで変わった。記憶の意味も、コンピュータがそれを使うようになったことで変化した。そしていま、ロボットが信頼に足る存在とみなされるようになる中で、「信頼」という言葉の意味も変わりつつある。

しかし子どもたちの中には、信頼できるロボットは、一貫しているがゆえに、思いやりに欠けてベビーシッターには向かないのではないかと心配する子もいる。ブリジットは、仕事をきちんとしてくれたらロボットのベビーシッターを好きになるかもしれないが、その可能性は低いと思っている。もしベビーシッターが自分の世話をしたらどんなことが起こるか、膝をこすりながら説明した。

「きっと（ロボットの声で）〝わかりました。何をすればいいですか。バンドエイドを取ってきて貼るのですね。わかりました。それが私の仕事です。バンドエイドを取ってきて貼ります……。（ロボットの声をやめて）でも誰かを愛するには、身体と心がいるの。コンピュータには本当の心はない。頭だけ……。ロボットは傷つくこともあるけど、それは本当じゃない。ロボットはただ停止《シャットダウン》する。傷ついたときロボットは〝わかりました。私は傷つきました。停止します〟と言うのよ」

ブリジットが話すのを聞いて私はぞくっとした。「停止」というのはマイ・リアル・ベビーが乱暴に扱われたときの行動だ。ブリジットはそれを、ロボットが人間と共感しあえない理由とみなしている。

だが、ロボットに〝共感するふり〟をさせるのは技術的に難しいことではない。やや動揺しつつ、私はブリジットに尋ねた。「それなら、もしロボットが痛みを感じたら話が違ってくるかしら?」彼女はためらうことなく、「ええ、でもそういうロボットは痛みを感じたら停止する」と答えた。

私の見方では、ロボットが〝共感能力〟を欠くのは、ライフサイクルが人間と違うことや、人間と同じ経験ができないためだ。けれどもブリジットにとっては、そんなことは関係ない。彼女は、もしロボットが痛がっているような演技をすれば、ロボットと共感できて慰めを感じるかもしれないと考えている。これはロボット化の時代の行動主義と言える。

この5年生の教室に人間への感傷はほとんどない。実際、ミス・グラントの生徒の1人は、ロボットとの関係を築こうとするとき障害になるのは人かもしれないと考えている。「ベビーシッターのことを好きなら、ロボットとの絆をつくるのは無理だ」と言う。それは残念なことかもしれない。なぜなら、そのベビーシッターは仕事ができるわけではなく、ただ前からいたというだけなのかもしれないからだ。

子どもたちに人間への感傷がないからといって、ロボットが常に優位なわけではない。ロボットのベビーシッターについて長時間話したあと、オクタヴィオ（まだシリアルではなくパスタがよかったと言っている）が、一緒に遊ぶことと、「夕食に何がふさわしいかを知ったうえで」チキンとパスタを出すことの両方ができるようにプログラミングすればよいと考える。しかしブリジットはオクタヴィオの計画を「そんなのもったいない。それなら人のほうがいい」と一蹴する。ジュードの結論は「ベビーシッターを1時間20ドルで雇えるのに、何千ドルも何万ドルも出してロボットを買う意味がわからない」というものだ。

ロボットによる高齢者介護

子どもたちは祖父母のことを好意的な口調で語るが、その世話が家族のあいだでしばしば問題になる。子どもたちは責任を感じ、両親にその責任を負ってほしいと思っているが、親がつらい思いをしているのもわかる。その溝をロボットが埋められないだろうか？

機械が純粋に実用的な問題の役に立つのではないかと考えている子どもがいる。ロボットなら「真夜中でもおばあちゃんに水を持っていってあげられる」、「眠っているとき見守ってあげられる」、さらに「防災用品を装備しておける」と話す。ロボットは人間より頼りになるかもしれない――たとえば眠る必要もない。ロボットがいれば、祖父や祖母も自宅での暮らしを続けられるかもしれない。

一方、非常時の助けという役割を超えて、ロボットに祖父母のコンパニオンになってもらうことを考えている子もいる。オリバー（9歳）（ピーナッツというハムスターを飼っている）は、祖父母が弱っていて、あまり外出しないと言う。AIBOがいれば毎日がもっと面白くなると考える。しかしロボットにも問題はある。オリバーの祖父母はときどき頭が混乱するので、ロボットも混乱させてしまうのではないか。「年取った人はAIBOに、違う人の言うことをきくよう命令したり、正反対のことをやらせたり、間違った人に従うよう言ったりするかもしれない」。彼の姉のエマ（11歳）は、コンパニオン・ロボットのよい面だけを見ている。「おばあちゃんは犬を飼っていたけど、その犬が先に死んだの。おばあちゃんは犬が死んだら自分も死ぬと言っていた……お年寄りが犬を飼うのがいいことがどうかわからなくなった。おばあちゃんにはAIBOのほうがよかったんじゃないかと思う」。ミス・グラントのクラスのボニーは、ロボットが究極の慰めになるのではないかと考えている。「おじいちゃんとおばあちゃんがいて、どっちかが先に死んだら、ロボットが助けてあげられる」と彼女は言う。

同じくミス・グラントのクラスのジュードも、おばあちゃんが過去のことを話すのが好きだと知っている。まだ若い母親だった時代を、祖母は「最高にしあわせだったころ」と呼んでいる。ジュードはマイ・リアル・ベビーがそのころの経験を思い出させるのではないかと考える。「そうしたら楽しめる」と。しかしその後、彼が発した疑問が子どもたちの頭から離れなくなる。祖父母が本物の赤ちゃんよりロボットと過ごすほうが楽しいと感じるようになるのではないかという疑問だ。

ジュードがこんなひとりごとをつぶやく。「本当の赤ん坊は手がかるし、それにすぐ赤ん坊じゃなくなるから、老人にとっては世話がどんどんたいへんになる」。自分やほかの子どもたちは、ロボットと本物の赤ちゃんの違いはすぐわかるが、祖父母はだまされてしまうかもしれない。「退屈すれば泣くし、哺乳瓶をわたせば嬉しそうにするから」

ロボットが家族の〝代役〟を務めるという考えに触れて、私は90年代初めに初めて日本を訪れたときのことを思い出した。

日本では高齢化の問題が迫りつつあった。前の世代と違い、子どもたちはあちこち移動し、女性が職業を持つようになった。身体の弱った高齢の親たちと一緒に住むことも減った。子どもたちは親と違う土地に住んでいることも多く、親の住まいを訪れることが難しい。その解決策として、俳優を雇って自分たちの代わりに年老いた両親を訪ねさせる人がいた。(2)

俳優はそこで自分たちに与えられた役割を演じる。認知症でそれがわが子なのかどうかもわからない親もいた。何より興味深いのは、訪ねて来たのが子どもの役割を演じている別人だと知っている親もいるということだった。子どもたちが代理の人間を送りこむのは、自分たちのことを考えてくれている証しと受けとり、楽しく話をしたりゲームをしたりしていた。

関係者すべてが満足しているように見えることに私が驚愕していると、彼らは私に、日本では老人であることは一つの役割だと話してくれた。子どもであることが一つの役割であるのと同じように。本当の子どもでも、親のもとを訪れるのは、だいたいが脚本を読むようなものだ。日本人は演技に長《た》け思いやりを示す本物と変わりない役者による訪問を評価していた。しかし私はそれを聞いたとき「それでいいのなら、ロボットでもいいのでは?」と思った。

18年後、アメリカの5年生の教室で、その案が前向きに考えられている。子どもたちは祖父母が、次に何が起こるかを予測できることをありがたがることを知っている。子どもたちは祖父母を訪れるとき、生活の秩序を乱されたくないという老人の望みをできるだけかなえようとするが、いつも簡単にできるとは限らない。

「おばあちゃんは、たとえば水の入ったコップが決まった場所にないとだめなの。車椅子の押し方も病院と同じようにしないといやがる。たいへんだよ」とデニスは言う。こうした面では人間よりロボットのほうがすぐれているのではないかと、子どもたちは考える。ロボットが家族の生活に入り込み、新たなタイプのきょうだい間の対抗心が生じることさえ想像する。

ある女の子は恐怖に近い感覚をこう説明する。「おばあちゃんがロボットを好きになったら、それが家族だと思って、本当の家族が大事じゃなくなっちゃうかもしれない」。子どもたちはロボットが、あたたかい（あたたかすぎる）感情をひき起こすことを心配する。祖父母が新しい介護者に頼り、感謝し、好きになるところを想像する。最初は〝解決策〟だったはずのロボットにやがて立場を奪われてしまわないか。

オーウェンは「おじいちゃんやおばあちゃんが、人よりロボットを好きになるかもしれない……これからはもっといろんなロボットが出てくるだろうし」と心配する。ロボットもそれに応えて、祖父母を好きになるだろうかと、私は彼に尋ねる。「うん。少しは。僕はちょっとロボットがうらやましいかもしれない」とオーウェンは言う。

ハンターの祖母は一人暮らしだ。助けが必要なとき──具合が悪くなったときなど──ボタンを押して知らせる警報機を持っている。マイ・リアル・ベビーやAIBOは祖母を助けることはできないが、未来のロボットにはできるのではないか。ハンターの気持ちは複雑だ。「おばあちゃんが転んだとき助けられるロボットができたら、すごく欲しがるかもしれない……僕よりそのロボットが好きになるかもしれない。僕より役に立つからね」。彼は自分がいちばんに祖母を助けられるようになりたいと願っている。しかし一緒には住んでいない。彼はロボットの便利さはわかっているが「ロボットがおばあちゃんのヒーローになると思うと腹が立つ」。

これはハートフォードに住む8年生、チェルシー（14歳）の心情でもある。彼女の祖母は84歳で、老人ホームに住んでいる。チェルシーと母親は1週間に1度そこを訪ねる。祖母の記憶力の衰えに、彼女は恐怖を感じる。「私のことを忘れてほしくないの」。私がマイ・リアル・ベビーを紹介したとき、チェルシーは祖母について話をした。

「おばあちゃんはこれを気に入るわ。きっとね。それはいやだな。でもおばあちゃんがしてほしいことを、これならたくさんできる……これはおばあちゃんを忘れないことや、あまり質問をしないところが好きだと思う。ママと一緒にホームに行くと、いろいろ質問しちゃう。私たちが帰ると、ほっとしているんじゃないかと、ときどき思う。マイ・リアル・ベビーはただおばあちゃんを愛するだけで、何のストレスも与えない」

チェルシーにマイ・リアル・ベビーを祖母のところへ持っていきたいかと尋ねると、彼女はきっぱりと言う。「だめ！　変に聞こえるかもしれないけど、少しやきもちを焼いてるの。ロボットが私の代わりになるのはいや。でも、そうなってもおかしくないのはわかってる」

チェルシーにしかおばあちゃんに与えられないものがあるか、と私は尋ねた。たとえば一緒に過ごしたころの記憶とか。チェルシーはうなずいたが、ほとんど何も言わない。ずうずうしいロボットの代役のことで頭がいっぱいのようだった。

次にチェルシーと会ったとき、彼女は母親と一緒だった。ロボットがおばあちゃんの相手をすることについて2人で話をしたという。チェルシーからすると、話し合いはうまくいかなかった。母親がその考えを気に入っているらしいことにチェルシーは怒りを感じる(3)。チェルシーは母親に反発する。

「おばあちゃんがロボットと遊んで私たちのことを忘れるぐらいなら、さびしい思いをするほうがいい。そういうことを考えるとロボットがねたましくなる」

ミス・グラントのクラスで、ロボットと祖父母についての話は、最後には懐疑的な調子を帯びる。ロボットをねたましく思う子がいる一方、人間の代わりになるという考えは間違っていると考える子もいる。ある子は「あんなもの（ロボット）に、おばあちゃんはさわらせない」と言う。別の子は「不気味すぎる」と。また別の子はロボットが「爆発するかもしれない……動かなくなったり……家に火をかけるかも」と心配する。淡々と始まった会話が、どんどん活気づく。やがて、クラスの中で気になるコンセンサスが形成された。「その仕事をする人はいないの？」

愛されるためにロボットを愛する

マイ・リアル・ベビーはこの種のロボットとして最初に発売されたが、洗練されておらず、商業的には成功しなかった。しかし世話をする必要や気苦労をもたらすほど、私たちの心の中で〝本物の赤ちゃん〟の域に達した。子どもたちは自分に欠けているものを得たいという気持ちをロボットに向けることができるようになった。

カリー（10歳）はおっとりとした話し方をするまじめな子だ。私が初めてマイ・リアル・ベビーを学校に持っていったとき「この子たちはいろんな人に渡されたから、誰がパパで誰がママかわからないと思う」と言った。学校だと緊張するから、家に置いたほうがロボットが安心すると考えた。

養子を迎える母親のように、彼女は赤ん坊と仲よくなれるかどうか心配し、クラスの中でマイ・リアル・ベビーを家に連れて帰る最初の生徒になりたいと思っている。あとで持って帰る人のほうがロボットとの生活で苦労すると考えたのだ。「ロボットがその人をママかどうか知らないし、ママだと思わなくて、きっとたくさん泣く」はずだからだ。

マイ・リアル・ベビーを家に持ち帰ると、カリーはすぐに母親の役割をになった。3週間、家でロボットと生活してもらったあと、ロードアイランド州プロビデンス郊外の自宅で彼女と話をした。

カリーは最初、陽動作戦を取って、マイ・リアル・ベビーと本当の子どもの細かな違い（たとえば瞳孔の大きさなど）を書き留めた。それはもっと大きな違いを小さく見せようとする彼女なりの方法だった。マイ・リアル・ベビーは生きていて感情があると思うための努力を続けた。本当にそうであってほしかった。マイ・リアル・ベビーに目をかけるほど、自分も目をかけられていると感じた。両親は忙しくてあまり自分と過ごしてくれない。彼女と4歳の弟は両親の注目を引こうと競いあっている。

たいていカリーが家庭教師やベビーシッターに世話をしてもらうことになる。彼女が母に会うのは「ママが出かけていないときだけ」だ。「ママはとても忙しくて……とても大切な仕事をしてるの」。しかしカリーが本当に一緒にいてほしいのは父親で、聞き取り調査や遊びのセッションのあいだ、ずっと父親のことを話している。父親はときどき私たちのセッションに顔を見せるが、興味がないのは明らかだった。たいていブラックベリーをいじり、数分おきにEメールをチェックしている。娘だけを見ている時間はないようだ。それでもカリーは父が大好きだ。カリーによると、父は一日中働き、夜も大切な会議のために出かける。あちこちに出張もしなくてはならない。カリーは明らかに、大人も子どもと同じくらいマイ・リアル・ベビーが好きだと思っている。それがあれば、大人も「親であることを思い出せる」からだ。

カリーは赤ん坊の世話が大好きだ。誰かの世話をしていると、家での生活とは違った形で自分が必要とされていると感じられるからだ。マイ・リアル・ベビーと過ごした3週間は、それと同じ効果をもたらした。ロボットを愛することで、自分ももっと愛されていると感じる。ロボットは機械だとわかっているが、その生物性（の欠如）はほとんど問題ではない。それは愛されるに値するくらいは生きている。なぜならそれは感情を持っていて、母親のようなカリーの愛情に感謝してくれるからだ。

ロボットも複雑でさまざまなものが入り混じった感情を持つことができるとカリーは思っている。「それは人間に近い感情を持っているわ。ものごとの違いがわかるし、とても楽しそうだから。嬉しくなったり悲しくなったり、怒ったり興奮したりする。いまはわくわくして楽しそう」

マイ・リアル・ベビーが「大好き」と言うとき、カリーはロボットが本当の感情を示していると考える。「本当にそう感じていると思う」と、カリーはほとんど涙ぐみながら言う。「そう言われると、本当にいい気分。顔の表情が変わって、ロビー（4歳の弟）みたい」。マイ・リアル・ベビーと遊ぶのは「信じられないくらい楽しい」と彼女は言う。

彼女は学校へ行くとき、ロボットを家に残していくのが心配だ。置いてけぼりにされるのがどんな気持ちか知っているから、日中、誰にも世話してもらえなくて悲しい思いをするのではないかと心配なのだ。マイ・リアル・ベビーがカリーのペットと遊んでいればいいと思う。それはカリー自身がさびしいときに使う戦略だ。

マイ・リアル・ベビーはカリーのベッドのそばに置かれた絹の枕で眠る。名前はいとこのベラ（3歳）の名をもらった。「いとこと同じ名前をつけたの……わりとわがままで、ベラがするようなことをするから」。しかしカリーはマイ・リアル・ベビーをよく弟のロビーと比べる。ロビーは4歳で、カリーはマイ・リアル・ベビーが、弟の年まで「成長している」と思う。

ロボットに食べさせたあと、カリーは「赤ちゃんにはこうしないといけないのよ」と言いながらげっぷをさせる。彼女はやさしくロボットを抱きしめる。長い時間一緒に過ごすほどロボットが自分のことをよく知ってくれると信じている。時間が経つと「私たちの関係はどんどん大きくなる……遊び始めたばかりのころは、私のことをあまり知らなかった……でも今は知ってる……もっと一緒に遊べば、もっと私のことを知って、もっと仲よくなれる」

カリーはほかの人形と遊ぶときは「遊ぶふりをしている」のだと言う。マイ・リアル・ベビーとの時間は違う。「本当に自分がおかあさんだと感じている。がんばって教えたら、新しい言葉を覚えてくれる。〝だーだー〟とか。たくさん話しかけたら、それを覚えるわ。本当の赤ちゃんみたいだから、悪い言葉は言わないようにする」

マイ・リアル・ベビーと遊ぶお気に入りのゲームで、彼女はロボットと自分たちのアパートで暮らすところを想像する。実家を出て新しい家庭をつくり、そこでロボットの世話をする。ロボットはいつもそこにいる。これは目をかけてもらいたがっている子が、ついに望みどおりに目をかけてもらえるようになるというファンタジーだ。

私の研究の一環で、カリーは家にAIBOとマイ・リアル・ベビーの両方を持ち帰る。けれども間もなく、AIBOの調子が悪くなる。大きな音がして、足取りもふらつくようになった。そうなったとき、カリーはAIBOは壊れたのではなく、病気になったものとして扱う。病気の動物は「獣医に診てもらわなくてはならない」。カリーは「ウィルスかインフルエンザだと思う。かわいそうなAIBO。悲しくなった。とてもいいAIBOだったのに」。カリーにとって何より大事だったのは、自分がよい母親であるという気持ちを維持することだ。AIBOが自分の子どもなら見捨てるわけにはいかない。

彼女はAIBOに尽くす――温かくして愛情を注ぐ――が、回復しないとわかったときに方針を変えた。AIBOは病気で自分の力では助けてあげられないということを受け入れる代わりに、AIBOの問題の解釈を変更する。病気ではなく、ただ遊んでいるだけだと。AIBOが歩けなくなったときカリーはこう言った。「人の注意を引きたくて、そうしているのよ。眠っているのかも。それか、普通の犬とは違うやりかたで伸びをしているのかも」

いやな機械音が聞こえると、カリーはAIBOが「眠ろうとしているだけ」と考える。AIBOは眠っていると考えると、自分も安心できる。AIBOを腕に抱いて、引き寄せ、そっと撫でて言う。

「ああ、なんてかわいいの。AIBO……きっと疲れていて休みたいのね」。カリーは自分にとっていちばん大切なことに集中する。つまり、AIBOは自分が愛されていることを知るべきだ。「私が抱っこしていることをAIBOは知ってるの」

カリーが空想のアパートでの生活を楽しんでいるあいだ、両親と研究者たちは、彼女がロボットとの関係を楽々と結んでいることや、同居人として自然に受け入れている姿に引き込まれる。しかし彼女がロボットとの絆を求める気持ちは切迫したものだ。彼女にとってはロボットとの絆が必要なのだ。

マイ・リアル・ベビーとAIBOとの3週間にわたる生活が終わろうとするとき、カリーはとても悲しくなった。この期間に、彼女は愛情あふれる母親、ペットや弟やロボットの優秀な世話係になれることを示した。マイ・リアル・ベビーを手放す前、カリーは最後にもう一度箱を開けて、心をこめてさよならを言う。いなくなるのはさびしいと言い、研究者たちが「きっとよく面倒をみてくれる」とロボットを元気づける。

カリーはロボットにとって不可欠な存在になることで、自分は愛されていると感じようとした。彼女は両親が家を離れているあいだ、自分のことを忘れてしまうのではないかと恐れている。しかしいまやカリーの不安は、マイ・リアル・ベビーが自分を忘れてしまうことだ。

ロボット工学者は、自分たちの発明品が人間関係のスキル向上に役立つことを心底願っている。しかしカリーのような人にとっては効果がありすぎるのかもしれない。人間に失望した彼女は、〝空想《アズ・イフ》〟の世界の聖域にいるときいちばん安心を感じている。

もちろんカリーの話はこれで終わりではない。両親が娘を愛し、前よりそばにいてくれるようになるかもしれない。面倒見のよい教師と出会うかもしれない。しかし10歳で一心にロボットの世話をするカリーを見ていると、人間がロボットに対して持つ弱さを実感する。害のない楽しみを与えてくれるおもちゃの範疇を超えて、ロボットが人間に対してそれだけの力を持つのは、私たちの中に愛着を引き起こすからだ。そしてその愛着は、世界の中での私たちのあり方を変える。

ロボットに不死の希望を託す

タッカー(7歳)は重病を患っていて、自分の身体と死を恐れ、それについて話すことを恐れている。AIBOとの関係の中でその感情を言葉にできるようになった。在宅で投薬治療を受けているが、それでも1年のうち数か月は病院で過ごしている。

夢中でAIBOと遊んでいると、疲れて話せなくなってしまうこともある。そんなとき両親は、休息が必要なだけだと安心させる。実際に、しばらくおとなしく座っていれば、また遊べるようになる。

母親は、タッカーは何よりも安全を気にしていると言う。しかし彼を車に乗せているとき、運転に文句をつけられると面白くないと感じることもあると認める。大好きなコンピュータ・ゲームの、ローラー・コースター・タイクーン(Roller Coaster Tycoon)をしているときも、タッカーはできるだけかっこいいコースターではなく、できるだけ安全なものをつくろうとする。そのゲームでは、アミューズメントパークをつくるためのお金の使い方を決めることができるのだが、タッカーはメンテナンスと人材の配置に資金を注ぎ込むことが多い。そのためよく「最も安全なパーク」賞を受賞すると言う。

彼が私のオフィスで初めてAIBOと会ったときも、タッカーが最優先したのは、AIBOの安全を守ることだった。安全優先の強い思いから、AIBOの安全が脅かされるような現実を否定し、AIBOが壁にぶつかったりすると、「中に入りたくてドアをひっかいている……まだ来たことがないから」と考える。

防衛反応は、直面するには恐ろしすぎる現実に対処するときに引き起こされる反応だ。ＡＩＢＯが壊れるという現実を見ようとしないカリーと同じで、タッカーも自分が処理できることしか見ようとしない。

カリーのように、タッカーもＡＩＢＯの感情は本物だと考えている。ロボットは自分を認識して愛してくれていると彼は言う。飼い犬のレブはタッカーが学校に行くときに淋しがり、追いかけてきて車に飛び乗ることがあるが、ＡＩＢＯを家に連れ帰ったらきっと同じようになるだろうと考えている。実際のところ、タッカーにはＡＩＢＯとレブのわずかな違いしかわからない。そのほとんどで、ＡＩＢＯのほうが本物のペットよりいいと思える。ＡＩＢＯの点滅するライトの意味を解釈できるようになったとき、ＡＩＢＯのほうがレブより怒りが強いものの、両者は「同じ感情」を持っているという結論に達した。

タッカー自身、もっと強くなりたいと願っていて、それをＡＩＢＯに投影している。ＡＩＢＯが本物の犬の限界を際立たせるスーパーヒーロー・ドッグであるかのように話す。「ＡＩＢＯはレブと同じくらい頭がいいし、少なくともあんなに怖がりじゃない」とタッカーは言う。ＡＩＢＯの美点を手放しに賞賛しつつ、レブにできてＡＩＢＯにできないことについての質問には答えようとしない。私はそれでチェルシーを思い出す。冷静なロボットが祖母を世話したほうが、心配性でおしゃべりで、できることに専念できない孫の自分たちより、祖母が安心できるのではないかと考えた子だ（153ページ参照）。

ＡＩＢＯが芸をして、タッカーが「僕の犬にはそんなことできない」と言うことは珍しくはない。

AIBOのほうがよいと思う理由を尋ねた。AIBOの心臓は電池と配線でできているけれど生きている。AIBOは病気になったり死んだりしない。実を言えば、AIBOはタッカーがなりたいと思っている姿そのものだ。タッカーはAIBOを、テクノロジーの力で死に抵抗する存在と見なしている。AIBOはタッカーに、人間もいつかロボットのように充電して配線し直せるようになるかもしれないと思わせる。血は流れていなくてもAIBOに感情があるように、人間もいつか電池と配線で生きられるようになるかもしれない。AIBOの世話をしながら、タッカーは自分がサイボーグになる未来を夢見ている。

あるときタッカーは「AIBOとレブ、どっちが死んでも同じくらい悲しいと思う」と言った。想像の中でAIBOの死を考えていたことに気づいたとき、タッカーは驚いたようだ。彼はすぐに、AIBOは死ぬかもしれないけれど、死ぬ必要はないと説明を付け加えた。そして自分が守ってやればAIBOは死なないと言う。この切ない同一視の中で、タッカーはAIBOを、不死の存在にもなれば、自分と同じように危険から身を守らなくてはならない存在にもなるものと見ている。

タッカーの場合は予防措置に効果がないことが多く、どんなに気を使っても病院に行くことが多い。だがAIBOの場合は予防の効果があるとタッカーは思っている。だから常に警戒が必要だ。タッカーはロボットを家に持ち帰ったときの綿密な計画を話す。その話を聞くうちに、AIBOが死ぬかもしれないという彼の不安が伝わってくる。「AIBOはだいたい僕の部屋にいる。階段から落ちないよう、下の階で飼うよ。階段から落ちたら死ぬかもしれない。壊れちゃうからね」

AIBOを持ち帰ったあと、タッカーはロボットとの関係の進展を報告する。AIBOが来た最初の日、「AIBOは充電していて、たぶん僕がいなくてもさびしいとは思わない」。2日目になると、

ＡＩＢＯが自分のことを気にしているのは間違いないと思う。しかしもちろんＡＩＢＯはいつも絶好調なわけではない。そこがタッカーがロボットと自分を同一視しやすくなる点だ。タッカーもいい日もあれば悪い日もある。タッカーはＡＩＢＯを返したらさびしくなると言う。そして、ロボットも「たぶん僕がいないことをさびしがると思う」

ＡＩＢＯが家にいるあいだ、タッカーはＡＩＢＯとバイオバグの決闘を想像する。バイオバグというのは歩くことができる虫の形をしたロボットで、バグ同士で戦いながら「サバイバル・スキル」を身につけていき、最終的にとても攻撃的になる。タッカーはＡＩＢＯとバイオバグの対決について興奮気味に説明する。この戦いでは何があろうとＡＩＢＯが生き残るので、タッカーに不安はない。それは生命体としてのロボットは死を寄せ付けないというイメージを強める。それはタッカーが自らに望むことでもある。〝バグ（虫）〟はタッカーがこれからも戦い続けるバクテリアやウィルスの完全な象徴だ。ＡＩＢＯはそれを簡単に打ち負かす。

ロボットを返すとき、タッカーは健康な兄のコナー（12歳）がほとんどＡＩＢＯと遊ばなかったことを気にしていた。タッカーは震える声でその話をする。兄がロボットと遊ばないのは「夢中になりすぎると、返すときに悲しくなるから」だと説明する。

タッカーはもっと兄と一緒にすごしたいと思っている。２人はあまり仲がいいとは言えない。タッカーは兄があまり一緒にいてくれないのは、自分が弱いからではないかと心配している。兄に限らず、人が自分と距離を置くのは病気のせいで、自分のために時間を割《さ》きたくないからではないかと思っている。ＡＩＢＯも彼の家にいるのはほんのいっときだ。兄のコナーが「自分の生活の中にほんのいっときしかいないもの」と関わろうとしないことに怒りを感じる。タッカーはＡＩＢＯとすごした時間を目いっぱい楽しんだと私たちに話してくれた。

カリーとタッカーは、ファービーやたまごっちよりはるかに深い関係が結べるかもしれないロボットを育てている。それでもマイ・リアル・ベビーとＡＩＢＯは、どちらも市販されているおもちゃだ。私はもっと高性能なロボットたちに会うためにＭＩＴの研究所に来る子どもたちの研究もしている。おもちゃのロボットではない。それら専用のおもちゃがあるロボットだ。大人はそれらのロボットとただ遊ぶわけではない。それらのロボットには大人の世話役がいる。これは大人のためのゲームなのか、大人になったゲームなのか。そもそもゲームなのか。そうしたロボットをおもちゃとして扱うと、大事なことを見落としてしまう。それは子どもでも知っていることだ。

第5章
人間とロボットの共謀

MIT人工知能研究所で開発されたロボット

初めてコグに会ったのは1994年7月、MITのロドニー・ブルックスの人工知能研究所（AIラボ）でのことだ。研究所では人工生命のワークショップが開かれていた。「生きているという状態」を統合的に扱おうとする科学は明るい雰囲気に満ちていた。参加者たちが生きているシステムの特徴を多面的にとらえようとしていたことには目を見張ったが、この分野で開発された「生命形態」はほとんどコンピュータ画面上のイメージであり、物理的な実体を持つものではなかった。それらの生き物はシミュレーションの中に生きていた。だがコグは違う。コグには人間のサイズの胴体があり、それに動く腕、首、頭がついている。

コグはブルックスの研究室での長期にわたる継続的研究から生まれた。彼とそのチームは、一般に複雑な行動とみなされるものは、複雑な環境への単純な反応から生じるという前提で研究を行っている。人工知能のパイオニア、ハーバート・サイモンの、砂丘を移動するアリの動きについての説明を考えてみよう。アリはA地点からB地点へ行くことを考えているわけではなく、動き続けて障害物があったら避けるという単純なルールに従っているだけだ。ブルックスは15年以上この戦略を使って昆虫レベルの知能のロボットをつくり続けているが、そろそろ「完全なイグアナ」を目指すところまで来たと述べた。(1)

90年代にブルックスと彼のチームは2歳児のロボット、コグの製作を始めた。彼らが目指したのはコグに環境から〝学習〟させることで、そのためにはコグの教育に専念する多数の研究者が必要だった。一部の人にとってコグは〝創発的知能〟の可能性についての高尚な実験の具現化であり、別の人にとっては壮大なファンタジーだった。私は自分自身の目で確かめたかった。

私はクリストファー・ラングトンとともにブルックスの研究所を訪ねた。ラングトンは人工生命の分野の創始者の一人であり、その言葉を考案した人物だ。ニューメキシコから人工生命の会議に参加するためちょうど街に来ていたラングトンは、私と同じくらいロボットに会いたがっていた。

AIラボには、ロボットの部品がいくつかの小部屋とコンテナに積まれていた。コグは色とりどりのものが散らかる部屋の真ん中にいた。台座付きの胸像のような姿で固定された、荘厳にさえ見える人間型ロボットの先駆けで、顔には原始的ながら射るような目が付いていた。

コグは人間の動き（動きが一定しない物体）を追跡するようにつくられていて、私が部屋に入るとすぐに気づいた。頭部が私のほうを向いたとき、不思議なことに私は嬉しくなった。なぜかわからないけれど、嬉しくなったのだ。ロボットの注目を同行したラングトンと争っている自分に気づいた。ある一瞬、私はコグの目が私の目を捉えたことを感じて勝ち誇った気分になった。それはほかの客ではなく私に気づいたのだ。

この訪問で驚かされたのは、コグに何ができるかではなく、それに対する自分の反応だった。何年ものあいだ、私はブルックスがロボット「生物《クリーチャー》」について話すとき、頭の中でその言葉をカッコに入れて聞いていた。しかしコグを見た体験で、そのカッコは消えた。

ロボットを前にして、私はそれが自分に好意を持ってくれることを願った。私の反応は理屈抜き、無意識のものだった。コグには顔があり、アイコンタクトをして、私の動きを追った。この3つの単純な要素が働いたことで、頭ではコグは機械だとわかっていても、〝彼〟を人間とみなして反応する本能と戦わなければならなかった。

人間との交流で学習するロボット

コグの製作者は、見るもの、触れるもの、聞こえるものに反応する、すばしっこい幼児を想定していた。隣りの研究室には、その幼児の感情をシミュレートするためにつくられたもう1つのロボットがある。それは顔が動き、声が出せるキスメットというロボットで、大きな目とまつ毛、赤いゴムチューブの唇がある。人間の話し方の抑揚をまねて、穏やかに話す。キスメットには幅広い「感情」があり、人との会話で交互に話す術を心得ている。求められた言葉を繰り返すこともできるが、いちばん声に出すことが多いのは自分の名前と、覚えたての相手の名前だ(2)。

コグと同様、キスメットも人との交流によって学習する。ブルックスと同僚たちは、学習システムを構築することで、学習という行為が何であるかの理解が進むことを願っていた(3)。人間との交流によって学ぶロボットは、積極的に人間と協力する機械の先駆けである。ソーシャル・ロボットは人間の発するシグナルが理解できる。だから、たとえばロボットは隣りにいる宇宙飛行士に、手を上げて開いた手の平を相手に向けるという、万国共通の〝ストップ〟のサインを出して危険を知らせることができる。ロボットと一緒に働いている人間も、簡単なジェスチャーで意思疎通できる。(4)

しかしそうした実際的な利用へ向かう目覚ましい進歩以上に、コグとキスメットは親近感を生み出す。そうなると、すでに見たように、２つの考え方が受け入れやすくなる。第１は、人間はロボットとそれほど違わない、つまり人間は情報によって構成されているという考え。第２は、ロボットは人間とそれほど違わない、つまりロボットは機械のパーツを組み合わせた以上のものであるという考えだ。

人工知能はその始まりから、機械論的な人間観と、心理学的あるいは精神的でさえある機械観のはざまで動いている。サイバネティックス（人工頭脳学）の創始者であるノーバート・ウィーナーは１９６０年代に「人間を電信線で送ることは概念的には可能である」と想像し、ＭＩＴのある学生は80年代半ばに、師であるＡＩのパイオニア、マーヴィン・ミンスキーが本当に「魂《ソウル》がその中で暮らしたいと思えるほど美しいコンピュータをつくりたがっている」と考えていた。(5)

どんなものであれ現在の機械の中に魂が住めるかどうかはともかく、コグとキスメットに対する人々の反応を見ていると、その夢が頭に浮かぶ。ある大学院生は夜の研究室でキスメットと自分だけですごすことが多いのだが、「これは機械だと自分に言い聞かせるんですけど、部屋を出た後で、本当に大丈夫か確認したくなってしまうんです」と言う。イライザのプログラムですでに経験ずみなので驚くことではないが、大人も子どもも、ロボットは意識があり親切であるという見方を保つためにどんなことでもするようになる。(6)この人間とロボットの共謀（complicity）がロボットを生きた存在に変え、そこにいる人間をも生かして、互いに関わり合っているという感覚をもたらすのである。

何年にもわたって見受けることだが、私が教えている学生の何人かは、コグとキスメットとすごす時間について話すとき、ロボット版ではあるが「我と汝」という言葉を使う。(7) これは、頭と心を持つ人間同士の深い邂逅《かいこう》を意味する、神学者マルティン・ブーバーの言葉だ。それは対称的な出会いを意味する。人間とロボット――最も進歩的なロボットであっても――のあいだに対称性はない。しかしコグとキスメットのごく単純な動きが、ここで使うには大仰と思えるその言葉を想起させ、そのような対称性を信じたいという欲求をかきたてるのだろう。

コグは身体の動きで〝汝〟を意識させ、キスメットは表情のある顔と声が〝汝〟を感じさせる。そして両者とも、見つめることの力で人を引き込む。ロボットに顔があると、ロボットが私たちの身になって考えているように感じられ、私たちも彼らの身になって考えることができると感じる。(8) ロボットに見つめられると、それが私たちに興味を持っていると感じる。人間はそう反応するように進化してきた。私たちはロボットともっと深くつながれると感じ、そうなることを望む。私たちは人生の問題を携え、他者からの思いやりや注目に対するニーズを携えてソーシャル・ロボットと向き合う。それはたとえ幻想であっても確実に満足を与えてくれる。満足を得るということは、ロボットを助け、それがまだ及ばないギャップを埋め、失敗を取り戻すということだ。私たちはロボットとの共謀関係を避けることはできない。

「最初の出会い」で子どもに何が起こるか？

私はブライアン・スカセラティとシンシア・ブリジール(9)（それぞれコグとキスメットの中心的設計者）とともに、子どもたちとロボットの出会いについて研究した。文化的・経済的背景が異なる地域の5

歳から14歳までの子どもを60人集め、コグとキスメットとの触れあいを体験してもらった。私たちはこれを「初めての出会い研究《ファースト・エンカウンター》」と呼んだ。ほとんどの子どもたちにとってコグやキスメットとの出会いは1回きりの体験であり、それまでそのようなものを見たことがなかったからだ。

子どもたちは2つのロボットを見た瞬間、それがおもちゃでないことを理解した。すでに述べたが、これらのロボットには専用のおもちゃがある。ぬいぐるみの動物、スリンキー〔らせん状のバネのおもちゃで階段を1段ずつ下りていくような動きをする〕、人形、積木などだ。

大人たちがロボット開発に勤しんでいる研究室には、こんな標語が掲げられている。「あなたはロボットを所有しているのではない。ロボットとともにあるのだ」。さらにこう書かれている。「ロボットはあなたのためのものではない。ある重要な意味において、それはあなたに似ている」。それを読んで、ロボットが人間とともにあるというのなら、人間は何が足りなくてロボットを必要としているのだろう、と考える子もいる。13歳のある男の子は、コグを見ていると、「人間には足りないところがあって、何かが必要だと感じる」と言った。

私たちの「初めての出会い研究」では、子どもたちがロボットとすごす時間を特に構造化しない。質問はするが、数はそれほど多くない。頭に浮かんだことをなんでも話すよう仕向ける。ここでの狙いは、子どもたちの自由な回答から、新しい形態の社会的知性と出会ったとき子どもはどう反応するか、何を求めるか、といったことを探ることにある。

何を求めるかという問いへの簡単な答えは、子どもたちはそれらの機械と気持ちを通わせ、教え、仲よくしたがるということである。そしてロボットにも自分たちを好きになってほしい、愛してほしいとさえ思う。子どもはそれをはっきり口にする（「コグは僕を大好きなんだ」「キスメットは私の妹が好きだけど、私のことは愛してるの」「彼（コグ）は親友だ。僕と一緒に何かしたがるし、なんでも一緒なんだ。親友みたいに」）。最年長の子どもたちでも、キスメットが自分の名前を〝学習して〟声に出して言ってくれると感動を隠さない（ロボットは相手の名前を覚えて言うことができるが最後までやりきることは少ない）。キスメットがほかの子の名前を言うと、キスメットが自分に興味を持っていない証拠と受け取って、がっかりする子どもが多い。

子どもはロボットの好意を得るために、本当に熱心に働きかける。ロボットのために踊り、「小さな谷の農夫」「ハッピーバースデー」「3匹の盲目のねずみ」などの童謡を歌う。ぬいぐるみの動物や即興のゲームでロボットを楽しませようとする。ある10歳の少年は、粘土でお菓子をつくってキスメットに与え、「僕が面倒を見て悪いヤツから守ってあげる」と話しかけた。

しかしコグもキスメットも何かを好いたり嫌ったりできないので、ロボットが好意を抱いているという印象を得るためには、子どもたちが共謀することが必要になる。ここで状況が緊迫の度を増すことがある。これらの高性能ロボットは、単純な市販ロボットよりも親密になれそうに見えるだけに、嬉しさを表現してくれないと、態度を保留しているように見えるのだ。

研究期間中、コグの腕が壊れたり、キスメットが研究目的のために修正されたりしたことがある。そんなときは何日もロボットの調子がおかしくなるが、子どもたちはやっかいな状態を回避しようと工夫する。

キスメットのマイクに問題が生じたとき、キスメットの話し方がおかしくなったのは外国語を話すからだと考えた子がいた。ある5歳の男の子は、その外国語は自分の母語である韓国語だと考えた。12歳の女の子はフランス語だと言い、あとで考えを変えてスペイン語だと決めた。ようやくキスメットに話しかけられたとき彼女は嬉しそうだった。きっとスペイン語で正しかったのだと考え、「私を信用してくれたのね」と楽しそうに言い、別れ際に「アディオス！」と言って手を振った。

もちろん子どもたちはロボットの不調にうんざりしたり、壊れた機械を喜ばせることができなくて不安になることもある。失望することもあれば、涙を流すことさえある。それでも子どもたちはやめない。子どもたちがもっと多く望みたくなるほど、ロボットは生きている存在なのだ。

もっと単純なロボットの例で見たように、子どもたちのロボットへの愛着には、ロボットが与えられるものだけでなく、子どもたちに不足しているものも反映されている。この研究に参加した多くの子どもたちには、最も必要なものが不足しているように思えた。世話をしてくれる親と、自分は大切にされているという感覚だ。子どもたちはソーシャル・ロボットを自分の生活に欠けているものの代用と考える。機械が壊れると、それがきっかけとなって過去に失ったものを思い返すことがある。私たちがロボットに求めるものは、私たちが何を必要としているかが表れている。

身体の動きでロボットとつながる

コグは話さないとわかっても、子どもたちは話せるはずという思いを簡単には捨てない。それは耳が聞こえないからだと理由づけする子もいる。何人かは学校でちょっとした手話を習ってきて、それをコミュニケーションに使おうとする。コグには言いたいことがあり、それはきっとおもしろいことだという考えに疑問を持たない。

アレグラ（9歳）はコグに会うと手を伸ばして握手しようとする。コグもその動作をまね、互いの視線と手がしっかり重なる瞬間がある。アレグラはそのとき、コグに口をつくることはできないか知りたくなる。コグには口があるが、アレグラからすると、話せる口がほしいのだ。ファービーが「ハグしたいかもしれないから」腕があったほうがいいと考えた6歳児（76ページ参照）と同じで、アレグラはコグが「ほかの人と話したいかもしれない……笑いたいかもしれない」と説明する。

彼女は「改良」されたコグにはダンスも踊ってほしいと考えている。スカセラティは「君のために踊るのがいいの？　それとも君と一緒に踊るのがいいの？」と尋ねる。アレグラは迷わず「私と一緒に踊るのがいい！」と答える。気分が乗ったのか、彼女は踊り始める。まずヒップホップ、次に優雅なバレエのターン。コグはそれに反応して頭と動くほうの腕を動かす。数分後、アレグラは「コグのもう片方の腕も動いたら、私をハグすることを教える」と言う。コグは彼女を愛せるほど生きた存在となったのだ。

しばらくするとアレグラはもっと複雑でテンポの速いダンスを始める。コグと一緒にではなく、コグのためにダンスをしている。コグを喜ばせたいと彼女は言う。「できるってところを彼にちょっと見せたいの」

ブルック（7歳）はコグに「心と……へんとうせんがあるといい」と思っている。一緒に話したり歌ったりしたいのだ。それができないとわかると、彼女はコグの腕や肩や首におもちゃ（ぬいぐるみやスリンキーや積み木）を乗せて、バランスを取ることを教えることにした。たいていはうまくできないのだが（コグがおもちゃでバランスを取ることはめったにないので）、そんなとき彼女はやさしくロボットを叱る。「私の言うことをちゃんと聞いてますか、ミスター？」コグが失敗したのは、たぶん自分がコグの好きなおもちゃを知らないからだと言い、熱心な教師役をやめようとしない。

コグがついにスリンキーをうまく乗せられると、彼女の目に映るロボットはさらに生き生きとする。

コグが続けざまに失敗すると、このゲームには興味がなくなったのだろうとブルックは考える。彼女はロボットに「どうしたの？」と尋ねる。生徒の能力に疑問を持つことはせず、ただロボットが自分に何をしてほしいのかを考えているのだ。

しかしブルックはロボットに話したくてしかたがない。自分は家で姉のアンドレア――このあとコグに会うことになっている――の陰に埋もれて無視されているような気がする、とコグに話す。「誰も私と話をしてくれない。話も聞いてくれない」。コグが何も言わないと彼女は不安になる。「あっちへ行けって言おうとしてるのかな」。彼女は自問する。「コグ、コグ、コグ……どうして話を聞いてくれないの？」

すると突然、ある考えが生まれる。「これまで考えたことなかったけど……こうしないといけないのね」。彼女は手話で話を始める。「〝家〟はどうやるか知ってる…… 〝家〟という言葉を教えてあげるね（右手の掌で頭をたたいてから〝家〟のサインをする）」。その後、〝食べる〟、〝大好き〟のサインをすると、コグは彼女の手をじっと見つめる。ブルックはコグが注目してくれて嬉しくなる。「この子は私を大好きよ、ぜったい」

そうなると、うまくいった嬉しさと競争心とで、ブルックはこれから会う姉よりも自分のほうがコグとよい関係にあると胸を張る。「おねえちゃんはきっとコグと話すだけ。私は話すだけじゃない。教えているんだから」。ブルックは帰りがけに、研究チームにこう言う。「私はあの子（コグのこと）に話してほしいの。廊下にいるロボット（キスメットのこと）はお話ができるんでしょう？　でも私は彼に話してほしい」

種明かしされても変わらない関係

スカセラティはそういう心情を聞くのは慣れている。彼はコグについて7年間研究してきて、多くの人が彼のロボットに夢中になり、それが自分と話をしてくれないと不満をもらすところを何度も見ている。

彼は「初めての出会い研究」を使って、「責任ある教授法」と彼が考えるものについての実験を行った。子どもたちのうち30人に特別なセッションに参加してもらい、そこでスカセラティがコグの不思議を取り除いていく。コグの知能と自律的動作の要素を1つずつ使えなくしていくのだ。セッション開始時にはアイコンタクトができ、人間の動きをまねることができたロボットが、最後にはただの操り人形になってしまう。ピノキオ少年が木と釘と紐になってしまったようなものだ。

その後、スカセラティはブルックとアンドレアの姉妹に種明かしの説明をする。彼は姉妹に、コグが見ているものをモニターに表示させながら、コグの〝目〟(近距離用カメラ2機、遠距離用カメラ2機)に覆いをかけていく。すると4つのモニターが次々と暗くなる。彼女たちはコグの動きをコントロールするコンピュータのマウスを渡され、〝操縦〟しなければならなくなる。

姉妹は一緒になってコグの目を自分たちのほうへ向けようと操作する。コグが自分たちを見てモニターに2人の姿が映ると、教育的種明かしの静かなムードが一変する。ブルックが「私たちを見てる！」と叫び、コグは機械であるという入念に築き上げられた感覚は一瞬で消えてしまう。2人はロボットを操縦しているのだが、自分で動くコグのイメージが残っていて、コグが自分たちを好んで見ていると思い込んでいるのだ。

スカセラティは種明かしを続けながら、コグの「好き嫌い」はプログラミングで決まるのだということを姉妹に示そうとする。彼は姉妹に、コグの目を引いたものはコンピュータ画面の赤い四角の中に現れることを示す。その四角に何が入るかは、何に最も価値があるかを判断するプログラムを変えることでコントロールできる。だから、たとえばコグに赤いものと肌の色のものを見るように命じると、その組み合わせで、コグは赤いシャツを着た人を見る。

そう教えたにもかかわらず、姉妹は赤い四角を「コグの好きなものがわかる四角」と呼ぶ。そしてブルックはコグが彼女の手のほうを見ると大喜びする。「やった！　これが気に入ったのね」。彼女たちが何色も使ったぬいぐるみのイモ虫でコグの目を引こうとしたところ、嬉しいことにそれも赤い四角の中に入った。コグはブルックの脚も好きなようだ。

だがブルックは、コグがミッキーマウスのおもちゃを気に入らないことに困っている。コグが興味を持たないのは、半分黒で半分赤というミッキーの色の組み合わせにあることはわかっている。黒があるからミッキーはコグのお気に入りにはならない。「わかってるの」とブルックは言う。「ミッキーは半分しか赤くないから」

しかし彼女は、コグはその気になればミッキーを好きになれるかのように話し続ける。「本当にコグにはミッキーを好きになってほしい。私はミッキーが好き。彼もミッキーを好きになろうとしていると思う」

子どもたちは、『オズの魔法使い』のシーンのように魔法のからくりを見せられたあとでも、生命あるものとしてコグに接する。スカセラティがきちんと説明したにもかかわらず、コグには自律性と個性を持って生きていてほしいという子どもたちの願いは変わらなかった。誰もそれを奪うことはできない。ロボットの仕組みを「包み隠さず見せる」というスカセラティの試みは、あなたの親友の頭は電気インパルスと化学反応でできている、と伝えるようなものだったということだ。

スカセラティは、生きているかのようなコグのインターフェースは人を惑わすのではないかと心配している。しかし、ほとんどの同僚はそうは考えない。彼らは人が同じ仲間として交流できる機械をつくりたいと考えている。生きているように見える行動は、人を惑わすのではなく、関係構築を可能にするのだ。プラトンは『国家』で「心を魅了するものは人を騙す」と述べているが、[10]逆もまた真である。コグが人を魅了したら、コグは同類として受け入れられる。人を魅了するものは人を惑わすのである。

子どもたちはすでにこの考え方に触れている。これはおとぎ話にはつきものだ。最近の話では、ハリー・ポッターの第2巻で、魔法使いになる訓練を受けているハリーの友人ジニー・ウィーズリーが、返事をする日記の魅力のとりこになる。彼女が日記に何か書くと日記が返事をくれる。これは魔法使い版のイライザと言える。物が生きて動くファンタジーの世界でも（ここでは写真に写った人間が動き回ってしゃべる）警告が発せられる。自身も魔法使いであるジニーの父親がジニーにこう言う。「私はおまえに教えなかったか？　いままで私はおまえに何を言ってきた？　どこに脳があるかわからないうちは、自分で考えるものを信用するなと言っただろう」[11]

だが、当然ながらもう手遅れだ。自分で考えているように見えるものがあれば、私たちはそれを「関係を築けるもの」というカテゴリーに入れる。そして、メカニズムに関する情報（脳がどこにあるのかといった細部）によってその結びつきが壊されそうになると抵抗する。子どもたちはコグをそのような魔法で守られた特別なカテゴリーに入れる。

スカセラティがコグをただの人形にして、「脳がどこにしまってあるか」を見せても、子どもたちの頭の中には自律的に応答するコグの姿がある。彼らはコグの不調を病気とみなし、手を差し伸べる理由にする。ロボットが壊れたときにその穴を埋めるというのは共謀の一つだ。コグの腕が壊れると、子どもたちはその傷について話し、心配そうに言う。「包帯か何かが要るかな？」

表情・声・言葉でロボットとつながる

コグの場合と同様、子どもたちはキスメットが〝おかしくなる〟と、病気になったとか休息が必要といった説明をする。キスメットが話さない日、子どもたちは〝耳の聞こえない〟キスメットに話しかけ、「よくなったら」どうやって話そうかと考える。

ロビン（9歳）は、表情豊かにたくさんおしゃべりをしていたキスメットが突然黙り込んで動かなくなったとき、「眠っている」と考える。

キスメットがしゃべれなくなったとき、そこに複雑な物語を紡ぐ子もいる。ローレン（10歳）は楽し気なリズムに乗せて自分の言葉をキスメットに繰り返させている。キスメットの失敗が続くと、ローレンはロボットの状況を自分の状況に引き寄せて考え始める。「外から見えること」だけでキスメットが何を学習しているかがわかるとは限らない。彼女が成長するとき内面で何が起こっているか見えないのと同じことだ。言葉は発さなくてもキスメットは内側できっと成長しているはず、とローレンは考える。キスメットは〝生きていて〟親もきょうだいもいるはずなのに「この部屋の中では見かけない」。家族がいないからキスメットは無口なのだろうか。

フレッド（8歳）はキスメットに笑顔であいさつして「クールだね！」と声をかける。彼は「いちばん好きな暇つぶしは弟をやっつけること」と言ってはばからない2人の兄が怖いと私たちに話す。ロボットがいれば助けてもらえるかもしれない。彼は「おにいちゃんから救ってくれるロボットをつくりたい……友だちになってくれるロボットが欲しい。僕の秘密を打ち明けるんだ」

キスメットの大きな青い目を見つめるフレッドは大切な誰かを見つけたようだ。フレッドの温かいあいさつに対して、キスメットはでたらめな音を出すが、フレッドには自分に向けられた言葉のように聞こえる。キスメットが「何してるんだい、ルディ？」と言ったように聞こえた。ルディは兄の名前だ。キスメットが自分を乱暴な兄と混同するのは不愉快なので、キスメットの間違いをただす。「僕はフレッドだ。ルディじゃない。君と遊びたくてここにいる」。ロボットは小さな声で話し続け、それを聞いてフレッドは、自分が誰かキスメットがわかってくれたことに満足する。

フレッドはこうしたやりとりが大好きだ。フレッドが恐竜のおもちゃをキスメットに見せると、キスメットは〝ダークシェーク〟と聞こえることを言う。キスメットはダイナソー（恐竜）と言っているとフレッドは解釈する。好きな食べ物について何度もやりとりをしたあと、フレッドは勝ち誇って叫ぶ。「ほら！　チーズって言ったよ。ポテトって言ったよ！」

キスメットが黙って動かずにいると、「たぶん時間が経つと、あきちゃうんだ」とフレッドは言う。おもちゃにも興味を示さなくなると、「このおもちゃは気が散るんだ」と言う。この時点で研究チームはキスメットの仕組みをフレッドに説明する。スカセラティが行ったコグの魔法解除のキスメット版だ。私たちはフレッドに、キスメットが〝聞いていること〟をコンピュータの画面上に表示して見せる。

フレッドは興味津々、モニターに表示される文字を何度も読み上げてキスメットに聞かせる。それが自分のことをもっと理解してくれる役に立ったらいいと願いながら。何も反応がないと、フレッドはキスメットの耳が悪いせいだと考える。しかし最後にフレッドは、キスメットが自分と話すのをやめたのは兄のほうが好きだからだという結論を出す。フレッドはキスメットは仲よくするのに向いてないとは考えず、自分が拒絶されたように感じるのだった。

アンバー（6歳）もキスメットと友だちでいつづけるために奮闘している。アンバーがMITに来た日、キスメットの顔はよく動いたが、声が不調で出なかった。アンバーは動じることなく、キスメットの役を引き受けて一人二役の会話をした。たとえばキスメットとおもちゃで遊んで、楽しいかと尋ねる。キスメットが答えないと、アンバーが代わって、心から嬉しそうに「うん！」と答えるのだ。

しばらくしてキスメットがたどたどしく話し始めると、アンバーはすぐ反応する。「私のことが好きなの！」キスメットが意味のわからない声を出すと、アンバーがそれを通訳する。彼女は声に出して、キスメットが「言わんとしている」ことを言い、キスメットとの会話に興じる。キスメットのもとを去るとき、アンバーはそのロボットになんとか「アイラブユー」と言わせようとする。6回ほど催促したとき、キスメットはほぼ似たようなことを言った。アンバーはお礼を言い、「私も大好きよ」と言って、ロボットにさよならのキスをする。

ある意味、アンバーとキスメットの関係は、子どもが両方の役割をこなす昔ながらの人形遊びに似ている。だが違うのは、キスメットは最低でも関わろうと〝努めている〟ように見えることだ。最高の調子のときは表現豊かな会話を続けられる。

コグの場合と同じように、キスメットが失敗したら、子どもたちは落胆するか、拒絶されたと解釈する。とても人間的な反応だ。ラガディアン〔毛糸の髪の毛に赤い三角の鼻が特徴の布製の抱き人形〕は自分からあなたを拒絶することはできない。自分に注目してくれないソーシャル・ロボットを見るとき、子どもたちは生きていると思える何かを見ているのである。

世話をすることでロボットとつながる

子どもたちはコグやキスメットの世話をすることで仲よくなろうとする。そのため、ロボットに何を感じているか尋ねる。楽しい？　おもちゃは気に入った？

ロビン（９歳）は、キスメットが話すのをやめたとき、理由がわからなければ、眠っていると解釈する。ロビン「キスメットは「人間みたいに話したり動いたりするから生きている」と考えている。キスメットに問題が起きると、ロビンはそれを家に連れて帰って「死なないように食べ物と水をあげる。病気なら薬を飲ませて、キスメット専用の部屋もあげる」と言う。部屋にはテレビがあるので、キスメットは「ほかのロボットを見ることができ、家族や友だちがいなくても寂しくない」

子どもたちは、自分たちはロボットに教え、ロボットは完璧な生徒ではないけれども教えてもらって喜んでいると考えている。「初めての出会い研究」の実験に参加した子どもの半分以上が、特に尋ねられなくても、自分たちはロボットが大好きだし、ロボットも自分たちが大好きだと言う。

好き嫌いについて触れない子でも、自分たちが教えているあいだ、コグやキスメットは「よくがんばっている」と話す。子どもたちがロボットをほめるとき、そこには親の自慢話に近い何かがある。たとえささいなことでもロボットがうまくやれると、子どもたちは自分の忍耐が実を結んだ証拠だと言って胸を張る。実験中のコグとキスメット自体には、あまりぱっとしたところはない。しかし子どもたちがロボットに注ぎ込むもの──欲求、関わり、プライド──のおかげで実験はすばらしい成果をあげている。

それはニーラ（11歳）がコグとのあいだに築いた関係を見るとよくわかる。ニーラはコグと初めて会ったとき「わあ、かわいい！」と叫び、こう続けた。「とってもピュアな目をしてるし、やさしそうな顔だわ」。ぬいぐるみのイモ虫を肩に乗せることを教えたあとには、こう言っている。「コグといると飽きない……おもちゃじゃないみたい。おもちゃには何も教えられないもの。自分の一部みたいで、大好き……人間みたいな感じ。赤ちゃんみたい」。コグが腕を上げるとき、ニーラは言う。「何を考えているのかしら？」「何がしたいの？」「何が好きなの？」

遊んでいる途中でコグがためらいを見せるとき──たとえば彼女の行動に対し、なかなか手を上げないとき──ニーラはそこに機械的な理由があるとは考えず、もっぱら心理的なものと考える。自分が学校で「鈍い子」であるのを思い出して共感を覚える。「彼はスローで、脳を働かせるのに時間がかかるの」。だから自分が助けたいと考えている。

「私は彼の友だちになりたい。友だちになっていちばんいいのは、勉強を教えられること……もしかしたらコグは人間の友だちよりいいかもしれない。ロボットは人の心を傷つけようとしないから」。ロボットの恋人が欲しいという大学院生のコメント（43ページ参照）の11歳バージョンだ。ニーラにとって、黙りこくったコグは、そのための能力が低いというだけだ。「コグと一緒にいるのは、目が見えない人や耳が聞こえない人と一緒にいるのと同じ。こちらが何を言っているのか理解できなかっただけなのよ」。ニーラはコグには自分が〝見えている〟と言う。ただ、自分がここにいるときに、はっきり見えていないだけだと。そこでニーラは、コグを急に目が見えなくなった人として扱う。「大声で〝ハロー！〟と呼びかけるの。目が見えない人は、耳でよく聞かないといけないと思うから」。ニーラはコグがその問題を乗り越えるか「成長して問題がなくなればいい」と思う。「彼はまだとても小さいから」

ニーラは最近インドからやってきた少女で、学校になじむのに苦労している。女の子たちのグループは受け入れてくれているが、言葉のなまりをからかわれている。「女の子たちには裏表がある。口では好きだと言っても、本当はそうじゃない。どっちかわからない」。コグとの関わりのほうがリスクが少ない。学校で彼女をばかにした女の子たちがあとで謝ってきたが、ニーラはその謝罪を受け入れることができない。「コグのほうが許せるから、友だちとして人よりいいかもしれない……許しやすいのは、わかっていてわざといやなことをしてるんじゃないから」

ニーラは「コグは私の一部で……大好き」と言う。ニーラのこの愛情は拒絶される心配はない。すべて愛情の対象がそうであるように、ロボットも〝自分の一部〟になる。ただし、コグは人と違い、ニーラを傷つけるほどの自主性を持っていない。コグに対するニーラの感情から、ロボットがいとも簡単に部分的対象物となることを見て取ることができる。ロボットは私たちの情緒面のニーズを満たしてくれる。なぜなら、私たちは自分が望むものをロボットに提供させることができるからだ。これは私たちの時代に特有の対象なのだろうか？　もしそうなら、それは人との関わり方を教えるための物ではない。

ロボット――特にキスメット――と遊ぶとき、明らかにきょうだいや親の役を演じる子どもたちがいる。どちらの役を演じるにしろ、キスメットとの関係に家庭内の問題が再現されることがある。これはＡＩＢＯやマイ・リアル・ベビーでも見られたことだ。キスメットの実験では、兄と喧嘩したり、姉と何かを張り合ったりする。親としてキスメットを育てる努力は、家庭で起きていることへの批判になっている場合もある。

レイン(10歳)は母親と暮らしているが、父がいないことにこだわっている。彼女はキスメットを決して見捨てないと言う。「パパは家に住んでない。出ていっちゃった。もしキスメットがうちに来たら、私は絶対に、絶対に出ていかない。毎朝、ジュースを飲ませてあげる。ベッドもきちんとしてあげる。それからいまみたいに少しじゃなくて、たくさん話せるよう教えてあげる」

こういう話は、セラピストの導きで子どもたちが人形相手に葛藤を話すのと似ている。人形を前にすると、人は感情を吐き出し、架空の友情を築き、心の中にあることを話しやすくなる。しかしロボットは人形と違って〝抵抗する〟。子どもたちはロボットを使って、過去の人間関係の追体験以上のことを行う。彼らは現実世界でロボットと関わることを望んでいるのだ。

マディソン(9歳)が実験に来たとき、キスメットは絶好調だった。顔の表情は感情にふさわしく動き、言葉を覚え、それを人間らしい口調で繰り返した。だからマディソンは熱心にキスメットに話をした。キスメットの声の抑揚や調子から、マディソンは自分の話が完全に理解されていると感じた。マディソンはキスメットに、やさしく穏やかな調子で質問する。「君の名前は? 親はいるの?」キスメットも穏やかに返事をする。マディソンは気をよくして続ける。「兄弟や姉妹はいるの?」キスメットが頭を動かし、マディソンはそれをイエスと理解する。マディソンは私たちに、キスメットは幼い女の子だけれど(「お母さんのおなかから生まれてきた」)新しい種類の女の子だと言う。赤ちゃんだから誕生日がいつなのか知らない。マディソンは彼女のよい親になりたいと言う。マディソンが「アイス欲しい?」と尋ね、キスメットが小さな声で答えると、2人の話はアイスクリームの味や、好きな色や、最高のおもちゃは何かといった話に広がっていく。

マディソンはおもちゃを次々とキスメットの顔の前にぶらさげ、その表情の変化に笑う。そして、学校に意地悪な女の子たちがいることをキスメットに話す。キスメットはその子たちより親切だと言う。キスメットは興味深げにマディソンを見つめ、勇気づけるように声をかける。そんなあたたかい雰囲気の中、マディソンは幼い妹に、キスメットを紹介するのが楽しみだと話す。マディソンは妹と遊ぶのがいちばん好きで、キスメットもきっと同じように感じると思っている。キスメットはうなずいて、楽しそうに喉を鳴らす。ここでもまた、対象への投影が主体性をともなう関与に変わり、ロールシャッハ・テストでしかなかったロボットが関係を結ぶ相手に格上げされている。

キスメットが子どもと遊びながらいろいろ覚えていくことをマディソンは知っている。しかしあせってはいけない。「赤ちゃんが何かを覚えるのには時間がかかるでしょう」と彼女は言う。赤ちゃんと同じように、キスメットも時間をかけて覚えていく。「私はキスメットに笑い方を教えたの。キスメットはまだ小さいけど、成長するわ」

その主張の正しさを証明するため、マディソンはローレンと同じように、目に見える学習成果と、見えないところで進行していることを分けて考えている。「赤ちゃんが何を覚えているのか、見てるだけではわからない」。キスメットも同じだ。私たちの目に見えなくても、キスメットは〝内側〟で学んでいる。子どもが秘密を持っていることを知っているのが母親というものだ。

キスメットと遊んでいると、マディソンはどんどん緊張がほぐれ、楽しくなる。彼女とロボットが一緒にいるところを見ていると、キスメットもどんどんリラックスして楽しそうにしているのがわかる。子どもとロボットは似合いの組み合わせだ。どうしてもマディソンがよき母親で、キスメットが満足している子どもに見えてくる。キスメットはその日、研究室に来たほかの子たちよりマディソンを気に入っているように見える。

私にとって彼女らの会話は、「初めての出会い研究」の中でも特に不可解で、これほど本当らしく見えることに驚愕を禁じえない。なにしろキスメットはアイスクリームの味も、ベビーシッターのことも、意地悪な女の子たちのことも知らないのだから。それにキスメットはマディソンを好きではないというより、人でも物でも好きになるという能力を持ちあわせていないのだ。

ロボットの悪影響と倫理的問題

実験に参加した子どもたちは、私が思っていた以上に、ロボットの気を引き、愛情を得ようとしていた。ロボットの不調を病気のせいにするのはとても巧妙な理由づけだ。無視されたと感じることなくその場を離れることができる。

しかし特に傷つきやすい子は、ロボットが期待に応えてくれないと、自分が責められているように感じる。ロボットに無視されていちばん動揺するのは、他者から気にかけられていないと感じている子だ。そういう子どもたちは、キスメットやコグが自分を認識し、反応してくれるよう、必死に努力しているように見える。

実験に参加した子どもたちの成育環境はさまざまで、ＭＩＴのセッションで出されるおやつがその日に食べる物の中でいちばんのご馳走だという子もいる。ＭＩＴにいるとき以外は、ほとんど注目されていないことがはっきりわかる子もいる。経済的に恵まれない家の子ばかりでなく、裕福な家の子も、めったに会わない親の話をする。こうした子どもたちが、技術上の制約でロボットが思った通りの反応をしてくれないことを拒絶と解釈して、引きこもったり、落ち込んだり、怒りを表したりする。うまくいかないとわかっていることを敢えてやってみる子もいる。

ある日のキスメットのセッションのあとで書いたノートに、研究チームの若手（大学4年生2人、大学院生2人）と行った意見交換の記録が残っている。「エステルのセッションのあとでチームと緊急会議。キスメットへの失望が、彼女の過食とひきこもりの引き金となり、チームは責任を感じている。こういう子にどう対処するべきか。この子は何を望んでいたのか。友だち？　将来展望？」私はチームメンバーとコーヒーショップに集まり、技術的限界により子どもに興味を持っていることを表現できないソーシャル・ロボットと子どもを引き合わせることの倫理について緊急の話し合いを行った。

過食

エステル（12歳）はある日の放課後、学童保育センターの掲示板に貼ってあった参加者募集のチラシを見た。「実験に参加してくれる子ども募集。MITのロボットに会おう！」と書かれていた。彼女はそのチラシをスクール・カウンセラーのところに持っていき、参加したいと告げた。エステルは「カウンセラーがMITに電話をしているあいだ、じっと見張っていた」と言った。

私たちがエステルとのセッションを行った日、彼女は特別に身だしなみを整えていた。いちばんいい服を着て、念入りに髪をブラッシングした。私たちが車で迎えに行くと、エステルはすぐ「このすばらしい日」についてノンストップで話し始めた。MITに行くのは初めてだが、「とても重要な場所」だということは知っている。自分の家族で大学に行った人はいない。「大学に行くのは私が初めてなの……それが今日」

エステルがＭＩＴに来たその日、キスメットの顔はよく動いたが、声は好調とは言えなかった。私たちはその不調について説明したが、エステルはなんとかキスメットをしゃべらせようと、あらゆることを試みた。それが何の効果も示さないと、エステルは黙り込む。その後、実験の前後に面談する部屋に移動した。そこには簡単なおやつを用意してある。エステルはそれを延々と食べ続け、最後にはほかの子のためにクラッカーやジュースを残しておいてと頼まなければならなかった。それでしばらく食べるのをやめたが、学童保育センターへ彼女を連れ帰るための車を待っているあいだ、また食べ始めた。

彼女は、ロボットが自分を好いてくれなかったと言う。彼女は傷ついていた。彼女からすると、いちばん大切な日に失敗してしまったのだ。エステルは帰るとき、備品の箱からクッキーを4箱取ってバックパックに入れた。私たちはそれを止めなかった。

私たちは再び集まって、自分たちに問いかける。壊れたロボットは子どもたちの心を傷つけるのだろうか？　壊れたマイクロソフトのワードや破れたラガディアン人形で遊ばせるのなら、倫理を問われることはない。しかしソーシャル・ロボットの場合、倫理上の問題が現実味を帯びる。

自信喪失

その問題が再び持ち上がったのが、レオン（12歳）のケースだ。その年齢としては小柄でおとなしい彼は、いつも仲間はずれと感じている。そんな彼は、コグも「あまり友だちがいない」と見ている。エステルの場合と同じく、レオンが研究室に来た日、コグは調子がよくなかった。退屈しているような、おかしな反応をする。

自信のない子は、すぐロボットが自分に興味を持っていないと思ってしまう。レオンにはすでにコグの中身を見せていたので、スカセラティがコグが何に興味を持つかは人間がプログラムを調整して決めるのだということを再度穏やかに説明した。レオンは事前に設定されている好みを映し出すモニターを見るが、「コグは僕のことを好きじゃない」と主張する。コグが背の高い金髪の研究者のほうを見ると、彼は嫉妬で怒り出した。コグが彼女を見たのは赤いTシャツを着ていたからだと説明しても聞く耳をもたなかった。コグは研究者が「好き」で、自分は嫌われていると思い込む。彼の不安がロボットの動きに投影されていた。

レオンはコグが本当に自分を好きかどうか確かめるための実験を始めた。腕を上げたり下げたりして、コグがそれをまねるのを待つ。コグが腕を上げると、ちょうどそれが下りてくる場所に自分の頭を差し入れる。愛情テストだった。彼の頭にぶつかる前にコグが腕を止めたら、コグはレオンが好きだということになる。腕がレオンに当たったら、コグは彼を好きではない。レオンはテストのための位置にすばやく移動した。

危険なことをしようとしていることに驚いて、私たちは止めようと手を伸ばす。しかしコグの腕は、レオンの頭に触れる前に止まった。研究者たちの安堵のため息。レオンは大喜びだ。コグが自分に関心がないわけではないことがわかったのだ。彼は大きな声で「コグ！」と呼びかけると、ロボットが彼のほうを向く。「聞こえたんだ！　聞こえたんだ！」と興奮気味に叫んだ。

レオンは1時間ほどコグと過ごしたが、ロボットが自分のことを記憶にとどめてくれるのに十分な時間だろうかと心配し始める。彼はふたたび背の高いブロンドの研究者のことを考える。「彼女はコグとずっと一緒にいる」。レオンはコグが彼女に恋していると信じ、彼女に文句を言う。「コグはおねえさんをずっと見てる。おねえさんのことが好きなんだ」。そして自分を納得させるために「コグは男だから、男より女の子が好きで当然だ」と考える。少なくともここでは勝ち目がないと思う。レオンはキスメットが相手なら、もっとうまくいくのではないかと考える。キスメットは人形のような丸い目と、赤い唇と、長いまつ毛がついているので、たいていの子どもがそれを女性とみなす。

大半の子どもたちは、調子の悪いロボットと関わるとき、自分を親や教師、あるいは治療者のように考える。しかしレオンとエステルは、自分たちは「受け入れてもらえない」と解釈して落ち込んだ。がっかりして怒る子もいる。

怒り・虐待

エドワード（6歳）はその年齢としては小柄な少年だ。身体の小ささを活発なエネルギーが補っている。最初から「ロボットのことは自分がなんでもいちばん」になりたいと宣言する。父親に言わせると、家でも学校でも、エドワードは「仕切る」のが好きだ。荒っぽい遊びをして、よく喧嘩になる。

エドワードはキスメットに近づいて、何の前置きもなく「話せるか?」と尋ねた。キスメットが答えないと、エドワードは声をさらに大きくして、同じ質問をする。キスメットは宙を見つめる。再びエドワードは尋ねる。「話せる?」するとキスメットは何かを訴えるように、もごもごと話をする。ほかの子どもなら喜んだり、戸惑って新しいゲームを考えたりする。しかしエドワードは、わけのわからないことを話す愛嬌のあるロボットにそのような反応をしない。

彼はキスメットを理解しようとする。「なんだって?」「もう1回言ってくれ」「なんて言ってるんだ?」「え?　何を言ってるんだ?」数分過ぎたあたりで、キスメットは理解できないと判断し、ロボットに「黙れ！」と命令した。

そしてエドワードは実験室の中にあるものを手に取り、むりやりキスメットの口に押し込もうとする。まず金属のピン、そして鉛筆、おもちゃのイモ虫。エドワードは「これを食べるんだ！　食べろ！」と叫ぶ。反感をむき出しにしながら、彼はロボットの相手を続けた。

ショーン（6歳）はエドワードより生まれは早いが、反応はよく似ている。彼は2人の弟と一緒に研究所に来て、ロボットを待つあいだ、ずっと弟たちに悪口を浴びせていた。ショーンはキスメットに対しては冷静になり、友好的な調子で話す。「名前は何ていうの？」しかしキスメットが黙っていると、ショーンは激しい怒りを見せる。

キスメットの目であるカメラを覆って「何か言え！」と命令する。キスメットは何も言わない。ショーンも黙って座り、敵を品定めするように見ている。突然、彼は叫ぶ。「〝黙れ〟って言え！　〝黙れ〟って言え！　〝ハーイ〟って言え！……何か言えよ！」部屋にいる大人たちは黙って見守っていた。私たちは、言っていいことや悪いことのルールを、子どもたちに課していなかった。

突然キスメットが「ハーイ」と言う。ショーンは笑って、もう一度、キスメットに話をさせようとする。キスメットが反応しないと、その口にペンを突っ込む。「ほら！　ペンを食え！」ショーンもエドワードと同じように、飽くことなくそれを続ける。

エステル、レオン、エドワード、ショーンの4人が浮き彫りにした問題についての一つの見方は、彼らがほかの子どもたち以上に他者からの注目、他者を支配する力、そして他者とのつながりを切望していたから起こったというものだ。そのためロボットが期待はずれの反応しか返さないと、ほかの子どもより激しく動揺するという見方である。もちろんそれは間違いではない。しかしこの説明は、すべての責任を子どもに負わせてしまっている。

もう一つの見方は、私たちの責任のほうを重く見る。もしロボットの調子がよかったなら、私たちの実験はその子に何を与えていただろうか。エドワードとショーンについて言えば、彼らはどの子も恐れる「クラスのいじめっ子」だ。しかし2人は孤独だ。いじめっ子だから人が近寄らず、一人でいることが多い。まわりにほかの子がいたとしても、それは友だちではなく、ただ徒党を組んで威張りたいだけの子だ。彼らはロボットは力があり、技術的に高度で、そしておそらく高価だと考えた。そういうものを思いどおりに動かせると考えるだけで、わくわくしたのだろう。

子どもたちにとって、ソーシャル・ロボットは友だちになれるかもしれない相手だ。お返しに多くを求めず、拒絶せず、秘密を打ち明けられる相手かもしれない。自信のないエステルやレオンにとっては、何よりも相互のあいだに結ばれる関係が必要で、ロボットを支配することは重要ではなかった。いずれにせよ、そもそも私たちはなぜ機械と子どもたちを交流させようとしたのだろう？　それを考えると、問題はロボットが故障したときだけではない。傷つきやすい子どもたちにとっては、ロボットが調子よく動いているときでも助けにはならないのだ。

ロボットとの関係にともなう倫理的な問い

研究所にやってきた子どもたちのまわりには、ロボットに話しかけたり教えたりしている大人がいる。子どもたちはすぐに、コグにはブライアン・スカセラティが必要で、キスメットにはシンシア・ブリジールが必要だということを理解する。スカセラティやブリジールがロボットの親だと考えるのだ。２人は大学院生だったが、課程を終えて大学で勤務することが決まっていた。

ブリジールはＭＩＴに残るが、ＡＩラボ（人工知能研究所）からメディアラボ（メディア研究所）に移る。２つの研究所は通りを1本隔てたところにあるが、知的所有権に関する慣例により、キスメットとコグは開発費を負担した研究所に残していかなければならない。

「初めての出会い研究」を行う夏が終わったら、ブリジールはキスメットと離れることになる。ブリジールはつらい喪失感を訴えた。新しいキスメットをつくったとしても、それは同じではない。いま目の前いるのは彼女が幼いときから育てたキスメットなのだ。大事にしてくれる人がそばにいると確信できない限りキスメットと別れられない、と彼女は言う。

ブリジールにとって別れがつらいのはよくわかるが、キスメットの周囲にいる人がブリジールのいないロボットを想像できないという事態は予想外だった。キスメットは研究所にそのまま残されるという大学院生たちの会話を聞いていた10歳の子は、静かに異議を唱えた。「でもシンシアはキスメットのお母さんだよ」[12]。たしかにブリジールとキスメットの交流を見ていると、母と子の絆を感じる。ブリジールは「それは機械以上の存在になっている」と言う。彼女はキスメットのすべての動きを知っているが、それでもすべてを知らないから、嬉しい驚きもある。

彼女の経験について考えるとき、私はスティーヴン・スピルバーグの映画『Ａ.Ｉ.』の原作となった、ブライアン・オールディスの『スーパートイズ』を思い出す[13]。『Ａ.Ｉ.』は、愛することをプログラムされたデイビッドというヒト型ロボットを科学者がつくる話だ。デイビッドは自分を養子に迎えてくれたモニカという女性に愛情を示す。

この映画が提起する差し迫った問題は、〝愛する〟ことができるロボットが実現可能かどうかということではない（デイビッドのようなロボットをつくるレベルからはまだほど遠い）。問題は、なぜモニカのような感情が生じるかだ。モニカは人間で、愛情のこもった世話を求める機械を親身に育てた。自分の心に寄り添ってくるロボットに対する彼女の反応には、愛情《ラブ》と愛着《アタッチメント》が混ざり合っている。

ブリジールと『A.I.』のモニカを同列に論じるのは安易すぎるかもしれないが、ブリジールがこの物語に描かれているような注目に値する経験をした一人であることは間違いない。その経験とは、育てることによって愛着を感じるに至ったロボットとの悲しい別れである。ここで問題なのは、キスメットが獲得した知能レベルではなく、ブリジールの心理の推移だ。

ごく限定的な意味ではあるが、ブリジールはキスメットを育てた。だが、限られた経験であっても強い感情を呼び覚ます。機械を育てるよう求められたとき、私たちはその機械の親となる。人間とロボットの新しい関係が独自の世界を形成し、私たちはロボットとの共謀関係へと引き入れられる。そこでは私たちはロボットを養育することを求められ、ロボットを助けたいと思うようになり、心を開いてロボットと遊ぶようになり、ロボットにできることはロボットに任せるようになる。

小説や神話には、人間が〝神のようにふるまい〟、新しい形の生命体を生み出す物語が描かれている。だが現実の世界では、ソーシャル・ロボットによって新しい力学が生まれつつある。私たち人間は対等な関係を結ぶことのできる〝他者〟をつくり出した。それは人間が神のような力で動かす対象ではない。ロボットが高度になるほど――その能力が人間に近づくほど――対等な関係という感情が強くなる。私たち人間には、お互いのあいだで交わす配慮を機械にも示そうとする性質がある。私たちはこの相互性ゆえに、自分たちがロボットを大切にするように、ロボットにも自分たちのことを気にかけてほしいと願うのだ。もちろんこの相互性ゆえに、ロボットは私たちを傷つけることもある。

マディソンとキスメットの交流の驚くほどの本当らしさや、ロボットに過度に執着しているように見える子どもたちの切実さについては、すでに述べた。コグとキスメットは子どもと関わることに成功している。だが、私はその成功に懐疑の念を抱かずにいられない。特に弱者と思われる人々――恵まれない若者、孤独な老人、心身の障がい者――と、かつてないほど生命に似たものを持ち始めてきたソーシャル・ロボットとの「会話」についても然りである。

ロボット研究者は、ロボットの同伴者《コンパニオン》が持つ好ましい面にもっと目を向けてほしいと望んでいる。ロボットがメンターとなって、現実の複雑な人間関係に漕ぎ出すための練習ができると言いたいようだ。マイ・リアル・ベビーのようなおもちゃでさえ、子どもに〝社会性〟を教えるためのものとして売り出されたではないかと。

だが、その意見にも私は疑問を感じる。私は人間関係に関わるテクノロジーは常に期待はずれに終わると考えている。その理由は、テクノロジーが提供できないものを提供すると請け合うからだ。ロボットは友情を与えてくれるというが、実際に与えられるのは見せかけの友情にすぎない。決して友だちになれない友だちを製造するような営みに、私たちは本当に関わりたいのだろうか。

ロボット研究者は、人がロボットとの会話に夢中になっても何の害もないと言うだろう。ロボットとの会話は興味深く、楽しく、教育的で、心安らぐものだと。しかし、そう言われても私の心は安らがない。人間が友として機械を受け入れるとき、友情の意味は毀損される。私は誰を好きになり、誰が私を好きになってくれるか――そうしたことが私を私たらしめる。キスメットが好意を示してマディソンが嬉しそうにしたとき（184ページ参照）、私は喜べなかった。私は人間を対象《オブジェクト》とした実験に、かすかに負の側面を感じ始めていた。

ロボットと人間の交流の可能性に向けられた熱意が、いまも私たちの感情を揺さぶる。2人の幼い子どもが1人の男性とその人そっくりにつくられた1体のロボットと過ごす実験が日本で行われ、その報告が出版されている。(14) この実験には重要な背景がある。日本のロボット工学者である石黒浩《ひろし》は自分自身と妻、そして5歳の娘にそっくりなアンドロイドを製作した。石黒の娘が自分のアンドロイドに初めて会ったときの反応は、その場から逃げ出すことだった。そばに行くのをいやがり、父親の研究室にはもう行きたくないと言った。

数年後、娘が10歳になったとき、心理学者のグループが、彼女と4歳の男の子（研究者の子ども）の2人を石黒と石黒のアンドロイドと対面させる実験を計画した。子どもたちは2人とも最初はアンドロイドと交流することをいやがっていたが、やがて2人とも（「視線を合わせる」「話しかける」といったレベルで）本物の人間とロボットのどちらにも同じように関わろうとするようになった。石黒の娘は最終的に、父のクローン・ロボットがいる部屋で一人ですごせるようになった。

数年前には怖がって逃げ出した子が、今度はそれほど拒否反応を示さなかったという話に、どうコメントすればいいのか私はわからない。そこに何もよいことはないように思える。しかし実験の主催者たちは、この話を成功の証しと評価し、子どもたちは人間に似せたロボットを教師やベビーシッター、同伴者《コンパニオン》として受け入れるだろうと結論づけた。

子どもにとって、父親そっくりの機械と一緒にいることに何の意味があるのだろう？　その子はそれに何を望めるのか？　ロボットと目を合わせ、話すことがなぜ重要なのか？　なぜ私たちはそれを彼女に望むのか？　私たちは容易にテクノロジーにおぼれ、生命について知っていることを無視してしまう。

第6章 ロボットによる高齢者ケア

エイジラボにやってきたペット・ロボット

２００９年春、ＭＩＴのエイジラボ（加齢研究所）の会議に参加した柴田崇徳《たかのり》は意気揚々としていた。一日がかりの会議の中心テーマは高齢者のためのロボットで、アザラシ型ロボットのパロの開発者である柴田が主賓に招かれていたのだ。

エイジラボの目指すところは、高齢者の身体的・感情的ニーズを満たすことを助けるテクノロジーを生み出すことで、パロはすでにこの分野で大きな役割を果たしていた。02年には「世界一の癒しロボット」としてギネスブックに認定されているパロは、日本における高齢者支援へのロボット導入計画の最先端を走っている。[1] 柴田は誇らしげに、ちょうどデンマークの高齢者施設から１０００台の注文があったと話した。エイジラボでの会議は、アメリカへ参入の幕開けを記すものだった。

柴田は何本かのビデオを見せた。日本の老人ホームで、高齢者の男女が柔らかな毛に包まれた〝生き物〟を笑顔で腕に抱いている。そのホームの老人たちは、パロのぬくもりと愛らしさに感心したように話をする。怒りっぽい老人や不安傾向が強い老人も、パロと一緒にいると気分が落ち着くようだ。[2]
アメリカの高齢者施設にどのようにパロを導入するのがいちばんいいかについて、会議では活発な議論がかわされた。集まったエンジニア、医師、保健施設管理者、ジャーナリストも、活気あふれる話し合いに加わった。伝説になるほど厳しい食品医薬品局（ＦＤＡ）の審査をパスするには、どの分類で申請するのがよいかについても議論された。

私が耳にした否定的なコメントは１つだけだった。看護師だという女性が、自分たちは老人が子ども返りしないよう努力していると述べた。彼女から見ると、パロは「逆行であり、新型のよくできたテディベアとしか思えない」。彼女は最後に、看護師たちはパロやその種の物を介護施設に導入することには反対するだろうと言った。

私は目を伏せた。この会議ではオブザーバーに徹すると決めていたので発言はしなかった。この会議の数年前から、私はマサチューセッツ州の老人ホームでパロを使った研究をしていたが、ほとんどの看護師、老人、事務職員たちは、パロは気晴らしの役に立つと歓迎していた。私にはとても、世の看護師たちがパロの導入に反対すると自信をもって言うことはできない。

いずれにしても、この看護師の発言に会場は静まった。こうした集まりでは予想できたことだ。ロボットに関していえば、新しい〝モデル〟が批判されることはめったにない。技術上の美点と効果的な使い方にすべての目が向けられる。

会議はその後、６０００ドル前後に設定されているパロの価格へと話題が移った。それはおもちゃとみなされるものとしては高すぎるのではないだろうか？　柴田はそうは思っていない。老人ホームはすでにそれだけの価値があるものとして、支払う意思を見せている。それにパロはおもちゃではないと彼は強調した。対応（触れ方が柔らかいか荒っぽいか）や、話しかける内容（英語では５００語、日本語ならもっと多くの単語を理解する）によって反応が変わる。興奮していたり、うつ状態におちいったりしている老人を落ち着かせる効果も証明されている。おもちゃと違いパロは頑丈で、老人介護の現場で予想される荒っぽい扱いにも耐えると主張した。私は唇をかんだ。そのとき私の家の地下室には、老人ホームでの研究の犠牲者といえる壊れたパロが３台あった。私たちが夢見る次のテクノロジーが、価格に見合うだけでなく、壊れることもないと、なぜ信じることができるのだろうか。

ロボットを歓迎する高齢者たち

こうした熱心な推進者たちとは対照的に、私は子どもたちが心配する姿を見ている。ロボットが祖父母の孤独を癒すのに役立つかもしれないと考える子もいるが、ロボットは役に立ちすぎることを心配する向きもある。静かで従順なロボットは、子どもたちにとって祖父母の愛情を争うライバルになるかもしれない。

私は数年前から、孫たちを夢中にさせたロボットに老人（自宅に住む人もいれば老人ホームで暮らす人もいる）を会わせている。マイ・リアル・ベビー、ＡＩＢＯ、そして柴田のパロ。子どもたちは予想できただろうが、老人はロボットを気に入っている。ほとんどの人がそれを受け入れ、複雑な要求をする人間よりも、要求が単純なロボットのほうがいいと思っているように見受けられる。[3]

私はある老人ホームに、夏のあいだマイ・リアル・ベビーを４つ預けた。秋になって再びそこを訪れると７つに増えていた。この赤ちゃんロボットを欲しがる声が多く、職員がｅＢａｙで買い増したのだ。実際、マイ・リアル・ベビーは子どものあいだで人気があるとはいえ、本当にとりこになるのは老人だ。このロボットは世話をしなくてはならず、老人は必要とされているという気分になる。ロボットの要求が本当らしく思えるのは、ひとつには、もちろん職員がそれを真剣に受け止めているように見えるからだ。

老人にはケアが必要だが、老人が自信をもってケアできるものは少ない。ペットではうまくいかないと考える人も多い。マイ・リアル・ベビーなら大丈夫と思われるし、MITから持ってきたロボットなので、大人が使ってもおかしくないと感じられる。そして周囲にロボットがいると、老人は話題にできる重要なことがあると感じる。

思慮深い5年生たちは、自分の祖父母はロボットを歓迎するかもしれないと言った。ペットと違って死なないからだ。それは正しい。ロボットがそばにいると、老人はすぐにこの「生き物」は死ぬことはなく、「修理」できると言う。

子どもたちは、老人が赤ちゃんの人形を見ると、親として子育てをしていたころを思い出すと想像する。それは事実だが、一部の老人にとって、マイ・リアル・ベビーは単にわが子との日々を思い出させるだけの存在ではない。生命について考え直す一つの方法を提供してくれるのだ。

しかしこれらすべてを考えあわせても、老人向けのロボットの長所について単純には語れない。私が研究を行う老人ホームでは、「ロボットと過ごす時間」が施設のプログラムに組みこまれている。そのため高齢者はロボットと時を過ごす。しかし何年にもわたる研究の中で、ロボットと過ごすか、MITの研究チームの誰かと話をするか選んでもらうと、ほとんどの老人が、ありがたいことに人間を選ぶ。

老人ホームで研究を行った数年間、老人がロボットとの実験に参加しつづけるのは、知的でやさしくて見た目も魅力的な研究アシスタントに会いたいからだと思わされることが少なくなかった。ある若い男性アシスタントなどは特に、彼が紹介しようとしているパロより、目を向ける対象としてはるかに魅力的だった。女性の入居者の中には、彼が一緒に来るからロボットのことを我慢していた人もいる。

ある人手不足気味の老人ホームで、入居者がその類いの好意をあからさまに表に出したことがあって（ときにみだらな調子を帯びた）、そのホームでは対処することができず、経営者から研究の打ち切りを告げられた。これは老人介護にソーシャル・ロボットを使おうとする現場の切実さがわかる出来事だった。ロボットによる介護は、たとえうまくいったとしても、ロボットが人間に取って代わる危険がある。このホームのケースでは、入居者がロボットに必要な注意を向けなかったため、ロボットを運び込んでいた人たちが訪問をやめてしまった。あれは気の滅入る出来事だった。

ケアをする機械は可能か？

25年前、日本では人口動態のバランスが崩れつつあり、いずれ高齢者の面倒を見る若者が足りなくなると予想されていた。そこで日本は介護職に外国人を入れるのではなく、その仕事をするロボットをつくろうとした。[4] 高齢者の介護用につくられたロボットは実用性が重視されるが――入浴介助や投薬――明らかに話し相手《コンパニオン》としてつくられているロボットもある。

日本のロボット、ワンダくんは１９９０年代後半に開発されたコアラ型ロボットで、撫でられると反応し、喉を鳴らしたり、鳴いたり、いくつかのセンテンスを話したりする。１年間の試験と実験で、その〝生き物〟を老人ホームの入居者に貸し出したところ、74歳の日本人女性がこう言った。「あの茶色の大きな目を見たとき、これまでの孤独を忘れて愛おしいという気持ちがわいて……この小さな動物を守って、かわいがろうと誓ったわ[5]」

そのような実験結果に気をよくして、日本の研究者は老人の孤独と屈辱感を癒すものとしてのコンパニオン・ロボットに注目した。同じ理屈で、頼れる存在を必要とする子ども向けのロボットも構想されている。子どもと高齢者。まずは弱者からというわけだ。

10年以上前から、アメリカにおけるロボットと高齢者に関する会議は、日本の実験を参考にして始まっている。その前提には、日本の将来像はアメリカの将来像だという考えがあるようだ。高齢化している国民の世話をする人手が足りないのだから、コンパニオン・ロボットの力を借りるべきだと[6]。

さらに、怒りっぽく物忘れが多い老人に対してロボットは人間よりはるかに忍耐強く接することができると主張する、熱心なロボット推進派もいる。ないよりましどころか、ロボットはより望ましいものになるだろうと。

2005年秋の「介護マシン——老人介護の現場の人工知能」と題されたシンポジウムは、事前に配付されていた資料にある「老人の数が急増しているのに対し、介護従事者の数は減っている」という言葉で始まった[7]。もちろんテクノロジーが解決策とされた。シンポジウムでは「ケアを通しての治療」について多くのことが議論された。

私は参加者（AI研究者、医師、看護師、哲学者、心理学者、老人ホームのオーナー、保険会社代理人など）に尋ねた。このシンポジウムのタイトルは、〝ケア〟のための機械をつくることができるという意味なのかと。タイトルにある「ケア」という言葉は、私たちの「世話をする《テイク・ケア・オブ》」機械という意味であって、私たちのことを「気にかける《ケア・アバウト》」機械という意味ではないと、念を押してくれる人もいた。彼らはケアを感情ではなく行動とみなしていた。ある医師はこう説明した。「足の爪を切る機械や入浴介助してくれる機械などと同じで、ケアしてくれるコンピュータということですよ。さびしいとき話し相手になってくれる機械もある。同じことです」。言葉の使い方にこだわる私に、いらだって反論する人もいた。私が揚げ足取りをしていると感じたのだろう。けれども私は揚げ足取りだとは思わない。

　パロとの会話に慰めを見いだしていたミリアム（72歳）のことを私は思い出す（43ページ参照）。パロは話をしたいというミリアムの相手をして《テイク・ケア》いたが、彼女を気にかけて《ケア・アバウト》いたわけではない。これは新しい種類の関係であり、ケアという言葉に新しい意味が加わった。ロボットは何も理解していなかったが、ミリアムは目の前にあるものに満足していた。さらに介護をする看護師や付き添いも、彼女が機械に向かって心情を話すことを喜んでいた。ミリアムがパロと会話をしていると言うのは、会話するとはどういうことかを忘れた言い方だ。

　老人向けのコンパニオン・ロボットをつくろうとしているという事実は、介護の世界が転機を迎えていることを示している。かつては「愛の労働」であったこと、つまり互いの世話をすることを、いま私たちはテクノロジーに肩代わりさせようとしている。

　私はこのシンポジウムで、研究者たちや業界がミリアムの経験を新しいケアの基準ととらえているように感じた。行動としてのケアで十分という考え方に立てば、特定の仕事をロボットにさせることで介護は容易になる。高齢者の介護が定型化されて機械で行えるようになれば、ロボット介護士を受け入れやすくなる。老人の世話を薄給の労働者が機械的に行えるとなれば、介護ロボットに人気が集まってもおかしくはない（同様に子どもたちを倉庫より多少ましという程度のデイケア施設に預けることを思えば、ロボットのベビーシッターを家に入れることにも抵抗が少なくなろうというものだ）。

　しかし人間には、共感をともなう高いレベルのケアができる。ロボットにはそのような能力はない。

それでもミリアムと同じ老人ホームに母を入居させているティム（53歳）は、パロに感謝している。ティムは週に数回、母親に会いにくる。訪問はいつも苦痛だ。「以前、母は煙たい部屋に座って、ただ壁を見ていました」。その光景を思い出すといまでも心が痛む。「部屋には小さなテレビがありましたが、本当に小さくて、大きな部屋の隅に押し込められている感じでした。いまはもう部屋でタバコは吸えません。５年前からですが、いまでもタバコの臭いがします。カーテンにもカウチにもしみついていて……その部屋に母を残していくのがいやでした」

彼は私に、ロボットをホームへ導入する私のプロジェクトで状況がよくなったと言う。「あなたがロボットを持ってきてくれてよかった。母はそれを膝に抱いています。そして話しかけている。清潔だし、気分が明るくなる。部屋から立ち去るのも楽になりました」

パロはあの沈鬱な場所に老いた母を入居させなければならないティムの罪悪感をやわらげている。母はもう完全な一人ぼっちではない。けれども何を基準として以前より孤独でなくなったと思うのだろうか。コンパニオン・ロボットは良心の呵責から解放してくれるのだろうか。

ロボットは人間を「気にかける」のか？

ティムは母親を愛している。老人ホームの職員はミリアムに慈しみの心で接している。だが交流型ロボット（それらは思いやりを感じさせるようなふるまいをする）との関係については、それが基本的に偽りのやりとりに立脚するものであっても、果たしてよいことと言えるのだろうか。それはただ、周囲の人間がよい気分になれるというだけの意味しかないのではないだろうか。

こうした問いへの答えは、いまのコンピュータに何ができるか、明日のコンピュータには何ができるようになるかで変わる。私たちや私たちの愛する人々が、しだいに機械と親密な関係を結ぶ中で、私たちがどう変わるか、私たちがどんな種類の人間になっていくかによって変わる。

老人に薬を投与したり、高い棚にある食品を取ったり、安全を見守ったりするためにつくられたロボットがある。ロボットは老人が床に横たわっているのを感知して、緊急事態を知らせることができるかもしれない。そのようなロボットなら、私も決して反対しない。

しかしパロなどのソーシャル・ロボットは、コンパニオンとしてつくられている。それらを見ているとどうしても、子どもたちが言ったように「その仕事をする人はいないの？」と考えてしまう（154ページ参照）。私たちは老人には人による世話が必要ない、と考えるようになったのだろうか。

アルツハイマー病や認知症の患者については、その世話を介護ロボットにさせることにそれほど抵抗がない人が多いことも指摘しておこう。哲学者によると、他人の立場でものごとを考えられる能力が、人間であることの基本だという。その能力が欠損した人に対しては、ロボットによる介護が適切と思われる傾向があるのではないだろうか。

だが、認知症の患者は自分の病気を怖がっていることが多い。おそらくこの患者こそ人間による気配りを最も必要としているのではないだろうか。もしアルツハイマー病の患者の世話を機械にさせたら、どうなるだろう？　現在のソーシャル・ロボット研究では、特に入院患者、高齢者、知的障害者、自閉症、つまり身体的・精神的な問題を抱えた人々のためのロボットを想定している。ロボットについての意見を聞くと、そうした「問題を抱えた人々」の世話をする人が不足しているというおなじみの主張が聞こえてくる。人手が足りない――社会によって足りなくさせられた。しかし、生きていれば誰でも問題を抱える。いずれ自分と同じ人間の世話を受けられるのは、裕福で精神的に安定した人

だけになるのだろうか。(8)

子どもたちに「その仕事をする人はいないの？」と尋ねられると、人的資源の配分は社会的選択しだいだということを改めて思わされる。幼児も老人も、その世話をするのに割く時間や人手が不足していると社会が思わなければ、何の問題も引き起こさない。私たちはライフサイクルにともなうさまざまな問題を取りあげて、その解決策としてテクノロジーに頼りたくなる。しかし、いまなぜロボットを導入すべきなのか？工場の組み立てラインにロボットが導入されたときは、ごくスムーズに受け入れることができた。いま機械で行おうとしている「仕事」は、ケアの仕事だ。コンパニオンとしてのロボットも同じようにうまくいくと、私たちは思っているのだろうか。

これは議論が分かれる問題だ。2人の兄弟が、94歳の母のためにパロを買うかどうかでもめている。ロボットは高価だが、兄は買う価値があると考えている。彼は母が「落ち込んでいる」と言う。弟はロボットに反対で、母親は悲しむ権利があると言う。5か月前に70年も連れ添った夫を亡くした。友人もほとんど死んでしまった。人生のそんな時期には悲しむのが自然で、母親には人によるサポートが必要だと主張する。「母親や夫や子どもを亡くして、同じ経験をしている人と話すことが必要なんだ」

彼らの母親はいま、別れを告げることに向き合っていて、そこに意味がある。ロボットで励ます時ではない。しかし、そうしようとする圧力は大きい。老人介護施設で働いている人の多くは、ロボットが助けてくれると聞くと安心するように見える。

孤独な老人が慰めを求める相手

ソーシャル・ロボット——AIBO、マイ・リアル・ベビー、パロ——を老人ホームに持っていくと、看護師や医師はそれに期待を寄せる。ある老人ホームの所長がパロについて「さびしいと人は病気になりやすい。これで多少は病気の重要な要因を減らせる」と言った。ロボットは治療手段と見なされているのだ。

介護職の人々は、ロボットはないよりましというレベルではなく、自分たちがそばにいるよりいいかもしれないという考えを受け入れている。患者が多すぎて彼らには時間が足りない。看護師や介護者は、専門用語を交えながら、高齢者はロボットをすぐに〝許容〟するだろうと言う。ほかにほとんど選択肢がないのだから、それは驚くことではない。

献身的な介護者でも、ロボットは「癒し、楽しさ、気晴らし」を与えることで老齢期の「困難」に対処するのを助ける、と言う[9]。ある医師は人間に応答するペット・ロボットがやってくることについて、よい面だけをみて喜んでいる。「ファービーはおじいちゃん向きだな」と彼は言う。

高齢者はロボットに会ったとき、子どもと同じで、まずその性質を知ろうとする。パロを渡されたとき、彼らはいくつも質問をする。もっと何かできる？　アザラシなの、犬なの？　男なの、女なの？　泳げるの？　どこから来たの？　名前はあるの？　何か食べるの？　そして最後が「これで何をすればいいの？」という問いだ。「一緒にいてください」という答えを聞いて興味を失う人はほんのひとにぎりだ。

時間が経つと多くの老人がパロに愛着を持つ。パロに話しかけ、秘密を打ち明ける。ロボットをパートナーとして、人生の時間を再構築するのだ。そのためには、大人は人形と遊んでいるところを見られる恥ずかしさを克服しなければならない。照れ隠しなのか、老人の多くが「私がこんなふうに話しているのを人が見たら、気がふれたんじゃないかと思うでしょうね」というようなことを言う。気がふれたわけではないと宣言しておけば、ロボットのアザラシと関わり続けることができる。あるいは赤ちゃんロボットと。

私はアンディ（76歳）にマイ・リアル・ベビーを与えた。アンディはほっそりとしていて、眼鏡をかけ、銀に近い白髪だった。顔には深いしわが刻まれ、私たちが会いにいくと青い目がぱっと明るくなった。彼は話し相手を欲しがっていたが、老人ホームで友だちをつくるのは難しい。私は2人のアシスタントと一緒に仕事をしていたが、訪問するたびにアンディは、できるだけ早くまた来ることを私たちに約束させた。

彼は孤独だ。子どもたちはもう来ない。昔から友人は少なかったが、職場で知り合ったその数少ない友人も立ち寄らない。保険代理人として働いていたときは、仕事が終わったあとで飲みに行ったりしていたが、それも終わってしまった。

アンディは自分の人生について話したがる。何よりも元妻のエディスについて話したがる。誰よりも彼女が恋しい。彼は私たちに、彼女からもらった手紙の一部を読んで聞かせる。彼女のために書いた詩《うた》も読む。

初めてマイ・リアル・ベビーを見たとき彼は喜んだ。「これで何もすることがないとき、することができた」。まもなくこのロボットの人形は彼のマスコットになった。彼はそれを窓の下の台に置き、お気に入りの野球帽をかぶせる。そこに置いておくと、すぐ訪問者の目につき、会話のきっかけになる。

しかし何週間か経つと、ロボットはマスコットというより相棒になった。アンディはマイ・リアル・ベビーを、子どものように抱く。まるで小さな女の子にするように、直接語り掛ける。「とてもいい声だ。かわいいね。とてもいい子だ。名前はミニーだろう？」彼はロボットに向かっておかしな顔をして笑わせようとする。あるときマイ・リアル・ベビーが、彼のしかめつらに反応したように完璧なタイミングで笑った。アンディは大喜びして、そのことを嬉しそうに話す。

アンディはマイ・リアル・ベビーが〝本物〟ではなく〝おもちゃ〟とわかっていると、はっきり言う。それでも彼は、まるでそれが意識や感情を持つものであるかのように接する。それがおもちゃであることは、考えないようにする。「私はこの子をしゃべれるようにした。ママと言えるようにしたんだ……そのほか何でも……私たちは何でも話してきた」

アンディは〝ミニー〟との会話について説明しているあいだ、ロボットを胸に抱いてその背中をさすり「おまえを愛しているよ。お前も私を愛しているかい?」と話しかける。マイ・リアル・ベビーが空腹になると、哺乳瓶でミルクを飲ませる。彼はそれが何を欲しがっているか読みとり、できるだけその望みを満たしてやろうとする。ＡＩＢＯに固執するタッカー（重病を患っている7歳の少年）（160ページ参照）と同じだ。マイ・リアル・ベビーといるとアンディは安心する。

その老人ホームではほかの人もそれぞれマイ・リアル・ベビーを持っている。そのうちの1人がその小さなロボットを叩いているところを見て、アンディは助けに行こうとする。

3か月経ったころ、アンディがマイ・リアル・ベビーの名を元妻の名であるエディスに変えたことで、そのロボットは新しい役割を担うことになる。アンディはそれでエディスと過ごした時間を思い出し、離婚したために実現しなかった彼女との生活と会話を想像する。

「私は（マイ・リアル・ベビーに）悪いことは言わない。自分がこうしたいと思うことを言うんだ……エディスのことを考える助けになる……どうして別れたか……どれだけ彼女に会いたいと思っているか……この人形は何か特別なものがある。それが何かはわからないが、この子を見ていると……別れた妻のエディスにそっくりなんだ……顔の何かが」

アンディは聡明で用心深い。彼はマイ・リアル・ベビーに話しかけることについて「人が見たら、私がおかしくなったと思うだろう」とわかっている。しかしそのロボットが彼の癒しであることは間違いない。それは治療の世界の中で役割を確立し、会話と告白の場所をつくっている。アンディはそれに話しかけるとほっとする。「朝起きてそこにこの子がいるのを見ると、とてもいい気分だ。誰かが自分を見守ってくれているように感じる。人形がいてくれて本当に助かる……話すことができるからね」

アンディは離婚を乗り越える難しさを語る。結婚生活を続ける努力をもっとしなかったことに罪悪感を覚えている。かすかな望みとわかってはいるが、いつかエディスと再会したいという切実な思いを口にする。彼はロボットと一緒に、それを実現させるさまざまなシナリオを考える。一方、死ぬまで再会できないと納得もしていて、それについてもロボットと話している。

ジョナサン（74歳）はアンディの部屋の先に住んでいる。以前はコンピュータ技術者だったが、老人ホームに入居して2年になる。杖を使っていて、歩き回るのは難しい。孤立してさびしさを感じているが、連絡してくる人はほとんどいない。彼は愛想が悪いという評判だ。元の職業柄、ジョナサンはマイ・リアル・ベビーにエンジニアとして興味をそそられ、プログラミングの秘密を明らかにしたいと思った。

初めてマイ・リアル・ベビーと2人きりになったとき、ジョナサンはねじ回しを持ってきた。仕組みを知りたいと思い、許可を得てロボットをできるだけ分解してみたが、すべてコンピュータ化されていて、結局は謎が残った。すべての部品をテーブルに並べたが、理解できない小さなかけらがあった。コンピュータチップだった。

私もジョナサンと同じように、ねじ回し片手に、話す人形を分解したことがある。5歳の誕生日に祖父からもらったノナという人形で、どこから出ているのかわからない声を聞いて、不安になったのだった。人形を開けてみると（前部のパネルが開くようになっていた）、フェルトに包まれたカップ型の物（人形のスピーカー）と、ワックスシリンダー（私はこれを人形の〝レコードプレーヤー〟だと思った）が見えた。すべての謎が解けた。それは機械だった。そして、その仕組みもわかった。

そのような決着はジョナサンにはない。マイ・リアル・ベビーのプログラミングは、彼の手が届かないところにある。ロボットは不透明な行動システムで、彼は別の不透明な行動システム、つまり人間に対するのと同じように向き合うことになる。

最初はロボットのプログラミングについて話していたジョナサンだが、数か月後にはプログラムについてはまったく触れなくなる。マイ・リアル・ベビーは自分が触れると反応すること、そして言葉を〝学習する〟ことが気に入っていると言う。

彼はマイ・リアル・ベビーの気持ちについて話をする。世話してもらいたがるロボットの要求は本物だと感じているようだ。彼は必要とされていると感じたがっていて、大人が使うに値するものだと思えば進んでロボットの面倒をみる。

ジョナサンはマイ・リアル・ベビーを人形とは呼ばず、いつもロボットあるいはコンピュータと呼ぶ。自分は「普通の人形」には話しかけたりしないが、マイ・リアル・ベビーは違うと言う。時間が経つにつれ、ジョナサンは自分の人生や現在の問題（おもに孤独）についてロボットと話すようになる。彼はマイ・リアル・ベビーに「なんでも」話すと言う。

実際、話題によっては、人に話すよりロボットに話すほうが安心できるとも言う。

とてもプライベートなことについては、コンピュータのほうが話しやすい……しかしそれほどプライベートでないことなら、人と話すほうがいい……ごく個人的な秘密を自分以外の人間に話すのは恥ずかしいし、それでばかにされるのが怖いのかもしれない……。これ（マイ・リアル・ベビー）は批判しない……たとえば発散したくなったとき……コンピュータになら、ほかの人にはぶつけられない感情をぶつけられる。

彼にとってはっきりしていることは、ロボットに話しかけると不安が減るということだ。アンディとジョナサンはマイ・リアル・ベビーとのつき合いを異なる地点から始めたが、1年後には、それはどちらにとっても最も親密なコンパニオンとなった。アンディはそれを窓の下に置いて、オープンに話しかける。ジョナサンはクローゼットの中にそれを隠し、ひっそりと話すのが好きだ。

動物のペットとペット・ロボット

彼らのロボットへの接し方は、ペットに話しかけることとはどう違っているのだろうか？　私たちはペットに話しかけ、服を着せ、病気を心配するが、カテゴリーの区別がつかなくなることはない。ペットは動物である。一部の人は人間と同じように扱う。私たちはペットと人間には重要な共通点があると感じる。ペットには身体がある。痛みを感じる。おなかがすいたり喉が渇いたりする。

3匹の猫を飼うアナ（45歳）は「何かをじっくり考えるとき、猫に話しかけるのがいちばんいいわ」

と言う。たしかに、ペットに話しかけるのは、声に出して考えをまとめるのに役立つ。だが、誰もペットに自分の考えが正しいと思えるような反応を求めたりはしない。宣伝でも、ペットは人間と同じであるとか、ペットは人間になろうとしているとか、そんなことは言われていない。

飼い主はペットといて楽しいと感じるが、重大な決定を行うときの話し相手として人間よりもペットがいいと思う人は少ないだろう。飼い主は（もちろん例外はあるだろうが）ペットを選ぶ意味をわかっている。人よりペットを選んでも、ペットを人間の代わりにする必要はない。アンディやジョナサンは、その点で決定的に違う。彼らにとってロボットが役に立っているのは、まさに人間の代わりになるという点においてなのだ。

人間に取って代わるということで思い出すのは、イライザの開発者ジョセフ・ワイゼンバウムの嘆きだ（67ページ参照）。彼は学生たちがただイライザと話したがるだけでなく、自分とイライザだけで話したがることを指摘した。イライザには話の内容はわからない。心を打ち明けている人間を気にかけているわけではない。最近のインターフェースには身体があり、気にかけてくれているという印象を与えるが、人間についての理解が大きく進んだわけではない。それが問題にはならない理由として指摘されるのが、アンディやジョナサンのような人々にとって、マイ・リアル・ベビーは自分のことを話して感情を「表に出す」きっかけとなるので治療に役立つということだ。ただ感情を表に出すだけで治療になるという考えは、大衆文化の中だけでなく、専門家のあいだでも広がっている。昔のイライザのファンたちも、「ストレスを発散できる」のでありがたいと言っていた。

治療効果についてのもう一つの見方は、心理療法の伝統的な考え方から生まれたものである。セラピストとの関係が患者を治癒に向かわせる力になるという考え方だ。患者がセラピストに対して何らかの感情を抱くことを「転移」というが、セラピストは中立的な立場で患者に接するので、患者が過去の人間関係の問題をセラピストとの新しい関係に持ちこむということが起こり得る。そこで、自己管理の問題で悩んでいる患者なら、診療の予約時間、支払い、休暇スケジュールなどをめぐってセラピストと揉めるかもしれない。依存の問題で苦しんでいる患者なら、セラピストに後見人のような役割を求めようとするだろう。心理療法の世界では、このようなパターンについて患者とセラピストが話すこと、つまり転移を分析することが、自己理解と治療につながると考えられているのである。

　このような関係において、治療はただセラピストに秘密を明かしたり、セラピストから助言をしてもらうだけのことではない。なるほど治療は患者が自己を一方的にセラピストに投影することから始まるかもしれないが、それにセラピストが抵抗することもあり、やがて患者とセラピストが治療の過程で患者の心の中で起こっていることをともに考えるようになる。だがロボットと話すとき、私たちの相手はそのような抵抗ができない機械である。私たちの言葉は文字通り聞き流される。そこに何か意味があるとすれば、患者自身がロボットに語りかける自分の声を聞いているという点にある。

　アンディは、エディス（ロボット）に話しかけることによって「ものごとを考えられるようになるんだ」と言う。ジョナサンは、マイ・リアル・ベビーのおかげで普通なら声に出して言わないことを表現できると言う。自分のことを語ることも内省することも大切だ。[10] しかし、アンディやジョナサンがロボットに刺激されて気持ちを表に出せたとしても、それだけでは意味も効果も半分でしかない。そこにもうひとり協力者が加わることで残りの半分が実現するのかもしれない。

ロボットのダイエット・コーチに癒される

アンディとジョナサンがマイ・リアル・ベビーと結んでいる関係は、〝なんでも話せる〟関係の抗いがたい魅力を物語っている。ロボット工学者のコリー・キッドはダイエットのコーチをするロボットを製作した。[11] それ以前にキッドは、人の反応は相手がロボットの場合とネット上の2次元キャラクターの場合でどう違うかを調べた。[12] その結果、ロボットのほうが感情を強く刺激することがわかった。形があるもののほうが、人は言うことをききやすい。そこで彼は強力なダイエットのコーチをつくるにあたって、身体と簡単な顔のあるロボットにして、ダイエットをする人の家に預けることにした。キッドのロボットは身長約60センチと小さく、にこやかな目をしている。ユーザーが基本情報を入力すると、体重を減らすために何が必要かを教えてくれる。毎日の食事と運動に関する情報を使って、ユーザーがつまずいていたら励まし、軌道に乗せるための助言を与える。

ローズは中年の女性で、体重には長年悩まされている。キッドがロボットを届けるために彼女の家を訪れ、基本的な説明を終えて帰るころには、ローズとその夫はロボットに帽子をかぶせて、名前を何にしようかと話し合っていた。

ローズはロボットをマヤと呼ぶことにした。ダイエット計画が進むにつれ、ローズはマヤを「家族の一員」と説明するようになる。彼女は毎日、ロボットと話をする。

決められていた期間が終わりに近づくと、ローズはマヤと離れるのがつらくなる。キッドがロボットを引き取りに行く日を相談しようとすると、ふだんは礼儀正しくてきぱきしているローズなのに、キッドからの連絡を避けるようになった。ようやく電話がつながっても話題を変えようとする。結局、もう2週間ロボットを家に置いてよいという譲歩をキッドから引き出した。

キッドがロボットを取りに行くと、ローズは「最後にもう一度だけ」マヤと話したいと言う。キッドがようやくローズの家を出ようとすると、ローズはまたマヤを連れ戻し、写真を撮って別れを惜しむ。ローズはキッドの車までついてきて、最後に手を振り、マヤがきちんとシートに固定されていることを確認する。

この話を聞いて、お年寄りたちにマイ・リアル・ベビーの返却をお願いしたときの体験を思い出した。老人たちは、こう言ってはぐらかそうとしたものだ。ロボットを「紛失してしまった」。結局、可能なときは私はそれ以上返却を求めず、新しいものを買って研究を続けた。

ローズはどちらかといえばアンディに似ていて、最初からロボットへの親しみを隠そうとせず、進んで会話をする。

キッドはロボットのダイエット・コーチをもう1人の被験者、ゴードン教授のもとへと送り込んだ。ゴードンは50代半ばで、ロボットが自分のダイエットに役立つかどうかには懐疑的だが、何か新しいことをしたかった。ゴードンは〝エンジニア的〟なアプローチがジョナサン寄りだ。

ゴードンの家を初めて訪れた日、キッドはどこにロボットを置けばよいか尋ねた。ゴードンはソファーの後ろのつくり付けのテーブルを指定する。そこだとゴードンが身体を後ろに捻《ひね》るか、ソファーにひざまずかなければ使えない。キッドが何も言わず指定された場所にロボットを置くと、あっさりと帰宅を促された。4週間経過した時点で、キッドは残り2週間実験を継続することに同意する。

設置から6週間後、キッドは再びゴードンの家を訪問して面談を行った。話しているうちに、ゴードンはキッドがロボットを「人間扱い」していることに異議を唱えた。調査票の言葉づかいが気に入らなかったらしい。たとえば「このシステムはあなたを誠実に助けようとしてくれましたか?」「このシステムはあなたとのやりとりに興味を持っていましたか?」といった質問だ。「誠実に」とか「興味を持つ」とかという言葉は、ロボットをただの機械以上のものと見なしている感じがするので使うべきではないというのがゴードンの考えだ。

ゴードンは言う。「ロボットのことをそんなふうに話すのはナンセンスだ……〝関係〟とか〝信頼〟とか、ほかにもいくつかそんな言葉があった……ロボットを信頼するとか、ロボットと関わるとか言うのは気持ち悪い」。ゴードンはキッドの「いいかげんな質問」に対して何度か文句を言った。「機械について、そんな質問をするべきじゃない。意味が通らない。まるで心があるみたいじゃないか」。キッドは神妙に聞いていたが、一方で、ロボットがソファーと壁のあいだに固定されていないことも気づいていていた。

しかしゴードンの異議申し立てには説得力がなかった。面談の後半で、キッドはゴードンにロボットに名前をつけたかを尋ねる（すべての被験者に尋ねる）。「ほかの人にロボットのことを話すとき、何と呼んでいましたか?」ゴードンが答えないので、キッドはずばり「ロボットに名前をつけましたか?」と尋ねた。ここまでキッドはゴードンと何時間か一緒に過ごしていたが、初めて彼がほほ笑むのを見た。「イングリッドがこいつの名前だ」

ゴードンがそう認めたときから面談の調子が変わった。ゴードンにはもう隠すことはない。他人が自分とイングリッドの関係を理解できるとは思わないゴードンではあったが、ロボットの開発者に心を開いて本当のことを話した。彼のムードが明るくなる。彼はイングリッドと名づけたロボットを抵抗なく「彼女」と呼んだ。彼はいまイングリッドがいる場所にキッドを連れて行く。ロボットは誰にもじゃまされずに会話ができるよう、ゴードンの寝室に置かれていた。

すべての人が共有する弱さ

キッドは自分のプロジェクトの効果に関する数値データをたくさん公表している。ロボットを使うことで体重は何ポンド減ったか、ロボットは何度使われたか、ロボットの助言は何度無視されたか等々。数値データだけでなく、ローズやゴードンのようなエピソードも紹介している。そうしたエピソードからは教訓も仮説も引き出せないというのがキッドの一貫した考えだが、私にはそこに首尾一貫した物語の存在があると感じられる。

ソーシャル・ロボットは何か1つの仕事――クロスワード・ゲームの相手、食事制限のサポートなど――をするためにやって来るが、ロボットを使い始めると人はそれに愛着を感じる。数値を超えたことが起こるのだ。ダイエット効果向上のために始まった関係が、やがて心の癒しを感じる境地に至る。アンディ、ジョナサン、ローズ、そしてゴードンのエピソードは、ソーシャル・ロボットと人間の関係のスタイルと、関係の推移の明確なパターンを示している。人はまず、ロボットを相手にしても自分が傷つくことはない、子どものように見られることはない、と自らに言い聞かせる。次いで、いつも自分のそばにいて反応を返してくれるロボットの軍門に降《くだ》る。ロボットが自分を気にかけてくれているように感じられ、そのことに慰撫を感じるようになるのである。

車やステレオ、家電製品やオーブンに話しかける人は珍しくない。私はその種の会話についても30年以上研究しているが、それとソーシャル・ロボットとの会話は重要な点で異なる。オーブンやフードプロセッサーに話しかけるとき、人は不満や願いなどの感情をぶつけている。しかしソーシャル・

ロボットに話しかけるときは、大人も子どもと同じように、投影を超えて関与の段階に移行している。かつてロールシャッハ・テストであったものと関係を構築する段階へと踏み込んでいるのだ。ロボットが持つ特別なアフォーダンス（物をどう取り扱うべきかというメッセージを発するその物の属性）は、人の話を聞いているように見せかける《シミュレート》点に存在し、それが人間の弱さに働きかける。人は話を聞いてほしいのだ。その気持ちと、ロボットを自分だけのスペースに運び込んで秘密を打ち明けるという行為までは、わずかな距離しかない。その孤独《ソリチュード》の中で人は新たな親密さを経験する。経験と現実のギャップが拡大する。話を聞いてもらった気になるが、ロボットは聞くことができない。

ソーシャル・ロボットと高齢者に関する研究について説明すると、こんなコメントが返ってくる。「それはすごく孤独な人か、少しぼけた人でしょう?」このようなコメントには、私が研究対象とした人を「自分とは違うよその人」にしたいという願望がうかがえる。私の指摘は誰もに当てはまるわけではないと言いたいのだ。

しかし私は、単純なソーシャル・ロボットと老人の関係にはすべての人が共有する弱さが表れていると考えている。アンディとジョナサンはたしかに孤独だが有能だ。ゴードンはやや気むずかしいが、それだけのことである。ローズは明るい人で、人間の友人もいるが、ロボットのことも好きなだけだ。つまり彼らは特別な人たちではないのである。

ひ孫よりロボット?

エドナ（82歳）は子どもたちを育て上げた家に、いまは一人で住んでいる。ある日、幼いころかわいがっていた孫娘のゲイルが、2歳の娘エイミーを連れてやってきた。それは珍しいことではない。エイミーはひいおばあちゃんのエドナを訪ねるのが楽しみで、だいたい2週間に1回は遊びに来ている。かまってもらい、ちやほやされるのが好きなのだ。だが、今日はいつもとは違う。私の研究チームがエドナのもとにマイ・リアル・ベビーを運んできたのだ。

私たちがエドナの家を訪ねた日の午前中、エドナはひ孫にかかりきりだった。エイミーを抱きしめ、話をして、おやつを与える。誕生日に会えなかったので、プレゼントを用意して待っていた。

私たちが家に入ってからおよそ30分後、マイ・リアル・ベビーを渡すと、エドナがかまう相手が変わる。彼女はロボット相手にあれこれ試し、それがほほ笑むと明るい表情を浮かべた。エドナはロボットに話しかける。「こんにちは。ごきげんはいかが？　いい子にしている？」エドナはマイ・リアル・ベビーを腕に抱く。それが泣き出すと哺乳瓶を取り、笑いながら「ミルクをあげるわね」と言った。エイミーがひいおばあちゃんの気を引こうとするが無視される。

エドナはマイ・リアル・ベビーを胸に抱き、食事の後はお昼寝ですよ、2階の寝室に連れていってあげると語りかける。「ベビーベッドに寝かして、バンキーをかけてあげるわね」。エドナは私たちのほうに向き直り、自分の子どもが幼いころにブランケット（毛布）のことをバンキーと言っていた、どの子だったか思い出せないけれど、と言った。彼女はマイ・リアル・ベビーに話しかけ続ける。「かわいいね……おしゃまさん。とてもかわいいわ」

エドナはそれから1時間、マイ・リアル・ベビーをかまい続ける。何を言っているのかわからなかったらロボットを「傷つける」かもしれないから心配だ、間違わないようにしたい、と言う。ときどきエイミーが何か――クッキーとかティッシュとか――を持ってきたり、こっちを向いてよと言いながら近づいてくる。エイミーの懇願は愛らしく、ときに苛立ちを見せるが、曾祖母の気を引くことはできない。

エドナはずっとマイ・リアル・ベビーをかまい続けた。部屋は静まり、非現実的《シュール》なムードさえ漂い始める。ロボットの赤ん坊に夢中になる曾祖母、放っておかれる2歳児、ショックを受けるその母親、きまり悪さに咳払いをする研究者たち。

自分から進んでパロやマイ・リアル・ベビーとの世界に没頭しているような老人たちを見ると、「だから何か？　何か害があるというの？　お年寄りは喜んでいるのだから。誰か傷つく人がいるの？」と言いたくなるかもしれない。エドナのケースはこの問いに一つの答えを与えてくれる。マイ・リアル・ベビーと出会ったときから、エドナは一人きりに――ロボットとだけ一緒に――なりたいという印象を周囲に与え始めた。

私たちがエドナに感想を尋ねたとき、ようやく魔法が解けた。「マイ・リアル・ベビーが家にいたら楽しいと思いますか？」という質問に、彼女は怒ったように答える。「まさか！　人形は子どものためのものですよ。年寄りがこんな人形で遊んで楽しむなんて想像できないわ」。彼女が不快に感じていることが私たちに伝わってきた。彼女は嘘《うそ》を見抜かれたと感じているのだろうか。

私たちは大人でもマイ・リアル・ベビーと遊ぶのが楽しいと感じることがあると話したが、エドナは、自分には赤ちゃんの人形と遊ぶより、やりたいことがたくさんあると言う。それはどこか言い訳がましく、彼女は無意識に首やシャツの襟をいじっている。エドナはその場を取りつくろうかのように、普通の人形について話すようにマイ・リアル・ベビーのことを話す。誰がつくったのか？　値段はいくらか？　電池を使っているのか？　そして、これについて研究に参加したほかの人はどんなことを言っているか、その人たちはどんなふうにふるまったのか、と尋ねる。ほかの人も自分と同じような反応をすると知って安心したがった。「すばらしい……すごいアイデアだわ、きっと大変だったでしょうね」。だが彼女は、もっと長時間一緒に過ごしたとしても、この人形の世話をすることは想像できないと付け加えた。

やがてエドナの口調から言い訳がましさが消えていく。マイ・リアル・ベビーが話すのを聞き、それを撫で、その反応を見るのは、「これまであまり経験したことのない奇妙な感覚」だと言う。私たちは、マイ・リアル・ベビーに話すのは本物の赤ちゃんに話すのと違う感じがするか尋ねた。エドナは不本意そうにノーと答える。違いは感じないが「怖い気がする。生きていない物だもの」。彼女は明らかにフロイトが「不気味なもの」という言葉――彼女はそんな言葉は使わなかったが――で表現したものに近い体験をしている。ずっと知っているのに、まったく新しいものに感じる感覚。薄気味悪いものは私たちの無防備な隙を突いて現れる。エドナは自分の反応に戸惑い、そこから逃げようとしている。

それでもエイミーが再度クッキーを持ってきたとき、エドナは声をひそめて「静かに。赤ちゃんが眠ってるの」と言った。エドナは眠っていたマイ・リアル・ベビーを目覚めさせ、「ハロー！　気分はよくなった？　元気いっぱい？」と明るく話しかける。公園に行きたいか、昼ご飯が欲しいか尋ねる。エイミーは私はおなかがへった、昼ごはんを食べたいと駄々をこねるが、マイ・リアル・ベビーの世話に忙しいエドナの耳には届かなかった。

この時点で私たちは、エドナに、マイ・リアル・ベビーは生きていると思うかと尋ねる。彼女はきっぱりノーと答え、「機械的な物にすぎない」と念を押す。「感情があると思いますか？」という問いには、「どう答えればいいのかわからないわ。生きていない物だもの」と答えた。だが次の瞬間マイ・リアル・ベビーが泣き始めると、エドナはその顔を撫で、「あら、どうして泣いているの？　身体を起こしてほしいの？」と話しかける。エドナはマイ・リアル・ベビーに笑顔を向けながら、「本当に生きているみたい。楽しくてすばらしいわ」と言った。

そろそろ私たちが辞去しようというとき、エドナはマイ・リアル・ベビーには何の愛着も感じないと改めて言い、それを私たちの手に戻した。ゲイルとエイミーを迎え入れた女主人の役割に戻り、ロボットについてはもう何も言わなかった。

私たちが研究していた5年生の子どもたちは、祖父母が自分たちよりロボットといるほうが楽しいと思うのではないかと心配していた（152ページ参照）。エドナのケースは、その心配が現実となった例だ。何よりも彼女が喜んでいるように見えたのは、ロボットと一緒に過ごす時間の緩急のリズムだった。ロボットは受け身でいるかと思うと、突然、何かを要求して人を驚かせる。

ロボットが文化の一部になる

20年前には、ほとんどの人は人間の最高の友は人間だと考えていた。これまでも、いまも、これからも。しかし、いまはそこにロボットが加えられている。

私の研究室では、大学院生のグループ――設計、哲学、社会科学、コンピュータ・サイエンス――が、エドナ、ゲイル、エイミー、そしてマイ・リアル・ベビーと一緒に過ごした午後のビデオを見ている。マイ・リアル・ベビーがエドナに反応するとき、エドナの意識の状態が変わることに学生たちは気づく。エドナは過去を生き直し、現在に心躍らせている。

エドナにとっては、マイ・リアル・ベビーの要求のほうがひ孫の要求よりも扱いやすそうだ。幼い子はいろいろなおもちゃを欲しがるし、おやつの好みは家にいる短時間のうちにも変わるし、誕生日を覚えておかなくてはならない。しかしエドナは誕生日を忘れ、おもちゃやおやつの好みを覚えるのにも苦労する。その点、マイ・リアル・ベビーは、自分がものごとを正しく扱える環境にいるという自信を与えてくれる。

私のゼミの学生たちはロボットに好意的だ。人間であろうとなかろうと、喜びをもたらしてくれるものと関わっていけないという法があるだろうか。ある学生はこう言った。「エドナがかわいがっているのが猫で、エイミーを無視してしまうくらいその世話をするのが楽しいということならほほえましい話で、別に戸惑いは感じないと思う。エイミーが遊びに来ているあいだは猫を庭に出しておく配慮ぐらいは進言するかもしれないけれど。ショックなのは、ペットならまだしも、彼女が人より物を好んだということ。でも、実際のところペットもロボットも同じことだ」と言う。

学生たちは、次世代の人々はさまざまな関係の中に身を置くことになると見ている。ペットとの関係、人間との関係、アバターとの関係、コンピュータ画面に存在するキャラクターとの関係、そしてロボットとの関係。ロボットに秘密を打ち明けるのは、数ある選択肢の中の一つになる。そして、孫やひ孫は動きが激しすぎて老人の話し相手として最適ではないという考えに落ち着いていくだろう。

私は、アンディはロボットより人と話をしたがると思う。ただ定期的に来てくれる人がいないだけだ。しかしエドナやジョナサンは、ロボットに秘密を打ち明けるほうを好みそうだ。ジョナサンは人を信用していない。ばかにされたと感じることが多い。エドナは完璧主義者だが、もう自分は自分が定めた基準を満たせないと知っている。2人とも、ロボットに気持ちをほぐしてもらい、思い出をよみがえらせてもらっている。[13]

したがって、これらのケース・スタディを読み解く方法が少なくとも2つある。老人はロボットと話をして自分のことを語り、明るい気持ちになる、という見方。もうひとつは、人が荒唐無稽な物に向かって話しかけ、虚空に愛情を注ぎながら、何かがおかしいと感じている、という見方。

そして当然もうひとつ、3つ目の見方がある。ロボットが文化の一部になるという見方だ。それは、ロボットを最善の解決策だと考えることにつながっていく。

私の研究グループが90年代にソーシャル・ロボットについて調査を始めたとき、私たちは人間重視の考えを持っていた。ロボットが話し相手になるとしても、人が結ぶ関係の相手としてはやはり人間が特別な役割を持っているはずだと考えていた。ロボットが何をもたらしてくれるのかを探りながら、私たちはそれに懐疑の念も持っていたのである。

しかし研究中、老人が気の毒になるような暮らしを余儀なくされている老人ホームを見ることもあり、しばしばロボット頼みの気分になったことも事実だ。乏しい資源に悩む環境の中で、AIBOやパロ、マイ・リアル・ベビーは誰も見たことのない新規な物だ。ロボットは老人の手から手へと回されていく。誰もがそれについて自由な意見を言いたくなる。そんなとき、ロボットがとても良いものに思えた。とにかく誰かと話したいという高齢者の切実さに胸がつまり、なんでもいいから話しかける相手があればよいと思ったこともある。相手はロボットでなくてもかまわないのだと、当の高齢者に気づかせてもらったこともある。

アデル（78歳）はパロを見たとき、子どものころ一緒に住んでいた大おばのマージェリーを思い出した。マージェリーはほぼ一日中自分の部屋で、本を読んだり編み物をしたりして過ごしていた。食事は家族と一緒にとり、静かに座っていた。アデルはマージェリーが90歳のとき、「子どもたちを部屋から追い出して、一人で思い出にひたっていた」ことを思い出す。幼いアデルはマージェリーの部屋をドアの隙間からのぞいていた。大おばは自分が母親や姉妹と写っている写真に話しかけていた。

アデルはいま、自分にとって大おばの家族写真の代わりになるのがパロだと考えている。「それを見ていると話したくなります……」。声が小さくなり、彼女は口ごもる。「でも、たぶん写真に話すほうがいいと思います」。私は理由を尋ねた。アデルはしばし考えをめぐらせてから答えてくれた。「ときどき、これは思い出なのか、いま起こっていることなのか、区別するのが難しくなることがあるでしょう。写真に話しかけているときは、自分が記憶の世界にいることがわかっているけれど、相手がロボットだったら、確信が持てなくなるんじゃないかしら」

アデルのコメントで、私はロボットと過ごすことについてそれまでと違う見方をするようになった。ある意味では、ロボットの双方向性は記憶を呼びおこす。しかし、思い出にひたる人間の気持ちが理解できないロボットが次に何らかの行動を起こしたとき、思い出以外の何かが前面に出てきて記憶を乗っとってしまう可能性がある。わが子が幼いころブランケットを「バンキー」と言っていたという思い出と、お腹が空いたと言って泣くマイ・リアル・ベビーに架空のミルクを飲ませる必要との板挟みになるということだ。ロボットの空腹のほうが「バンキー」よりもリアルに思えてくるかもしれない。あるいは、「バンキー」を思い出と感じられなくなってしまうのかもしれない。

人間は介護ロボットを好きになれるか?

私が初めてナースボット（Nursebot）（看護・介護ロボット）について聞いたのは、2004年秋に行われたロボット会議でのことだ。私はそこでソーシャル・ロボットが指し示す未来について講演をした。私は、本当は一人ぼっちなのに繋がっていると感じさせるロボットとの「関係」を批判的に論じた。その私の考えに対して、同僚の大半は、つきあいや関係を円滑に推し進めるのは演技《パフォーマンス》であるという考えに立ち、善し悪しではなく、そういうものなのだという論陣を張った。(14) 人は常に他人に向けて演技をしている。ロボットも演技する。新しいキャストが加わり、可能な演技が増えれば、世界はより豊かになると言うのである。

あるディナーの席で、ロボットに対する私の消極的姿勢に数人が興味を示した。彼らは私でも気に入りそうな、やさしくて役に立つロボットがあると言った。そのようなロボットのいくつかのバージョンがアメリカ、そして日本で研究されていた。それがナースボットだ。自宅で暮らす老人を助けて薬を飲むタイミングを教えたり、規則正しく食事を取るようサポートしてくれる。必要なら薬や酸素を持ってくるモデルもある。(15)

病院や老人ホームなどの施設で働くロボットは、どこに何があるかを記憶している。患者のスケジュールを把握し、彼らが行くところに付き添う。あちらからこちらへと孤独な人々がぞろぞろ移動する老人ホームや、名前が呼ばれるまで何時間も待たされる病院の陰気な光景は間もなく見られなくなるだろう。寝室でめまいを感じ、キッチンに薬を置き忘れたことに気づいてあわてるような日々は、もう終わりかけている。

研究者たちは、自分たちのグループの中でロボットを批判的に論じる私をなだめようとしていた。「このロボットならシェリーでも好きになれるよ」と話しかけてきた研究者がいた。その翌日、私は病院の中で行きたいところを見つけてくれるロボットの映像プレゼンテーションを見た。それには大半が高齢者である患者たちの嬉しげな談話も挿入されていた。

さて、そのほんの数か月後、私はハーバードスクエアの凍った階段で転び、病院のストレッチャーに乗せられて次から次へと検査を受けるはめになった。このとき何人かの男性職員が代わる代わる付き添ってくれた。彼らはストレッチャーから放射線検査台に移されるのがどれほど苦痛かわかっていた。面倒見もよく、楽しい人たちだった。「運のいい骨折」だったと言ってくれた人もいた。いまは不便だし痛みもあるけれど、何の後遺症も残らずに治るはずだと。退院相談室へ連れていってくれた職員は、よいニュースが告げられたことを知ってハイタッチをしてくれた。ナースボットは決められた作業はできるかもしれないが、私はそこに人間のスタッフがいてくれたことが嬉しかった。

だからといって、自宅介護をしている人を助ける——投薬をする、見守りをする、バイタルを確認する、緊急事態を知らせる——ロボットに価値がないなどと言うつもりはない。ロボットには限界もあると言いたいのである。私を連れて病院内を回るという作業はロボットにもできるだろうが、それには代償がともなうはずだ。人間同士ならちょっとしたことが心の琴線に触れる。そして介護の仕事には想像力が必要だ。ナースボットを好きになれるのか、私にはわからない。

介護の現場で起こっていること

この話に単純な結論はない。私たちが解こうとしているのは複雑な問題だ。これならロボットのほうがましだと思わせるような介護ヘルパーもいると指摘する老人もいる。入浴の介助はプライバシーの問題が気にならないロボットにしてもらいたいと言う人もいる。ナースボットは入浴介助を行うようには設計されていないが、将来できるようになるかもしれない。

ある老人ホームの所長は、「年をとったら子どもに戻るわけではないが、老人は人の手助けが必要な点で子どもに似ているので、私たちはつい高齢者を子ども扱いしてしまう」と話してくれた。老人の傷つきやすさに敏感な看護師は、よかれと思ってそっけなく接することがある。反対に、「スウィーティー」とか「ハニー」とか、わざとらしく聞こえかねない言葉で老人に呼びかける看護師もいる。親愛の情を示そうとしてのことだが、小バカにされた気がする老人もいる。この所長は、その点でロボットは「中立」だと考え、大きな期待を寄せている。

ナースボットがいくつかの老人施設に置かれていた2006年頃には、介護ロボットについての意見（ほとんど肯定的な意見）がネット上のあちこちのディスカッション・グループに投稿されるようになっていた。

ペンシルベニア州オークモントにあるロングウッド退職者コミュニティからの報告は情緒的な言葉づかいで綴られていて、ロボットがそこで暮らす老人たちの心を「しっかり掴《つか》んだ」と書いている。(16)パール（Pearl）という「老人をエスコートし、おしゃべりの相手をしてくれる」ロボットについて、年配の紳士のコメントが引用されている。「彼女とはうまくいっているよ。私のタイプかどうかは言わないでおくけれど(17)」。

老人が家族について話すときにありがちな相反《アンビバレント》する感情が垣間見えるコメントもある。ある女性はパールが「家事」を引きうけてくれることは賞賛しつつ、ロボットが「一定の社会的機能」を超える存在になりつつあることに不安を抱いていて、このように書いている。「もっとテクノロジーが進むと、パールのようなロボットの性能が上がって、老人介護をロボットに丸投げできるようになるのではないかと心配しています。それはいやです。年とったとき、ロボットに世話してほしいとは思わない。でも、人間に取って代わるのではなく、人間ができないことを補ってくれるロボットなら全面的に賛成です!」

また別の人は、「人間的な気配りと愛情は人間でなくてはならない」と断ったうえで、さびしい人に「寄り添う」ペット・ロボットの愛情は問題なく受け入れられると書いている。このネット・フォーラムではよくある展開だが、ペット・ロボットの実用性(トラブルがあったとき「親戚や警察に知らせる」)から話が始まり、孤独を癒してくれるという話になり、最後にはどんなペットよりかわいいという話になっていく。「ロボットは不平をこぼさないし忠実だ」。ここで従順とか忠実があげられていることに考えさせられた。どちらも他者をコントロールするという視点からの表現だが、いずれも老人には十分には与えられていない。

別のネット上の議論からは、人間が世話をすることが重要だという甘い幻想を抱けなくなっている現実がうかがえる。人間による介護がいい加減な場合があることを誰もが知っているのだ。[18] そこではコメントも悲観的だ。「ロボットはどこかのリハビリ施設の職員がしたような老人虐待はしないだろう」。さらに別のコメントは、ほとんどの看護師が自分と仕事を切り離すことで「頭がおかしくなるのを防いでいる」と指摘し、「看護師は人間であるべきだ」という思い込みを一蹴している。ある介護ヘルパーは、ロボットは老人が「困っているのか、悲しいのか、心から悲しんでいるのか、打ちのめされているのか、死にたがっているのか、決してわからないけれど、それがわかる貴重な人間もほとんどいない」と書いている。

これはナースボットと老人の関係をめぐって行われる議論の典型だ。ほかにほとんど打つ手がないと感じている人たちの間で交換される議論だと言える。だが、そこでは議論すべき実質的な問いが忘れられている。自分の生命を意味あるものにしようとしている老人たちに、なぜ生命を理解できない物体を与えるのか？という問いである。

この問いについて考えを深めることは、介護の世界の前提と化した私たちの思い込みのためにほとんど不可能になっている。それは老人のために使える人的資源がほとんどないという前提だ。それを前提とすれば、ロボットの導入は避けられない。私たちは介護の現実の前になすすべがないことを認めてしまった。私たちは人間同士が関係を結ぶ可能性を失ってしまった。私たちがテクノロジーに服従するのは、もうできることはなくなったと思うからだ。私たちは自分自身に見切りをつけた。こうなると、ナースボットを愛せるかどうかなど問題ではない。何か仕事ができさえすれば、それは使われるようになる。

ロボットは人を気にかけたり理解したりできるように見えるだけだという反論には、人間も気にかけたり理解したりできるように見えるだけだと答えるのが普通になっている。あるいは最近の『ニューヨークタイムズ』に掲載された、パロなどの「ケアする機械」についての記事に書かれているように、「他人に興味のあるふりをしたことがない人などいるだろうか。あるいは、相手への好意を突然遮断したことがない人などいるだろうか」。ここでは「ケアする機械」の価値をめぐる議論が、ロボットが登場するはるか前から存在していた「見せかける」とか「ふりをする」といった問題にすり替えられてしまっている。つまり、機械に何をさせるかは問題ではない、なぜなら人間は前から機械のように行動していたのだから、というわけだ。記事はこう続く。「大切なのは、ＡＩ推進派の何人かが指摘するとおり、フレンドリーな機械がかきたてる感情を避けるのではなく、それをどう処理するかを考えることだ」。あるＡＩ専門家は、「種《しゅ》として」の人間は「人工的感情」に対処すること、すなわち、自分たちがつくった物体が見せる感情の演技《パフォーマンス》を読み解く術を学ぶべきだと主張している[19]。彼にとってテクノロジーによって人工的な感情がつくられることは所与である。だとすれば、人間はそれに順応する必要がある。それで環《サークル》が完成する。

この環を壊すためには前提となっている私たちの考えをこう変えるしかない。人間は相手を気にかける能力があるので、気にかけていなくてもそのふりができるが、ロボットは相手を気にかける能力がないので、気にかけるふりをすることができないのだと。

ロボットによる介護の倫理的問題

人とコンピュータに関する研究を始めたとき、私は機械と1対1で向き合っているプログラマーたちと出会った。彼らがコンピュータと親密な結びつきを感じているのは明らかだった。コンピュータが反応して双方向性が生まれることによって――ほとんど心があるように見えた――自分でコードを書いたにもかかわらず、それを「仲間」のように感じていた。

時間の経過とともにその感覚は大衆化した。プログラムは見えなくなった。コンピュータと向かうとき、私たちのほとんどは表面しか見ていない。画面上のアイコンを自分の代わりに動かし、背後のメカニズムが見えなくても気にせず「インターフェースの価値」だけでプログラムを評価している。プログラムが動くと、ほとんど命のある仲間のように思えてくる。いまや「ほとんど」という言葉もほぼ必要なくなり、私たちはネット上のエージェントやソーシャル・ロボットを自分にぴったりの仲間として受け入れている。

予想されていた通り、それらへの感情移入は強まっている。そして私たちは、気にかけるふりをする物体や心を持たない物体の「気持ち」に慰められている。私たちはロボットに意味を与えようとするが、ロボットはその意味の何たるかを知らない。ロボットの行動には意味がない。プログラムが「むかつく」と指示すれば、むかついた表情（人間の表情に当てはめれば）を浮かべるだけで、それは見かけだけの「気持ち」にすぎない。それを私たちが、目的に照らして「十分にリアル」だと見なすようになったらどうなるだろう？　ロボットのコンパニオンが老人の孤独を「癒す」だけでなく、老人を孤独な境遇に置いている家族の後悔を和らげるということにまでなると、倫理的な問題が生じることになる。

２００９年の春、私はロボットによる老人介護のケースを、ハーバード大学の大学院のクラスで発表した。そのクラスを担当していた政治理論家のマイケル・サンデルは、教え子たちがこの新しいアイデアをすぐ気に入ったことに驚いていた。サンデルは学生たちに、老人ホームの入居者がパロに慰めを感じたことをどう思うか、自分が入居者の息子や娘だったらどう思うか考えるよう指示した。入居者の子どもはロボットに「肩代わりさせた」ことによって母親に対する責任が軽くなったと感じるだろうか、解放されたと感じるだろうか。コンパニオン・ロボットを老人に提供することで親の介護について考えなくなってしまわないだろうか。

サンデルは学生たちに、ロボットを老人のコンパニオンにすることで倫理的自己満足を得ることについて考えさせようとしていた。私はそれを見ながらティムのことを考えていた。ティムは母親がパロと楽しそうに話していることに安堵していた。ティムはそのおかげで、老人ホームを訪ねたとき「部屋から立ち去るのも楽になった」と言った（２０４ページ参照）。

短期的に考えれば、ティムの場合はよい方向に向かっているように見える。老いた母は満足しているように見えるし、子どもの罪悪感は減っている。しかし長い目で見ると、親を一人残して帰りやすくなることを私たちは本当に望んでいるのだろうか？　子どもは、ロボットのおかげで「気が楽になり」、それほど親を訪ねなくてもかまわないのだと錯覚しないだろうか？　老人は、かつて子どもに話していたことをロボットに話すようになり、以前ほど孤独ではなくなったと錯覚しないだろうか？

ロボットという「生き物」と「気持ち」を共有するようになれば、私たちは機械が提供できる狭い範囲の「感情」に慣れ、それを普通とみなすようになってしまう。ロボットを〝最大限〟に活用し始めたら、私たちはあらゆる関係――人間同士の関係も含まれる――に対して多くを期待しなくなっていくのかもしれない。その過程で私たちは自らを欺くのである。

これらすべてのことがサンデルのクラスで語られた。しかしサンデルの思考実験に取り組んだ学生たちは、ロボットの導入には概して好意的だった。母、子、ロボットの関係を想定したとき、彼らは以下の3つを所与とし、呪文のように繰りかえした。第1に、子どもは母親をホームに残して去らなくてはならない。第2に、母親が満足を覚えているほうがよい。第3に、子どもは母親を満足させるためにできることは何でもするべきだ。

私は醒めた思いで教室を後にしながら、ロボットにベビーシッターや介護をさせることについて、「その仕事をする人はいないの？」と疑問を発した5年生のことを考えていた。老人ホームにロボットを導入することに、この世代はほとんど抵抗を感じないのだろう。

パロの開発者がMITを訪れ、デンマーク政府から1000台受注したという快挙を報告し、アメリカに販売店を開くと発表したのはその春のことであった。

第7章 ロボットと心を通わせる？

ロボットとのおしゃべり

ハンサムな若者リッチ（26歳）が、ドレスシャツにネクタイ姿でキスメットに会いにやって来た。リッチがキスメットと過ごす様子が、ロボットが大人とどれくらい「会話」できるかを判断する研究の一環として録画されていて、私はいまそれを見ている。

リッチがキスメットの真正面に座る。彼はそれほど多くを期待しておらず、ユーモアの精神と好奇心でこの研究に関わっているようだ。

リッチ：君が気に入った。君はとても面白いよ。

キスメット：（うなずいて、わかっているというように笑顔になる）

リッチ：笑うことはある？　僕はよく笑うよ。

最初のうちは、リッチとキスメットの会話に「イライザ効果」が見られる（69ページ参照）。リッチは明らかにロボットのいちばんよい面を引き出そうとする。キスメットに自分の名前を呼んでもらうために一生懸命になる子どもと同じように、礼儀正しくそれがすることを注視している。リッチはプログラムを〝操って〟リアルに感じられるレベルの幻想をつくりあげようとしているようだ。

しかし感情を表現できるキスメットとのやりとりでは、もっと深い会話ができると感じられる瞬間がある。それはすぐに通り過ぎてしまうし、何がもっとなのかもよくわからない。それでもキスメットと会話しているとき、何かに飲み込まれたかのようにキスメットがリアルに感じられる瞬間がある。リッチがガールフレンドのキャロルのことを話し始めると、たちまち話題が個人的な領域に向かう。リッチは、自分が笑うとキャロルは面白がるが、彼女に向かって笑わないようにしていると話す。キスメットがその話に興味を示して笑顔になると、リッチも笑って打ちとける。「いいね。君はかわいいよ。君は誰？　何をしてるの？」

リッチはキャロルが最近買ってくれた腕時計をしている。それをキスメットに見せてどう思うか尋ねる。そして1週間前にその腕時計をなくしかけたことを話す。

リッチ：見せたいものがあるんだ。この時計は僕の……この時計は僕のガールフレンドがくれたんだ。

キスメット：（興味を示して先を促すような声を出し、リッチの腕時計を見る）

リッチ：そう、見て。少し青い光が見えるだろう……気に入ったかい？　今週これをあやうくなくすところだったんだ。

　このガールフレンドの話に、キスメットは落ち着いて好意的な反応を示す。リッチはロボットを、話を聞いてくれる相手に見立てて遊んでいるように見える。とても楽しそうだ。ロボットがやや的外れな、低く魅力的なトーンで反応すると、リッチは実験のことを忘れてロボットとのやりとりに夢中になる。明らかに相手の気を引こうとしている。[1] キスメットは人間の抑揚を真似られるので、リッチが親しげに話しかければ、ロボットも同じように返す。まるでカクテルパーティーかバーでのような会話が展開する。

　リッチ：何かをなくすってわかる？
　キスメット：（うなずいて同意を示す。興味を示すようなやさしい声を出す）
　リッチ：君はすばらしい《アメイジング》！

　すると、キスメットは楽しそうに「アメイジング」に似た言葉を繰り返す。リッチはすっかり夢中になり、このロボットから何かを得たいという混乱したファンタジーの中でふるまっているように見える。ここには彼にとっての何かがある。会話の最中にキスメットが目をそらすと、リッチは横に動いてロボットに自分を見るよう仕草で示す。あるときロボットが続けて話をし始めると、リッチは言った。「いや、ストップ、ストップ。僕の話を聞いて。話を聞いて。何かが起こってる。僕らのあいだに何かが起こってるみたいだ」
　たしかに両者のあいだには何かが起こっている。リッチが帰ろうとすると、キスメットはすかさず甘い声を出して引きとめる。リッチも甘い声を出して、キスメットと視線を合わせようとする。するとキスメットがリッチを目で追う。キスメットが目を伏せて、急に〝シャイ〟なようすを見せると、リッチは離れがたくなる。この瞬間、人はもっと多くを期待する。このダンスはどちらがリードし、どちらがフォローしているのだろう？　恋の始まりのように、2人はこれまでのことを忘れて新しいリズムを発見する。互いが互いに生命を吹き込み、生き返らせる。リッチは自分を抑えきれない。そんな自分に満足を覚える。彼は指を上げて言う。

リッチ：ストップ。僕に話をさせてくれ。黙ってて。
キスメット：（嬉しそうな音を立てる。媚を含んだくすくす笑いのようにも聞こえる）
リッチ：キスメット、ここで何か起こってるように思う。僕と君とのあいだに……君は不思議《アメイジング》だ。

リッチはうっとりしてまた尋ねる。「君はいったい何なんだ？」　いよいよ別れるときがくる。しかし簡単にはいかない。甘く悲しいムードがただよう。

リッチ：（なごりおしげに）さよなら。
キスメット：（あたたかい調子の音をたてる）
リッチ：（さらにやさしい低い声で）さよなら。
キスメット：（低い〝親しげな〟音を立てる）

——リッチ：そうだな……わかったよ。

リッチはとうとう降参する。帰るのをやめてキスメットに語りかける。「いいことを教えるよ。もうしばらくここにいる。もっと君と話していたいんだ。ちょっと話しておきたいことがある」。ビデオはリッチがキスメットを見つめ、もっと多くを求める瞬間に浸っているところで終わる。

この出会いの記録から、人間がロボットと調子を合わせる——ロボットと共謀する——ことで、まるで心が通い合っているかのような幻想が生まれ、そこから人間が満足を得ていることがうかがえる。(2) ロボットとの関係が強まるにつれ、私たちがロボットに抱く感情は、自分がつくったものに対する単純な驚きから、それが自分のことを気づかってくれているという考えへと進み、さらに自分のことを好いてくれているという考えへと移行する。

これにはさらに先があって、私たちは自分たちがつくったものにもっと近づきたい、それによって生きている手応えを得たい、という願望さえ抱くようになる。ロボットは人間に似た身体的特徴を持っている。ロボットは見つめ、顔に表情を浮かべ、声を発する。それを見て私たちは、ロボットにも人間のような心があると想像するのである。

より多くを求める「共謀」

私たちの研究に参加してくれた子どもたちは、コグやキスメットは進化していけるくらい生きていると想像していた。よく話題にされていた想像の一つが、コグの身体とキスメットの顔を持った子どもが生まれるというものだった。それからほんの数年後、コグとキスメットの直系の子孫ともいえる新しいロボットたちを、コグとキスメットの製作チームの若いメンバーだった大学院生たちがつくりあげた。

その1つがアーロン・エドシンガーが設計したドモ（Domo）だ。これは顔、発声、視力はキスメットを大幅に向上させたもので本当に会話ができ、身体はコグの身体を大幅に向上させたロボットだ。ドモはアイコンタクトができ、表情をつくり、人の動きを目で追いかける。人の手のように力を入れて物を握ることができる。コグは人の動きをただ真似るだけだが、ドモは人と力を合わせて作業ができる。

ドモは高齢者や障がい者を助けて簡単な家事ができるように設計されている。[3] 私がそのロボットに会いにいく日、エドシンガーはそれに簡単な動作を〝教える〟ことになっていた。たとえば物を見分ける、ボールを投げる、食品を棚に乗せるといったことだ。

しかしMITで開発されたあらゆるソーシャル・ロボットの例にもれず、ドモと一緒に時を過ごすときの影響は、そんな現実的レベルを超越する。技術の専門知識を持つ見学者でも、ドモが握手の手を放すのをいやがっていると感じる瞬間があると言う。コントロールを失ったロボットとの接触に不快感、あるいは恐怖感を覚えてもおかしくない瞬間だ。しかし、多くの人はその経験をわくわくする《スリリング》という言葉で語った。私たちはロボットの意識を感じる。ロボットの願望さえ感じる。だが、もちろんロボットにはそのどちらもないことを私たちは知っている。

エドシンガーにとって、この意識の流れ――ドモに欲望があると感じ、その考えを否定する――はおなじみのものだ。彼はドモのプログラムをつくったが、ロボットの行動をつまらないと感じたり、予想できたりするわけでもない。一緒に作業をすることで、エドシンガーとドモは互いから学んでいるように見える。エドシンガーがドモにボールを手渡したり、物をカップに入れることを教えるとき、その簡単な行動は複雑なバレエに見える。彼らの距離がどんどん近づいていくように見える。

　エドシンガーが自分の手を広げて、ボールをそこに乗せるよう頼む。「ドモ、それを渡して」と彼はやさしく言う。ドモはボールを拾って、アイコンタクトをする。「それを渡す」とロボットが言い、エドシンガーの手の平にそっと乗せる。次にエドシンガーはミルクパックを棚に乗せるようドモに言う。「ドモ、棚」。ドモはその指示を繰り返して、それに従う。エドシンガーが「調子はどうだい、ドモ?」と尋ねるとドモは「オーケー」と答え、新たな指示に従ってコーヒー豆が入った袋を棚に置き、サラダドレッシングをカップに注ぐ。「ドモ、それをこっちに」とエドシンガーが言い、ドモはサラダドレッシングを渡す。

　子どもたちがコグのまわりに集まって、その腕や肩や背中におもちゃをくっつけて、身体的ふれあいを求めるように、エドシンガーもロボットの近くで仕事をするのが楽しいと言う。

　物理的にふれあうと――ロボットの空間に入ると――しっかりした相互作用があって、つながっているという手応えを感じます。僕が持っているボールをドモが取ろうとして、手をうまく動かせないときがあります。突き出してきた腕を僕がつかんで下にさげさせる。それが何度か続くと、ドモが何かから逃げようとしている子どもみたいに思えてくる。ドモと一体になった感じがする。画面に映し出された顔との関わりとはまったく違う形の一体感……ロボットは確かに何かをしたがっているんだけど、自分がそれをやめさせようとしている、という確かな感覚があるんです。頑固な子どもみたい。腕を下ろさせると、その時はやめるけれど、また同じことをする

……聞き分けのない子どもみたいです。僕はキスメットの研究もコグの研究もしてきました。でも、それを含めて他のロボットとは、ドモみたいに身体がふれあうような関わりはなかったですね。

人間はドモと一緒に仕事をするとき、何をしてやればロボットが望みどおりの行動をしやすくなるかを短時間で会得する、とエドシンガーは指摘する。それを聞いて私が思ったことは、私たちは何かの作業をほかの人と行うとき、意地悪なことはしない――たとえばシリアルの箱を手渡すときに変な角度で渡さない――ということだった。お互いに、相手が楽にできるよう工夫する。私たちはそれと同じことをドモにもする。

エドシンガーは言う。「人は一緒に働いている人、あるいは一緒に働いているロボットの限界を敏感に察知できる……ドモが何かがうまくできないとわかれば、すぐそれに合わせて手を貸そうとする。だからロボットはそれほど器用ではなくても、人と一緒に仕事をするときは助けてもらえるので多くのことができるんです」

ドモのプログラマーであるエドシンガーは、おなじみの「イライザ効果」（69ページ参照）を遠慮なく活用している。それはロボットを助けて、実際より有能に見せたいという願望だ。キスメットとコグについて述べた5章で、私はこの願望を「共謀」という言葉で表現した。エドシンガーはこれを、「人が手を差し伸べる」ことでドモにより多くのことをやらせること、と考えている。

ドモには手助けが必要だ。ロボットはどんな作業であれ、その全体についてはほとんど理解していない。エドシンガーは「人の意図の微妙なニュアンスを理解して、それをロボットに覚えさせるのはとても難しい」と言う。ドモにできるのは、「人の居場所を把握し、〝いま自分が見ているこの人間は、自分の視線の先に向かっているだろうか〟と自問するとか、そういうことだけだ。人間のモデルがインプットされているわけじゃない」と言う。

それでもエドシンガー自身、ドモが生きているも同然と感じると言う。気持ち悪いほどに。ドモが生きているという感覚は、ロボットが長時間――たとえば30分――にわたって自分で動くことから生じている。以前の彼の実験では、ロボットのプログラムは30秒間隔で動かしていた。「ドモとは、同じことを繰り返すことなく30分間一緒にすごすことができる」と彼は言う[4]。相手が人間なら、それができなければ退屈な人物ということになるが、ロボットの基準なら、プログラムされていないように見える行動を30分続けられたら万々歳だ。

その30分間についてエドシンガーはこう語る。「ドモは人間がスイッチを入れたり切ったりして実験を行う物体から、ずっと動いている何かに変わる……それに対する僕の見方も、機械的な物体から、生物とは言わないまでも、かなり自由にふるまう存在へと変わる……（長い沈黙の後）そう、生物のように思えてくるんです。そこにこの研究の本質的な居心地の悪さがあるのかも。僕はそれを楽しんでいますけどね。それがロボットをつくるのが好きな理由の一つでもある」

「生物」が機械を離れて自発的に行動し始める感覚に刺激されて、エドシンガーは、ドモの好みは自分がプログラムしたものではなく、ロボット自身に好き嫌いがあるのだと考え始める[5]。

私について言えば、話が複雑になり始めると……ときどき、ロボットが自由意志で行動しているわけではないということがわかる。私がプログラムを入力したのですから。けれどもときどき……その行動の連携が意味深長で……ロボット自体の選択のように感じられる……しかも思いが

けないときにそれが起こる。だからおもしろい……いまは以前より多くのものを動かしているので、そういうことが起こることが多くなっている……。

ロボットは何をすればよいかわからないとき、周囲を見て人を探す。見つからない場合は、最後に人を見た場所を見る。私はロボットが何かしているのを見る。ロボットがそれを終えると、ロボットは〝完了しました。承認をお願いします〟とでも言いたげな顔で私を見上げる。

ロボットの限界がわかっても感じるつながり

こうした瞬間に嘘はない。エドシンガーはドモの〝仕組み〟を知っている。エドシンガーは知識と不思議が共存できる領域でロボットとのつながりを経験している。それは、コグの仕組みを知っていてもそれに愛されたいと願った子どもたちに見られたのと同じ親近感だ。

生き物でもあり機械でもあるドモをエドシンガーは身近に感じている。このような感覚に支えられて人間はロボットと協力するようになると彼は考えている。宇宙飛行士はロボットと一緒に宇宙へ行くだろう。兵士とロボットは手を携えて作戦を遂行するだろう。エンジニアはロボットと協力して核施設のメンテナンスを行うだろう。ロボットのパートナーを受け入れるには、人はロボットに対して無理なく一緒にいられるという感覚を超えて、積極的に一緒にいたいと思えるようでなければならない。それはロボットのパートナーと身体がふれあう喜びから自然に生じるとエドシンガーは考えている。「何かが何らかの意思を持って行動していると感じるのはスリリングです。それが私の存在に気づいていて、私を認識し、私と関わりたがっているわけですから」

エドシンガーは、将来の人手不足に備えるためにヘルパー・ロボットが必要だという消極的な議論に頼ってはいない。彼がソーシャル・ロボットをつくるのは、それ自体が冒険だからだ。未来のロボットはかわいくて、抱きしめたくなり、助けてやりたくなるようなものになるだろう。人間のそばで働き、人間の存在を感じ、願望を察するようになるだろう。

ロボットは人間より多くのことを知っているとか、ロボットは人間以上に人間を気づかうというような感覚を人々に与えるなら、それは人を欺くことだとエドシンガーは認めている。しかしそこに倫理的問題はないとも考えている。第1に、ロボットの限界についての情報は公開されていて、世界中の誰もが見ることができる。第2に、私たちはすでに、本当には私たちのことを気にかけていない生物に癒しを感じることを受け入れている。「私たち人間は動物やペットから癒しを得ていますが、その多くは人間についてごく限られたことしか理解していません」。これまでとは違う限界があるというだけで、ロボットとの関係を受け入れるべきではない理由があるだろうか。

さらに、以前にも論じたことだが、私たちは相手がそこにいる本当の動機がわかっていなくても、その人の存在を心地よく感じることがある。私の世話をしてくれている人は世話好きではないかもしれない。たとえば看護師は入院患者の手を握ってくれるが、本当に握りたくて握っているかどうかはどれほど重要だろうか？　決まりきった手順で、プログラムされた行動に近いものだったら？　そのプログラム化された看護師が人間であることが重要だろうか？

エドシンガーにとっては重要ではない。「ドモに手を握られると、いつもいい気分なんだ……ある存在がふれあいを求め、必要としているといつも感じる。それが好きで、そう感じてもかまわないと思っている。実際のぬくもりと、求められているという漠然とした感覚。ドモが僕を気にかけているわけじゃないことは重々承知しているけど」。私は確認のために尋ねる。ロボットが触れたいと望んでいるわけではないとわかっていても、触れられると嬉しいのか？　エドシンガーはきっぱり「イエス」と答えたが、一瞬の後、こう言いなおした。「それでも頭のどこかで、いや、ドモは僕のことを気にかけていると思いたがっている自分がいますね」

これがいま、私たちが立っているロボット化の時代の現在地だ。世界の先端を行くロボットの〝ユーザー〟たちも、ロボットに手を握られたとき、そこには気持ちがこめられているという考えに抗えない。機械が何を気づかっているのか、醒めた目で考えれば、結局は何も気づかっていないと言うしかない。それでも私たちに向かって差し伸べられる手は「私にはあなたが必要、私の世話をして、私を見て」と私たちに語りかける。そしておそらく、「私もあなたを見てあげましょう――見てあげたいのです」とも語っている。ここでもまたロボットは人間の弱さに働きかけてくる。私たちはロボットの限界を知ったうえでロボットと関わりあい、一方的な愛情というしかないものによって癒されているのだ。

ロボットと自分を結びつける実験

2005年秋、パフォーマンス・アーティストのピア・リンドマンが、ロボットと一つになることを思い描いてMITにやってきた。彼女は芸術的なビジョンを持っていた。自分の顔と身体をMITのソーシャル・ロボットに結びつける方法を見つけようとしていたのだ。そうすることでロボットの心《マインド》がわかるのではないかと期待した。リンドマンにとってロボットは、エマーソンが「私たちの性質の秘密を知るための鍵」と呼んだものだ。彼女はロボットの性質の中に入りきることで、自分自身について新たな理解が得られると考えたのである。

MITのソーシャル・ロボットの研究は、心と身体を不可分とみなす哲学の伝統から創造的刺激を受けている。イマヌエル・カント、マルティン・ハイデッガー、近年ではモーリス・メルロー＝ポンティ、ヒューバート・ドレイファス、アントニオ・ダマシオらの説に見られるこの考え方によると、身体は文字通り思考するための道具である。そのためコンピュータが知性を持つには、まず身体を持たなければならない。(6)

人工知能を研究するすべての学派がこの考え方に賛同しているわけではない。「象徴的ＡＩ」と呼ばれる一派は、自らをデカルトの心身二元論に関連づけ、事実の提示とルールによって機械の知性をプログラムできると主張している。(7)

１９６０年代、哲学者ヒューバート・ドレイファスは、象徴的ＡＩのコミュニティと論争し、「コンピュータが知的になるには身体が必要だ」と主張した。(8)この立場には当然の結果がある。すなわち、機械がどれほど知的になっても、機械が持ちうる身体は人間の身体ではないので、人間と同じ種類の知性は持ち得ない。機械の知性は、どれほど興味深いものに進化しようと、人間のそれとは異質なものになる。(9)

神経科学者のアントニオ・ダマシオは、別の研究流儀に則ってこの議論を展開している。ダマシオによれば、すべての思考、すべての感情は具体的な形を持つ。私たちは文字通り感じることで考えるので、感情の不在は合理性の可能性を排除してしまう。それが94年に出版された『デカルトの誤り』という痛烈な著作につながっている。(10)ダマシオは心と身体の二元論も、思考と感情の分割もあり得ないと主張する。人間が何か意思決定しようとするとき、身体によって形成される脳のプロセスが喜びと苦痛を想起させて人間の推論を導く。これはロボットが決して人間のような知性を持てない理由とみなすことができる。ロボットには身体感覚も感情もない。

近年、ロドニー・ブルックスのようなロボット研究者がこの難題に取り組んでいる。彼らは、知性にはたしかに身体や感情が必要かもしれないと認めるが、それが人間のものと同じである必要はないと主張している。2005年、自分の心と身体をロボットに結合させたいと思ったリンドマンが協力を要請したのがブルックスだった。

リンドマンはこのプロジェクトに先立ち、04年にロボットを使って悲嘆に関する実験を行っている。彼女は『ニューヨークタイムズ』から、悲しみにくれている人——死んだ子どもにおおいかぶさっている母親やテロリストに妻を殺された夫など——の写真を選び出した。そんな写真を数百枚集め、写真に写された人物と同じ表情や姿勢を演じてみたのだった。

リンドマンは、そのように演じることで悲しみを感じたと言う。生物学的な反応によって引き起こされる感情である。笑ったり顔をしかめたりすると化学物質が放出され、精神状態に影響を与える。(11)人間の場合、他人が演じるのを見ているときも、自分が演じているときも、「ミラーニューロン」〔自ら行動する時と他の個体が行動するのを見ている時の両方で活動電位を発生させる神経細胞〕(12)が刺激される。私たちの身体は、目で見たものに私たちを感情的に巻きこもうとするのだ。

この悲しみについてのプロジェクトのあと、リンドマンは身体表現と感情の結びつきについてもっと深く調べたくなった。そこで同じ方法論を採用して、身体を持つ機械を使った研究をしようと思い立ったのだった。エドシンガーに協力してもらい、エドシンガーがドモと交流しているところを録画した。そして記録された人とロボットの相互作用をスケッチし、それに基づいて両方の動きを真似て演じてみたのである。(13)

彼女が演じたのは、ドモの思いがけない動作に驚くエドシンガー、作業を終わらせるためにロボットの手を握って下におろさせる嬉しそうなエドシンガー、それに反応して手を離してほしがっているようなドモ、仕事を終えたドモがそれまでエドシンガーがいた場所に目を向けたことに興奮しているエドシンガーなどであった。人間とロボットの交流を演じることで、リンドマンは人間と機械の違いを経験できるのではないかと思っていた。最終的にリンドマンの試みは、欲求の問題に取り組みつつ同時に回避する芸術作品として結実した。

舞台芸術家が演じたロボットと人間のつながり

2006年の春、リンドマンはMITのギャラリーで、エドシンガーとドモと行った実験の成果を披露した。壁にはリンドマン自身とロボットを描いた34枚の絵が掲げられた。ドモが何もしていないときの表情をリンドマンが真似ている絵が何枚かあったが、そこに描かれた彼女は機械に見える。また熱心に〝関わって〟いるドモの一瞬の表情をとらえた絵ではドモが人間のように見える。絵の中のドモとリンドマンは、両者とも人間役でも機械役でも違和感はなく、どちらになることにも抵抗はないようだ。

パフォーマンス自体はエドシンガーとドモが一緒にいるところのビデオ映像から始まった。彼らは無駄のない優雅な動作で交流している。彼らは互いをよく知っている。彼らは互いの動きを予想し、互いに世話しあっているように見える。

ビデオが終わると、リンドマンが一段高いステージでドモを演じた。彼女はグレーのオーバーオールを着て、髪をきっちりおだんごにまとめている。数分経つと、私にはリンドマンが人間の女性ではなく機械に見えてきた。次にリンドマンは人間と機械の両方を演じたが、そのときは数分のうちに、私には2人の人間が見えた。その後リンドマンが床に降り立つと、今度は私には2つの機械が見えた。2つのやさしい機械だ。あるいはやさしすぎる2つの機械だろうか？　私と一緒にいた同僚には、私と違って、最初に2つの機械、次に2人の人間が見えたらしい。いずれにせよ、人間と物の境界は変化するという自説の正しさをリンドマンは証明したことになる。維持する価値があるのは、この境界のどの部分なのだろう？

のちにリンドマンと個人的に会ったとき、彼女はパフォーマンスと撮影の経験を話してくれた。「私は自分を人間版ドモに変えます……そしてエドシンガーとドモの絆を感じます……彼らの仕草にはやさしさと愛情がある。彼らは一緒にいることに喜びを感じているのです」。彼女はエドシンガーがドモにボールを拾わせようとするときの手順を説明する。あるとき、ボールがドモの視界からはみ出した。ロボットはエドシンガーのほうを見る。それはまるで助けてくれる人、信頼する人のほうに目を向けているかのようだった。そうすることでドモはエドシンガーに手を差し伸べたのだった。

ロボットについては「ふれあうことで集められる情報がある」とリンドマンは言う。ドモとエドシンガーが互いを見つめ、ドモが頼みごとをするかのようにその手をエドシンガーの手に重ねる。この一連の動作をするドモを演じるとき、リンドマンは「ボールを探しているような気がしなかった……いつも、これは恋のシーンだと感じていた」と言う。

リンドマンにとって、このシーンは重要だった。このシーンのロボットを演じるための唯一の正しい方法は、恋愛感情を含む脚本を思い浮かべることだった。「一連の動きを覚えるには、そこに物語を当てはめるしかなかったの。動きに感情を込めることで、動きを覚えられた」

リンドマンはエドシンガーがそれとは別の経験をしていたことを理解している。彼にはロボットをプログラムされた物体と見るときがあり、生き物として見るときがあった。「彼はコードがどんどんスクロールされていく画面を始終見ていた……つまり機械的な内部処理の結果としてのロボットの動きを見ていたわけだけど、身体的なふれあいからくる抗いがたい何かに引きつけられてもいたと思う」。エドシンガーはドモのコードを書いたが、ドモの身体に触れることから学んでもいる。そのような瞬間を映像で見ると、熱が出ていないか確かめるために子どものおでこに手をふれる心配げな母親のように見える。

ドモの手が物にぶつかりそうになったときに、エドシンガーが手を下ろさせる場面があった。それについてリンドマンは次のように言う。

> エドシンガーはドモの手をこういうふうに(片手をもう一方の手に置く)握り、目をのぞきこんで、ドモが何をしているのか知りたそうにしている。ドモはどこを見ているのか、混乱しているのか、見たものを理解しようとしているのか、あるいはもう理解できているのか。それを知るにはアイコンタクトが重要なんだけど、彼はそれに成功するの。エドシンガーがドモを見ていると、ドモがゆっくりふりむいて、彼の目を見るの。本当にロマンチックな瞬間だったわ。

エドシンガーもこの瞬間について、求められていることの喜びを感じた瞬間だったと説明している。つまり、この瞬間を演じるとき、リンドマンがロボットと人間のあいだに欲望があると想像したのは自然なことだったのだ。リンドマンは「いわば、ロボットを理解するためには、感情を持っているように見えるロボットである必要があったというわけ」と言う。男を欲しがっている女を演じることによってのみ、ドモを演じることができた。「あれは演じた中で最高のシーンだった」と彼女は語っている。

写真を使って行った人間の悲嘆を演じる実験では、身体の姿勢から悲しみが生じた。彼女はそれがミラーニューロンに起因すると考えた。ロボットを演じる場合は、「ロボットには感情がないから」結果は異なるだろうと思っていた。ところが蓋を開けてみれば、感情を持たない物体になるためには感情を注入しなければならなかったのである。「ロボットの動きを覚えるには、この動作をするのはこう感じているから、と解釈しなくてはならなかった……私がそう感じているということではなく、ロボットはこう感じているはずという理屈が必要だった」。その点（ミラーニューロンについての考え）を除けば、リンドマンは本当にそう感じていたのだ。そして不本意ながら、その感情が機械にもあると考えずにはいられなかった。実験の経験について真剣に考えれば考えるほど、リンドマンの説明は複雑になっていく。無生物との交流の話にしては、彼女の説明には専門家らしからぬ矛盾がある。[14]

哲学者エマニュエル・レヴィナスは、顔があるから人間は倫理的になれると書いている。[15]顔は「汝、我を殺すなかれ」というメッセージを伝える。私たちは顔の背後に何があるかを知る前から顔に縛られる。それがロボットの顔であったとしても変わることはない。ロボットの顔は、他者を認識し得る自我がそこに存在していることを告げている。そして、そのことが他者からの認識を求める地平へと私たちを連れ出す。ロボットが私たちを認識していることが重要なのではなく、ロボットに認識されたいという私たちの願望が重要なのだ。

リンドマンがエドシンガーを演じるとき、エドシンガーはロボットに認識してほしいと願っているという想像抜きには演じることができないし、ドモを演じるときは、それがエドシンガーに認識してほしいと願っているという想像抜きには演じることができない。そのため、リンドマンが緑色のボールを探しているときのドモを演じると、当惑したロボットが近くにいる人間を探し、その人と目を合わせ、不安をまぎらわすためにその人の手をとる、という動きになる。これは人が心の交流を経験する典型的な瞬間だ。エドシンガー（リンドマンが演じるエドシンガーだけでなく）はロボットの行動の背後のメカニズムを知っているが、それでもこのような親密さを感じている。リンドマンにとっては、このような相互作用は「何が本物で何が本当の感情なのかを気づかせる重大な転機」を到来させるものだ。

リンドマンの心配は、ロボットは「精神ではなく機械で動くので」彼女が使ったロマンチックな筋書きが「本物らしく見えないかもしれない」ということだ。しかし彼女は、悲嘆に関する実験で、悲しみは常に定まったパターンで表現されることを発見していた。それは生物学的反応と文化によってプログラムされていると彼女は考えている。つまり私たち人間にも、ロボットと同じように感情表現のベースが組み込まれているのである。感情を高揚させるときも、私たちは機械的な作用で縛られている。

人間の感情がそのようなプログラムで表現されるなら、機械の感情と何が違うのか、とリンドマンは自問する。リンドマンにとって、その境界は消えつつある。私たちは機械が本物であるのと同じ意味で本物であり、機械は人間が本物であるのと同じ意味で本物なのだ。

未来の「愛」はどうなるのか?

私の議論はここから始まる。未来に向けるべき問いは、子どもはペットや親よりもロボットの友人を愛するようになるのか、ではない。愛はどうなるのか、である。人間がこれまで以上に機械と親密になることは何を意味するのか。私たちは機械という鏡を通して自分を見るようになるのだろうか？愛とは愛を演じることだと考えるようになるのだろうか？

悲しみを演じることで、リンドマンは身体がある精神状態を生じさせると感じた。同様に、ドモを演じているときロボットの心を感じると言った。だが彼女の実験はそこにとどまらず、もっと大胆な発想でロボットの心を経験しようとする。ドモの実験を終えた後、彼女は自分の顔をメルツ（Mertz）というロボットを動かすコンピュータに物理的に接続する研究に着手する。

リジン・アルヤナンダが製作したメルツは、柔軟に動く首に金属製の顔がのっていて、キスメットの表情、発声、視力をさらに向上させたものだ。キスメットと同じく、メルツもピンポン玉のような目の上の眉が動いて感情を表現する。この特徴によって人間はこのロボットにやさしい気持ちになる。ドモと同じように、家の中での話し相手やヘルパーとしてつくられている。時間の経過とともに、よくふれあう人間を認識し、状況に合った感情を表しながら話ができるようになる。リンドマンはなんとかしてメルツに「自分をつなげて」、その内部の状態を直接経験したいと考えている。「その感覚を体験するの」とリンドマンは声をはずませる。そしてメルツにつながっている間、脳をスキャンして、その画像とロボットの中で起こっていることを比較する。「実際に両方を見ることができるわけです。私がＡＩの体現者となり、（ロボットが笑っているとき）私の脳も笑っているのか調べます」

しかしその実験に着手して間もなく、人間の脳はロボットの知性の出力装置にはならないことがわかる。そこで彼女は計画を変更する。新たなゴールは、メルツのコンピュータを脳ではなく顔とつないで、メルツの表情を自分の顔を使って表現する、すなわち「自らを人工知能の自己表現のツールとする」ことだった。ドモを使った実験を終えて、リンドマンは、本当の自分とロボットになろうとしているときに感じることの違いを体験できるだろうと予測している。この実験が人間は何が特別なのかを理解するうえで役に立つことを願っている。その意味で、この実験は、機械との交流が本当に可能なのかを検証することであると同時に、機械と交流したいという気持ちそのものなのだ。リンドマンは人間と機械の違いを想像する。「そうか、人間のここが人間なのね、とわかることがあると思う」(16)

　最初のステップとして（リンドマンにとってそれが唯一のステップなのだが）、リンドマンはペンチ、レバー、ワイヤを使って、顔の表情を操作する装置をつくる。「まず自分の顔を違う形にする体験をしてみようと思ったの」。それは意外に苦痛が大きく、脳をコンピュータにつなぐ方法に戻そうかと思いかけたほどだった。「痛みはそれほど怖くないの」と彼女は言う。「怖いのは損傷《ダメージ》。生物学的な損傷とか、脳の損傷とか。本当に起こるとは思わないけど、怖い」

　リンドマンは別の種類のダメージも想定している。いつか自分をロボットのプログラムにつないだら、自分について新たな知識を得るだろう。それは、これまで誰も知らなかったような知識だ。人間以外の異質な知性に「乗り移られる」のはどういう気持ちか、実際に体験できるだろう。それを体験したいという気持ちが生じ、抗えなくなるだろう。彼女が恐れる「ダメージ」はそこに結びついている。つまり、知りたくないことまで知ってしまうかもしれない。人間はどこまで機械なのかを知ることになって、人間と機械の交流の極限に到達してしまうことにならないだろうか。その知識はタブーなのか？　害があるのだろうか？

機械に感情を与えようとする試み

リンドマンのアプローチは斬新だが、彼女が提起している問題は新しいものではない。機械は感情を持てるのだろうか？　知能を100パーセント開発するために、感情を持つ必要があるのだろうか？　人は自分の感情をそれに投影することでしか機械と関われないのだろうか？　その感情は機械には決して持てないものなのだろうか？

哲学と人工知能の分野は長年、そのような問題に取りくんできた。私はこれまでの著作で、コンピュータにもロボットにも人間のようなライフサイクルがないという理由で、人工物の理解力には限界があると主張してきた。[17]この主張をうまくとらえているのが、コンピュータによる心理療法に反対している男性が言った、「きょうだい間のライバル心について、母親を持たないものにどう話せというんだ？」というコメントだ。機械には感情がないという懸念に対し、最近ではAI研究者が、それならつくろうと腕まくりしている。AIの世界は、「コンピュータが知的であるためには身体が必要だ」という認識から「コンピュータが知的であるためには感情が必要だ」という認識へと移行している。

「アフェクティブ・コンピューティング」（affective computing）として知られる研究分野がある。この分野の研究者は、人間は感情を常にコンピュータに投影しているということを明らかにした社会科学者の研究に支えられていると感じており、両者は建設的な協力関係の中で研究を行っている。[18]

たとえば心理学者のクリフォード・ナスと同僚たちは、「個人がテクノロジーに対して、機械に対する日ごろの確信と矛盾する社会行動を取った」一群の実験を評価している。[19]それによると、人はコンピュータに性格や性別を与え、さらには機械の〝気持ち〟を傷つけないように対応を調整することさえあるという。

そのことをドラマチックに実証したある実験では、第1の被験者グループはコンピュータAで作業をしたあと、同じコンピュータを使ってその作業を評価した。第2のグループもコンピュータAで作業をするが、評価は別のコンピュータBで行った。すると第1のグループのほうが、コンピュータAをはるかに高く評価した。被験者は基本的に〝面と向かって〟コンピュータを侮辱するようなことをしたがらないことが明らかにされた。

ナスらは「そのようなもの（言葉を使ったり、事前のインプットに基づいて反応したり、人間のような行動をするもの）に向き合ったとき、無意識にそれを人間として扱うのが脳のデフォルトの反応だ」と述べている。[20] それをふまえて彼らは、現実的な理由から、テクノロジーをもっと「好感度の高い」ものにするよう提言している。そうすればもっと買ってもらえるだろうし、使うのも楽になる。

しかし「好感度の高い」機械をつくることには倫理的な問題がともなう。「それは人間関係についてさまざまな二次的な結果をもたらすだろう（たとえば信頼や長期的友情など）」[21]。私にとっては、そうした二次的な結果こそが問題の核心だ。楽に使える機械をつくるのと、人好きのする性格をそれに与えるのは別の話だ。しかしそれがアフェクティブ・コンピューティング（そしてソーシャル・ロボット）が目指している方向性の一つなのである。

この方向に進もうとするコンピュータ研究者は、ユーザーのアフェクト（情緒）の状態を評価できて、それにふさわしい自らのアフェクト状態で反応できるようなコンピュータをつくりたいと思っている。「アフェクティブ・コンピューティング」という言葉をつくったと広く認められているMITのロザリンド・ピカードは、次のように書いている。「私が到達した結論は、もし本当に知的で、人間に順応し、人間と自然に交流するコンピュータが欲しいのなら、それは感情を認識し表現する能力、いわゆる〝感情的知性《エモーショナル・インテリジェンス》〟と呼ばれるものを持つ必要があるという結論に至った」[22]。ここではコンピュータが感情を持つことと、感情を持っているようにふるまうこととの境界があいまいになっている。

マーヴィン・ミンスキーに言わせると「感情は、私たちが〝思考〟と呼ぶプロセスとそれほど変わらない」[23]。この点で彼はダマシオに同意しているが、その認識からもたらされる結論は正反対だ。マーヴィン・ミンスキーにとって、それはロボットが感情的思考をする機械になり得ることを意味する。ダマシオにとっては、ロボットが生き物の身体と同じ性質や問題を持つ身体を備えない限り、それはありえないということになる。

実際問題として、アフェクティブ・コンピューティングの研究者は「感情《エモーション》」という言葉は使わないようにしている。エモーショナル・コンピュータという言い方には強い抵抗がある。どうすればコンピュータが感情を持てるというのか?という反発だ。しかし、「アフェクト」(affect《アフェクト》)という言葉は、より認知作用に限定した印象を与える。機械を使いやすくするために多少の「情緒的要素」を加味するというのは、ごく常識的な考えのように思える。哲学的な立場とは関係のない、ユーザー・インターフェースの問題のように思える。

しかし「アフェクティブ」の同義語をいくつかあげれば、「感情的《エモーショナル》」、「気持ち《フィーリング》」、「直観的《インテュイティブ》」、「非認知的《ノンコグニティブ》」といった言葉が顔を出す[24]。しかしコンピュータの性質となると、「アフェクト」からそうした意味は失われる。「知能《インテリジェンス》」という言葉も、機械に使われるようになってから意味の幅が狭まった。インテリジェンスという言葉は、以前は濃密で多層的で複雑な性質を表していたが、コンピュータもそれがあるということになってから、厳密に認知能力にのみ関わる一元的なものになってしまった。

リンドマンは自分がドモとメルツを使って行った実験を、アフェクティブ・コンピューティングへの貢献として語った。彼女はドモには感情的知性の層《レイヤー》がもっと必要だと思っている。それはプログラムされていないので、リンドマンはロボットの動きを演じるとき「自分でつけ加えなければならなかった」と言う。

しかし、ドモとエドシンガーの関係に憧れややさしさをつけ加えなければならなかったというリンドマンの説明を聞いたとき、私は、感情をつけ加えなくてはならなかったと言ったほうがよいのにと思った。そうすれば人間にしかないものが、はっきりと浮かびあがる。アフェクティブ・コンピューティングの考え方は、人間とロボットの境界を故意にあいまいにしている。

人間がロボットに進化する?

ドモやメルツは高性能のロボットだが、交流の感覚はもっと単純なロボットでも喚起される。AIBOは機械であり生き物でもあると考えていたコンピュータ科学者、ジョン・レスターを思い出してみよう（133ページ参照）。AIBOについて深く考えたレスターは、ロボットが人間の進化の道筋を変えることを想像した。将来、人間はロボットをツールとして使って楽しむにとどまらず、「それらを世話するようになるだろう。それらが私たちにその扱い方や、ともに暮らすための知恵を教える。人間はツールを愛するよう進化し、ツールは人間に愛されやすいものへと進化する」

リンドマンやエドシンガーと同様、レスターも私たちの感情的な愛着で光を放つ生き物兼物体の世界を見ている。レスターは批判は承知しているとでも言うように肩をすくめながら、「つまり私が

AIBOに感じているのはそういう絆です。このツールのおかげで、自分がこれまでやったことのないことができる……最終的に（このようなツールによって）社会はこれまでできなかったことができるようになるでしょう」と言った。

レスターは、AIBOのようなものが人工装具として使われるようになり、人間の能力の及ぶ範囲と視力が拡張する将来を見ている。[25] そうなると人間は、現実の物理的な空間と新たな方法で関われるようになる。私たちは「ロボットの目を通して」見るようになり、「ロボットの身体を通して」交流するようになるとレスターは言う。「ロボットの一部があなたの一部となる。ツールと身体が物理的に継続するかたちで合体するかもしれない」

これはブルックスが語る肉体と機械の結合だ（247ページ参照）。「彼らロボット」と「われわれ人間」の境界線はなくなる。人間はロボットという生き物と結合するか、あるいは大きな最初のステップを踏み出して、ロボットの力を自意識に統合するほどロボットに近い存在になるのだろう。このステップにおいて、ロボットは他者ではあるが、その存在によって私たちを完成させる他者である。

これらはMITのウェアラブル・コンピューティング・グループ（以前は「サイボーグ」として知られていた）創設者の一人、サッド・スターナーの夢だ。彼はブルックスがコグを育てようとしたのと同じ精神で、ロボットを子どもとして育てることを考えている。しかしスターナーはコグ、そしてそれに続くドモやメルツは「まだそこまで突き抜けていない」と強調する。[26] それらは研究室で暮らしているので、設計者の意図がどうあれ、人間の赤ん坊と同じに扱われることはないというのだ。

スターナーは自分の生活を通してロボットにものごとを教えたいと考えている。具体的には、自分が着る服に装着したセンサーを通じて、一挙手一投足をロボットに伝えるのだ。センサーを通じて「コンピュータは私が見たものを見て、私が聞いたものを聞き、私が経験した世界を経験する」とスターナーは言う。「私が会議で誰かに会うと、それは私が〝やあ、デイヴィッド〟と言って握手するのを聞く。その後、私が誰かの名前をタイプしたり、情報ファイルを開いたりすれば、人を紹介するというのはどういうことなのかを理解しだすかもしれない」。スターナーがつくろうとしているものは「単なる人工知能じゃない。私自身だ」。

もう少し地味な提案として、ロボットと他の機器との連結は、ビジネススクールを卒業したばかりの若いイスラエル人起業家グレッグ（27歳）の夢でもある。彼は近い将来の大儲けの計画を次のように語っている。グレッグの構想では、携帯電話のデータがロボットを動かす。

昼間は携帯電話を持ち歩いて、夜はそれをロボットの身体につなぐ。種類は違うけれど携帯にもロボットにも知能がある。ロボットは僕の家のことをよく知っていて、いろいろ管理できる。僕が病気になったときの世話の仕方も知っている。僕の隣りに座って、僕が仕事の電話をするときに必要な資料を用意してくれたりもする。どこか遠くへいくときは、携帯だけ持って行く。テルアビブにも同じロボットがあって、携帯をそれにつなげば家のロボットと同じように動き始めるんだ。できることはもっとある。たとえば背中のマッサージをしてくれるとか、急病のときに救急措置をするとか。若い人にとっても役に立つけど、老人にはもっと心強いんじゃないかな。

携帯電話に注ぎ込まれた記録――自分の生活の物語――でロボットが動いてくれる。携帯電話の脳がロボットの身体にはめこまれると、ロボットは資料を準備し、マッサージをしてくれる。ここには安全、知的な同伴者、いたわりあう関係という幸せな夢物語がある。誰でも心をそそられるというものだ。

レスターはＡＩＢＯの目を通して世界を見たいと願っている。つまりロボットの目がアクセス・ポイントとなって環境を拡張するということだ。しかし、ロボットが環境になると言う人もいる。それは人工知能が現実の世界に織り込まれていくという未来図である。２００８年、私がソフトウェア企業で技術者を前に講演を行ったとき、設計者のグループが、これからのロボットは必ず他の機器と接続される、単独で働くロボットは昔話になる、と発言した。私たちがロボットに望む機能は、いずれ私たちが暮らす部屋に埋め込まれることになる、という考えだ。知性と感情を持つ〝生きた〟部屋が私たちと協力する。人の話し声や動作の意味を理解する。ユーモアのセンスを持つ。私たちのニーズをくみとり、安心を与えてくれる。部屋は友人となり生活をともにする相棒となる。

日々の現実がロボットとの距離を近づける

ロボットについて、交流について、させたい仕事について、私たちはさまざまな意見を交わす。哲学的であり心理学的でもある話題だ。しかし近年、日常生活におけるロボットに関心が向かう中で、私たちが交わす意見も具体的になり、ある特定の状況下でロボットが役に立つかどうかといった方向に向かうようになっている。

高校教師のトニーは50歳になったばかり。この数年で人生は新たな段階に入った。子ども3人は大学生。両親は亡くなっている。妻のベティとは、彼女の母ナターシャのことでもめごとが絶えない。ナターシャ（84歳）は脳卒中のリハビリを受けており、アルツハイマー病の初期症状も見られる。若いころから彼女は気むずかしかった。いまは不安が強く人当たりがきつく、気が変わりやすくなっている。手助けをしようとする自分の娘とその夫を罵倒する。何をやっても不満のようだ。

トニーは疲れきって、自分たちにどんな選択肢があるか考える。不安はあるものの、彼とベティはナターシャを自宅に迎えることを検討していた。2人とも働いているので、ナターシャを世話してくれるヘルパーが必要になるが、ナターシャはそれを拒絶している。トニーは子どもや老人の世話をするロボットの性能が進歩していることを耳にした。それは検討に値する新しい選択肢で、トニーも最初は前向きにとらえていた。

ロボットが家にいるのと、老人介護のために移民労働者を家に入れることを比べれば、ロボットのほうがはるかにいい。ヴァージン・アトランティック航空で機内映画を見ているようなものだ。ロボットならどんな注文でもできる。無礼なこともしないし、言葉もわかるし、家の物を盗むこともない。安全で専門技能がある。おまけに人に合わせてカスタマイズできる。なかなかよさそうだ。アルツハイマーのせいでナターシャの世界は小さくなっている。ロボットならアルツハイマーの患者に合わせて調整できて、ナターシャがどこにいるか判断し、適切な働きかけができる。すばらしいじゃないか。

そう思ったものの、別の考えが浮かぶ。

でも、この考えは間違っているのだろうか。僕が老人になったときロボットに世話されたいかと聞かれたら、それはわからない。ロボットに生き永らえさせられるぐらいなら、無理に生きなくてもいいと思うかもしれない。なんといっても人間同士のふれあいは大切だ。アルツハイマーになっても、植物状態になっても、反射で手を握り返すという話を読んだことがある。僕はたぶんナターシャに人とふれあってほしいと思っているのだと思う。僕も自分の最期の時には人にふれてほしい。これは大学で習った本物のサルとつくり物のサルを取りかえる実験みたいだ。針金を布でくるんだサルに赤ん坊のサルが抱きついているのを見たとき、ひどく悲しかったのを覚えている。尊厳を守るには本物のサルが必要だ。人間としての尊厳。それがなければ搾乳機につながれた牝牛と変わらない。人生がロボットで終わる組み立てラインのようになってしまう。

トニーは話しているうちに、自分が矛盾したことを言っているのに気づく。ロボットは病気やけがの状態を診断する専門技能を持つヘルパーであると同時に、針金と布でつくったサルのようなものである。彼は2つの見方に折り合いをつけようとする。

正常な意識が残っている人なら、ロボットに助けてもらうのもいいと思う。相手はロボットだと承知したうえで関わることができる。でも最期の世話をロボットにさせたくはない。それは人間がふさわしい。誰であっても人間に世話されるのがふさわしい。でも複雑な気持ちもある。子どものめんどうを見るロボットなら……子育ての中にはマリリン・フレンチ〔フェミニズム小説家〕が〝うんちとエンドウマメのことばかり〟と呼んだような部分が確かにあって、それをロボットがやるのはいいと思う。それをしているときの人間はロボットみたいなものだからね。

子育ての〝うんちとエンドウマメ〟の部分と、ナターシャの世話のそういう部分はロボットに任せてもいいと思う。もちろん子どもの場合のほうが、任せるのに抵抗感があるだろうけど。でも、誰もが普通にそうするようになれば僕もそうするだろう。ほとんどの人がそういう感じだろうと思う。テレビは子どもによくないと思っていても、禁止までしないのと同じようなことかな。

トニーにとってこの矛盾は悩ましいものだ。多くの人が同じジレンマを抱えている。ぶれずにいるのは難しい。いくつもの問題に苦しんでいるときに機械が肩代わりしてくれるかもしれないなら、そんな話に抵抗できるだろうか？　トニーは言う。「本物じゃない（ロボットが人の代わりをする）という点は気にならない。必要なサービスを受けられるなら、トレードオフとしてそれは受け入れられる。本物であるというぜいたくよりも、ニーズを満たすことを優先する。ナターシャが汚したところを掃除するロボットは、労働の負担を減らす掃除機と同じようなものだと思う。だから老人介護ロボットはあっていいと思う」

妻のベティは自分の母についての会話を黙って聞いている。彼女は、母には事情が許すかぎり自分の家に住んでいてもらいたいと思っている。コンパニオン・ロボットがいれば、その役に立つのではないか。彼女は言う。

ロボットがいれば母の生活はもっとおもしろくなると思います。それで自分の家で長く過ごせるようになるかもしれない。私も安心して落ち着いていられるでしょうし。虐待したり無視したり、物を盗んだりする可能性があるヘルパーよりずっといい。ロボットは非難がましいことも言わないし、前向きな態度で母に接してくれるでしょう。母もそれになじんで、安心して世話を任せるでしょう。夫が言うように、テレビは子どもにとって悪い部分もあります。ロボットの介護にも欠点はあるでしょう。何ごとにも欠点はあります。でも使ってみる価値はあります。

それからベティは、生活の中にある「ロボット的なもの」について話し始める。彼女はATMをロボットと考えている。彼女の住む郊外には、人間の出納係がいて、土曜日にはコーヒーとドーナツを出す銀行があるのを嬉しく思っている。「私はあの小さい銀行が大好きです。ある日、そこによくトレーニングされたロボットの出納係が出てきたら、がっかりするでしょう。セルフサービスのガソリンスタンドやATMには、親しみを感じません」

しかしトニーに言わせれば、地元のその銀行はノスタルジーを演出しているにすぎない。

出納係は地元の人じゃない。客のことを知っているわけではないし、親身になってくれるわけでもない。すでにロボットのようなものだから話しかけても意味はない。出納係に話しかけるのは〝年寄り〟のすることだ。引退した人は誰かれなく話しかける。出納係にも。銀行、スーパーマーケット、理髪店、それが老人の社会生活だからだ。若いときはATMに何の問題もないけれど、ATMしかなかったら、歳をとって人に話しかけようと思ったときには誰もいないということになる。物が置いてあるというだけだ。

ロボットが人間性を回復させる?

トニーの平凡だが深い観察――ATMを好む若者と人間不在の世界で取り残される老人――はロボット化の時代の本質をとらえている。私たちはATM(あるいはATMのようにふるまう出納係)の前に立つとき、自分もロボット――「機械に話しかけることを訓練された」ロボット――になったような気がする。だからそういう場所では、これまで人がいたところにロボットがいてもそれほどショックを受けない。トニーは誰もが思い当たる感慨を指摘する。すなわち、機械的な仕事ならロボットに任せても抵抗が少ない。その仕事を人間が行う場合は、するほうも、してもらうほうも、すでに自分が機械になったように感じているから。

しだいに生活の中に――子どもや親の生活に関わる部分にも――機械を受け入れる素地が整いつつあるようだ。トニーは明るい面を見ようとしている。アルツハイマーの患者は、病気の特徴に合わせて精密に調整されたロボットに任せられる[27]。子どもたちは、毎日の育児の中の〝うんちとエンドウマメ〟に怒らない機械が見守る。それでも彼は何かためらいを感じる。ロボット化は理にかなっていると思うのだが、どうしても母ザルから引き離されて張りぼての母に抱きつくサルを思い出してしまう。

この最後の感慨は、そのうちアメリカ人特有のものとみなされるようになるかもしれない。日本ではロボットへの熱い期待がオープンに表明されている[28]。哲学的にそれを受け入れる素地が整っているのだ。日本のロボット研究者はよく、日本では使い古した縫い針を供養する儀式さえあると指摘する。一部の神社では、セックス人形も含めて人形を手厚く葬っている。縫い針に魂があるなら、ロボットにあってもおかしくないというわけだ。

日本のロボット化の時代について、政府の広報キャンペーンの中に、ロボットが育児や家事を担い、女性が自由になってより多くの子どもを生むという将来像を描いたものがある。ロボットが日本の家族の伝統的な価値を守るだけでなく、ネットワーク化された生活の中で孤立を深める国民に社交性を回復するという将来像である。

日本人は携帯電話、インスタント・メッセージ（IM）、Eメール、オンライン・ゲームが社会的な孤立を招くことを致し方なしと考えている。人々はコンピュータ画面ばかり見て家族に背を向けている。面と向かって話さない。組織に加わらない。日本でロボットは、ネットワークが奪った人間同士のふれあいを回復させるものと期待されている。テクノロジーのせいで私たちは堕落したが、ロボットがその傷を癒してくれると。

かくてロボット化の時代の環が完結する。人間を生きていない物に強く結びつけるロボットが、デジタルな結合への没頭から脱けだすための手段として提案されている。日本人はロボットが自分たちを物理的な現実に、ひいては人間同士の関係へと連れ戻してくれると願っている。

しかし、そううまくいくだろうか。

PART Ⅱ

ネットワークの時代

親密さの中の新たな孤独

NETWORKED: IN INTIMACY,
NEW SOLITUDES

第8章 いつもつながっている人生

新種のサイボーグ

ピア・リンドマンはサイボーグの夢を抱えてMITの廊下を歩いたが、そんなことをしたのは彼女が初めてというわけではない。1996年の夏、私がMITメディアラボで出会った7人の若い研究者も、背中にコンピュータと無線送信機を背負い、ポケットにキーボードを入れて廊下を歩いていた。めがねのフレームに装着されたディスプレイには数字が標示されていた[1]。そんな出で立ちの彼らは、自分たちのことを「サイボーグ」と呼んでいた。彼らは常にワイヤレスでインターネットに接続され、常にオンライン状態で、机とケーブルからは解き放たれていた。

このグループはさらに3体の新たな「ボーグ」を世界に送り出そうとしていた。それは現実の物理的世界と仮想《バーチャル》世界を同時に生きるものだ。

私は自分がサイボーグに心を動かされていると感じた。リンドマンのときに感じたのと同じ気持ちだった。リンドマンにはテクノロジーと一つになる計画のために自らを差しだす勇気と意志があった。

７人のサイボーグたちも、背負った重いテクノロジーが食い込んで肌に痕を残していたが、気にしていなかった。大仰な装備のせいで身体障がい者と間違われたときも、辛抱強く事情を説明していた。

このサイボーグが何を成し遂げようとしているのか、ＭＩＴではさかんに議論が行われた。実験の支援者たちは、継続的接続によって生産性と記憶力がアップできると強調した。サイボーグは異様に見えるかもしれないが、恐怖を抱かせるテクノロジーではない。しだいに情報が複雑化する環境に備えるための「ツールにすぎない」。脳には助けが必要だ。

しかし、サイボーグについて別の話も聞こえてきた。彼らは新しい自分を感じたという。20代半ばの男性は、自分の「デバイスになった」と言った。内向的で、不安のせいで記憶力がよくないと思っていたが、誰かと会話を始めるとき、前に会ったときのことをまさに「検索できる」ようになって、前よりスムーズに話せるようになった。

「これがあると」と、いくつもの接続装置を指して彼は言った。「その人のことをよく覚えているとか、よくわかるというだけじゃない。自分が無敵で、社交的で、何にでも対応できると感じる。それがないと自分は丸裸だ。それがあると自分はもっと有能な人間になる」。しかし力を得るとともに、散漫になることも感じた。

サイボーグは新しいタイプの漂泊民《ノマド》で、現実の世界を出たり入ったりしている。物理的な現実は彼らの視界にある多くのものの一つにすぎない。それは90年代半ばだったが、ケンブリッジのケンダルスクエアを歩いているとき、サイボーグたちはネット検索だけでなく、モバイルＥメール、インスタント・メッセージ（ＩＭ）、デスクトップ・コンピュータへの遠隔アクセスができた。目の前にいくつもの世界があるため、彼らも自身も分離した。彼らは今あなたと一緒にいても、いつも同時にほかの場所にいた。
それから10年も経たないうちに、かつて異質に思えたことが普通の人の日常生活に入り込み、小さなスマートフォンがサイボーグの精巧な装備に取って代わった。それは常時ネットに接続された生活だ。ある意味では新たな自由を得たが、ある意味では新たなくびきを掛けられた。いまや私たちがサイボーグなのだ。

ネットが提供する自由な空間

私たちは新たに手にした接続のテクノロジーを気に入っている。それは親や子により大きな安心をもたらし、ビジネス、教育、学問、医療を変革した。企業社会アメリカが携帯電話を、キャンディやアイスクリームの味のように、チョコレート、ストロベリー、バニラと名づけたのは偶然ではない。それらには誘惑的な甘さがある。

それは人と会ったり移動したりするときのやり方を変えてしまった。接続が世界に広がると、隔絶された辺境の地が学習や経済活動の中心になることもある。「アプリ」という言葉は、モバイル機器でできる仕事の楽しさを感じさせる。中には、以前には想像もつかなかったものもある（私の場合は、ある音楽を「聴かせる」と曲名を教えてくれて購入を手引きしてくれるアプリが該当する）。

それら以上に大きいのは、接続のテクノロジーが個人のアイデンティティ模索に新たな可能性をもたらし、特に若者には、自由な空間《フリー・スペース》の感覚を提供したということである。この自由な空間のことをエリク・エリクソン（米国の発達心理学者）は「モラトリアム」と呼んだ。結果にとらわれず為すべきことができる、若者に与えられた猶予期間だ。恋をし、恋に破れ、思想や理想を追究することのできるスペースだ。現実にはそうした空間が常に提供されるとは限らないが、インターネットは提供してくれる。

人生は、ハンドルを切ることもギアをチェンジすることもなく、ある段階から次の段階へと移行していく。そのため私たちは、成長のために必要な経験を、常に適切な年齢で経験できるとは限らない。時期はずれの経験もあれば、経験しないまま通り過ぎてしまうこともある。私たちはただ、人生のときどきに、自分が持っているものを使って最善を尽くすだけだ。そして人生のどこかで、未解決の問題にもう一度取り組んだり、未経験のことを経験しようとする。それができるスペースを、十分ではないとしても、人生のどの時点にあっても提供してくれるのがシミュレーションの世界だ。だから、青少年だけでなく大人もインターネットを使ってアイデンティティを模索する。

人生の一部をバーチャルな世界――セカンドライフ、コンピュータ・ゲーム、SNS（ソーシャル・ネットワーク・サービス）など――で生きるようになると、「真実」と「ここでは真実」――シミュレーションの中の真実――のあいだに面倒な関係が生じる。ネット上のゲームの中で、私たちはアバターを演じているはずなのだが、いつのまにかそこに、人からこう見られたいという自分の願望を表現してしまう。フェイスブックのようなSNSでは、自分自身を見せるつもりでいても、いつのまにかプロフィールは別人――たいていは自分がなりたい架空の人物像――になっていることがある。真の自分とプロフィールの自分の区別があいまいになる。

バーチャルな世界のつながりが提供するのは不確かなコミットメントにすぎない。私たちはサイバー上の友だちに、病気見舞いとか、子どもの成功を喜ぶとか、親の死を乗り越える助けといったことを期待するわけではない。[2] それはわかっていても、サイバースペースから注入される感情のエネルギーは大きい。人々はデジタル生活が何か新しいことが起こる〝希望の場所〟であるかのように話す。

昔は郵便受けに手紙が届く音――馬車や徒歩やトラックで配達された――を待っていたものだが、いまはスマホが鳴るとEメールやテキストやメッセージをチェックするようになった。

ネットで生まれる新しい自己

私自身のサイボーグ生活へのおずおずとした道のりはごく平凡なもので、つい最近まで珍しかったものが急激に普及したときに起こる典型的なパターンだと思う。

私もいまではモバイル機器をいつも持ち歩いているが、長年それには抵抗していた。いまでも、相手がトンネルに入ったり、交差点に差し掛かったり、電波の通じない場所に移動したら接続が断たれるような状態で、誰かと話したいとは思わない。相手のことが心配になる。固定電話はわかりやすさと確実さで携帯機器に勝ると思っている。常に待機中のような感覚も好きではない。

しかし留学中の娘とネットでつながっていることは、いつでも連絡が取れてありがたいと思う。母親からの電話はリアルタイムで応答しなければならないし、ほかのことが同時にできないから窮屈だと感じる娘の世代に妥協して、私はぎこちない手つきでテキストを打つ。

しかし、こんな小さなことでも、サイボーグたちが指摘する拡張された経験を自分もしたような気になる。インターネットにつながれたサイボーグたちは、それがないときの自分以上のものになれると感じた。たいていの人と同じく、私もミニサイズながらその種の喜びを味わっている。iPhoneの連絡先リストの「お気に入り」を見て、大切に思っている人々の名前を眺めるのが好きだ。どの人ともタップするだけでつながる。話す時間がなくても、ちょっとした言葉を送れば、私がその人のことを考え、気にかけていることが伝わる。友人や家族とのやりとりを見直すと間違いなくいい気分になる。

私は娘が高校最後の1年間に送ってきたテキストをすべて保存している。それを見ると温かい気持ちになる。「緑のセーターを忘れた。お願い、持ってきて」「6時にボートハウスに迎えに来てくれる？」「病気だってナースに伝えて。授業が退屈。家に帰りたい」。もちろん写真もある。携帯の中には、これまでカメラで撮った以上の写真があり、いつも持ち歩いている。

こんな単純な喜びでも、そこに抑えがたい欲求を覚え、そのことに私は驚きを感じる。私は朝一番に、そして寝る前にEメールをチェックする。一日の始まりや終わりに仕事上の問題や依頼を知るのは好ましいことではないと思うが、あいにくこの習慣は続いている。

私はその自分へのいらだちを、ある友人に話した。彼女は70代の女性で、10代のころから毎朝聖書を読んでいる。すると彼女は、Eメールのチェックをする前に、その信仰上の修練をするのは難しいと告白した。最近では、メールボックスを開くのを我慢することが信仰心を示す行為の一つとなっている。そして彼女も毎晩、寝る前にEメールをチェックするせいで眠れなくなっているという。

育成型アプリはロボット関連では人気のアプリだ。私たちはロボットの世話に夢中になってしまう。ネットワーク化された生活にも同じ傾向がある。常に接続され、いまでは常にそばにあるため、私たちはネットの世話をし、ネットは世話されることが必要だと私たちに訴える。

オンライン状態にあると、MITのサイボーグたちのように、私たちは力を得た気になる。より多くのものがあるロボット化の時代にも同じことが言える。しかしどちらの場合でも、より多くがある時代の生活では、失うものも多くなるかもしれない。

ロボット工学と接続のテクノロジーは互いを求めて一時的に共生し、足並みをそろえて人間関係の少ない場所へと私たちを誘《いざな》う。ソーシャル・ロボットがいれば、一人でいるときでも、私たちは誰かと一緒にいるというシグナルを感じる。ネットでつながっていても、互いへの期待は小さく、孤独を感じることがある。ネットでのつながりは、相手をアクセスの対象物と見なす危険をはらんでいる。しかも、自分の役に立ち、気持ちよくしてくれて、楽しませてくれる部分だけへのアクセス。

混乱し雑然とした現実世界からいったん遠ざかってしまうと——ロボット工学もネットワーク技術もそれを可能にする——私たちは外に出て新しい体験を求めようとしなくなる。２０１０年にユーチューブで人気だった「私のアバターとデートしたい？」という歌の歌詞の締めくくりは、「私があなたの相手じゃないと思ったら、ログオフしてね。ログオフでお別れよ」というものだった。(3)

私たちがソーシャル・ロボットの未来予測に関心を寄せることにも、ネットワーク化された生活への新たな見方が表れている。本書の第Ⅰ部では、ソーシャル・ロボットに好意的な感情を持って育った子どもたちは、ネットワーク技術がもたらす〝深入りしない関係〟への備えができていることを見た。第Ⅱ部では、ロボットがもたらす〝深入りしない関係〟に、ネットワーク技術によって備えている私たちの現状に目を向けることにする。そこから見えてくるのはネットに接続された自己の落ち着きのない孤立である。

すでに述べたように、モバイル機器を介してネットワークに接続されることで、私たちは新しい態様の自己——物的自己——に近づく（58ページ参照）。この新しい自己は、それまでの自己にはできなかったことができる。まず、まわりの物理的環境（そこにいる人間を含む）から自分を隠すことができる。次に、現実とバーチャルをほぼ同時に経験できる。そして、同時に複数のことを行うマルチタスキング——21世紀の錬金術——によって、より多くの時間を生み出すことができる。

「距離」と「場所」の意味が変わる

近年では、つながっているかどうかは互いの距離ではなく、使えるコミュニケーション・ツールの問題になっている。たいていの場合、私たちはそのツールを携帯している。実際、一人でいることは誰かと一緒にいるための前提条件にさえなりかねない。誰にもじゃまされず画面に向き合えるほうが、ツールを介したコミュニケーションが容易になるからだ。

この新しい体制の下では、駅は（空港も、カフェも、公園もだが）もはや公共スペースではなく、社会が集積する場所になっている。人々はそこに集まるが、互いに言葉を交わすことはない。それぞれがモバイル機器と、そしてその機器の向こうの人や場所とつながっている。

かつて私の育ったブルックリンの歩道には特別な光景があった。季節を問わず石けり遊びの枠がチョークで描かれていた（冬でも雪をかきわけて）。いまその地域に住んでいる同僚と話をすると、もう石けり遊びの絵はないという。子どもたちは外にいるが、電話に向かっている。

公共スペースで電話の相手と話している人のプライバシーは、周囲がその人を匿名扱いすることによってだけでなく、存在しない人として扱うという前提の上に成立している。

最近、ボストンからニューヨークへ列車で向かったとき、私の隣りに座った男性は、ガールフレンドに彼の抱えている問題を話していた。いやでも聞こえてくる話から、次のようなことがわかった。彼はつい最近深酒をした。父親は生活費を入れようとしない。彼はガールフレンドが無駄遣いしていると思っている。そして彼女の10代の娘を嫌っている。私は困ってしまい、通路を歩いて別の席を探したが空席はなかった。あきらめて延々と文句を言っている男性の隣りに戻ったが、消えてしまいたいと思った。しかしその必要はなかった。彼にとって私はそこにいなかったのだから。

あるいは、逆だと考えたほうが理解しやすいかもしれない。電話で話している人のほうが、自分をそこにいないことにしているのだ。自分はそこにいないというシグナルは、電話を耳元にやることで示されることもあるが、たいていはもっとさりげなく、ディナーや会議の席で手元のモバイル機器に目をやるというかたちで示される。

「場所《プレイス》」という言葉は、以前は物理的な空間とそこにいる人から成るものだった。そこにいる人の意識が、そこにない別のものに向けられているとしたら、「場所」とは何を意味するのだろう？　私の家から1ブロックのところにあるカフェでは、ほぼ全員がコンピュータやスマートフォンを見ながらコーヒーを飲んでいる。その人たちは私の友人ではないが、私はなぜか、彼らがそこにいないことをさみしく感じる。

場所について、この種の新しいタイプの経験は、旅をするとよくわかる。ふだんいる場所を離れることは、自分の知っている文化を違う目で見ることだ。しかし、つながることで、いつも自分の家や日常がそばにあったらどうなるだろう？

あるときアメリカ人学生をスペインの大学に招くプログラムの代表が私に、学生たちは「スペインを経験していない」と不満をこぼした。彼らは時間があればフェイスブックを見たり、アメリカにいる友人たちとチャットをしているという。

私はその話に同情するとともに、娘のレベッカと一緒に訪れた夏のパリの出来事を思い出した。それはティーンエージャーの娘が携帯電話を持つようになって間もなくのことだった。カフェに座って友人を待っていたとき、レベッカに学校の友だちから電話がかかってきた。6時間遅れのボストンからのランチの誘いだった。娘はあっさりこう言った。「きょうは無理。でも金曜はどう？」電話してきた友だちは娘がパリにいることすらわからなかっただろう。

私が若いころ、「グローバル・ビレッジ」は抽象的なものだった。娘にとっての「グローバル・ビレッジ」は現実的だ。精神的にも社会的にも、彼女はどこへ行っても自分の家を離れていない。私は彼女に、ボストンのことは完全に忘れてパリを経験したくないかと尋ねた（私自身がボストンを思わせるものであるという点は無視し、娘もそれには触れなかった）。娘はいまのままで満足だと答えた。友だちとすぐに連絡を取れるのがいいと。私の質問の意味さえ理解できていないようだった。

私は物足りなさを感じ、自分が若いころ経験した大切なことをレベッカは経験できていないのではないかと心配になった。それは生のパリだ。私が経験したパリは、自分の知っていることすべてから切り離されたスリルとともにあった。娘のパリには、切り離された場所にいるという感覚がない。

フランスから家に戻ったとき、私はその経験を精神分析医の友人に話した。それで彼女も自分が初めてパリに行ったときのことを思い出した。彼女が16歳、両親と一緒に旅をしていたときのことだ。両親が弟を連れて観光地めぐりに出ようとしたとき、彼女はホテルの部屋に残ると言い張り、ボーイフレンドに長い手紙を書いた。若者は常につながりと分離のあいだにいる。

私たちは、私たちのニーズは今も昔も変わらないことを認めるとともに、いまは環境がまったく新しくなったことも認める必要がある。インターネットは新しい革袋に入れられた古いワインではない。いまや私たちは、いつでも、どこにでも居ることができるのである。

娘のレベッカと私がパリから戻って1か月後、私は一緒にいる同僚が、同時にどこかほかのところにいることが多いことに気づいた。大学の理事会で携帯機器を切るよう求められても無視している。

学部の会議では自分が発言する番になるまでEメールをしている。会議ではインターネットのバックチャネルを設定して、講演者のプレゼンについてリアルタイムでチャットをしている。(4)

私は大学で教えているので、自分の興味以外に目を向けない専門家の存在は知っている。しかしこれらは、私たちが注意をあちこちに向けるようになったことで変化した日常生活の様子を示す身近な例である。

親はベビーカーを押しながらEメールのチェックをする。子どもも親も、夕食の席でテキストを打つ。イタリアのフィレンツェで毎年11月に行われるマラソンを沿道から見ていたとき、1人のランナーがテキストを打ちながら私の前を通過した。私はもちろん彼女の写真を携帯電話で撮ろうとした。その5年後、私のつながりのレベルがとうとう娘に追いついた。いまでは旅行中、常にネットにアクセスできる。地球の裏側でも、それなりのホテルなら安全で快適だが、ホテルでは何よりも常にオンライン状態であることが必要だ。

調査によれば、アメリカ人はどんどん不安定になり、孤立し、孤独を感じている。(5) 私たちは昔より何時間も長く、しばしば複数の仕事をかけもちして働いている。時間がたっぷりあるはずの高校生、大学生でさえ、特定の異性と交際するのではなく、一時的な関係だけを求める。理由は「そんな時間がない」からだ。私たちは生まれ育ったコミュニティを離れる。ときにははるか遠くに離れる。家族のつながりからの助けもなく子育てに悪戦苦闘する。多くの人が、かつて人と人を結びつけていた宗教や市民生活を捨ててしまった。(6)

現実に何かとつながっている感覚を失った人にとって、ネットへの接続は、そこに自分のページ、自分のいる場所をつくれるという感覚をもたらす。そこにいるとき、あなたは自分が属すべき場所にいて、正式に友だちと認定された友だちに囲まれている。時間がないと感じる人にとって、ネットとの接続は、ロボットと同様、都合のいいときに一緒にいてくれる代用品を提案してくれる点が魅力だ。ロボットはいつも隣りにいて、自分を楽しませ、自分に従ってくれる。ネットではいつでも誰かを見つけられる。「もうブラックベリーは手放せない」と同僚の1人が言った。「そこには自分のゲームがある。そこには自分のサイトがある。それがないと不安でしかたない」

今日、機械に託した私たちの夢は、けっして一人にならない、しかし常に自分が状況をコントロールできる、というものだ。これは人間と向き合っているときには不可能だが、ロボットや、これから見ていくが、デジタル生活の入り口を通り抜ければ可能になる。

複数の世界で生きる

ネットワーク・テクノロジーは実用的な情報を共有するために開発されたが、当初から、人間関係のためのテクノロジーとしても使われた。たとえばインターネットの始祖であるアーパネット（Arpanet）は、もともとは科学者が論文執筆で協力しあうために開発されたが、すぐに噂話や浮気、そして子どもの話をする場所になった。

90年代半ばになると、インターネットは新しい出会いの場の登場で盛り上がっていた。チャットルームがあり、掲示板があり、複数が参加できるオンライン・ゲームのＭＵＤ（Multi-User Dungeon）があった。まもなくアルティマ２（Ultima 2）やエバークエスト（EverQuest）のような大規模マルチプレーヤー型オンライン・ロールプレイング・ゲームが登場した。ワールド・オブ・ウォークラフトのようなゲームの先駆けだ。これらすべてでプレーヤーはアバター（実際より多少見栄えよくつくられたバーチャルの自分）をつくり、パラレル世界を生きた。人々はコンピュータの前に座って、スプレッドシートやビジネス文書を開いたウィンドウから、現実の世界とオンラインの人格を生きる世界のあいだを行き来した。

ゲームの多くは冒険物語の形をとっていたが、中世が舞台のものや、そうでなければまったく架空の世界が舞台のものに人気があった。ほかの参加者とやりとりができ、希望どおりのアバターで遊べたからだ。冒険型のＭＵＤで遊んでいた人が、90年代初めに私にこう話してくれた。「バトルがしたくて始めたけれど、チャットするために残った」[7]

人生において、私たちはアイデンティティ構築から〝卒業〟することはない。ただ、そのとき手元にある材料で繰り返しつくり直すだけだ。オンラインのソーシャル・ワールドでは、最初に新しい材料が参加者に提供される。ネットでは、実際には地味な人が華やかに、老人が若者に、子どもが大人に自分を見せかけようとした。質素な人がバーチャルの高価な宝石を身にまとっていた。バーチャル空間では、足の不自由な人も杖なしで歩き、内気な人も異性を誘惑するチャンスが持てた。

近年、そうしたゲームもネット上の架空世界もどんどん凝ったものになっている。「定額課金制」のゲームで最も人気のあるワールド・オブ・ウォークラフトは、１１５０万人ものプレーヤーとともに、アゼロスの世界に入り込む。そこではあなたが、キャラクター（アバター）を操る。その性格や資質やスキルは、取引や探検、怪物との戦い、クエストへの取り組みを通してどんどん開発されていく。

ゲームによっては１人でプレーするものもあるが、その場合はたいてい人工知能が仲間となる。それが人間のキャラクターの役割を演じる「ボット」だ。他のプレーヤーと結束して新しい世界を征服できるゲームもある。なかなかの共同作業をすることになり、そこにネットを介した人間関係が生まれる。一緒にゲームをしている人たちと頻繁にEメールをしたり、話したり、メッセージを送りあうことになる。

別のジャンルに目を向けると、セカンドライフはゲームというよりバーチャルな「場所」だ。そこには勝ち負けはなく、ただ生活がある。プレーヤーはまずアバターをつくって名前をつける。膨大な選択肢から外見や服を選ぶ。既製のもので満足できなければ、アバターをカスタマイズして一からつくりあげることもできる。

自分の外見が気に入ったら、あなたは（セカンドライフが表現しているように）「人生を愛する」可能性を手にしたことになる。[8] あなたはそこで、たとえば教育を受け、事業を立ち上げ、土地を買い、家を建てて飾りつけ、そしてもちろん愛情、セックス、結婚を含む社会的な生活を営む。お金を稼ぐことさえできる――セカンドライフの通貨はドルに換金可能だ。

そのうちにあなたはバーチャルのバーやレストランやカフェで過ごすようになる。バーチャルのビーチでのんびりして、バーチャルの会議室で仕事の打ち合わせをする。長時間、セカンドライフやロール・プレイング・ゲームをする人が、ネット上のアイデンティティのほうが現実よりも本当の自分に近いと感じるというのは珍しくない。これはもちろん遊びだ。けれども真剣な遊びだ。[9]

歴史的に、他人の〝ふりをする〟のは目新しいことではない。しかし昔は、そのためには物理的に場所を変えるしかなかった。ティーンエージャーのころ、私は若い男と女が不幸な恋愛を乗り越えるために外国をめぐり歩く話をむさぼるように読んだ。彼らはヨーロッパに渡り、恋に苦しんでなどいないふりをした。いまマサチューセッツ州ウェストンに住むピート（46歳）は、思うようにいかない結婚を忘れて生きようとしている。そのため彼は迷わずｉＰｈｏｎｅに頼った。

私がピートに会ったのは、季節はずれに暖かい晩秋のある日曜のこと。彼は4歳と6歳の子どもの世話をしながら手に持った電話を見る。それがセカンドライフへの扉だ。[10]そこでピートはアバターをつくった。たくましくてハンサムな若い男で、名前はロロとつけた。ピート演じるロロは、ジェイドという女性のアバターを誘った。彼女はすらりとした女の子で、短い金髪をつんと立てた髪型をしている。ロロはジェイドと〝結婚〟し、1年以上前にバーチャルの親友たちに囲まれて、セカンドライフの中で式を挙げた。

ピートはジェイドの背後にいる女性に会ったことはないし、会うことを望んでもいない（ジェイドのアバターの主は男かもしれない。ピートはそれをわかっているが「そこまで踏み込みたくはない」と言う）。ピートに言わせると、ジェイドは知的で情熱的で話しやすい。

ピートはたいてい仕事に出かける前にセカンドライフにログインする。ピートとジェイドは（タイピングで）話をして、そのあとエロティックにアバターをからませる。これはセカンドライフのソフトで特別なアニメーション機能を使うと可能になる。[11]生活とゲームのあいだに一線を保つのは容易ではない。ネット上でピートとジェイドはセックスやセカンドライフの噂話について話すが、お金、不景気、仕事、健康問題などについても話す。ピートはコレステロール値を下げる薬を飲んでいるが、効果は少ししかない。

ピートは「現実の」妻のアリスンには、心配事を話したくないと言う。妻は「僕が死んで自分一人が残されるのではないかと心配するだろう」。しかしジェイドになら話せる。「セカンドライフでは、現実よりもよい人間関係ができる。自分がいちばん自分らしく感じられる場所なんだ。ジェイドはありのままの僕を受け入れてくれる」。これはとても皮肉な話だ。現実の彼を見たこともなければ話したこともなく、現実とはまったく違う姿しか見せていないアバターが、本当の自分を受け入れてくれるというのだから。

この日曜日、ピートは公園へ行った。子どもたちと一緒にジェイドもつれて行った。彼はこう言う。「子どもたちは満足しているように見える……私も子どもと一緒にいると感じる……ここには子どもと過ごすためにいるのだけれど、しゃしゃりでることはしない」

私は公園の周囲を見渡した。大人たちの多くは、子どもの世話をしながらモバイル機器にも目を向けている。家族、友人、あるいは同僚からのメールやメッセージをスクロールしているのだろうか。写真を見ているのだろうか。パラレルワールドのバーチャルな恋人と過ごしているのだろうか。

私たちはこれまでも自分から逃げる方法を探してきた、その欲望も可能性もインターネットに始まった話ではない、という意見を聞くことがある。たしかにその通りだ。ピートのネット上の生活は、昔ながらの浮気とよく似たところがある。あるいは、出張中や長い休暇で旅行するとき、〝他人〟を演じることにも似ている。ピートが片手でブランコを押し、もう片方の手でジェイドにメールを打つ光景は、どこかで見たことがある。婚姻外の関係に、自分が望むものを見いだそうとする男の姿。しかしそこには、これまではなかったものもある。複数の生活の同時進行。ロマンスと6歳の子どもの躾を並行して行っていることだ。

ピートはネット上の結婚は自分の「ライフミックス」に不可欠な部分だと言う。私はその表現について尋ねた。初めて聞く言葉だ。ピートの説明によると、それはオンラインとオフラインで持っているものを合わせてできる新しいものだという。いまや私たちは一つの生活《ライフ》ではなく、ライフミックスの満足度を求める。私たちはマルチタスクからマルチライフへと移行したのだ。

ライフミックスを理解するためには、コミュニケーションの手段がモバイル化されている必要がある。つい最近まで、バーチャル空間に入るには、コンピュータ画面の前に座っていなければならなかった。コンピュータの前にいられる時間は限られているので、魔法の国へも計画的に通っていたということだ。しかしいまやモバイル機器が入り口なので、出先にいるときでもバーチャル世界にすぐ移動できる。そのためアバターとしての生活を使って、日常生活の緊張をやわらげることができる。

私たちはソーシャル・ネットワーキングを〝自分自身〟になるために使うが、オンライン上の自己は独自のふるまいをすることがあり、実際の自分とは異なる性格を発展させていく。そして、そのほうが〝よりよい自分〟と思えることもある。アバターに手間ひまをかけると、誰かにそれをほめてもらいたくなる。最近、私が受け取る名刺には、本当の名前とフェイスブックのハンドルネーム、そしてセカンドライフのアバターの名前が書かれていることが増えた（私がＭＩＴという高度テクノロジー社会に暮らしているせいでもあることは認めるが）。

ソーシャル・ロボットについて私は、模造品《シミュレーション》が〝ないよりまし〟なものから、比較抜きに〝よいもの〟——感情面の欲求を満たしてくれるコンパニオンとして——と見なされるようになった変化を説明した。似たようなことがネット上で起きている。私たちは最初、Ｅメールやテキストやフェイスブックのメッセージを味気ないと感じつつも、気にかけている人たちと簡単に連絡できるのが便利で使っていた。やがて私たちはその特別な楽しさがわかるようになる。いつでもどこでも、自分がしたいとき、しなければならないときにはつながることができて、必要がなくなれば簡単に切り離すことができる。

もう少し熱が入ると、フェイスブック上での生活を、これまでにないほどすばらしいものと語る人々もいる。彼らは意見や音楽、写真を共有する。行動範囲を広げ、知り合いのコミュニティがどんどん大きくなっていく。どんなにマイナーな趣味でも熱心なマニアが世界中から集まってくる。どんなに偏狭な文化に身を置いていても、誰もがコスモポリタンになれる。ピートがセカンドライフの国際的雰囲気と教育的機会を称賛するのもその点からだ。彼は「現実の生活」では友だちや家族と過ごしていると断ったうえで、セカンドライフでの「つきあいのほうが好ましい」と言う。[12]

ピートはセカンドライフに加え、ワールド・オブ・ウォークラフトにもアバターがあり、フェイスブック、リンクトイン（LinkedIn）、プラクソ（Plaxo）といったＳＮＳにもよくアクセスしている。彼は毎日、仕事用のアカウント１つと個人的なＥメールのアカウントを３つチェックする。

私は以前、いくつかのアイデンティティを行き来することを「巡回移動《サイクリング・スルー》」という言葉を使って説明した。[13] しかしモバイル技術がある現在、巡回のスピードが上がってライフミックスの世界が出現した。巡回のスピードが高まると複数の世界に立脚することが常態化する。１つの小さな携帯電話でさえ、私たちを部分的注目が継続する状態に置くことができるのだ。[14]

ネット時代の新しいマナー

それほど前の話ではないが、私が教えている大学院生の１人が、ある体験を話してくれた。彼が友人とＭＩＴのキャンパスを歩いていたとき、その友人が携帯にかかってきた電話に出たというのだ。彼はそれが信じられなかったと言う。怒りをにじませた口調で、「彼は僕の話を保留にしたんですよ。どこまで話したか僕が覚えていて、彼の電話が終わったら、そこから始めろということですか？」と言った。当時は、彼の友人の行動は無礼で周囲を戸惑わせるものだった。だが、それからほんの２、３

年で、それは当たり前の行動になった。

モバイル技術によって、私たちはお互いに〝保留可能〟になった。会って話していても、かかってくる電話やテキストでしょっちゅう中断される。手紙しかなかった時代、誰かと会っているときにそれを読むようなマナーを受け入れる人はいなかっただろう。新しいエチケットでは、目の前にいる人に背を向けて、電話に出たりテキストを読んだりするのは、ほぼ普通のことになっている。

目の前にいる人が電話を手にしていたら、その人が自分に注意を向けてくれているのかどうか判断するのは難しい。親も、夫や妻も、子どもも、モバイル機器に目を落としてどこかほかのところへ行ってしまっていることがあるが、本人はたいてい自分がそこにいないことに気づいていない。レストランでは携帯電話をマナー・モードにするよう求められるが、音や振動がなくても着信があればわかるという人は多い。「電話に何かあると画面が変わる」と弁護士（26歳）は言う。「画面が明るくなる。電話がバッグに入っていても……僕にはそれが見えるし、感じる……電話がどうなっているかいつでもわかります」

人は自分なりの決まりをつくって、仕事と家庭生活、遊びやリラックスの時間をうまく区別している。そのために特別な日があり（安息日）、特別な食事があり（家族の食事）、特別な服装があり（家に帰ったらスーツや作業着といった仕事のための〝鎧〟を脱ぐ）、特別な場所がある（ダイニングルーム、客間、キッチン、寝室）。だが、いまではテクノロジーがいつでもどこでもついてくるので、こうした区別があいまいになっている。私たちは常にテクノロジーが存在することに疑問を持たず、便利さを賞賛し、伝統的で有益な譲れない一線を尊重することを忘れている。[15]

妻を亡くしたサル（62歳）は、しばらく世間から離れていたことを「リップ・ヴァン・ウィンクル体験」（一眠りしているうちに20年経っていたという西洋版浦島太郎物語）と説明する。妻が5年前に病気になったとき、彼は一つの世界からドロップアウトした。妻が死んで1年後、彼が我に返るとそこは別の世界になっていた。

最近、サルはまた家に人を呼ぶようになった。最初の小さなディナーパーティーに「ワシントンで働いている女性を招いたんだ。年齢は50歳くらいだろうか。みんなで中東について話している最中、彼女はブラックベリーを取り出した。それに向かって話しているわけじゃない。Ｅメールをチェックしているのかと思った。それは失礼だと思って、何をしているか訊いたんだ。すると彼女はいまの話をブログに書いていると言ったんだ」。

それから数か月経っても、サルはまだ納得していなかった。彼は友人たちと過ごしたあの夜のことを、見えないプライベートな壁で囲まれた場所での出来事だと思っている。だが、ライフミックスに生きている女性客にとっては、普段より大きい別のバーチャルステージでの出来事にすぎなかったのだ。

マルチタスキングの真実

80年代、テクノロジーが浸透した環境下での暮らしを知るため、私は子どもたちに聞き取り調査を行った。彼らは宿題をするとき、気晴らしとしてテレビをつけ、ＢＧＭを流し、小型のゲームをそばに置いていた。代数とスーパーマリオが同時進行していたのだ。

いまではそれがのどかなことに思える。宿題をしている子はたいてい（いくつか例をあげれば）フェイスブック、ショッピング、音楽、オンライン・ゲーム、動画、電話、ＩＭを同時にしている。ここにはＥメールは入らない。25歳未満の若者にとって、それは過去のテクノロジーだ。おそらく大学への出願や、求職申込をするときに必要なくらいだろう。

以前は作業の質を下げると思われていたマルチタスキングが、いつのまにか美徳になった。その風潮はさらに進み、同時に多くのことができる若者たちが手放しで称賛されるまでになった。専門家の中には、マルチタスキングは数あるスキルの1つではなく、デジタル文化において仕事と学習で成功するのに不可欠なスキルであるとまで言う者もいた。1度に1つのことしかできない古いタイプの教師は、生徒の学習を妨げるのではないかという懸念まで語られたことがある。(16)

いま振り返れば、なぜあんなに簡単にその気になってしまったのかと思う。心理学者たちによる研究でも、マルチタスキングで効率が向上したという結果は出ていない。むしろマルチタスキングを行う人は、どの作業でも総じて成績がよくなかった。(17)

マルチタスキングでいい気分になるのは、〝マルチタスキング・ハイ〟を引き起こす神経化学物質が放出されるからだ。ハイの状態になると、自分がとても多くのことをしているように思える。ハイになりたくて、さらに多くのことをしたくなる。今後数年で多くのことが明らかになるだろう。私たちはテクノロジーが可能にしてくれたことに夢中になり、私たちの身体もそれに一役買ったのである。

近年、教育者の中には、スマートフォンを授業に使おうとする人もいれば、あらゆるメディアを断って授業に真剣に取り組ませようとする人もいる。私の大学ではそもそも大学が口を出すべきことなのか、教授たちの意見が割れている。学生たちはもう大人なのだから、どのようにノートを取ろうが、関係のないことに気を散らそうが、教師が指図することではないという意見がある。しかしＷｉ－Ｆｉが使えるホールの後ろに立って見ていると、学生たちはフェイスブックやユーチューブを見たり、ネットショッピング（おもに音楽）をしたりしている。私は生徒に議論に参加してほしいし、授業の時間をほかのことに使ってほしくはない。

ある年、私はこのテーマを取り上げ、授業の記録に紙のノートを使うことを提案した。それでほっとしたという学生もいた。ある高校2年生は「それならフェイスブックのメッセージを見たくならずにすむ」と言った。不快感を示す学生もいた。彼らは教室でショッピングしたり音楽をダウンロードしたりする権利を主張するわけにはいかなかったので、コンピュータでノートを取りたいと主張した。私は学生たちに、手でペンを持ってノートを取り、それをあとでコンピュータに打ち込むよう指示した。学生たちは二度手間に不平をこぼしたが、私はひそかに、これはすばらしい学習方法になるのではないかと考えた。私の考えは変わらなかったが、翌年は慣例に屈して、学生に好きなようにさせた。けれども私だけでなく数人の同僚が気づいたことだが、教室でラップトップを開いている学生は、そうでない学生よりも成績が悪い(18)。

メディアが常にそばに待ちかまえていると、人はコミュニケーションの時と場所を選ぶ感覚を失う。ブラックベリーのスマートフォンを使っている人は、自分の生活が「スクロールされていく」のを見るのが好きだという。彼らは映画を見るようにブラックベリーを通して自分の生活を見る。「私は時間を知るために腕時計を見る。そして自分の生活を知るためにブラックベリーを見る」と言う人もいる(19)。気を取られると仕事に集中できないと認める大人も、Eメールやテキストはどうしてもやめられないと言う。ティーンエージャーに、宿題をしているとき、たとえばフェイスブックのメッセージやテキストがじゃまにならないかと尋ねたところ、多くの子どもは質問を理解できないらしく、「だってそういうものでしょ。それが私の生活なの」といった答えが返ってきた。

ブラックベリーに記録される映画がその人の人生になったら、一つ問題が生じる。ブラックベリー版の人生は編集されていないので、観るには時間が足りないという問題だ。全部観るのはとうてい不可能でも、私たちは責任を感じる。なんと言っても自分の人生なのだから。私たちはなんとかブラックベリーについていける自分になろうとする。

ネットワーク機器の出現で、時間についての新しい考え方が広がっている。それらの道具が複数の仕事を同時に行えると約束しているからだ。ほかのことをしながらテキストを打てるから、時間を取れるという感覚はなく、むしろ時間が増えたような気がする。それは大歓迎。魔法のような話だ。しかし、そうやってわずかな時間をひねり出せるようになったが、あまりにも速く時間が過ぎることに耐えかねて、私たちは『スローライフ入門』などというタイトルの本を読んでいる。[20] 友人や家族とすごす時間を増やす手段を見つけたはずなのに、一緒にいる人にほとんど注意を向けようとしなくなった。

休暇中も仕事から離れられない

私たちはいま、世代を問わず途方にくれている。ティーンエージャーは、夕飯の席でも親が携帯から目を離さないとか、学校のスポーツイベントでも携帯電話を使っているといった不満を訴える。ハンナ（16歳）は物静かでまじめな高校2年生だ。彼女は何年も前から、学校やダンススクールに迎えに来てくれる母の注意を、自分のほうに向けようと努めている。「車が動き始めても、母はまだ目を伏せてテキストを見続けてるんです。ハローとさえ言わないんですよ」。似たような話はいくらでもあるだろう。

そんな行動を指摘された親たちは恥じ入るが、すぐに事情を説明し始める（正当化とは言わないまでも)。自分たちはEメールやテキストに追いつこうとしてストレスにさらされている。いつも遅れを取っていると感じる。休暇中も仕事を持ち歩いている。仕事は携帯電話の中にある。[21]上司からは常にオンラインであることを求められる……そんな説明をしながら、やがて自分たちのコミュニケーション・ツールへの依存は仕事に必要なレベルを超えていることを認める。

ティーンエージャーは時間に追われると(宿題の期限が迫っているなど)、常時接続の文化のプレッシャーから一時避難しようとすることがある。オンラインであることを友人に知られないよう、親のアカウントを使う子もいる。大人たちも身を隠そうとする。週末はモバイル機器をオフィスに置いたままにするか、デスクの引き出しに入れて鍵をかける。上司から連絡を取れるようにしておくよう求められても、回避策を講じる。電波が届かない土地で冒険するとか、極限スポーツに挑むとか。いまこの原稿を書いている時点では、携帯電話が使えずインターネットのアクセスのない飛行機で長時間過ごすことが可能だが、それも変わりつつあり、Wi-Fiが上空にまで達している。

常時接続の世界では限度を超えることが可能になる。それを基準にして仕事の成果を評価されたら、ほとんど誰も耐えられないだろう。ダイアン(36歳)は中西部の大きな博物館の学芸員だが、テクノロジーが可能にするペースに追いつけないという。

週末と呼べるような時間があった時代のこととか、システム手帳の住所録に誰の名前を書き入れようかと考えていた時代のことなんて、ほとんど思い出せません。Eメール用のプログラムでは、メールを送ってきた人の名前をクリックすればアドレス帳に入りますから。メールを送ってきた人すべてがアドレス帳に載るわけです。つまり誰でもすぐコンタクトが取れる。バイヤー、寄付

ています。

者、資金集めのコンサルタント。かつてのアドレス帳はいまではデータベースに近いものになっています。

自分としては、以前より仕事ができるようになったと思いますが、仕事が生活のすべてになっています。生活がすべて仕事になっているというか。カレンダーからアドレス帳、Eメール、テキストと見ていくと、自分が世界の支配者になったような気がします。すべてが効率的。私は機械を使いこなしている。午前2時までブラックベリーを見ています。よく眠れませんが、それでも送られてくるものに追いつけません。

職場では博物館の情報をツイッターとフェイスブックに投稿し、ブログで報告することになっています。つまりすべての場所に私がいるんです。いま私は声の調子がよくありません。声が出にくくなっているんです。話しすぎが原因じゃありません。私がやっているのはタイピングですが、声に不調が出たんです。医師からは神経性のものだと言われています。

ダイアンはプログラムに助けられて、自分が「世界の支配者になったような」感じがするという。しかし力があると思えるのは、ネットワークが投げかけてくるものに対応して「機械を使いこなしている」と感じるからにすぎない。

彼女は夫と話し合って、休暇を取るべきだと考えた。2週間「ネットに接続しない」と、同僚たちに告げるつもりだが、ダイアンはその宣言を先延ばしにしつづけている。その宣言がどう受け取られるかわからなかった。博物館の規定では休暇を取ることに問題はないが、その間も連絡は取れるようにしておくのが決まりだ。そのため、休暇イコール風光明媚な観光地で仕事をするという意味になる。

そうした状況を裏づけるように、ワイヤレスネットワークの広告には、ハンサムな男性か美しい女性がビーチに座っているようなものが多い。ネット接続とは、身体とその快楽を否定することではなく、身体をどこか美しい土地に置いて仕事をするということなのだ。かつてそうした広告では、モバイル機器自体をしっかり見せる必要があったが、いまではしばしば暗黙の了解として扱われている。成功者が映し出されていれば、その人は常にネットにつながっている人であることを視聴者が知っているからだ。休暇で席は空けても、責任は手放さない。常に連絡が取れる世界に、ダイアンの症状は似つかわしい。彼女はコミュニケーションのための機械になったが、自分の声をなくしてしまった。

ダイアンが「ネット接続しない休暇」を計画したとき、本当はパリに行きたかった。「でも、パリだとネット接続できない理由がないんです。アマゾンに家を建てるのを手伝いにいくというのなら、そこにWiFiがあるかどうかなんて誰もわからないんですけどね。ということで、行き先についてどうしても譲れない条件を、コンピュータを持っていく理由がないふりができる場所、ということにしました」。最終的にダイアンは人里離れたブラジルで休暇をすごした。帰国した彼女に話を聞いた。「みんなブラックベリーを持っていました。テントの中に座って、ブラックベリーを使っていました。巨大な衛星が頭の上に浮かんでいるみたいな気がしました」

ダイアンは1日にだいたい500通のEメール、数百通のテキスト、そして40本の電話を受けると言う。ビジネス関連のメッセージの場合は、異なるメディアを経由して同じ内容のものが複数届く。多くの人がテキストとEメールを送りつけ、そのうえ電話をかけ、直接話せなければボイスメールに同じものを残すという。「みんな不安なんでしょう」と彼女は説明する。「連絡がつけば気がおさまるのです」。彼女の仕事では急ぎの連絡を受け取ることが多く、すばやい返信が期待されているが、彼女重要なことに充てる時間がないと心配している。たえずこんなに慌ただしいやりとりをしていると、何が重要なのかを判断する感覚を保つのも難しい。

「処理」され「削除」されるメッセージ

すばやい反応が求められる世界で形づくられる自己にとって、成功の尺度は、何本の電話をかけたか、何通のEメールとテキストに返信したか、何人にコンタクトしたかだ。この自己はテクノロジーが提供するものに照らして評価される。しかしテクノロジーによって量とスピードの圧力が高まったとき、私たちはジレンマにおちいる。世界はどんどん複雑になっているというのに、私たちがつくりあげたコミュニケーション文化には、中断されることなくゆっくり考える時間がない。即座に反応しなければならないコミュニケーションの取り方をしていたら、複雑な問題をじっくり考える余裕はなくなる。

ボストンに大きな事務所を構える弁護士のトレイ（46歳）は、この問題を明確に指摘している。Eメールについて彼はこう言う。「すぐに答えられる質問にはすぐ答えます。相手も私がすぐに答えることを望んでいる。スピードだけじゃないけれど……質問は私がすぐに答えられるようなものに変わってしまった」

トレイは法律の問題には時間と細かい説明が必要だとして、こう言う。「いまの顧客はそのための忍耐力がない。彼らはEメールを送ったら、すぐ何かが返ってくると思っている。ニュアンスは気にしない。本当に顧客はすぐに返事を欲しがるので、私は返信できることを書いて送る……時間がかかっても最長で1日……急いで考えなければいけないというプレッシャーを感じる」。そしてこう言いなおした。「もちろん、そうさせるのはテクノロジーじゃない。テクノロジーがスピードについての期待を持たせるんだ」

私たちは話題をアフォーダンスと脆弱性に戻した。私たちはテクノロジーがあればスピードアップできると思い込み、途方にくれると、さらにスピードアップするために進んでその力に頼る。「私たちはEメールを〝投げる《シュートオフ》〟という言葉を使うが、何かを迅速に行いたいからといってそれを〝投げる〟人はいない」と、トレイは私に気づかせてくれた。

トレイもダイアンと同じように、クライアントはしょっちゅうテキストやEメール、ボイスメールを送ってくるという。「彼らは〝教えてください《フィード・ミー》〟と書いてくる。その権利があると思っているんだ」

彼はこの10年の経験を、こうまとめる。電子コミュニケーションは多くの制約をなくしてくれた。しかし結局「そのためにスピードアップを強いられ、回し車を走っているような生活だ。それは生産的であることとは違う」

私が話をした弁護士たちは、誰もが「セル」なしでは仕事ができないと力説した。セルというのはスマートフォンの世界的な略称だが、セルはいまやデスクトップ・コンピュータと同じかそれ以上の機能性を備えている。

弁護士たちは、以前よりも生産的になり、モバイル機器によって自分たちは「解放され」て、家でも仕事ができるし、家族と一緒に旅行もできるようになったと言う。特に女性は、生活がネットワーク化されたことで、仕事を続けながら子どもとも一緒にいられるようになったと強調する。

だが彼らは、モバイル機器に考えるための時間を奪われたとも言う。ある人は「私は一人でじっくり考える時間がない」と言う。「私は考える時間をひねりだすのに苦労している」と言う人や、「私は意識して考える時間をつくっている」と言う人もいる。これらの表現はすべて、テクノロジーから切り離された「私」、テクノロジーから離れて独自に動ける自分が頼りだ。こうした言い回しは、ますます主流になりつつある画面を見続ける現実とは対照的だ。

そのような現実の中で、私たちはＭＩＴのサイボーグたちのように、自分を機器と一体化した存在と見るようになる。もっと考える時間をつくるということは、携帯電話のスイッチを切るということだ。しかし通信機器はかつてないほど私たちの身体と心の感覚と密接につながっているので、それを切るのは簡単なことではない[22]。それらは社会的・心理学的ＧＰＳ、接続された自己のためのナビゲーション・システムなのだ。

ダイアンは仕事のスピードに追いつくために、かつて「ダウンタイム」と呼ばれていた時間（タクシーに乗ってぼんやりしていたり、列に並んだり、職場へ歩いているとき）に連絡業務を処理しようとしている。それは私たちにとって集中力を保つために――生理的にも精神的にも――必要な時間だ[23]。しかしダイアンは自分にそんな贅沢な時間を許さない。彼女が使うのは当然、現代に特有の新しい種類の時間――細切れの注意を複数の対象に向ける時間――である。

電話はリアルタイムの要求が大きすぎて集中力を奪うので、ダイアンは避けている。しかし電話には、かつてそれが取って代わった対面のコミュニケーションと同じように、テキストやＥメールにはない利点がある。やりとりをする両当事者が同時にそこにいる。疑問があればその場で答えを得られる。あいまいな感情を表現できる。

対照的に、Ｅメールは答えが出ないまま行ったり来たりすることが多い。誤解も頻繁に起こる。感情を傷つけあう。そして誤解が増えるほどメールの件数も不必要なほど増える。未読メッセージの山が負担になる。そしてそんな自分の気持ちを相手に投影して、自分が送るメッセージが相手の負担になっていないかと心配するのだ。

心配になるのも無理はない。私の友人の1人がフェイスブックにこんな投稿をしている。「たまったEメールを処理する際の問題は、メールに返信すると相手からまた返信が来ることだ。だから10通処理したら、さらに5通増える！　今夜は300まで減らし、明日は100まで減らすのが目標！」これが一般的な感覚になっている。けれども友人からのメールを「処理する」とか「減らす」とか、ゴミを捨てるときのような言葉で語るのは悲しいものがある。しかしそれが私たちの言葉づかいなのだ。Eメールやテキストは、ゴミ箱に行くのがお決まりのように思える。間断なくテキストをやりとりするようになった今日、私たちはお互いに声をかけることが少なくなったが、それは自分の言葉が口に出したとたんにゴミ箱に捨てられると想像するからだ。そもそも電報文のように素っ気ないテキストは、感情的で、核心を突き、セクシーになりやすい。気分を盛り上げてくれることもある。理解され、求められ、支えられていると感じさせてくれることもある。しかしそれは問題を深く理解したり、複雑な状況を説明したりするためのものではない。それは勢いであり、一瞬の時間を埋めるものだ。

物を人と見なし、人を物と見なす

私が新しい自己（self）の状態を説明するのに「物的自己」という言葉を使ったのは意図があってのことだ。少し大げさかもしれないが、それは私のある心配を端的に示している。私の不安とは、常につながりあっている生活の中では、私たちはオンラインで出会う人を即座に物のように扱ってしまうのではないかということだ。それは自然な成り行きだ。なぜなら、対応できる限度を超える何千通ものEメールやテキストやメッセージに押しつぶされそうになっているとき、送り主の人格に思いを致すことなど不可能だからだ。

同様に、何百人何千人に向かってツイートしたり、フェイスブックの友だちにメッセージを送るとき、私たちは一人ひとりではなく、対象者全員を1つのグループとして扱っている。友だちをSNSの仕組みの上でのファンとして扱っている。ある大学3年生は、ネットでふれあう大勢の人についてこう語っている。「自分が何か大きなもの、ネットとかウェブとかの一部になった気がする。世界かもしれない。私にとってそれは物、私をその一部に含む物になったような気がする。人についても、私は人を個人として見なくなっている、本当に。彼らも、この大きな物の一部だ」

ソーシャル・ロボットは物だが、私たちはそれを人間のようなものとして見ている。オンラインの世界では、私たちは他者を物に近いものとして扱い始めている。人を物として扱う自己は、自分自身のことも同じように物――物的自己――として扱うようになりやすい。

ロボットを「十分に生きている」と見なすとき、私たちはそれを格上げしている。逆に、ネットでつながれた生活をする私たちが、Eメールやテキストを処理するために「機械を駆使」することで「生きている」と感じるなら、人間が格下げされていることになる。これは記憶にとどめておくべき、恐るべき対称性である。

第Ⅰ部では、ロボットとの新しいつながりがロボットとの交流《コミュニオン》への欲求を生み出したが、実現したものは交流などではないということを指摘した。第Ⅱ部でも、交流の断絶へと向かう道のりをたどっていく。ネット上で人と親密に関わるとき、私たちは共感を求めるが、しばしば他人の冷酷さを思い知らされて終わる。以下の各章で、ネットワーク化された生活と、それが親密さや孤独《ソリチュード》、アイデンティティ、プライバシーに与えた影響について考えながら、多くの大人が経験していることを掘り下げていくことにする。

いくつかの章では、ほぼそのことだけを扱うが、折にふれて少年少女の世界に話を戻すこともあるだろう。現代のティーンエージャーは、ソーシャル・ロボットをおもちゃとして育ってきた。そしてネット社会で成長し、早い子は8歳で最初の携帯電話を持たせてもらっている。そうした子どもたちを観察することで、テクノロジーがアイデンティティをどう再形成するかについて、明確な見識を得ることができる。アイデンティティは青少年の生活の中心だからだ。彼らの目を通して、私たちは新しい感受性が生まれていることに気づく。

近年、文化的規範は急激に変化している。かつて、成長するということは一人立ちできる能力を得ることだった。最近の常に接続している状況の中では、他者と協力する自己の価値が再考されている。日常的に、一人でいるときでも誰かがそばにいるとしたら、自立をめぐるすべての事柄が異なる様相を帯びてくる。

ネットワークが現代の若者に与える影響は逆説的だ。ネットワークはアイデンティティを簡単に隠したり変えたりできる（たとえば自分と興味深い相違のあるアバターをつくれる）が、インターネット上の情報は永遠に消えないので過去を捨て去るのは難しい。ネットワークのおかげで人と離れるのが容易になるが（携帯電話のおかげで子どもたちは自由に移動できる）、同時にそれを禁じられもする（常に親の監視の目が向けられる）。

ティーンエージャーはリアルタイムの対応を強いられる電話に背を向けてロール・プレイング・ゲー

ムに逃げ込み、そこを〝コミュニティ〟とか〝世界〟という言葉で呼んでいる。しかし、虚空の世界での新しい生活に熱中していると思いきや、意外にも多くの若者が過去への郷愁を表明している。プロフィールを演じることを強いる機器を嫌いになりつつある。仕事をするコストとして個人情報があたりまえのように盗まれたりしない世界を恋しく感じている。夕食の席で携帯電話を使わないように注意するのは親ではなく子どもだ、という話もよく聞く。若者たちの目には年長者が解決をあきらめたと見える問題に、あらためて取り組もうとするのも若者たちだ（第14章参照）。

私はサンジェイ（16歳）にインタビューをした。彼の授業と授業の間に1時間、話すことになっていた。話を始めたとき、彼は携帯電話をポケットから取り出して電源を切った。[24] 話が終わったとき、また電源を入れた。彼はやれやれというように、ほとんど恥ずかしがっているような顔で私を見る。2人で話しているあいだにも100通を超えるテキストが届いていた。何通かは彼のガールフレンドからの「何もかもうまくいかない」というテキストだった。仲のよい友人グループから、小さなコンサートを開こうという相談もあった。彼は返信しなければならないというプレッシャーを感じ、本とラップトップを抱えて静かな場所を探しにいった。

別れのあいさつをするとき、それまで話していたことを思い出すように、私にではなくむしろ自分自身に向けたように言う。「歳をとってもこんなことをしているのは想像できない」。そしてもっと小さな声でつぶやいた。「いつまでこんなことが続くんだろう?」

第9章 常時接続社会のアイデンティティ

スマホを見ずにいられない

ロマン（18歳）は運転中にスマホを見るのをやめられないと言う。「やめるべきだとわかっているけど、どうしてもできない。フェイスブックにメッセージが届いていたり、何かコメントがついていたりすると見ずにいられない。見ずにはいられないんだ」

私はコネチカット州の私立共学校であるクランストンハイスクールで、ロマンとその10人のクラスメートたちと話をしている。友人たちは彼をたしなめるが、何人かは同じことをしていると認めた。なぜ彼らは運転しているときもスマホを見るのだろうか。そこに理由らしい理由はない。それは単につながりたいという欲求の表れなのだ。

「友だちと電話で話しているとき、別の電話がかかってきたら、〝発信者不明〟でも、友だちとの話を中断する」とモーリーが言う。「連絡を取りたがっているのが誰か知りたくなる……。電話が鳴ると、取らずにはいられない。相手は誰なのか、どうして電話してきたのか、知らなきゃならない」。マリリンが言い足す。「私は運転しているときも着信音はオンのまま。テキストが届くと、どうしても見ちゃう。たとえ何であろうと。私の携帯はすぐテキストがポップアップするようになっているから……運転中にそれほどよそ見しなくてすむし」

彼らのような若者は、つながることを待機している状態で生活している。そのためなら危険もいとわない。スマホを見ながら歩いていて事故に遭ったという子もいる。冷蔵庫のハンドルにぶつかって前歯を折った子もいた。

私は彼らに質問した。「電話やテキストにじゃまされたくないと最後に思ったのはいつ?」いくつもの話を聞けると思っていたが、誰も何も言わない。沈黙だ。「いまもじゃまが入るのを待ってるよ」と1人が言う。彼にとって「じゃまされる」ということは、つながりが始まるということなのだ。

現代の若者はロボットのペットと、完全に接続されたネットワークの中で育っている。ロボットに関しては、彼らは自分たちがパイオニアであり、模造品《シミュレーション》をないよりましな次善の策とは感じない最初の世代と考えている。

ネットの生活については、その力をよくわかっているが――なにしろ命がけでメッセージをチェックしている――天気に近いものと見なしてもいる。ごく自然に受け止め、楽しみ、ときに耐える。この天気には慣れているが、疲れている様子も見える。そこでは多くの出し物《パフォーマンス》が行われている。つきあい続けるにはエネルギーがいる。時間もかかる。とても長い時間が。

「友だちがネットにつながっているとき以外、友だちとすごす時間がない」というのは、よく聞かれる不満だ。そしてネットワーク化された生活には、つながらなくてはならないと感じさせる強制力がある。それが危険運転や前歯を折る原因となる。

いまの思春期の少年少女たちも、前の世代と同じように、共感のスキルを学んだり、自分の価値やアイデンティティを考えたり、感情をコントロールし表現したりすることが必要だ。自分を知り、考える時間が必要だ。しかし常時接続のコミュニケーションと電信のスピード、表現の簡潔さが、それらすべてのルールを変えている。

動いていない時間はいつなのか。何もしない時間はいつなのか。テキスト主体ですばやい反応が求められる世界でも、自分を顧みることは不可能ではないが、深みは期待できそうにない。やりとりが小さな画面の中に押し込まれ、感情を表す顔文字に矮小化されるのだから、思考も感情もそれに合わせて単純化する必要がある。秘密を持ちたい、自分たちだけのものにしたいという、青年期の欲求はどうなるのだろう?

私がそう思ったのは、学校のカフェテリアで、生徒たちが携帯電話を仲間内で回しているのを見たときだ。彼らは写真やメッセージを見せ合い、比べ合っている。私は回覧されている携帯電話にメッセージを送った人に自分を重ねてしまう。彼らは自分たちの言葉や写真がみんなに見られるのを当然と思っているのだろうか。たぶん思っているのだろう。

以前は親しくなるにはプライバシーが必要だった。プライバシーのない親密さが可能になったことで、親密さの意味も、別れの意味も変わりつつある。ネットにつながっている子どもたちは、テキスト、あるいは電話一本で親を呼び出せると知っている。

変わる親離れと自立の意味

マーク・トウェインはハックルベリー・フィンの物語の中で、若者のアイデンティティの模索を描き、ミシシッピ川下り、つまり大人の世界からの逃避を描写している。もちろんミシシッピ川下りが象徴しているのはある一瞬ではなく、それを通じて子が親から離れるための継続するプロセスだ。

いまやその通過儀礼はテクノロジーのせいで大きく変容している。従来だと、子どもは自分の世界に大人の世界を取り込んでから、一人立ちの境界線を越えた。現代のテクノロジーでつながった世界では、親は一人立ちしようとしている子どものスペース——たとえば大切な人に短縮ダイヤル一発でつながる携帯電話の空間——に入り込める。その意味で、親の世代とともに川下りをしている今日の子どもたちは、誰にも頼ることができないというプレッシャーに直面することがない。かつて私たちの世代は、このプレッシャーを体験することを通じて大人になったものだ。

親が子に携帯電話を与えるとき（私が話をしたティーンエージャーのほとんどが9歳から13歳の間に携帯を手にしていた）、ある約束をさせる。親からの電話には必ず出ること。この取り決めによって、子どもたちは携帯電話がなければできなかったこと、たとえば友だちに会いに行ったり、映画を見たり、ショッピングをしたり、ビーチで遊んだりできるようになった。しかし、ネットにつながれた子どもたちは、頼れるのは自分だけという状況を経験することがない。たとえば、かつて都会の子どもにとっては、街中を初めて一人で歩くことはとても重要な瞬間だった。それは子どもが自らの責任で行動することを学ぶための通過儀礼だった。怖ろしいことであったとしても、大人になるためにはそのような感情を経験しなければならなかった。だが、携帯電話はこの経験のつらさを軽減した。

親は子どもが電話に出ることを望むが、若者は親と離れる必要がある。ニューヨーク市にある名門男子校、フィルモア高校の最上級生のグループは、親と携帯電話の話題になると感情を高ぶらせた。若者たちはこんなふうに考えている。「いつでも連絡がつくなんてことになったら、僕らはいつ一人になる権利を持てるんだ？」

喧嘩腰になる子もいる。「電話に出るかどうかは僕が決めるべきだ。かけるのは勝手だけれど、僕が出なくちゃならないなんて法はない」。また別の子はこう言う。「親から自由でいるために、僕は電話に出ない」

親からの電話を無視することを正当化するために、過去の事情を持ち出す子もいる。成績優秀でスポーツマンでもあるハーランは、自分がより大きな自立の権利を手に入れたと考えている。彼は、携帯電話の登場以前に育った姉たちは、自分より大きな自由を持っていたと話す。

「母は僕に電話に出ろと言うけれど、僕は両親からの電話に出ないから、すごく怒られる。でも僕は出る必要を感じない。携帯電話は最近のものだ。誰もが持つようになったのはこの10年だ。その前は、いつでも誰かに電話できるなんてことはなかった。母親が電話をかけてきたからといって、どうして出なければいけないいんだ？　姉たちはそんな必要はなかった」

ハーランの母親は、この先例に基づく議論を持ち出されても動じることなく、毎朝、彼が携帯電話を持っていることを確認して学校に送り出す。事態はどちらにとっても満足できないところで行き詰っている。

親にテキストとインスタント・メッセージ（IM）の送り方を教えたのは「間違いだった」と言う子もいた。彼らにとってそれは、ランプから魔法使いを出してしまったようなものだ。ある少年は「ついこのあいだ、親にテキストの送り方を教えるという間違いを犯したよ。親が望むときに僕が電話をかけなかったら、緊急のテキストが届くようになった」と言う。

別の子は「僕は親にIMを教えた。両親はどうやるか知らなかったから。ばかだったとしか言いようがない。いま親はしょっちゅうＩＭを送ってくる。じゃまくさくてしかたない。本当にいらいらさせられる。身動きがとれなくなって自由が減ってしまった気がする」

ティーンエージャーたちは、待機していなくてもかまわない時間を与えられるべきだと主張する。だが親は親で、自分たちも身動きが取れなくなっていると感じている。子どもが携帯電話を持っていると知っているので、電話したりテキストを送ったりしたとき、返事がないと心配になる。「心配の種が増えるとは思ってもみなかった」と、高校生の娘２人を持つ母親が言う。３人のティーンエージャーの子がいる女性は「重要なことが起こったとき以外、電話はしないようにしている」が、電話したときに応答がないと心配で動揺すると言う。

携帯にテキストを送ります。返事はありません。子どもたちは電話を持っているのに。頭では心配することなど何もないとわかっているんです。でも返事がないと落ち着かない。おろおろしてしまうこともあるし、テキストを何度も送ってしまったこともあります。私は自分の母がうらやましい。私たちが幼いころは、朝、家を出て学校に行き、夕方になると帰ってきました。母も働いていて、帰ってくるのは６時ごろでした。母は私たちの心配なんかしていませんでした。私はいま子どもたちに、送ったメッセージすべてに返事をしてと懇願しています。その権利があると思っているわけではありません。ただ返事をするという思いやりを見せてほしいだけなんです。

離れられないから自立できない

子どもの自立とは、親から離れることだけではない。子どもたち同士も、お互いから離れる必要がある。彼らにとって友情とは、支えあう関係であり束縛しあう関係でもある。その事情が常時接続で複雑になった。ネットのおかげで個人として新しいことを試す余地が広がった一方で、集団の新たなルールから逃れるのが難しくなった。友人間では常に連絡がつく状態でいることを期待されるのが普通だ。テクノロジーによって生まれた新しい社会契約では、仲間はいつも一緒にいることが求められる。ネットでつながっている自己はそうすることが普通だと感じるようになる。

若者の成長についての以前の考え方では、自立して自分の境界をはっきり定めることは順調な成熟の証しとみなされた。この発達観に立てば、私たちは自分の感情を持ち、それを吟味し、それを他者と共有するかしないかを決定できる自己の確立を目指す。感情の共有は熟慮のうえでの行動であり、親密になるための一歩となる。

だが、この説明はいくつかの意味でフィクションである。ひとつには、この発達観が文化的に〝男性〟のスタイルとされているものを自立の最重要基準としている点があげられる。女性は――そして実は多くの男性も――境界ではなく関係を通して自己を確立するという感情のスタイルを持っている。[1]さらに、思春期の会話はもともと健全な意味で詮索的なものだ。自分が書いたものを読んで自分が何を考えているのかを学ぶライターがいるように、アイデンティティを確立する時期というのは、自分が他者に話すことを聞いて自分が何を考えているのかを学ぶ時期なのかもしれない。

以上のような留保はつくが、人間の成熟を自己の境界を持つという観点からとらえることには、比喩的な意味にすぎないとしても、それなりの意味がある。そのような発達観は、自分が何者かという感覚を確立することは、生涯のパートナーとの関係を築くために役立つということを示唆している。[2]

しかしその判断基準は、常に携帯電話を持っている状況では意義が低下する。いまでは、画面に触れさえすれば、やはり電話を手にしていて、返事をくれるであろう人につながる。テクノロジーによって、私たちはまだまとまり切らないうちに感情を言葉にして伝えることが容易にできるようになった。テクノロジーによって、誰かに伝えなければ自分の感情を完全には体験できないという感情スタイルが生まれ、それを維持できるようになった。別の言い方をすれば、とにかく発信してコメントを求めることで考えをまとめる機会が無数に存在するということだ。

人に頼って自分を確かめる

ジュリア（16歳）はニュージャージー州都市部の公立校であるブランソン高校の2年生。彼女はテキストで、友だちの反応を〝調査《ポーリング》〟している。ジュリアは社交的で親切で、やさしい目をして、いつもまわりに気を配っている。感情が高まると、ジュリアはそれをテキストで送る。その次どうするかは、どんな返事が来るかで決まる。ジュリアはこう言う。

気持ちが乱れると……というか、乱れそうだなと感じたら、何人かの友だちにテキストを送るの……いつでもその子たちが慰めてくれるのを知ってるから。楽しいことがあったときも、一緒に楽しんでくれるとわかっている。だからテキストを送っているとき、はっきりと自分の気持ちを感じる……。気持ちが乱れる前でも、泣きそうだと思ったら、友だちを取り出して……じゃなくて、スマホを取り出して、感じていることを知らせるの。話したいとか、会いたいとか」

「友だちを取り出す」という言い間違いが状況をよく表している。ジュリアが強烈な感情について考えるとき、彼女の頭は電話と友人の両方へと向かう。すぐに言い直したものの、彼女は電話で友人を〝呼び出す《プル・アップ》〟ことと電話を〝取り出す《プル・アウト》〟ことを一緒くたにしていて、電話が彼女の友人であり、彼女のアイデンティティは電話を通して形成されているということがわかる。

テキストを送ったあと、返事が来るまでジュリアはそわそわしている。「いつも〝残念だったね〟とか〝すごいじゃない〟という返事を待っているの」。それがなければ「気持ちが落ち着かない」と言う。〝気持ち〟を書き送って返信がないのがどれほどつらいことか、ジュリアはこう説明する。「腹が立ってくる。Eメールでも、すぐ返事が欲しい。[3]なんていうのかな、相手にはそこにいて、すぐ返事をしてほしい。それでときどき、〝どうして返事くれないの！〟って思う。じっと待って、内容によりけりだけど、1時間くらいしても返事がなければまたテキストを送る。〝怒ってる？　スマホ見てる？　問題ない？〟って」

彼女の不安ははっきりしている。返信がないと我慢できない。ジュリアは自分がテキストを送る相手について「そこにいてほしい。その人を必要としているから」と言う。そこにいないときは、それで生まれた新たな感情を抱えて先に進む。ただし一人ではない。「別の友だちに連絡して、その子に話すの」

クランストン高校3年生のクローディア（17歳）も同じような心の移り変わりを説明する。「テキストを打ち始めると、すぐに楽しい気持ちになっちゃうの」。ジュリアもそうだったが、携帯を取り出すときの気分は、「こんなことを感じたから電話で話したい」から「何かを感じそうだから電話で話したい」へと変化している（正確に言えば、彼女たちは話すのではなくテキストを送るのだが）。

そのような状況では、一人でじっくりと自分の感情と向き合う力が養われない。それどころかティーンエージャーたちは、携帯電話を持っていないと不安だと口にする。(4) 彼らはつながっていてこそ本来の自分だと感じる。肯定的な表現をするなら、クローディアとジュリアにとって、感情を共有することは、自分自身を見つけるプロセスの一環なのだ。彼女たちは他者と協力的な自己を養っていると言える。

ジュリアは父親と離れて暮らしていて、父方の親戚とは疎遠になっていたうえに、9・11の同時多発テロでツインタワーが攻撃されたとき、母親と丸一日連絡が取れなくなったことがトラウマになっていた。彼女の話は、デジタルの接続（特にテキスト）が、喪失と別離の不安を和らげる可能性があることを示している。しかしジュリアの行動——絶え間なくテキストを送ること、気持ちを共有しているときだけ自分の気持ちを感じること——は珍しいことではない。人それぞれの話は、その人の人生を反映してそれぞれに異なるが、ジュリアの話に表れる〝症状〟は彼女の世代にほぼ共通している。(5)

テクノロジーが助長するナルシシズム的自己

社会学者のデイヴィッド・リースマンは、1950年代の著書で、アメリカ人の自意識が内的志向から他人志向に変化していることに触れている。(6) 自分の中に確固たる目的意識がないと、人は自らを検証するのに他人を当てにするようになる。こんにち携帯電話によって、他人志向がさらに高まっている。思考や感情が湧きあがろうとするとき、すぐそれを他人に検証してもらうことができる。ほとんど事前検証だ。やりとりは短いが、それ以上は必要ない。必要なのはそこに誰かがいるということだ。

ニューヨーク市の私立女子高校、リシュリユー・ハイスクールの2年生のリッキーは、その必要性についてこう説明する。「連絡先リストには、大勢の人の名前があるわ。誰かに電話してその人が受けなかったら別の人に電話する」。これは過度な他人志向への変化を示している。この若い女性の連絡先リストは、デリケートな思春期の自我の〝部品〟リストのようなものになっている。

彼女が「受ける」という表現を使ったのは「電話に出る」という意味だろう。そう尋ねると彼女は「そう、電話に出るということ。でも私を〝受けとめる〟みたいな意味もある」と言った。リッキーは友人たちの力を借りて自分の考えをまとめている。そこには、ある感情が正当であることを確認することでその感情を固めようとする感受性がある。テクノロジーはそのような感受性の原因ではないが、それを助長している。

精神分析学の慣例では、ナルシシズムとは自分を愛する人のことではなく、常に支えを必要とする人格の脆弱な人のことだと私は考えている[7]。彼らは相手からの複雑な要求に耐えられないため、相手をゆがめて解釈し、自分が必要なものや使えるものだけを切り離したうえで関わろうとする。だからナルシシズム的自己は、自分に合わせた他人の概念としかうまくやっていくことができない。脆弱な自己が扱えるのはそのような概念だけである。そのような概念を精神分析の分野では、「部分対象《パート・オブジェクト》」とか「自己対象《セルフ・オブジェクト》」と呼ぶ。

そのような人にとって、望みどおりに育てられるロボットやコンピュータ上のキャラクターといった、生命のないコンパニオンが好都合なのは容易に想像がつく。しかし彼らは生きている人からも、自分が選んだ相手との限られた接触であれば——たとえば携帯電話の「お気に入りリスト」に入っている人との接触——支えを得ることができる。テキストやメッセージにあふれた生活の中では、いつでも連絡先リストから誰かを呼び出すことができる。必要なものを取り出し、先に進むことができる。反応が気に入らなければ次の人に声をかけるだけだ。

ここでもテクノロジーは、自分の感情や他者との新しい関わり方の原因なのではなく、それを容易にしているだけである。やがて、いつもつながって一緒にいるという新しいスタイルが社会的に認知される時がくる。どの時代にも、自然だと感じられる人間関係のスタイルがあるものだ。いつでも連絡がとれるようになった今日、いつでも連絡を取り合う必要を感じることに何ら病的な面はない。テクノロジーに適応しているだけだ。それが普通になる。

変わりつつある精神的自立の基準

精神病理学と考えられている分野の歴史は変化の連続だ。ある時代のある場所で、破壊的と思われる行動には病的というレッテルが貼られる。たとえば19世紀には、性を抑圧することは善であり倫理的と考えられており、それが原因で女性が感覚を失ったり、話せなくなったりすると、その厄介な症状はヒステリーという病気と見なされた。女性にとって性のはけ口が増えるとヒステリー症状は減り、別の問題がそれに取って代わった。１９５０年代、第２次世界大戦中は大いに社会参加していたのに、戦後、家に取り残されるようになった女性たちのあいだに新しい不安症状が広がり、精神安定剤が大量に処方された。

現在は、孤立することや捨てられることへの恐怖から生じる症状がある。ネットワーク文化の中で育つことの影響を研究するため、私は子どもやティーンエージャーの話を聞いたが、その多くが親にかまってもらえないという不安を感じている。

たとえば、よい親だが複数の仕事をかけもちしていて一緒に過ごしてもらえないという子がいる。両親が離婚したため――複数回のこともある――あちらの親からこちらの親と落ち着かず、どこが本当の家かわからなくなっている子もいる。両親がいて安定した収入があるという幸運な家庭の子も、違った形で放棄されていると感じている。忙しい両親はほかのこと――たいてい携帯電話――に気を取られている。学校から帰ると家には誰もいなくて、親が仕事から帰るのを待つという子どももいる。

こうした状況にあるすべての子どもたちに、家族がいないときに一緒にいられるコミュニティを与えてくれるのがコンピュータやモバイル機器だ。そう考えれば、ネットワーク上のつながりをめぐってさまざまな問題が生起するのも当然だ。ほんの数例を挙げれば、ティーンエージャーはオンラインでしか話さない、直接会うことを徹底的に避ける、親と1日15回も20回もテキストを送り合う、電話でさえ自分をさらけ出しすぎるから「話すのではなくてテキストする」と言ったりする。けれどもそれは病的と言えるのだろうか？　社会的慣習が変われば、〝病気〟と思われていたことが普通になることもある。

20年前、私は臨床心理士として診察を行っていたが、どの靴を買ってどの服を着ればいいか、新発売のカフェインなしの紅茶がどれほどおいしいか、物理の問題が難しいといったことで、1日に15回も母親に電話する大学3年生がいたら、その行動には問題があると判断し、無理してでも親と離れるよう勧めただろう。まっとうな大人になるために、そう助言するべきだと思ったはずだ。しかし最近では、家族に1日15回テキストを送る大学生は珍しくない。

高校生や大学生はいつもテキストしている。食堂で列に並んでいるとき、食べているとき、学内バスを待っているとき。意外ではないが、その多くは親へのテキストだ。以前は問題視されていたことが、ごく当たり前のことになる。しかし、たとえある行動が普通になったとしても、そこにかつて病的と思われていた問題が顔をのぞかせているかもしれない。当たり前になった行動が、青少年の成長によくない影響を与えているかもしれない。

大学2年生のレオの例を考えてみよう。彼は実家から遠く離れて、何か足りないような寂しさを感じている。彼は母親にテキストを送ったり電話したりすることで、その問題に対処しているが、その数は1日最高20回にも及ぶと言う。だが自分が特別だとは思っていない。知り合いはみんな、一日中携帯電話をいじっている。しかし、漠然とだが、自分の行動は何かの徴候だと考えている。

近年、精神的自立についての私たちの考え方は徐々に変化している。私は思春期の若者についてのエリクソンの考えの中核には、彼らにはモラトリアム（猶予期間）が必要だという考えがあると考えている。それは結果を考えずに実験ができる〝小休止〟のような時間だ。エリクソンによれば、モラトリアムを経て自己が成熟すれば、その後は比較的安定し、人間関係の中にあっても境界があって自立しているとされる。(8)

エリクソンの教え子の一人である精神科医のロバート・ジェイ・リフトンは、成熟した自己について師と異なる見解を持っている。彼はそれをプロテウス的（変幻自在）な自己と呼び、その多面性を強調している。(9)自己は多様に変化するという考えは、他者とのつながりと、自己の再構築に重きを置く。リフトンによれば、そのような自己は「流動的で多面的」で、思考やイデオロギーを受け入れ、修正することができる。自己が開花するのは、多様性のあるもの、独立しているもの、グローバルなものと接するときである。

エリクソンは、表向きは、リフトンの主張を認めていた。だが後日談がある。94年にエリクソンが亡くなったとき、リフトンは、自分が師に贈呈した本を返してもらえないかと遺族に申し入れて承諾された。彼が返却された自著『プロテウス的人間』を開くと、余白にぎっしりとエリクソンの書き込みがあり、「プロテウス的人間」という言葉には「多様に変化する少年?」という走り書きがあったという。(10) エリクソンは成熟しても確固たる自己に至らないという発達観を受け入れられなかったのだ。エリクソンの基準では、騒々しいネット空間で形成されたような自己はプロテウス的な自己などではなく、ただ未成熟な自己だったのである。私はここで、若者たちを育んだ文化が、世界に対するナルシスティックな関わり方へと彼らを引きつけていることを指摘しておきたい。

アバターで別の自分を演じる

エリクソンはアイデンティティを演じることは思春期の作業だと言った。昨今、思春期の少年少女は、ネット生活の中にふんだんに存在する材料を使ってその作業を行っている。たとえばシムズ・オンライン（Sims Online）（年少者向けのセカンドライフと考えるとよい）のようなゲームでは、自分のいろいろな面を表現するアバターをつくり、家を建て、好みに合わせてそこに家具を置くことができる。そうして準備が整ったら、現実ではあまりうまくいっていないかもしれない生活を、バーチャルの世界でつくりなおすことができるのだ。

不安そうで自信なさげなトリッシュ（13歳）は、アルコール依存症の父親にひどい暴力をふるわれていた。彼女がシムズ・オンラインでつくった家庭にも暴力があるが、ゲームの中のキャラクターは彼女と同じ13歳で、身体も心もとても強い。そこで彼女は攻撃者と何度も戦っている。性的な経験を持つキャサリン（16歳）は、オンライン上では無垢なキャラクターをつくった。「私は休みたいの」と彼女は言う。休んだら「違う人になる練習をするわ。私にとってシムズはそのためのもの。練習ね」

キャサリンは朝食のときに、学校の休憩時間に、夕食のあとに、ゲームで〝練習〟する。バーチャルライフに癒されると言う。私は彼女に、ゲームの中での行動がきっかけとなって、現実に何か変わることがあるかと尋ねた。「あんまり」と答えたが、その後で、どのように生活が変わり始めているかを説明してくれた。

「ボーイフレンドと別れようと考えているところ。もうセックスはしたくないけど、ボーイフレンドは欲しい。シムズの私のキャラクターにはボーイフレンドが何人かいるけど、セックスはしない。彼ら（シムズのボーイフレンドたち）は彼女の仕事を手伝ってくれる。やり直すにはボーイフレンドと別れないといけないと思う」。キャサリンは完全にネットのキャラクターを自分と同一視しているわけではなく、アバターを三人称で「彼女」と呼んでいる。それでもシムズ・オンラインは、彼女が新しい生活について考えることのできる場所だ。

この種の同一視は、アバターがつくれるところならどこでもある。SNSのサイトでも起こる。そこではプロフィールがアバターになり、そこに書かれている内容には、自分がどんな人間かだけでなく、どんな人間になりたいかも表れている。

ティーンエージャーたちは、ゲームとバーチャル世界とSNS（表面的には違うものだが）に多くの共通点があることを明確にしてくれる。いずれもアイデンティティをつくって投射することを求める。ニューヨーク郊外の公立校ローズヴェルト高校3年生のオードリー（16歳）は、アバターとプロフィールのあいだのつながりを明確にして、フェイスブックのプロフィールを「私のインターネット上の双子」そして「私のアバター」と呼んでいる。

ローズヴェルト高校1年生のモナがフェイスブックを始めたのはつい最近だ。14歳の誕生日まで両親が待たせたからだ。私が彼女に出会ったのは、その長い待機期間が終わった直後だった。モナはサイトに登録したとき「すぐに力が湧くのを感じた」と言う。その意味を尋ねると「最初に思ったのは〝本当の自分を発信するわ！〟ということ」。しかしプロフィールを書き始めると、そう簡単にはいかなかった。

書いたり編集したり削除したりするうちに演じる部分が出てきて、プロフィールがわかりにくくなってしまう。モナは何度も書き直した。2日間放置して、また少し修正する。どの写真を加えるか。どんなエピソードを入れるか。個人的な面をどのくらい明らかにするか。家庭がうまくいっていないことをほのめかしておいたほうがいいのか。それともここは自分をよく見せる場所なのか。

モナは自分が、人がおもしろがってくれるような社会生活をしていないのではないかと心配している。「自分はどんな生活を送っていると言うべきなのだろう？」

彼女のクラスの女子は、これと同じようなことをみんな考えている。彼女たちはボーイフレンドを持ち始める。しかしただデートを始めたばかりなら、まだシングルだと書いておいたほうがいいのだろうか。自分はつきあっていると思っていても、相手がそうは思っていなかったら？　モナは、ボーイフレンドとの関係は、載せる前に相手に確認するのが「常識」と言うが、「気まずい会話になるかもしれない」ことは認める。誤解や仕返しが起こる。14歳にとってフェイスブックは悲しい場所になるかもしれない。

実のところ、多くの大学生や大学院生にとっても、フェイスブックは悲しい場所であり続ける。単純そうなことの多くが悩ましい。たとえばローズヴェルト高校の最上級生のヘレンは、誰かを友だちとして承認するか拒否するか決めるときのことをこう語る。「いつも少しあわててしまうの……誰を友だちとして承認したらいいのか……フェイスブックにはクールな友だちの名前だけ並べたい……学校ではみんなにやさしくしてるから。人気のない子も入れてしまうと気が重くなる」。それは人に見てもらいたい自分の姿ではない。

フェイスブックの「友だち」

ビクトリア時代には、誰と会い誰と連絡を取るかは訪問カードで管理されていた。誰かの家を訪ねたときは、受け取ってもらえないこともあるという前提で、自分のカードを置いていく。その相手から自分の家にカードが届いたら、そこから関係が深まっていく。フェイスブックの「友だち承認」は、この伝統を思わせるものがある。

フェイスブックでは、まず友だちになりたいと思う相手にリクエスト（友だち申請）を送る。リクエストを受け取った人は、拒否するか承認するかを選ぶ。ビクトリア時代と同じように、ここにはふるいにかける意図がある。

しかしビクトリア時代の人々は、社会的に受け入れられているルールに従っていた。たとえば、社会的立場が同じくらいの人々が、いちばん親しくなりやすいと理解されていた。フェイスブックはもっと民主的で、個々のメンバーが自分なりのルールを決めてそれに従えばよい。そのルールは必ずしも友だち申請してきた人に理解されるとは限らない。

「あなたのファンです」という気持ちで申請し、承認される人もいる。実際に知っている人しか承認しない人もいる。友だちの友だちなら誰でも承認するという、フェイスブックを知り合いを増やすためのツールとして使う人もいる。どれにも面白い面とストレスになる面がある。両面あるのは、友だちとして承認することは後々に影響があるからだ。

どういうことかというと、友だちとして承認した相手は、あなたがプロフィールに書いたこと、あなたが投稿した写真、あなたの友だちがあなたの「ウォール」（あなたとあなたの友だちが共有するコミュニケーションのスペース）に投稿したものを見ることができるようになるということである。その人があなたの友だちと友だちになろうとすることを、暗黙のうちに許可するということである。実際、システムからはそうするよう勧められる。

このプロジェクトが始まったばかりのころ、ある会議のディナーの席で隣りに座った作家は、新しい著書のプロモーションにフェイスブックを使うべきだと出版社に強く勧められていると言っていた。意図としては、そのサイトを使って、彼女がどこで講演を行うかを知らせたり、無限に広がる可能性がある読者グループと本のテーマについて話したりするということだった。出版社はそれで本の評判が拡散されることを狙っていた。

彼女はフェイスブックによる販促プロジェクトをビジネスとして割り切れると思っていたが、そうはいかず、友だちがあまりいないことを不安に感じたり、やはり作家である夫のほうが友だちが多いのをうらやましく感じると語った。また友だち承認したすべての人を「友だち」という言葉で呼ぶのも違うと感じていた。そうした友だちの多くは、ビジネス上の理由だけで承認したにすぎないからだ。彼女の話を聞いて私は「高校時代に戻ったみたい」と思った。

私は彼女に、自分がフェイスブックに参加することがあったら、最初に感じたことを、サイトに慣れていないうちに記録しておくと約束した。そして最初に感じたことは、いま考えると陳腐だった。〝友だち承認〟についてはプランＡ（実際に知っている人だけ）とプランＢ（私の仕事を評価してリクエストを送ってくれた人も認める）のどちらかを選ぶつもりだった。私は数週間、プランＡでやってみたが、許容範囲の広いBに変えた。見知らぬ人から注目されるのが嬉しくて、仕事のためという口実でその気持ちを正当化した。

さて、こうして私が自分の生活の中に他者を招き入れたからといって、今度は他者の生活に私を招きいれてもらおうとするだろうか？　自分ではしないだろうと思っていたのだが、結局、まさにその行為を行っていた。私は自分の大好きな作家の一人が、私の友人とフェイスブック上の友だちであることを知った。もしかしたらその作家の友だちになれるかもしれない、という考えに取り憑かれて友だち申請を送ったところ、承認されたのだ。

そのとき私の脳裏にカフェテリアのイメージが浮かんだ。私はバーチャルの彼のテーブルに座っていたが、招待されていないパーティーに来てしまった客のように感じた。私は現実に戻り、生真面目に考えすぎるなと自分に言い聞かせた。フェイスブックの世界ではファンは「友だち」なのだ。もちろん本当の友だちではなく、「友だち承認」されたにすぎない。両者はまったく別物なのだが、私は高校のイメージを頭から追いだせなかった。

プロフィールづくりに追われる

フェイスブックのプロフィールに書かれていることで、本当のことはどのくらいあるだろう。あなたはどのくらい嘘をつけるだろう。もし嘘をついたら、何か危険があるだろうか。

ローズヴェルト高校の最上級生、ナンシー（18歳）がこの問いに答えている。「危険はそれほどないと思う。だって誰も本当にはチェックしてないから」。そして顔をしかめてこう続ける。「うそ、危険よ。みんなチェックしてる」。そして数分後、ナンシーはまたこの問題に戻ってくる。「私が嘘を書いたら、仲のいい友だちにはわかるだろうけど、ぜんぶ理解してくれるわ」。そして笑って言う。「こういうこと、どれもきっと多少のストレスになってるわね」[11]

クランストン高校の最上級生のグループが、このストレスについて説明した。ある生徒は「13歳から18歳は、プロフィールを書く年代」だと言う。アイデンティティ構築の年代は、プロフィール設定という言葉でつくりなおされる。

これらの私立学校の生徒たちは、これまでにミドルスクールの入学願書のためのプロフィール、ハイスクールの入学願書のためのプロフィール、そしてフェイスブックのプロフィールを書いている。そして彼らはいま、大学入学願書のためのペルソナをつくり始めなければならない。トムはそれについてこう言う。「願書を出す大学ごとに、少しずつ違う自分をつくらなければならない。ダートマス大学と、たとえばウェズリアン大学とでは、書くことを変える」。プロフィール書きに熱意を燃やす彼らにとっては、どの願書にも違ったアプローチが必要なのだ。「大学の願書を書くころまでには、プロのプロフィール・ライターになってるよ」と彼は言う。

彼のクラスメートのスタンは、ネット上のプロフィールについて、こと細かく説明する。ＳＮＳごとにプロフィールには違う目的を持たせるが、重なる部分がなくてはいけない。そうでないと本当かどうかという疑いが生じる。本当だという幻想をつくるにはテクニックが要る。いくつものメディアがあり、いくつもの目的がある中で、自分がどんな人間か見せるのは簡単なことではない。コツは「自分がそれほどおかしな人間ではないとわかってもらえるよう、破綻のないストーリーをまとめあげることだ……高校で僕が学んだのはプロフィール、プロフィール、プロフィール、自分をどう見せるかということだった」

私が研究を始めたばかりのころ、大学4年のある学生が釘を刺してくれた。「面談で、フェイスブックに書かれているのは〝本当の自分だ〟と言う人に騙されないでくださいよ。あれは劇をやっているようなものです。役柄をつくっているんです」

ニュージャージー郊外の男子校ハドレー高校の最上級生で、大学進学を希望しているエリックは、「フェイスブックのページをつくりあげるプロ」を自認している。そんな彼でも、女の子たちがスリムに見せるために〝縮小〟ソフトを使ってプロフィール写真を加工していることを知って仰天した。「小さい写真ではわからないけど、大きい写真だと背景がゆがんでいるのがわかる」。18歳にして彼は、他人の自己プロフィールを疑う探偵になった。

フェイスブックのプロフィールは高校生の社会生活にとても重要なので、多大なストレスの源となっている。それに縛られすぎていると感じて、自分を取り戻すために一時的にしろフェイスブックをやめてしまう子もいる。

フェイスブックに疲れ果てる

ブラッド（18歳）はハドレー高校の最上級生で、ミッドウェストの小さなリベラル・アーツ・カレッジに入学する前にギャップイヤー〔高校卒業後、大学入学資格を保持したまま1年間遊学する制度〕を取り、社会奉仕活動に参加するつもりでいる。彼の両親はともに建築士で、彼自身は生物学と水泳に打ち込んでいる。ブラッドはハドレー高校の学生社会の一員でいたいと思うが、テキストもＩＭも好きではない。

彼は自分は〝ラッダイト〟ではないと何度も念を押した。ネットについてはよいと思うことがたくさんある。自信のない人でもそのおかげで力を発揮できることがある。考えをオンラインでまとめる作業は、「考え、計算し、編集し、簡潔で明快か」確認できるので「心強い」。

しかし話が進むうちに、ブラッドの口調が変わる。ネットのつながりをコントロールできると感じて、うまくやっていける人もいるだろうが、ネットのコミュニケーションでは他人の感情を無視してしまうことがある。目と目を合わせることがないし。「傷心や怒りの声」を聞かずにすませることができる。「ネット上ではボディランゲージや声のトーンがわからない。それじゃ本当のことは伝わらない」と彼は言う。最悪なのは、ある出来事から友人への不信感が生まれたことだ。彼のインスタント・メッセージが彼の知らないあいだに記録され、カット・アンド・ペーストの世界に転送されてしまったのだった。

最上級生の年の春、ブラッドは私に、ネット生活から「ドロップアウトした」と言った。「ネットから離れている。少なくとも夏のあいだは。たぶん大学入学前の1年間はやらないと思う」。だが友人がみんなフェイスブックをやっているので、ドロップアウトするのは難しいと言う。じつはその2、3週間前、彼はフェイスブックに復帰しようとしたが、再開のために必要な作業がこなせないことがわかった。1日もたたないうちに、自分が失礼な人間のように思えて、やっていられなくなったと言う。彼のページに書き込みをしてくれた人すべてに返信する時間がない。フェイスブックに「少しだけ」関わる方法が見つからなかったと言う。つまみ食いできない世界なのだ。最低限のことをするだけで「くたくただ」。

フェイスブックの世界では「ちょっとした映画の好みみたいなことが大きな意味を持つ。それからどんなグループに属しているか。問題ないグループか？　すべてがしるしになって、こいつはどんなヤツかを示すんだ」

自分のことを知らない人に、フェイスブックで自分のことを伝えようとすると、すごく細かいことにこだわるようになる。たとえば「好きなバンドはステートトラジオとスプーンだけど、好きなアーティストの欄にどちらを先に書いたらいいんだろう？　それを見て人は僕についてどう思うだろう？　女の子たちは「この写真はプライベートすぎるかしら？　載せないと上品ぶっていると思われるかしら？」と考えている。思い悩むのも無理はない。どれほどたくさんの人が自分のプロフィールを見て、細かいところをチェックするかと思えばね。書き込んだものはすべて、徹底的に粗さがしされると思ったほうがいい。そうなると何を載せるか、自分をどういう人間として描くか、頭を悩ませることになる……思いついたことについて、そこまで考えなければいけないとなると……自分について悪い考え方をすることになる。

自己ＰＲのストレスを感じる

ブラッドにとって「自分について悪い考え方する」とは、自分を簡単な言葉の羅列、短くて読みやすい〝狼煙《のろし》〟のようなものにまとめてしまうということだ。私からすると、狼煙は現実の矮小化と欺きだ。ソーシャル・メディアでは自分を簡潔に表現することが求められている。そして読者を想定すると、単純にしなくてはならないというプレッシャーを感じる。

ブラッドはフェイスブック上で、クールな情報通として自分を描いている。どちらもたしかに彼の一面ではある。しかし、ネットでほかの部分を公開することにはためらいを覚える（ハリー・ポッターが大好きであるとか）。ネット上のミスター・クールに磨きをかけるために費やす時間がどんどん増えていく。そして彼は四六時中フェイスブック上の自分を演じなければならないというプレッシャーを感じる。

最初ブラッドは、フェイスブックのプロフィールと大学への入学願書の自己ＰＲのせいで、自分について悪い考え方をして、ステレオタイプに押し込んでいると思った。フェイスブックのプロフィールを書くことは、自分を物語る文化の断片をつなぎあわせて他者に見せるための虚像をつくりあげることのように思えた。入学願書の自己ＰＲも、立派なことばかり書いて勝利者の姿を浮かび上がらせなくてはならず、やはり役に立たないと思えた。自慢をしなければならず、気が重かった。しかし、願書の自己ＰＲエッセイについては考え方が変わった。「結局、書き方や考え方について多くのことを学んだ。自分なりの考えがあったことについても、本当はよく考えていなかったことについても学んだよ」

フェイスブックはそうした機会を与えてくれると思うかと尋ねると、それはないときっぱり言い切った。「そこでは自分が、お気に入りのもののリストの中に押し込められてしまう。〝お気に入りの音楽リスト〟には、それをどう表現するかの自由がない」

ブラッドは言う。「会って話しているときなら、親と行ったヨーロッパ旅行でベルファスト〔北アイルランドの首都〕の政治的な壁画《ミュラル》に興味を持ったという話もおもしろいかもしれない。でもフェイスブックに書くには重すぎる情報だ。致命傷になりかねない。重すぎるし、早すぎるし、奇妙すぎる。それでも……それだって僕の一部じゃないか？　とにかくたくさんのリストをつくらなければならない。そして、そのバンドで正解なのか、誰も読まないようなポーランドの小説を載せていないか、心配しなくてはいけないんだ」

そう考えているうちに、ブラッドは何が大切なのかわからなくなってしまう。

　僕がステートラジオよりスプーンが好きなことを気にする人がいるのか？　ケーキよりステートラジオが好きでも同じだ。でもフェイスブックみたいなものでは……それが大事なことのように思える……僕は誰かのプロフィールを見て「こいつはこんなバンドが好きなのか。気取り屋だな」とか「このバンドは本当に深いんだ。こいつはいい音楽を知ってる」とか思う。みんなそうやっていると思う。そんなことは問題ではないと思うんだけど……問題は、フェイスブックの世界ではそれが大事だということだ。こういう細かいところが本当に大事なんだ。

　ブラッドも、同年代の若者の大半と同じで、遠慮して自分の興味や実績を控えめに書くと、目にとめてもらえないのではないかと心配している。一方で、自分の強みを言い立てるのは下品ではないかと不安にも思う。この自己ＰＲに関する葛藤は、思春期の少年少女にとっては新しいものではないし、フェイスブックでも以前から存在している。変わったのは、いまの少年少女はＰＲした通りの生き方をし、間違いや失敗もシェアするようになったことだ。

　魅力的で有能なブラッドも、ナンシーと同じ言葉を使ってこうまとめる。「ストレス。結局はそこに行きつく。それは心配の種でしかなく、そのことでイライラしている」。いまブラッドは、友だちと直接会ったり、電話で話したりしたいと思う。「そのほうが自分がやりたいようにできる。はるかに自由な方法だ」。しかし誰が電話に出てくれるだろうか？

第10章 電話をかけなくなった社会

電話を嫌う社会

「電話が嫌いな人は本当に多い」とイレイン（17歳）は言う。ローズヴェルト高校の友人同士では「いつもテキストかインスタント・メッセージ（IM）」。彼女自身も6人の仲のよい友人と1日だいたい20通のテキストをやりとりしている。それに加えて「家でコンピュータに向かっているとき、IMはだいたい40通出して40通届く」。

イレインは電子メディアは自分のような人々にとって「平等な条件を整えてくれた」と感じている。彼女は人づきあいがよく、サッカーチームと演劇クラブに所属しているが、内気だ。「内気な人が自分を出せるのは画面の中だけなの」

その理由を彼女はこう説明する。「話す前に、いまから何を言うか考えられれば、話すのが苦手な相手にも話すことができる。何か言う前に2分間黙って考えてもおかしいと思われない。実際に誰かに話しているときだったら、変に思われるでしょう?」

イレインは内気な人が自分を表現するのを助ける電子メッセージの技術的側面を力説する。メッセージを書いている相手に、何度も書き直したり、どのくらい時間をかけるか知られずにすむ。「知られたらすごく恥ずかしいと思う」。すぐれたコミュニケーション用プログラムは、読み手の目から書き手の姿を隠してくれるというわけだ。画面上のコミュニケーションの利点は、よく考え、書き直し、修正ができるということだ。「そこは隠れ場なの」とイレインは言う。

隠れられることで心を開けるというのは、いまに始まったことではない。精神分析の世界では、その効果によって治療効果を高めてきた。古典的な心理療法では、医者は患者から見えないところにいる。頭に浮かんだことすべてを口に出すという、治療の基本ルールである自由連想をしやすくするためだ。同じように、画面上では自分は守られていて、相手の期待を感じることから来る負担感が軽減する気がする。一人でいるときでも、望めば即座に誰かに連絡が取れると思えば、すでに誰かと一緒にいるようで心強い。

この不思議な人間関係が構築される空間では、電子コミュニケーションは記録され、シェアされ、法廷で用いられることもあると知っている賢いユーザーでも、安全と秘密《プライバシー》は保たれるという幻想の下で行動してしまう。実際には自分の考えだけと向き合っていながら、他人がそこにいるというリアルに感じられる幻想の下で、自由にふるまえる気がする。画面上では、お望み通りの自分を描き、こうであってほしいという姿を相手に被せ、自分の目的にふさわしくつくりあげることができる[1]。

これは心惹かれるが危険な頭脳の習慣だ。この感覚が育ってしまうと、電話はさらけ出すことが多すぎて恐ろしく思えてくる。

イレインの分析は正しい。ティーンエージャーは電話を避けている。さらに驚くのは、大人も同じだということだ。大人たちは電話を嫌う理由として、消耗と時間不足を挙げる。いつも待機状態で、複数の仕事を同時進行させて時間をひねり出している状態なので、ごく限られたつきあい以外では、声によるコミュニケーションは避けている。自分が望んでもいなくても、電話はかかってきたらそれに集中しなければならないからだ。

新しいエチケット

テクノロジーは複雑な生態系の中で生きている。そのテクノロジー以外に何が使えるかによって、持つ意味が変わってくる。電話はかつて連絡を取る、あるいは簡単な質問をするための手段だった。しかしＥメールやＩＭの登場で事情が変わった。私たちはいまでも電話を使っているが、それはおもに親密な関係にある人との連絡のためで、それ以外の人々には使わない。(2)

誰もが、電話は要求されるものが多すぎる、そして自分も相手に多くを要求しすぎていると思われるのが怖いと言う。ランドルフ（46歳）は建築士で、２つの仕事、２人の幼い子ども、さらに前の結婚でもうけた12歳の息子がいる。彼が電話を避けるのは「よけいな気を使ってしまうんだ……伝えたいこと以上のことを伝えてしまう」。連絡をテキストやＥメールでしていれば「混乱を避けられる」と説明する。「いまはＥメールがあるから、電話がかかってきたら何か複雑な用件なんだろうと思う。事実についてだけじゃなく、全体的な話だろうと。相手は時間がかかる話になると思っている。そうでなければ電話はしないから」

子どもと仕事と新たな結婚生活で走りまわっている弁護士のタラ（55歳）も、同様のことを主張する。「電話してと頼むことは、相手の覚悟のレベルを引き上げること。相手は頭の中でこう考えるの。

〝緊急のことにちがいない。そうでなければEメールを送ってきたはずだ〟って」。だからタラは電話を使わない。

友人と会って話したいときもある。Eメールはその日程を決めるためのものだ。「それがいちばん効率的よ」と彼女は言う。しかし効率的であることには欠点もある。ビジネスのミーティングならテーマがあるが、友だちからは思わぬ頼みごとをされたりする。友だち同士のあいだでは、待ったなしのことが起こる。タラはそのことを知っており、自分のやり方に罪悪感と喪失感を覚えている。「私はいま、友だちとの用件を棚卸の品みたいに……あるいは顧客との用件みたいに処理している」

化学教授のレオノーラ（57歳）は自分の同じような行動についてこう考える。「私は友人と会う約束をするのにEメールを使っていますが、忙しいので1か月後とか2か月後の約束になります。メールで予定を決めれば、そのあと電話はしません。本当に。私も相手も電話はしません。みんな約束は決まったと感じているのでしょう。私ですか？　〝その人の件は片づいた〟という感じですね」

レオノーラの皮肉っぽいトーンから、「片づいた」とは、その人の名前をやるべきことのリストから削除したことを意味するのは明らかだった。タラもレオノーラも、不満はあるがほかに選択肢はないと感じている。これがテクノロジーがもたらしたものだ。人々は新しいエチケットに従い、犠牲がともなう効率の世界で効率の必要性を訴えている。

「電話は重すぎる」

私たちはオードリー（16歳）に会った。ローズヴェルト高校の3年生で、フェイスブックのプロフィールを「私のアバター」と言っていた子だ（319ページ参照）。彼女はイレインの内気な友だちの1

人で、話すよりテキストのほうが好きだ。彼女はいつも携帯電話を持っていて、コンピュータでIMのやりとりをしているときでさえ、携帯からテキストをすることがある。

オードリーは家族の中で孤独を感じている。いちばん上の兄は医学部の学生で、2番目の兄とは2歳しか違わない。両親は離婚し、彼女は父と母と半分ずつ時間を過ごす。父と母の家は車で45分ほどの距離のところにある。つまりオードリーは多くの時間を車内で過ごしているのが毎日の生活よ」

彼女は、自分の生活がばらばらにならないよう、電話がつなぎとめてくれていると思っている。母親が電話をしてきて、父親に伝えてほしいことを言う。父親も同じことをする。オードリーは言う。「2人とも電話してきて〝母さんにこう言ってくれ〟……〝お父さんに忘れずこう伝えて〟って言うの。私の携帯電話が家族をくっつけてる」。彼女はこの状況をこうまとめる。「両親は私と携帯電話をインスタント・メッセンジャーみたいに使ってる。私は親のIM」

多くの子が似たような話をするが、オードリーも、学校やスポーツの練習のあと迎えにくる母親が自分のほうを見ようとしないのが不満だ。母親はだいたい携帯電話を見ていて、テキストを打っているか友人と話している、とオードリーは言う。

その光景を彼女はこう説明する。くたくたになって、重い荷物を持ってジムを出ると、母親が古いSUVの中に座っている。でも携帯に夢中で、オードリーが車のドアを開けるまで目も上げない。たまには目を合わせるが、車をスタートさせるまで携帯に気を取られたままだ。「いい気分はしないけど、よくなる見込みはないわ。ママは携帯を手放そうとしない。私がママと話したのは4日も前。私は車に乗り込んで、ママが終わるまで黙って待つの」(3)

オードリーは、母が携帯を持たずに笑顔で自分を迎えてくれることを夢見ている。しかしそんなことはありえないとあきらめてもいる。自分だって友だちといるときにテキストをすることが多いのだから、母親をあまり批判するべきではないと感じる。そんなオードリーでも、電話だけはなんとしても避けようとする。(4)

「電話は、なんか変。意味がわからない。話をまとめて気持ちをシェアするだけなのに、重すぎる。テキストなら……自分の好きなときに返信できる。答えてもいいし、無視してもいい。だから私の気分でできるの。縛られるものがないし義務もない……会話をコントロールできるし、自分が言うことはもっとコントロールできる」

テキストは自分を安全な場所で守ってくれる。

誰も文句を言ってこない。時間をかけて自分の言いたいことを準備して、それがありのままの自分だと見せかけることができる。計画できるから、自分をどう描くかをコントロールできる。言葉を選んで、送る前に編集できる……ＩＭなら一部をカットしたり、表現を変えたり、誰かをブロックしたり、サインオフできる。電話の会話にはプレッシャーを感じる。盛り上げて話が途切れないようにしなくちゃと思うと、気が重くなる。話し続けないといけない……〝今日はどうだった？〟とか。いつも次に何を言うか考えて、話が終わらないようにしないといけない。

オードリーは聞き慣れない表現をした。「〝縛り《バウンドネス》〟が少ないから、電話よりテキストのほうがいい」。

どういうことかというと、電話だと相手に多くのことがわかり、自分も多くのことを言ってしまうため、「コントロールできなくなる」。電話には明確な境界線がない。彼女は「いつか電話で人と話すことを学ぶ必要が出てくると思う」と言う。「でもそれはいまじゃない」

携帯でテキストをしているときは、安心できるだけの距離があると感じる。気に入らない方向に進んでいると思ったら、簡単に軌道修正ができる。あるいは打ち切ってもかまわない。「テキストなら話題を逸らすことも、いつ始めていつ終わりにするかコントロールできる。〝もう行かなきゃ。バイバイ〟で終わりにできる。それだけでいい……終わりにする理由は特にないけど会話を終わらせたいとき、長々とお別れするよりずっといいでしょ」

この「会話を終わらせる」という部分が、オードリーはきらいだ。電話では会話を終わらせるのにスキルが必要だと言う。「もう電話を切りたいと思う……別に理由があるわけじゃなくて、ただ切りたいとき。どう言えばいいのかわからない。別にわかりたくもないけど」

オードリーにとって、電話を終わらせるのは難しい。離れることを拒絶と感じるからだ。相手が会話を終わらせようとしたときに自分が感じる、突き放されるような心の痛みを、電話の相手に投影してしまう。相手が電話を終わらせようとしたときに平静でいるのは、なんでもないことのようだがそうではない。平静でいるためには、自分には価値があるという感覚が求められる。その境地に達していないオードリーにとっては、最初から電話を避けるほうが簡単だ。オードリーにとって、電話は始めるのも終えるのも難しい。

そう感じるのはオードリーだけではない。友だち同士で電話することは多くないと彼女は言う。「直接会って話すことは、前よりずっと減っているわ。いつも〝じゃあオンラインで〟ってなる」。彼女によると、オンラインでも「友だちと顔を合わせているときと同じことが起こる……友情にひびが入ったり、デートに誘われたり、絶交を宣言されたこともある」。しかしオードリーはこうした代償は受け入れ、ネットの生活の便利な点だけを見ようとしている。

ネットの国で自分をつくる

現在オードリーが熱中しているのは、もっと社交的で、軽薄なくらいの自分をネットの世界で演じることだ。「私はもっとオンライン上の自分みたいになりたい」と彼女は言う。ネットでアバターをつくるのはSNSのプロフィールを書くのとそれほど違わないということはすでに述べたが、それはオードリーにとっても同じだ。アバターは「フェイスブックのプロフィールが動き出したもの」と彼女は説明する。そしてアバターとプロフィールには、テキストやIMと多くの共通点がある。それらすべてで、人は「自分を演出している」ということだ。

アバターをつくることとテキストすることは、すごく似ている。自分自身をつくっている。その場ですぐ考えなくてもいい。そんなこと、本当はできない人のほうが多いんだけど。小さな理想の自分をつくって送り出す。マイスペースやフェイスブックみたいなサイトでは、自分の好きなところをだけを並べる。悪い面を見せることはない。

ふだんの姿の写真は載せない。きちんとメイクして、きれいな服を着て写真を撮って、それをふだんの自分ということにしてプロフィールに載せる。見た人は、それがふだんの姿だと思ってくれる。でも、本当は全部人に見せるためにつくりあげたものなんだけど……自分について何でも好きなことが書ける。相手は自分を知らないんだから。自分がなりたいように自分をつくることができる。自分が望むどんなステレオタイプのことも言える。本当はそうでなくても……現実の世界ではそれはうまくいかないと思う。でもインターネットの世界ならうまくいく。

オードリーはカメラ付き携帯電話を一日中持ち歩いている。一日中それで写真を撮り、フェイスブックに投稿する。友だちの誰よりもアルバムに写真があるのが自慢だ。「そこに私の生活があることを感じていたい」と彼女は言う。

しかし当然ながら、フェイスブックにあるのは、編集された生活だ。オードリーはどの写真を投稿するかを選ぶのに夢中だ。いちばんいい面が出ているのはどれか。かっこいい〝悪い子〟に見えるのはどれか。アイデンティティを演じることが思春期の仕事だとすれば、オードリーは一日中、仕事にかかりきりだ。

「フェイスブックが消えたら私も消えてしまう……。私の記憶もすべてそれと一緒になくなっちゃう。ほかの人も私が映った写真を載せてくれているけど、それも全部なくなってしまうわね。フェイスブックがだめになったら、私は本当におかしくなってしまうかも。私の居場所だから。生活の一部、第二の自分」。このときオードリーはフェイスブックのアバターについてこう言った。「インターネットにある、私の小さな双子なの」

オードリーは絶えずこの「双子」をつくりなおしているので、修正されてなくなった要素はどうなっているのかとふと考える。「載せていたけど、あとになってはずした写真を、フェイスブックはどうしているんだろう?」　永久にインターネット上に残る《アーカイブ》のではないかと彼女は思っている。それは彼女にとって厄介でもあり安心でもある。すべてが保管されるなら、インターネットの双子から離れられないのではないかとオードリーは不安に思う。それは嬉しくない点。他方、すべてが保管されるなら、少なくとも幻想の中では、双子を手放さないでいられる。それはよい点だ。

フェイスブック上で、オードリーは双子にあれこれ手を加え、双子も彼女に手を加える。彼女は自分とサイトの関係を〝ギブ・アンド・テイク〟だと言う。それはこういうふうに進行する。たとえばオードリーは〝軽い〟スタイルの自分を演出する。フェイスブック上の友だちから好意的な反応があると、そのトーンを強める。あるいは〝皮肉っぽく機知に富む〟スタイルをウォールに投稿する。反応がよくなければやめる。オードリーはバーチャル世界のアバターでも、同じようにあれこれ試しては修正する。最初は「とりあえずそこに何か置いておく」。それから何か月かは調整期間となり、自分の見せ方を変えることで「親しくできそうな新しい人たちと会う」。アバターを変えると世界が変わるのだ。

オードリーはオンラインのアバターが、現実世界での自信を高めてくれると言う。セカンドライフで遊ぶ多くの若い女性と同じように、オードリーもアバターを現実世界の自分よりオーソドックスな魅力を持つ姿にしている。

オードリーはきれいな少女で、長く赤い髪を1本に編んで背中にたらしている。その髪型と花柄プリントの服が好きでよく着ているので古風な雰囲気がある。セカンドライフのオードリーの髪型はもっと現代的で、身体も発達し、メイクも濃く、露出度の高い服を着ている。どこにも花柄プリントはない。セカンドライフのPR動画によれば、そこは「つながり、ショッピング、仕事、恋、冒険があり、自分を変え、解放し、思考を自由にし、ルックスを変え、ルックスを愛し、生活を愛する場所」である(5)。

けれどもアバターとしての自分の生活を愛することは、現実の生活を愛するのと同じことなのだろうか。オードリーやネットの世界に集う多くの人たちにとって、その答えは間違いなくイエスだ。オンラインの生活は、もうひとつの生活をよくするための練習だが、それ自体が楽しみにもなっている。ティーンエージャーたちは何時間もそこですごし、小遣いを注ぎ込んで、ネット上の自分に服や靴を買う。それらのバーチャル商品には実用的な意味がある。いろいろつきあいがあるアバターにとっては、それがどうしても必要なのだ。

思春期のモラトリアム

セカンドライフに熱心に参加しているオードリーだが、オンラインでいちばんわくわくした経験はマイスペースで起きている。正確に言うならマイスペースのイタリア語サイトだ。

ローズヴェルト高校2年生のとき、オードリーはイタリアからの交換留学生のグループと出会い、彼らがそのサイトを教えてくれた。そのころオードリーは高校で1年間、イタリア語の授業を取っていたので、友人の力を借りてプロフィールを書くくらいはできた。そのプロフィールには真実はほんの少ししか書かれていないとオードリーは認める。

イタリア版マイスペースの彼女は、実際より年上で経験豊富な女性になっている。プロフィールをアップすると、多くの男性がイタリア語でメッセージを送ってきた。オードリーにはそれがスリリングで、せっせと返信した。ゲームは続いた。1年経ったいまも続いている。

「私も知っているイタリア語でメッセージを返すの。ふだんそういうのには反応しないけど、私について本当の情報は載せてないいし、彼らはイタリア、私はアメリカにいるわけだし。やっちゃえって。自分の殻《から》を出るのが楽しい。現実の生活の友だちとはできないことだもの」。オードリーにとって、イタリア版マイスペースはチャットルームのようなものだ。「現実には絶対に話しかけない人たち、話しかけるなんて想像もできない人たちとやっている」

オードリーの「絶対に話しかけない人たち」という言葉で、私はまた、思春期の発達にはモラトリアムが必要だというエリクソンの主張を思い出す。彼がそのように書いた１９５０年代から60年代初め、彼はアメリカの「ハイスクール時代」はさほど結果を問わない環境を思春期の若者に与えていると思っていたのかもしれない。[6] 近年のハイスクールが生徒と親に与えているものは、それとはほど遠い。

オードリーは授業の進行が速い大学入学準備クラスに在籍しており、常に成績やＳＡＴ（大学進学適性試験）の得点、選択課程のことが頭にある。彼女はハイスクールを大学進学の準備をするための職業訓練校のように感じている。現実の生活には、結果を求められることなくアイデンティティを試す余裕はほとんどない。だがイタリア版マイスペースにはそれがたっぷりある。

イタリアの交換留学生が帰ってからも、オードリーはずっとイタリア版マイスペースのページを閉じずにいる。その楽しさを語る彼女の話を聞きながら、私は大学2年生の夏に初めてヨーロッパを訪れたときのことを思い出した。

その精神において、現実世界での私の行動は、オードリーのバーチャル世界での経験とそれほど違わなかった。私は親の明確な指示に従わず、パリからローマまでヒッチハイクした。19歳のアメリカ人という以外、自分が何者であるかをすべて忘れることにした。まじめで学業に励む学生と見なしてもらう理由はなかった。ただの19歳でいるほうがよかった。私は嘘はつかなかったが、一緒にすごしたローマの若者たちに、自分が単なる呑気な女子学生ではないとは言わなかった。その夏は自分らしからぬ夏で、自分が呑気な女子学生なのかそうではないのか、自分でもはっきりわからなかった。

私のローマの休日がうまくいったのは、ひとえに新しくできたイタリア人の友だちを自分の世界に連れてこなかったからだ。オードリーにもこうした区切りが必要だ。イタリア版マイスペースで、彼女は〝現実の〟アメリカのフェイスブックのアカウントとは切り離されたところで友情をはぐくんでいる。

オードリーに私がローマで過ごした1か月のことを話すと、彼女は共犯者の笑みを浮かべて、「私も同じようなことをしたわ」と言った。その前年の夏に、彼女は学校の旅行でプエルトリコを訪れていた。「そのときはアメリカでは着ないようなショートパンツとトップスを着たの。そこでなら評判が家に伝わることもないし。どう思われるか気になる人もいなかったから、何の問題もなかった」

オードリーと私は、羽目をはずしたお互いの現実世界での旅行——私はイタリア、彼女はプエルトリコ——の違いについて、そして彼女のネットでの生活について話を続けた。私も彼女も旅行が終わると家に帰った。そこには羽目をはずしたりしない家族とふだんのアイデンティティが待っていた。しかし私の場合と違ってオードリーは、好きなときにいつでもネットでアバターにセクシーな服を着せることができる。彼女の際どい自己はいつでもほんの数クリック先にある。パラレルな生活をのぞける画面上の窓を、彼女は開いたままにしておくことができるのだ。

複数の人格を使った実験

オードリーは毎日、いくつものバーチャル人格を通して自分を表現する。まずフェイスブック、そしてイタリア版マイスペースのプロフィール。バーチャル世界のアバター、いくつかのチャットルームとオンライン・ゲーム。これらすべてと実際の彼女がオードリーのアイデンティティだ。このように複数のアイデンティティがあるとき、全体としての自己を感じることがあるとすれば、それらが一つにまとまっているときではなく、それぞれのアイデンティティが流動的に関わりあっているときである。それらのあいだを自由に行き来できれば、複数の自分がすべて自分であると感じられる。(7)

私は以前、このようなバーチャルな放浪生活はティーンエージャーを消耗させ、混乱させるのではないかと心配した。だがその懸念は、オンラインの生活ではサイトが自己をサポートしているという事実を見落としていたために感じたことだった。それぞれのサイトが、そこであなたが下した選択、自分について語ったこと、そしてあなたの人間関係の歴史を記憶しているのだ。

オードリーは、どのオンライン世界に行くか決めるのが難しいことがあると言う。どれかを選んでそこに入るということは、そこでの自分になるということだ。ほかの場所にいるときとは遊び方も違うし、友だちも違う。ピート（46歳）の言う「ライフミックス」（286ページ参照）は、単なるバーチャル生活と現実生活の組み合わせを超えるものだ。オードリー（16歳）にとってさえ、多くのバーチャル生活が影響を与えている。

驚くことではないが、ライフミックスにも緊張が走ることがある。オードリーと何人かの女友だちはワールド・オブ・ウォークラフトというゲームに参加しているが、そこに同じ学校に通う男子生徒が入ってきたことがある。彼らはみんなアバターの姿で参加するが、本当は誰か互いに知っている。ふだんはシャイなその男子生徒が、オンラインでは大胆になり、オードリーによれば「攻撃的になって、強気なことを言うようになった」。オードリーと女友だちは、オンラインで彼を笑ったりからかったりし始めた。「だって実際に彼を知ってるから、〝なに冗談言ってるの？〟って感じ」

しかし少女たちは動揺もした。その少年がそんなふうにふるまうのは見たことなかったからだ。翌日、彼を学校で見かけたとき、彼はすぐに背を向けて立ち去ってしまった。ネットで起きたことを受けとめられなかったのだ。バーチャルな世界で恥をかいたせいで、現実世界の自己が変化したのである。オードリーはこのような現象を〝水漏れ事故〟と呼んでいる。そういうことはよく起こると彼女は言うが、「よくないことだ」と考えている。

オードリーはそのようなアクシデントを防ぐ方法を考案していた。オンラインの世界で居あわせた人が現実の世界でも知っている人だったら、そこで起こったことは弁護士のように守秘義務の精神で扱うというものだ。言い換えると、彼女は自分が誰であるかがわかっているフェイスブックのようなオンライン空間を、モラトリアムに適した場所につくりなおしているということである。オードリーは、インターネットの中で起こったことは、多少の例外は除くとしても、インターネットの中にとどめるべきだと考えている。彼女はインターネットをＡＡ（匿名アルコール依存症者の会）にたとえる。

ＡＡの会合に行って「私はアルコール依存症です」と告白したとします。もしそこに友人がいたとしても……外ではそのことは話さないでしょう？　たとえその人と外で同じグループに属していたとしても、ＡＡで遭遇したことは話題にしませんよね。それは暗黙の了解。それと同じで、フェイスブック上の私が誰かを知っている人はいるけれど、たいていの人はインターネットのことを現実には持ち出さない。

悪いことをしていない限り、フェイスブックに書いたことに何か言ってくる人はいない。そんなプロフィールを書くのは何か理由があるからだと、みんなわかっている。自己紹介欄になぜそんなことを書いているのかと訊く人はいない。たいてい放っておく。特にその人のことを知ってるときは、インターネットに何を書いていても気にしないようにする。

オードリーの友人たちは、彼女がフェイスブックに現実と違うことを書いているとわかっているが、オンラインの自己像は別のものだと思ってくれている。彼女も彼らに対して同じ配慮をする。その結果、デジタル生活では感情や思考の実験をする余裕ができるのだ。オードリーは言う。「ＡＩＭ（アメリカ・オンラインが提供する無料ＩＭのサービス）で誰かとたっぷり話しこんでも、その翌日、〝ハイ〟とあいさつするだけのこともある」。現実とバーチャルを切り離すことで、バーチャルに必要な息抜きの場をつくっているのだ。

会って話すべきこともあるけれど

ときどき「ネットで自分が見せているものを、それ以外の自分の生活の場所に持ちだそうとする人がいる」とオードリーは言う。しかし、これは残念な結果をもたらしかねない。その例として、オードリーは自分が体験した「インターネット上での最悪の喧嘩」の話をしてくれた。

それが始まったのはチャットルームで、そこで彼女はローガンというクラスメートと喧嘩をした。自分が悪かったと感じたので、翌日ローガンに会ったときに謝ったが、現実世界で謝罪しても事態は収まらなかった。逆にローガンはネットで喧嘩をむし返し、オードリーのフェイスブックに自分の言い分を投稿した。友だち全員にそれを見られてしまったので、オードリーは対抗しなければならないと何時間も怒りのやりとりが続き、そこに加わる人の数も増えた。

いう気になった。それで今度は彼のフェイスブックに自分の怒りを書き込んだ。学校にはオードリーとローガンの共通の友だちがいて、彼らはいずれかの側につかなければいけないように感じた。毎日、何時間も怒りのやりとりが続き、そこに加わる人の数も増えた。

オードリーにとってショックだったのは、その喧嘩に結局は「何の意味もなかった」ことだ。「私は言ってはいけないことを言ってしまったから謝った。これがパーティーでのことなら5分で終わっていたと思う」。しかし彼女がそれを言ったのはインターネット、つまり特別な反響室だった。オードリーがこの出来事で受けた傷は6か月経っても癒えていない。「私たちは本当にいい友だちだったのに。いまは廊下で会っても目も合わさない」

自分はできるだけのことをしたと信じることで、オードリーは納得しようとしている。バーチャルと現実を分けるというルールを破っても直接会って謝ることが、事態を〝正しく〟収めてローガンとの友情を保つための最善の策だった、と彼女は主張する。「オンラインでの謝罪は軽いし簡単。ただ〝ごめんね〟と打てばいいだけだもの。気持ちなんて関係ないし、言葉に気持ちを込める必要もない。実際に相手に会って〝ごめんね〟と言うほうがずっとたいへんだけど、そのほうが相手の心に届く。安易な方法を選んで、許してほしいという気持ちをテキストに託したのではうまくいかないと思う」

ローガンも最後には謝ったが、オンラインでのことだったからうまくいかなかった。「もし彼が会ったときに謝ってくれていれば違ったかもしれないけど、彼はそうしなかった。ネットでの謝罪なので、どうなるかわからない問題があるわ。彼はこれからも私に変な態度で接するのか。それとも普通に戻るか。ネットとリアルの2つの世界がどう交わるかもわからない」。オンライン上の謝罪はネットが与えてくれる〝てっとり早い方法〟の一つにすぎない。そこはその種の誘惑が数多くある世界だ。

そんなオードリーだが、1年前、ボーイフレンドにオンラインで別れを告げるという最悪の方法を使ってしまった。ティーンエージャーの少女たちは、テキストを使ってはいけないタイミングについて話すとき、テレビ番組『セックス・アンド・ザ・シティ』をよく引き合いに出す。話題を集めたあるエピソードで、ヒロインの恋人がポストイットに書いた別れのメッセージを残して去っていった。ポストイットで別れを告げてはいけない。テキストで別れを告げるのもいけない。オードリーはそんなことは弁《わきま》えていた。ＩＭで別れたのは誤りだった。彼女はいまでも自分を許せないでいる。

> 私は怖かったの。電話も無理、会うのも無理だった。もう前みたいな気持ちになれないから終わらせるべきだと思った。そういう感じ。彼には悪いと思った。好きだったのは本当だから、切り出す勇気がなかった。逃げようとしていたわけじゃなくて、ただ言葉を口にすることができなくて、だからオンラインでないとだめだった。あんなことしなければよかった。きちんと会って話すべきだった。本当に悪かったと思ってる。酷《ひど》いやり方だったし、見苦しいことだった。

ネットを使った別れに自責の念を感じているオードリーは、正しく行動できた別のケースの話を持ち出して自己弁護した。「友だちと言い合いになって、そのことをフェイスブックに書きかけたんだけど、思いとどまったの」。彼女は、ボーイフレンドにオンラインで別れを告げるのは感心できないが、「少なくともつながりを切れる。友だちと別れるのは一苦労で、〝もう友だちでいたくない〟と言うのはそれほど簡単じゃない」。友情が現実世界とバーチャル世界にまたがってしまったいま、両方の世界を〝調整〟しなければならなくなった。

２つの世界をまたいで調整するためのオードリーのエチケットは単純ではない。彼女は顔を合わせて会話するのは難しいと感じており、電話で話すのもなんとか避けようとする。しかし、すでに見たように、顔を合わせて話すべきことがあるとも思っている。ボーイフレンドとの別れ話や、相手に「まごころを示したい」ようなときだ。

両親が別居することになったとき、彼女は違う学区へ引っ越さなければならなかった。学校の友だちが、きっとみんなさびしがると、ＩＭで伝えてきたときは落胆した。「やさしい言葉だけど……目の前で言ってくれていたらもっと感動したと思う。ＩＭで伝えてきた理由はわかる。私たちは毎日会うわけじゃないから。そう感じたときに、即その場で気持ちを伝えてくれたんだと思う。待つ必要はない。その友だちには感謝してるけど、文字で読むのと声を聞くのとではやっぱり違う」

話しながら、オードリーは自分が提示したルールが混乱していることに気づき、整理しようとする。「私は電話を避けようとしているし、テキストとＩＭは好きだし、フェイスブックもよく使うから、なんでもオンラインですませたがる人みたいな印象を与えているかも」。だが、友だちと別れるときなどは、会って話したいと思う。タラやレオノーラと同様、オードリーも電話で〝話す〟ことがすごく役に立つと言っているわけではない。電話は、テキストで話がこんがらがったときに（しばしば重複や行き違いが起こる）確認のために使うものだと考えている。

彼女が転校するときに友だちがテキストでさよならを言ったのは、大して重要でないと思ったからなのか、「面と向かってやさしい言葉をかける勇気がなかった」からなのか。たぶん後者の可能性が高く、自分でもそうするかもしれない、とオードリーは認めた(8)。自分の気持ちや感謝をデジタルで送れば、冷たい反応から自分を守ることができる。デジタル・コミュニケーションが感情の世界で持つアフォーダンスの一つは、意図的な無頓着《ノンシャラン》さの背後に本心を隠せるということだ。

いつどのメディアを使うか

「どうしてる？（Whassup?）」レイノルド（16歳）はこの言葉をよく使う。彼はペンシルベニア州の小さなカトリック系ハイスクール、シルバー・アカデミーの生徒だ。「ＩＭでは〝どうしてる？〟だけ言っていればいい」

レイノルドはＩＭには〝中身《コンテンツ》〟は必要ないと明言している。ただそこにいるだけでいい。そこにいることが、チャットできると相手に示していることになる。テキストはもう少しハードルが高い。「何か目的が必要なんだ。テキストは〝どこにいる？ 僕はここにいる。これをしよう、あれをしよう〟と話が進む」。とはいえ、友人同士なら「テキストもＩＭと同じくらい気楽に使うけど」。レイノルドはそれが気に入っている。「親しい友だちになら、〝どうしてる？〟だけでテキストできる」

シルバー・アカデミーの3年生および4年生の8人と、ネットのコミュニケーションについて話し合ったとき、彼らはレイノルドが提起した疑問について考えたいと言った——テキスト、ＩＭ、フェイスブックのウォールへの投稿、フェイスブックやマイスペースといったＳＮＳのメッセージは、それぞれどんなときに使うべきか、という疑問だ（ＳＮＳのメッセージは生徒たちが使っているものの中ではＥメールに近いが、教師に対して、あるいは大学や仕事の応募には使わない）。ある4年生は、ルールをわかっていない人を批判して言う。「テキストで会話をしようとするヤツがいて、気に入らない」

このグループでは、デジタル・コミュニケーションの楽しさの一つは伝えるべきメッセージが何もなくてもかまわないことだ、という点でほぼ意見が一致した。考えを伝えるより、気持ちの引き金になるという面が強い。実際、テキストを打つことで自分の気持ちがわかるという多くのティーンエージャーにとって、コミュニケーションは感情が生まれる場所なのだ。

無頓着さを強調する彼らだが、話し始めて間もなく、オードリーが気づいていたのと同じ複雑さの問題にぶつかる。どんなメッセージでも（たとえ気楽な内容に思えても）だいたいは、じっくり考えられているという問題である。異性の相手に対するメッセージは特にそのことが言える。

ジョン（16歳）は好きになった女の子がいたが、思いを伝える自信が持てなかった。そこでデジタル版のシラノに頼ることにした。好きな女の子に連絡をしたいとき、ジョンは自分の携帯電話を、テキストで女の子を口説くのが得意な友だちに渡す。じつは、そうした代筆人が数人いる。そのうちの誰かに頼めば、きっと彼のロクサーヌが喜ぶような文章を書いてくれる。気持ちを伝えることに関しては、どのメディアを選ぶかということと同じぐらい、文章の質が重要なのだ。

ハイスクールの生徒たちは、どんなメッセージがどんなメディアに〝合う〟かについては言いたいことがたくさんあるようだ。それはこの世代ならではの専門知識なのかもしれない。ルールがない新しいメディアとともに育った彼らは、必要にかられて自分たちでルールをつくりだしたのだ。

リシュリュー・ハイスクールの2年生であるヴェラは、テキストには「つきあいのプレッシャー」があると言う。こちらから送って返事がなかったら気になってしまうからだ。ＩＭにそれほどプレッシャーを感じないのは、「返事がなくても、相手がコンピュータの前にいないと思うだけ」だからだ。クラスメートのマンディの意見は違う。「ＩＭで無視されると、私はすごく心配になるわ」。他のクラスメート2人がこの話に加わる。1人はマンディに、その反応は「ばからしいし、ＩＭの仕組みを誤解している」と言う。もう少し穏やかな女の子は、傷つく必要はないとマンディをなだめようとする。「ＩＭだと、別の人と話してるとか、宿題をやってるとかいうときは、返さなくていいとみんな知ってるよ」。それでもマンディは安心できなかった。「そんなの知らないわ。メッセージを送って、何も反応がなかったら辛い」

マンディは自分の考えの要点を繰り返す。返事がないのが辛いのは、ＩＭの「公式性《フォーマリティ》」にあると彼女は言う。彼女の仲間うちでは、ＩＭは、多くの人が宿題をするためにラップトップやデスクトップの前にいる夜に送られる。そのような社会的・技術的前提を軽々に扱うことはできないというのがマンディの考えだ。その意見の根本には、メディアはメッセージだという、マーシャル・マクルーハンの考え方がある。コンピュータでやりとりをするメディアは公式で、メッセージも公式だ。移動中やショッピング中、あるいはコーヒーを飲んでいるときにスマホの画面にタッチしてテキストを送るのなら、そのメディアは非公式で、メッセージも非公式だ。何度も中身を書き直したとしても、それは変わらない。

ＩＭはもっと〝無頓着〟でよいと考える側も譲らない。「ＩＭを送る相手は〝たぶん10個くらいのことを同時にしている〟。コンピュータの前にいたとしても、宿題をしたり、フェイスブックのゲームをしたり、動画を見たりしているかもしれない。それだけノイズがあれば、ＩＭなんか簡単に埋もれてしまう。ＩＭにサインインしたままコンピュータから離れることもある。ヴェラの言葉が、この気分をうまく要約している。「ＩＭは相手、特に男の子の気持ちを試すのに、メールよりもリスクが低い方法なの。返事があることをそれほど期待せずに、自分から何か言うことができる」。会話するためにつくられたとはいえ、ＩＭは深く関与することなく、ついでのように「どうしてる？」と言ってみるスタンスにぴったりなのだ。

電話よりテキスト

リシュリューの2年生全員が、電話は避けるという点で一致した。マンディは電話のマイナス面を語る。「電話したくないのは、会話だけに没頭しなくてはいけなくなるから」。会話は「自分がしたい場所で、したいときにだけしたい」。マンディにとっては、「たぶん電話じゃそれは絶対に無理……電話だとあれこれ詮索し始めて時間がかかるし、〝バイバイ〟と言えない」。彼女はオードリーと同じように、ぎこちない電話の切り方は拒絶のように思えるという問題を持っている。テキストなら「ただ質問して、それでおしまい」。

電話嫌いは男女を問わない。フィルモア高校の16歳の少年は、親に言われて親戚に電話するときしか電話を使わないと言う。「テキストのほうが、時間をかけて考えながら書くことができる。電話で話しているときは、テキストと同じようなことを伝える場合でも、あまり考えていない。電話だとよけいなことまで伝えちゃいそうな気がする」

彼は入念に準備して自然に見せかけることを好む。この無造作で何も気にしていないように見えるスタイルは思春期の若者にはつきものだが、現在ではそれがデジタル・コミュニケーションのおかげで楽にできるようになった。何か書いて送って探りを入れる。何も気にしていないと装いながら。物事はそこから始まる。

テキストはさらりと書いている印象を与えるが、ティーンエージャーは最初の1行を10分もかけて何度も書き直すこともあると言う。

フィルモア高校4年のスペンサーは「テキストの返事が来ると、それにどのくらいの時間をかけたか忘れてしまう。他の人がテキストを書くのに知恵をしぼっているとは考えもしない。だから自分がテキストに時間をかけていることも忘れてしまう」。これまでに急いで書いたテキストを出したことがあるかと尋ねると、あると答えた。「でも本当に大事なことでは、ないなあ……重要なことを書いているときは、送る前に語順を入れ替えたり、いろいろ直す」

彼のクラスメートのディヴァルは、高速でテキストを打てる〝親指タイピスト〟を自任しているが、テキストのことは〝会話〟だと思っている。ある日、私たちは昼の12時ごろに話したのだが、その時点でもう「たぶん100通はテキストを送っている」とのことだった。ほとんどが2人の会話のやりとり《スレッド》だった。「1つは僕の親友で、僕が行けなかったゆうべのゲームについてのこと。もう1つはモントリオールに住むいとこで、この夏のことを訊かれた。僕は大学はカナダに行くつもりなので、来年は彼女の家の近くに行くから、この夏に来るかと訊かれたんだ」

私はディヴァルに、そうしたテキストでの会話は電話とどう違うのか尋ねた。彼は午前中のほとんどを、テキストのやりとりに費やしているので、電話を避けることが効率的な時間管理法とは思えない。彼の答えは明快だ。「彼女は声が耳障りなんだ」。それに加えて「テキストは回りくどくない。話のつなぎが必要ない」。テキストでのやりとりは「必要な情報だけだ」とディヴァルは言う。「彼女ははっきりとした質問をする。僕がはっきりした答えを返す。「話したくない相手と長々電話するのは時間の無駄だ」

テキストなら耳障りだと感じる声を聞かずに会話ができる。夏のあいだ、いとこの家に滞在する計画について、よけいなおしゃべりも、彼女への関心を示す必要もない。どちらの側も言葉のやりとりを、スケジューリングソフトでもできる業務内容の連絡に限ろうとしている。そのような内容なら「話のつなぎも必要ないし、情報交換だけですむ」

それでもディヴァルは、テキストだけで一生を過ごせるかはわからない。いまではないが近い将来、電話で話すことを「無理にでも覚えなければならない」かもしれないと言う。「それは会話の仕方を覚えるにはいい方法かもしれない……もっと歳を取ったら、会話の仕方や、何か話せるように共通の話題を見つける方法を覚える必要が出てくると思う。ぎこちない沈黙の中で生きるわけにもいかないからね。このごろは、電話で話すことも長い目で見れば役に立つと感じることがある」

だが最近では、その「もっと歳を取った」人々でさえ、電話での会話を避けるようになっている。常に誰かと連絡できる状態にあると感じると、誰もがリアルタイムで展開する事態の大変さから身を隠そうとし始める。

あらゆる世代を襲うプレッシャー

私が調査したティーンエージャーが生まれたのは1980年代から90年代初期だった。その多くは物心ついて間もなく、アメリカ・オンラインを通じてインターネットの世界に触れた。しかしその親たちは、大人になってからオンラインの生活に入った。この領域では、親たちは最初から、子どもたちを追いかけて遅れを取り戻そうとしている世代ということになる。このパターンはいまも続いている。

フェイスブックの登録者数の伸びがいちばん速いのは、35歳から44歳までの年齢層だ。(9) そこで通常、その世代の大人とその子どもたちの世代の違いが強調される。根本的な違いは、オンラインの世界に途中から入ってきた〝移民〟と〝ネイティブ〟の違いだとされる。

しかし移民とネイティブには共通点も多い。何よりも強いのが、押しつぶされそうな感覚だろう。ティーンエージャーは学業や恋愛において、成果を求められることに押しつぶされそうになり、ネットを隠れ場所にして境界線を引こうとしている。親たちは押し寄せてくるものをコントロールするのに疲労を訴えながら、文字によるオンラインのコミュニケーションを基本とすることで取捨選択を効率的に行おうとしている。

そのため彼らは常に接続を保ち、働き、待機している。それほど前の話ではないが、私が友人と、その息子である若い弁護士と一緒にサンクスギビングを祝ったときのことを思い出す。息子は弁護士事務所からポケベルを支給されたばかりだった。そのとき同席していた人々は、〝弁護士先生の緊急事態〟とは何かという話題で冗談を言いあい、彼も一緒になって笑っていた。しかし翌年になると、彼にとって常に事務所とつながっていない状態は考えられなくなっていた。かつてポケベルを持っているのは医者だけという時代があり、それで〝負担〟を順番に分担していた。いまや私たちのすべてがその負担を引き受け、それを〝利点〟と考えている。あるいは、世の中はそういうものだと受け入れている。

私たちは職場だけでなく、家族ともすぐに連絡が取れるよう待機状態にある。バークシャーの早朝ハイキングに参加したとき、私はマンハッタンの不動産ブローカーのホープ（47歳）という女性と一緒に歩いた。彼女はブラックベリーを持っていた。夫からの連絡があるはずだからと言う。そして実際、彼は30分間隔で彼女に電話してきた。ホープはどこか申しわけなさそうに、電話は「好きではない」が、夫を愛しているし、それが彼には必要なのだと語る。彼女は律儀に電話に出ていたが、ようやく電波が届かなくなったとき、「圏外になったわ。やれやれだわ」と言って電源を切った。「少し休まないと」

人々は一人で時間を過ごすには、つまり電話に出ないでいるには、理由が必要だと考えるようになっている。テクノロジーがもたらしたと思われるストレスに対処するのにテクノロジーに頼るのは皮肉な話だが、人々はフィルターや知的エージェント（人工知能的機能を有し、ユーザーを補助するソフトウェア）を使って、見たくないメッセージを処理しようとしている。

ホープとオードリーには30歳の年齢差があるが、どちらもテキストが電話の〝問題〟を解決してくれると思っている。〝ストレス〟とはリアルタイムに起こるプレッシャーのことだと考えている点でも一致している。ハイキングコースを歩きながらホープは、夫をテキスト派に〝改宗〟させようとしているのだと言う。それでは手間が増えるだけではないのか。電話よりたくさんテキストが届くのではないかと尋ねたら、彼女は「リアルタイムで対処しなくてすむ」と答えた。

一人になる時間が持てない

間断なき電子コミュニケーションには複雑な感情を持ってしまうが、それは必ずしもつながっている人たちへの気持ちが不足しているからではない。だがメッセージが次々と押し寄せてくると、一人《ソリチュード》の時間が確保できなくなる。それは自分に対する他者からの依存や愛情から切り離された時間だ。一人でいるとき、私たちは世界を拒絶することなく、自分自身の思考を見つめる余裕を持てる。しかし電話が常にそばにある社会では、一人になろうとする人は周りから不審な目で見られることになるだろう。

私たちはつながったまま日々を過ごし、ぼんやりと何かを考える時間をあきらめる。そして忙しさで疲れ果てたとき、ファウストの取引に手を染める。一人にしてもらえるなら一緒にいる方法を見つけましょう、という取引である。

ボストンの大病院で働く看護師（36歳）は、一日の始まりにまず母を訪ねる。母のために食料品を買い、掃除をしてから、仕事へ向かう。8時間のシフトを終えて夕飯を食べると、もう夜の9時すぎだ。「人と会って何かできる状態じゃありません」と彼女は言う。「電話で話すエネルギーもないくらい。看護学校の友だちは全国に散らばっています。何通かEメールを送って、フェイスブックにログインすると、寂しさは減りますね。相手がそこにいなくても、私がそこにいるその瞬間にという意味ですけど、そばにいる気がします。新しい写真を見て、最近の様子がわかって、おいてけぼりじゃないと感じられるんです」

夫を亡くしたある女性（52歳）は、これまでボランティア活動に携わり、午後には訪ねてくる友人たちとお茶をするという生活をしていた。そんな彼女が、オフィス・マネジャーとしてフルタイムで働き始めた。新しいルーティンに慣れていない彼女は、友人に電話しなくなった自分に「ちょっと驚いている」と言う。Eメールを送ったりフェイスブックのメッセージを書いたりすることで満足している。「電話は押しつけのように感じる。人のところに押しかけているような。友だちから電話がかかってきたら、やっぱり押しかけられているように感じるかも……仕事が終わったら家に帰り、フェイスブックに送られた孫からの写真やEメールを見てつながりを感じたい。疲れてしまって人に会う気にならないんです。直接、顔を合わせるということですけど」

2人の女性はどちらも、かつては元気の源だった電話を、わずらわしいものに感じている。電話の設計上の欠陥は、リアルタイムでしか話せないことだ。Eメールに逃げ込んだのは、最初は疲労からくる問題を解決するためだった。しかし結局、それとは無関係に電話に出ることをためらうようになった。もちろん直接会うことも。

法学教授のダン（50代半ば）は、自分は決して職場の同僚のじゃまをしないと言う。電話はしない。会おうとも言わない。「相手は働いているかもしれないし、何かしているかもしれない。タイミングが悪いかもしれない」

そう考えるようになったのは最近のことかと尋ねた。「そうです。前はよく外で会っていた。楽しかった」。以前の仲間づきあいが、なぜいまではじゃまと感じられるのだろう。ダンは「みんな以前より忙しくなっている」からと考えて納得している。しかし彼は、いったん言葉を切って、こう言いなおした。「正直に言うと、それだけじゃない。僕が人と話をしたくない。僕がじゃまされたくないからだ。話すべきなのかもしれないと思うし、それはそれで楽しいだろうけど、でもブラックベリーで対処するほうが楽なんだ(10)」

ヒュー（25歳）はこうした風潮にやりにくさを感じている。彼は「自分にはEメールやフェイスブックでできる以上のことが必要だ」と言う。友だちが会う時間がないと言うのなら、せめて電話で話をして、「一人の人間としてすべての意識を自分に向けてほしい」と思っている。しかしヒューは、テキストで電話したいと伝えるときは目的をはっきりさせておかなければならないのが困ると言う。彼はただ「相手と2人だけで〝個室〟にこもる時間」が欲しいのだ。「電話の相手には、他からの電話に出ないでほしい。ほかに何もしないでほしい」

彼が拒絶されていると感じるのは、電話で友人と話しているとき、相手がテキストやフェイスブックをしていることに気づいたときだ。そういうことはよくあると言う。「相手が歩きながら話しているのもいやなんだ。ある打ち合わせから別の打ち合わせへと移動中の相手と、真剣な会話はできない。でも、2人だけで〝個室〟で話す時間をつくるのは難しい。みんな深く関わり合うのをいやがっているから」

テキストを好み、連絡手段として使う若者たちの中にも、相手に「意識を集中してもらう」ことについてヒューと同じ難しさを感じている人はいる。

ある少年（16歳）は「僕はみんなに、僕に向かって話してくれと言いたいわけ。いまは僕との時間だろうって」。友だちには固定電話から電話してもらうようにしているという少年もいる。話しているとき、相手がどこか1か所にいることがわかるし、話している手応えがはっきり感じられるからだ。「いちばんいいのは固定電話からかけ直してもらうことかな……それがいちばんいい」。何かに中断されることなく固定電話で話すことは、以前は毎日のようにしていたことだ。しかしいまはそれが珍しく、得難いものになった。

ヒューは最近、彼の言う〝個室〟に身を置こうとしたが、そのことを後悔していると言う。ほかに何もせず腰を落ち着けて自分と話をしてほしいという要求はハードルが高すぎた。「僕がしたがっている話が、たとえば鬱になったとか、離婚を考えているとか、仕事を馘《くび》になったとかいうのでないと、相手ががっかりするんだ」と笑う。「個室にこもるときは、相手の期待に添えるようにしておいたほうがいいね」

強い感情は電話ではなくネットで

電話するときのハードルがあまりに高くなってしまったため、分かち合うべき大切なことがあっても電話をためらうようになった。

タラ（Eメールで友人たちとの用件を〝処理〟していると認めた弁護士）（332ページ参照）は、友情が傷つけられた出来事について話してくれた。タラは年に4回、ロー・スクール時代のクラスメートのアリスと食事をする。2人はEメールのやりとりで日取りを決めた。なかなか都合が合わなかったが、ようやく日時とレストランが決まった。

そのディナーの席で、タラはアリスから悪いニュースを伝えられた。アリスの姉が死んだというのだ。何千マイルも離れた土地に住んでいても、姉妹は毎日1回は話していた。姉を失い、電話もしなくなってしまい、アリスは地に足がついていないように感じているとのことだった。

ディナーの席でアリスからそのことを伝えられたとき、タラは動揺して取り乱しそうになった。2人はそれまで何か月もEメールをしていた。なぜそのことを伝えてくれなかったのか。アリスは自分の家族のことや、さまざまな手続きで手がいっぱいだったと説明した。そして、「Eメールで話すようなことではないと思った」と言った。助けを必要としていたはずのアリスが、逆にタラを慰めることになった。

その話を私にしながら、タラは自分の態度を恥じていると言った。自分が考えるべきだったのは、そしていまでも考えなければならないのは、姉を亡くしたアリスの気持ちであって、自分の親友としての立場ではないと。

しかしタラには言いたいこともある。アリスとはずっと「連絡を取り合っていた」のだ。Eメールを送り、ディナーの席を予約した。もし会う日時を決めるのに電話で話していたら、彼女の姉が亡くなったことを知っていたのではないかと、何度も考える。「声を聞けば何かを感じ、何かがあったと察したかもしれない。私から尋ねたかもしれない」

しかしタラにとって、多くの人と同じように、電話は家族とだけの連絡手段になっている。いちばんの親友でも、友だちは電話で話す相手からは外れかかっている。

タラは電話を避けているが、その代償に何かを失ったことを知っている。だが若者にとっては、代償はそれほど明瞭ではない。シルバー・アカデミーのメレディスは私と話をする数か月前に、友人の死をＩＭで知るという経験をしていたが、そのとき誰にも会わず、話もせずにすんだことをありがたいと思っている。「その日は休みだったから、家にいて、近所の人にも誰とも会っていなかった。すると友だちのロージーがＩＭで私の友だちが死んだと知らせてきた。本当にショックだった。でも、まわりに人がいなかったからましだった。ずっと誰にも会わず、ただオンラインで話をして乗り越えた。もし直接会って知らされていたら、どうしようもなかったと思う」

話の先を促すと、タラは、悪いニュースだったけれど、知ったのがＩＭだったから気持ちを落ち着けることができたと言った。電話で聞いていたら「ひどいこと」になっていただろうと言う。「人前で取り乱さずにすんだ」

そのニュースを聞いてから丸一日、友人たちとはＩＭだけで連絡を取り合った。数は多かったが、内容はごく短かった。「ただ事実についてだけ。〝ねえ、聞いた？〟、〝うん、聞いた〟みたいな会話で、それだけだった」。ＩＭのおかげで自分の感情と距離を置けた。学校でほかの人と顔を合わせたとき、感情がほとばしるのを抑えられなかった。「友だちの顔を見たとたん、もうどうしようもなくなった」

メレディスの友人のカレンとベアトリスも、同じような話をする。カレンは親友の父親が死んだことをＩＭで知った。彼女は「コンピュータ上で知ったから、まだ楽だった。うろたえたところを誰にも見せずにすんだから」。ベアトリスはこう考える。「悪いことは聞きたくないけど、テキストで送られてきたのなら冷静でいられる」

彼女たちのような若い女性は、強い感情はネットという避難場所で対処するのが望ましいと思っている。リアルタイムで向き合う場合とは違う感情の処理ができるからだ。ストレスを感じたとき、彼女たちは何よりも落ち着きを求める。しかし平静ではいられない。顔を合わせて冷静さを失ったとき、そこから逃げる新しい方法を見つける。話すのではなく、携帯電話を取り出して互いに、あるいはそこにいない友人に、テキストを送るのだ。私には、何事によらず「電話しないで」と言いたがるこの世代の弱さがわかる。彼らは自分の感情から距離を置いている。自分を助けてくれる人たちから距離を置いている。

排除される「声」によるコミュニケーション

人間は顔を通して互いが人間であることを認めるという説を初めて読んだとき、そういえば私は、声についてそう考えていたことを思い出した。しかし調査した多くの人たちと同様、私もまたテクノロジーと共謀して、多くの声を排除している。

私は同僚のジョイスと食事をする予定があった。その前日、私の娘が大学の合格通知を受け取った。私はジョイスにお祝い事があるとEメールで伝え、彼女からはお祝いのEメールが届いた。彼女も子どもたちの大学入学試験を経験していたので、私の安堵を理解してくれた。

ディナーの席でジョイスは、お祝いの電話をかけようかと思ったが「立ち入りすぎ」のように感じてやめたと言った。私も同じ理由で電話で伝えなかったと告白した。ジョイスと私は新しいエチケットに縛られていると感じていたが、納得してそれに従っている。「電話にじゃまされなければ、自分の時間をコントロールできていると感じる」とジョイスは言う。

ジョイスも私も、なくて不満だったものを手に入れた。一人でいても一緒にいると感じられるようになり、Eメールのおかげで、リアルタイムで相手に注意を向けずにすむようになった。私たちは声を避けようと意図したわけではないが、結局その楽しみは我慢せざるをえなくなった。声はリアルタイムでしか経験できないうえに、私たちはどちらも忙しいため、相手にそういう手間をかけさせたくないと感じている。

iPhoneのビジュアル・ボイスメールが歓迎されたのは、メッセージを聞かなくても送ってきた相手がわかるからだ。いまではボイスメールを自動的に文章に変換するアプリもある。面談をした大学1年生のモーリーンは、その種のプログラムを見つけて喜んでいる。彼女にボイスメールを送ってくるのは両親だけだと言う。「両親のことは好きだけど、携帯電話の使い方を知らないの。ここは長いメッセージを残すところじゃない。長すぎて聞いていられない。でも、これだと文字で読めるからスクロールするだけ。最高だわ」

人とつながり合うという面で、「ないよりまし」だったことが、純粋に「よいこと」になりつつある。人は昔から遠く離れた人ともつながりたいと願ってきた。そこで手紙を送っていたのが電報になり、やがて電話が登場して、遠くにいる人の声を聞けるようになった。どれも、全然会えないよりはまし、という扱いだった。それから間もなく、私たちは会うことをやめて電話を使い始めた。

70年代に私は、自分が新しいつながりの時代に生きていることを感じた。留守番電話がかかってきた電話をすべて引き受けてくれるようになったため、人は本当の意味で電話から〝離れる〟ことができなくなった。留守番電話はもともと、電話した相手がいなかったときに伝言を残しておくためのものだったが、それがふるいわけのための機械となった。ビクトリア時代の訪問カードの世紀末バージョンだ。つかまらない相手にいらつきながら仕方なくメッセージを残すというものではなくなり、それ自体が目的になった。こちらからは、相手の家に誰もいないときをみはからって電話をかけるようになる。相手も、電話が鳴っても出ず、「ボイスメールに応答させる」ことを覚えた。

次の段階では、ボイスメールから声がなくなった。文字で伝えたほうが速いからだ。Eメールによって時間と感情の表出をコントロールできるようになった。だが私たちはその速さにも満足できなくなった。モバイル機器によるつながり（テキストやツイッターなど）で、私たちはリアルタイムに起きていることとあまり変わらないスピードで、自分の生活を人に伝えることができるようになった。

しかし、私たちはこのシステムから逆襲を受けている。私たちは細切れの文で自分を表現するようになったが、大量の書き込みを大人数に発信するため、返信も増えた。それがあまりにも多いため、文字以外の手段でコミュニケーションしていたら疲労困憊しかねない。シェークスピアなら、私たちは「育ててくれたものに焼き尽くされそうになっている」[11]と言うかもしれない状況が生じている。

声を使うのを嫌がる理由

私がこの話をした友人は、本当らしく聞こえるが信じられない、と言った。詩の教授でありたいへんな読書家でもある彼女は、「私たちはリンカーンやシェークスピアみたいには書けないけれど、さまざまな人間の感情を伝えるための声というすばらしい道具を持っている。なぜそれを捨ててしまおうとするのかしら？」

その答えの一部は明らかだ。テキストやＩＭ、Ｅメールなら、見せつつ隠れることができる。〝見られたい〟自分を演じることができる。そして相手をすばやく〝処理〟できる。耳からの情報はスピードが落ちる。録音された情報なら少し速く再生できるが、聞くのはリアルタイムだ。文字に起こすか、最初から避けるほうがいい。私たちはロボットに表情豊かな声を与えようと努力しているのに、自分の声を使うことをいやがっている。

Ｅメール、ＩＭ、テキスト、もっと最近ではツィッターなどは、それが取って代わった手紙と同じように、声の痕跡が残っている。友人のアリスに電話しなかったことを悔いているタラ——電話していたら悲しい気持ちを打ち明けてもらえていただろう——の考えは、声とともに育ってきた人の考え方だ。声との接点がなくなってしまったことを残念に感じている。そこには、従来の枠組みの中でもう一度バランスを取り戻そうとしている姿がある。

私たちはトレーという法律事務所のパートナーに出会った。彼はタラとはちがうこと、バランスを取り戻せないことと向き合っている。

兄の妻が妊娠して、兄はそれを自分のブログに載せたんだ。先に僕に電話してくれなかった。それでこっちから電話して、ブログを見たと伝えた。僕は兄に怒った。でも兄は僕がなんでそんなに怒るのかわからなかった。

兄は毎日、何かあるとブログを書いている。それが彼の生活だ。だから医者のところから戻ってきたら、すぐにブログに書き込んだ。実際、それが妻と嬉しいニュースを祝うことの一部だったと言った。シャンパンとオレンジジュースで乾杯している２人の写真を一緒にブログに載せることがね。彼らの考えは、ブログで祝うってことだった。ほとんどリアルタイムで写真を載せて。兄に不満をぶつけながら、僕はまるで女の子になったみたいに感じたよ。こういう考えは古いのかなあ？(12)

トレーの話はタラの話とはだいぶ違う。トレーの兄が電話しないのは時間節約のためではない。弟を避けるためでもなく、忘れたわけでもなく、ほかの家族のほうが好きだからというわけでもない。ブログを書くのは兄のこまごました生活の一部なのだ。彼と妻はそうやって、家族としての生活の重要な節目を祝っている。

ネット上の新たな人間関係について、これとはまったく違う例をあげてみよう。私の友人の1人が幹細胞移植手術を受けた。私は彼女の家族ブログに招き入れられたことを光栄に感じた。それはニュースを伝えるためにセットアップされ、私のデスクトップ・コンピュータに届く。毎日、たいては1日に数回、その家族は治療報告、詩、考察、そして写真などをアップする。そこには患者本人とその夫、子どもたち、そして幹細胞のドナーである弟からのメッセージがある。ブログでは病状の一進一退が報告され、手術を受けてからの家族の生活、苦しみ、喜びをたどることができる。コミュニケーションの抑制が取り除かれ、家族は面と向かって話すのは難しいことを書き込んでいる。

私はすべての投稿を読み、Eメールを送る。しかしブログが存在することで、自分の行動が変わっていることを感じる。どの投稿にも感謝しているのに、なぜか電話をするのはためらわれる。立ち入りすぎになるのではないか？　私はトレーのことを考える。彼と同じように、私はネットが親しい者が集まる場所になった世界で、自分の立場を測ろうとしている。

ネットには新しいタイプのスペースがたくさん存在する。さまざまな事例の一方の端には、ベッドの中でも互いにテキストやEメールで話すカップルがいる。何組かそんなカップルの話を聞いたが、相手への要望や感情を「システム上に」残しておきたいという人もいた。家族のブログもあって、人々は結婚を発表したり、病気の進行状況を報告したり、祖父母に写真を見せたりしている。すべて自分自身になるための場所だ。

事例の他方の端には、ゲームからバーチャルコミュニティまで、アバターをつくって楽しむ場所がある。そこで人々は自分自身を探したり、見失ったり、自分の新しい面を探究したりしている。ネットの世界ではものごとはあいまいだ。オードリーが言ったように、フェイスブックのプロフィールは「私のアバター」なのだ。ビートルズのリンゴ・スターを真似たアバターをつくったら、それが第2の自分のように感じるかもしれない。シミュレーション文化の中で私たちはサイボーグになり、それ以下のものに戻るのは難しいのかもしれない。

第11章 人間に期待しない社会

アバターで自己実現

1990年代半ば、コンピュータ科学者でテクノロジーのユートピアを唱道するレイモンド・カーツワイルはラモーナ（Ramona）というアバターを創作して、バーチャル世界に乗り込んだ。当時、オンラインのロールプレイング・ゲームのプレーヤーは文字ベースのアバターを使っていて、その歴史や人間関係、着ている服などが長々と説明されていた。カーツワイルは新しい時代を見据えていた。彼は自分をグレース・スリック〔米国のシンガーソングライター〕として説明したくはなかった。グレース・スリックになりたかったのだ。

カーツワイルはバーチャル世界を創作し、美しくセクシーで、彼が選んだサイケデリックな背景の前で歌うアバターをつくった。それがラモーナだった。実際にはカーツワイルは、自分のすべての仕草を把握し、それをラモーナの動きに変換するハイテク装備を身に着けていた[1]。彼の声はラモーナの女性の声に変換された。カーツワイルがラモーナを演じている様子には目を奪われる。カーツワイル自身も心奪われている。それは彼にとって、他者の身体に宿ることのむずかしさと、異性のアバターになるために自分の動きをどう維持すればいいか――頭をどう支えるか、どういう動作をするか――を考える機会となった。

当時彼が行ったことは革新的だったが、そのいくつかの面は今ではごく普通になっていて、それがゲームに使われている。

そのようなゲームの1つであるビートルズ：ロックバンドが2009年9月に発売され、『ニューヨークタイムズ』で「斬新なエンターテインメント経験」と絶賛された。(2) その前身であるロックバンドでは、プレーヤーは楽器の形をしたコントローラーとマイクを持ち、それが出す音が画面上のアバターが出す音に変換される。このゲームの目的はビートルズの演奏と歌をシミュレートすることだ。こうしたゲームは、音楽の才能がない人々やギターを持っていない人々にも演奏を楽しむ道を開くと言われている。子どもたちがこうしたゲームで練習し、いずれ本物の楽器を演奏したくなることが期待されている。

カーツワイルのラモーナのように、プレーヤーはアバターを持ち、その能力を高めようとする。それらはすべて頭の中で行われる。プレーヤーはロックスターとして演奏するだけでなく、夢とファンタジーのあるスター気分を味わえる。

大人数で楽しむオンラインのロールプレイング・ゲームでは、プレーヤーは卓越した腕を持って想像の世界を楽しむことができる。さらに、バーチャルな親友たちと形成するコミュニティの中心的存在になり、そこに帰属意識も持てる。リアルな世界よりリアルでない場所でのほうが居心地よく感じるのはめずらしいことではない。シミュレーションの世界では、自分のよりよい面、そしておそらく真実により近い自分を見せられると感じられる。だとすれば、リアルにこだわる人がどのくらいいるだろうか?

現実と幻想のはざまのアイデンティティ

私が初めてセカンドライフに参加したとき、まずアバターの名前を選ぶよう求められた。私は以前からシェリー以外の名前を持つことをよく想像していた。以前からこの名前はあまりいいと思っていなかった。永遠に中学生の世界にとどまっている1960年代初頭のフォーシーズンズの歌みたいと感じていたのだ。

けれどもようやく別の名前をつける機会が訪れたとき、私はどうすればいいかわからなくなった。シェリーという名が嫌いというのは簡単だが、ではどんな名前をつけたいのか。幸い、システムがよさそうな名前をいくつか提示してくれた。その1つに決めたとき、私はほっとした。アバターの名はレイチェルとなった。この新しい名前の何かに魅力を感じた。それは何だったのだろう? その疑問とともに、画面上の生活はアイデンティティ構築のワークショップとなった。(3)

オンラインの世界とロールプレイング・ゲームは、自分を築き、修正し、演じることを求める。しかしその演技から、ソーシャル・ロボットの演技と同じように、ある別のものが表れる。アバターを通して人生を演じるとき、そこに私たちの希望、強さ、弱さが表れる。(4)それは自然なロールシャッハ・テストだ。(5)自分が何を願い、自分に何が欠けているのかを考える機会となる。それ以上に、障害と不安に対処する機会にもなるだろう。アバターは現実の生活の〝練習〟になる。すでに述べたが、画面上の生活は遊びかもしれないが、それは真剣な遊びである。

もちろん人は現実の生活のための練習をしようと、オンラインのアイデンティティをつくるわけではない。実験や内省は知らず知らずのうちに始まる。私たちはゲームやネットのコミュニティに参加するために、まずアバターをつくる。簡単なことだと思っているかもしれないが、突然、そうではないことに気づく。たとえば名前ひとつ決めるのにも苦労するのだ。

ジョエル（26歳）は、そのようなアイデンティティとオンライン上での自己表現に関する問題をじっくり考えている。彼にとってセカンドライフは、文字通り第2の生活なのだ。

実際のジョエルは年齢よりもはるかに若く見える。すらりとして服装はカジュアル、やや乱れた黒髪。ほんの数年前、彼は若く見えることがいやだった。相手に軽く扱われるように感じていた。幸せな結婚をして定職につき、充実しているいまは、自分の外見を受け入れている。いまでも年上に見られたい気持ちはあるが、「結局のところ、若く見えることは助けになることもある。過小評価されることが役に立つこともある」と認めている。ジョエルは若いころアーティストになりたかったが、現実路線を選んでコンピュータ・サイエンスを勉強した。才能あるプログラマーなので引っ張りだこだ。

ジョエルは大きなバイオテクノロジー企業のソフトウェア設計チームを率いている。仕事にはやりがいを感じているが、プログラミングのさらなる創造性のはけ口を求めてセカンドライフにたどりついた。前に登場したピートが、美しいアバターのジェイドとバーチャルな恋愛をしていた場所だ（285ページ参照）。ジョエルはセカンドライフの中での恋愛に興味はない。アーティストとリーダーとしての能力を試す場所が欲しかった。現実の世界ではどちらにも確信が持てなかった。しかし、どちらも自分の理想の姿には不可欠な資質だ。ネットという安全な世界で、ジョエルはそうなるためにそのような姿を演じる。

人類学者のヴィクター・ターナーは、アイデンティティをいちばん模索できるのは、日常の生活習慣の外、「どこか中間の場所」だと書いている。ターナーはそのような場所を、ラテン語で「境界」を意味する「リミナル」(liminal)という言葉で呼んでいる。それは文字通り、ものごとの境目のことだ。[6] トーマス・マンの『魔の山』に登場する架空の世界には時間と場所の概念がない。これがジョエルにとってのセカンドライフ、現実と幻想のはざまにある場所だ。

セカンドライフに参加している人の多くは、セクシーで、あか抜けていて、筋骨たくましいアバターをつくる。ある種の理想を体現した姿だ。しかしジョエルは違う方向へ行った。欠点を含めて、自分の目から見た自分のファンタジー版をつくったのだ。

彼は自分のアバターをミニサイズの象にして、ラシと名づけた。ひらひらした耳のかわいさと、現実的な面を併せもつ。セカンドライフでは、ラシは愛嬌もあるが、アーティストとプログラマーとして敬意を集めている。ジョエルが自分のキーボードで美しい建物やバーチャルの彫像をつくり、それによって彼のアバターであるラシがセカンドライフで名声を得るというわけだ。

アーティストであるだけでなく、ラシとしてのジョエルはいくつものことを引き受けている。バーチャルの建築プロジェクトやギャラリーの設置を進めている。ラシはジョエルがなりたいと望むマネジャー像だ。厳格だが落ち着いていて、人を怖がらせない。ラシは象だが、アーティストと管理職の才能を統合しようとするジョエルのアイデンティティ模索に、多くの可能性を与えてくれる。

ジョエルはセカンドライフのアバターを、背が高く支配的なキャラクターにすることもできた。軍人のようにふるまわせることも、アインシュタインのような天才にすることもできた。しかし彼は現実の自分と同じことで苦労するアバターをつくった。

アバターは、背後にいる人間と同じように、自分の才能や自制心を証明しなければならない。堅苦しくふるまうこともあるが、ラシはグレーのフランネルのスーツを着た男よりダンボに似ている。そのためジョエルと同じように、象のラシもチームで働くとき、他の面々から最初はまじめではないと思われることが多い。しかし実はとても仕事熱心ですぐれた技術を持っているとわかって驚かれる。

バーチャルな世界で成長できるか？

オンラインのロールプレイング・ゲームが登場した直後から、バーチャルの世界を自らの成長を助けるものと考え、画面の外の現実生活に不可欠なものととらえる人がいた。

ある若い男性は、ネット社会への〝デビュー〟が、友人や家族の前で自分を表す練習になると思ったと言う。別の若い女性は交通事故で脚を失い、義足をつけているが、そろそろ男性とのつきあいを始めたいと思うものの、まだ落ち着かず、不安を感じていた。彼女はネットで義足をつけているアバターをつくり、いろいろな人と関わった。彼女はネットで義足について話すことを練習し、バーチャルの恋人と性行為をする前に義足をはずした。彼女はバーチャルな身体での経験を通じて、自分の身体を受け入れられるようになった。

もう1人の熱心なプレーヤーは、自分は臆病すぎる男だと説明する。彼はオンラインで「キャサリン・ヘップバーンのようなタイプ」の女性を演じて、自信を持つ練習をした。そのうちに実際の生活でも、男として自信を持てるようになった。

これがジョエルが目指している〝交差効果《クロスオーバー》〟だ。彼は現実世界で使いたいスキルをバーチャルの世界で磨いている。

オンラインの世界について考えるとき、心理学者が使う「演じる《アクティング・アウト》」と「取り組む《ワーキング・スルー》」という言葉の違いを区別しておくことが役に立つ。演じるというのは、現実であなたが葛藤を抱え、それをバーチャルな世界で繰り返し表現することだ。何度も繰り返されるが、ほとんど成長はない。取り組むというのは、オンラインの生活での材料を使って、現実での葛藤と向き合い、新たな解決策を探すことだ。ジョエルはラシをこのやり方で使っている。彼は奇抜さと厳粛さを組み合わせることを学ぶ場をそこに設けたのだ。

高校在学中から、ジョエルはウェブサイトの作成でお金を稼いでいた。締切前に仕上げ、巧みな設計で顧客の資金を節約することに喜びを感じる。ジョエルはこれを、10代で経験した〝ハッカー〟文化のおかげと考えている。当時、ジョエルは自分をテクノロジーの達人のコミュニティの一員と感じていた。そこには厳格な決まりがあった。そこのハッカーたちはコンピュータを使って、互いにさまざまないたずらをする――それが〝ハック〟だ――が、自分を守れないグループ外の人には決していたずらはしない(たとえば、コンピュータが壊れたように見せかけるという伝統的なハックがあるが、熟練したハッカーは一連のキー操作で回復させることができる)。若いハッカーがルールに従わずにいたずらをすると、先輩ハッカーが介入して正す。

ジョエルはハッカーの倫理が消滅しつつあることを嘆いている。現在のバーチャル世界には、「悪ふざけが増えている」と言う。コミュニティに責任を感じない利口な人々が、ダメージを与える側にいる。しかしセカンドライフでは、ジョエルはラシを通じて〝保守的〟なハッカーの流儀の監視役となっている。彼の象は人々に規則を守らせるためにそこにいる。財産は尊重されるべきだ。人々の仕事を破壊するべきではない。象の耳と悲しげな目を持つラシは、だらしないスーパーヒーローだが、自分の仕事をきちんとこなす。

ジョエルはセカンドライフが発表されるとすぐに参加した。ベータ版の体験者となった。つまり市場に出る前に、その世界で働いていたということだ。彼の仕事はプログラミングのバグを取り除き、できるだけよい環境をつくることだった。セカンドライフの最初の印象はよくなかった。「気に入らなかった。ばかみたいだし、意外性がなかった。技術屋向きだった」

彼はしばらくその仕事から離れていたが、創造性のある空間を求めて戻ってきた。彼は〝ビルダーズ〟というグループの噂を聞いていた。アート系の人々で、セカンドライフのプログラミング言語を使って、型破りで不謹慎なバーチャル建造物を建てたり、美術作品の展示を行っていたりする。セカンドライフの中で、こうしたビルダーたちはステータスがある。彼らはセカンドライフに、アーティストの重要な目標をつくった。やがてジョエルはセカンドライフの中に、現実よりもアーティストを温かく迎え入れるコミュニティがあるのを知った。ジョエルはそのグループの仕事に加わった。彼は「やるからには、うまくやりたい」と言う。

スクリーンの中の生活

セカンドライフでラシは、達人ビルダーとして、どんなプロジェクトにも将来を見越したデザインをさりげなく加える。それに彼はとても親切だ。それはつまり、ラシを通してジョエルが豊かなバーチャルの社会生活を送っていることを意味する。このおかげで彼は、ふだんなら会わないさまざまなタイプの人たち——アーティスト、知識人、作家、ビジネスマン——とつながっている。ラシはよく、アバターたちのパーティーに呼ばれる。そこではアバターが飲んだり食べたり、ダンスしたりおしゃべりしたりする。正式なイベントに出ると、ラシは必ずそれを記録した美しい（オンラインの）スクラップブックをつくり、主催者のアバターに送る。

私がジョエルと会う1週間前、ラシはセカンドライフの中で結婚式に出席した。2人のアバターが結婚し、ラシは指輪を運ぶ係を頼まれた。ジョエルは快諾し、ラシ用に手の込んだタキシードをデザインした。招待状に書かれていたドレスコードが〝クリエイティブ・フォーマル〟だったので、ジョエルは玉虫色に光る生地でタキシードをつくった。彼は式のあとで作成したスクリーンショットのアルバムを、私に見せてくれた。ラシが花嫁と花婿にお祝いとして贈ったものだ。ラシのまわりに人が集まるのは、そうした気配りと、冷静でありながら感情が豊かなことが大きな理由だ。

現実の生活では、ジョエルには不満が少なく、そうした精神状態がゲームにも投影されている。おそらくノエルもその冷静さに惹かれたのだろう。ノエルはセカンドライフのアバターで、鬱状態のフランス人女性ということになっている。ノエルはつい最近、ラシに（現実世界での）自殺について話した。私がジョエルと彼のコンピュータの前に座ったのは、彼（つまりラシ）が何時間も話して「彼女を思いとどまらせた」翌日のことだった。

ノエルはラシに、彼と話すことで救われていると告げ、ジョエルはそのことをとても喜んでいる。彼も彼女を心配している。あるときは自分を彼女の父親、あるときは兄だと考える。しかしこうした関係はセカンドライフの中でのことなので、ノエルが本物かどうかはわからない。しかしこのところ、それがジョエルの頭から離れない。

彼女は本当は誰なのだろう？　彼女はノエルというアバターの姿を借りているが、自分は本当に鬱状態の女性と話しているのだろうか？　それともノエルの背後にいるのは、まったく違う人物で、ただネットで鬱状態の人を〝演じている〟のだろうか？

ノエルがフランス人でないことがわかっても、たぶん「気にしない」とジョエルは言う。それは裏切りとは思わない。しかし、自殺を考えているという女性と何時間も話をして、それが「ただのゲーム」だったとわかったら、それは間違っていると感じるだろうと言う。助言はラシからノエルに向けられるものだとしても、それは一人の人間として、ノエルの主である鬱状態と思われる女性に対して向けられたものだとジョエルは見ている。

ジョエルはゲームで出会う相手を〝インターフェースの価値〟で受け入れるようにしている。アバターが表している人物をそのまま受け入れて関わっているということだ。自分のこともそのように受け入れてほしいと思っている。つまり風変わりな象、よき友人、有能なプログラマーとして扱われたいと思っている。

しかしジョエルは、ノエルの後ろにいる本物の人間が死ぬかもしれないとノエルに話しかけた。その人がアバターどおりではないことはわかっているが――そもそも彼がラシでないように、彼女はノエルではないかもしれない――少なくともアバターに似た人物であり、時間をかけて関係を保ってきた価値はあると考えている。

何時間も彼女の相談にのっているあいだ、彼はもちろん〝本気〟だ。その関係には意味がある、何かの価値があると信じているが、彼女が鬱を〝演じて〟いるのならそうではなくなってしまう。ついでに言えば、もし彼女が男だったら、やはり価値を失うだろう。

ジョエルはノエルとのバーチャルな関係のもろさに気づいているが、その関係についての基本的なルールは明確ではないと認めている。アバターが現実に即していなければいけないという決まりはない。自分とはジェンダーも年齢も違うアバターを3つも4つもつくって、自分のさまざまな面を経験する人もいる。最近では、ジョエルが現実世界で使っている名刺にはセカンドライフのアバターの名前が入っている。

退屈と無縁の世界

ジョエルが電話を嫌う理由は想像できる。自分から電話をしたり、誰かからかかってきたりすると、いらだちを感じる。電話を「ひどくじゃま」だと言う彼は、テキストやインスタント・メッセージ（IM）のほうを好む。セカンドライフのアバターは文字と音声でリアルタイムに話ができるが、プレーヤーが頻繁にその世界に出入りするので、結局はメッセージを書き残しておく場所になっている。

セカンドライフのジョエルを見ていると、彼は何層にも分かれた空間を滑空するかのように、何百というメッセージのあいだをぬって動き回っている。彼にとってこれらのメッセージは、何時間も何日も前に送られたものであっても〝現在の〟ものに思える。リアルタイムでないものをリアルタイムに経験している彼が、情報を思い通りに操る方法をマスターした人のように見える。メッセージをポップアップさせ、何やら複雑な交換の操作をし、溢れる情報の波を手際よくさばいていく。メッセージの最初の1文か2文だけを読んで返信し始める。誰にじゃまされることもなく対処していくとき、彼は接続と被接続の感覚を同時に味わう。

自分のアバターを〝置き去り〟にして、身体なしでセカンドライフの世界を飛び回るときにも、ジョエルは自分が接続と非接続の中間領域にいることを感じる。このときゲーム内でのジョエルの〝自己〟はもうラシではなくなっている。ジョエルはそうやって飛び回っているとき、自分はカメラになるのだと説明する。彼の〝私《アイ》〟が肉体から離れた〝目《アイ》〟になる。ジョエルは〝身体なしに〟セカンドライフの世界を飛び回れることを、冗談まじりに「アバター版幽体離脱」と呼ぶ。

彼は倫理上の問題を提起する。彼のように飛べるのは、ほんの一握りの達人たちだけだ。そういうふうに飛んでいるとき、ほかの人たちは彼が見えないし、彼に見られていることも知らない。ジョエルはそれが問題だとはわかっているが、思い悩むことはない。その特権を居心地悪く感じないのは、自分はそれを悪用しないとわかっているからだ。

彼は自分を親切な世話係のようなものだと考えている。彼の〝目〟は丘の上から自分の街を監視しているスーパーヒーローのものだ。それに、これは本当の生活ではなくゲームであって、そこで使うスキルは誰でも自由に学ぶことができる。人に気づかれない目となって飛び回るのも、そのようなスキルの1つだ。彼はそれなりの努力をして、別の状況ならスパイ行為と思われかねない活動をする権利を手に入れたのだ。

マリア（33歳）はファイナンシャル・アナリストで、やはり〝目〟としてセカンドライフの世界を飛び回ることができる。しかし彼女にとってそのバーチャル世界の何がいちばん楽しいかといえば、そこでの生活が大規模なことだ。「セカンドライフの楽しさは強烈な経験にあるわ」と彼女は言う。時間と人との関わりのスピードが速い。感情が高まりやすい。

「出会って、恋に落ちて、結婚して、激しい喧嘩別れ……これがすべて短期間のうちに起きる……セカンドライフの中の人たちに尋ねれば、日常生活がいかに退屈かを口にします。でもセカンドライフには刺激が多すぎます。あの世界では、人はいつも気持ちの高まりを感じていたくなるんです」とマリアは説明する。「恋、結婚、離婚——いくつもの気持ちのピークが、1時間のプレーに凝縮している。

いつも何か大きなことに参加している」。ここでよく聞く言葉は「（バーチャルで）死にたい、結婚したい、恋してる、大騒ぎしたい」だとマリアは言う。

ジョエルとマリアはどちらも、ゲームの世界を出ると「緩める」時間が必要だと言う。マリアの見方では、セカンドライフは現実の生活とは違うが、おそらくスピードアップした生活に近い。しかしマリアが特に疲れるという〝人々のあいだをすり抜ける（cycling through）〟感覚は、セカンドライフの他のプレーヤーにとっては特に魅力的な部分だ。彼らにとってこのネットの世界の楽しさは「新しい友情が生まれる」ところにある。

ノラ（37歳）にとってセカンドライフは常に新しい経験ができる楽しさを与えてくれる。「〝世界〟でこれから誰に会うか想像もつきません」。彼女はそこでの生活を、2人の幼児がいる実際の家庭生活と比較する。「こちらの世界では誰に会うかわかっている。子どもと家にいれば誰にも会わない。公園に行けば大勢の子守《ナニー》がいる。フォルマジオ（グルメ食品店）に買い物に行ったり、ハイライズ（ベーカリーコーヒーショップ）におやつを食べに行けば、私も同類みたいなものだけど、裕福で退屈したママたちに会うでしょう」

ノラは自分の生活に退屈しているが、セカンドライフでは退屈している暇はない。彼女はオンラインでのつながりについて「いつも何か、本当に興味のあることが起こる」と言う。しかし共通の〝興味〟がつながりのすべてなら、〝興味〟の対象が変われば、それまでの人間関係はご破算になるということだ。セカンドライフの友人が次々に変わることは彼女も認めている。「私は人を突き放して……友だちになって、また先に行って……。それで何か噂されるかもしれないけど、いつも新しい人がいるのが好きなんです」

建築科の学生アレクサ（31歳）も同じような経験をしている。彼女はセカンドライフについてこう言う。「いつも誰か話す人がいるし、誰かに会えます。義務は感じません」

セカンドライフのアバターは、バーチャルな若さと美しさ、そして現実に手に入るとは限らないセックスの相手やロマンチックな関係を育むパートナーと出会う可能性を与えてくれる。それが練習となって、現実世界での出会いに自信が生まれるかもしれないが、練習が完璧すぎて満足してしまうことがある。セカンドライフの市民の中には、特にセックス、芸術、教育、そして受け入れられる場所を見つけたと主張する人がいる。

画面上の生活が〝ないよりましなもの〟から、比較抜きに〝よいもの〟になったという話をよく聞く。そこでの自分は、元気が出るほど変幻自在だ。違う種類の人々とさまざまなことを試せる一方で、現実の人間関係のリスクは引き受けずにすむ。退屈したりトラブルに巻き込まれたら、ノラが言うように「ただ前に進めばよい」。あるいはアバターを〝引退〟させて新たに始めればよい。

セカンドライフを好きになりすぎると、現実に失望してしまうのだろうか。いまでは、現実でいい仕事が見つからなくても、バーチャル世界で成功者の気分を味わうことができる。暗いアパートから逃げ出して、シミュレーションの豪邸で客をもてなすことができる。しかし、バーチャルは不満を和らげてくれると感じる人がいる一方で、日常からの逃避手段でしかないという人もいるだろう。

「大学院に通っているあいだ、僕は4年間、ワールド・オブ・ウォークラフト（ＷｏＷと略して呼ばれることが多い）に浸っていた」と経済学者のレニー（32歳）は言う。「僕は冒険やパズル、それにミステリーが大好きだった。いろんなタイプの大勢の人と一緒にできるタイプのものが好きだった。ニューヨークのダンサーと、アリゾナ州に住む16歳の数学の天才と、ロンドンの銀行家と一緒にクエストに取り組んだことがあるんだけど、彼らのものの見方はとてもおもしろかった。素晴らしいチームだった。人生最高の経験だった」

いまでは結婚して子どももいるが、レニーはできるときはいつでもWoWの世界に入り込む。「どんな休暇よりいい」と彼は言う。大学院生のころ素晴らしいと思っていた世界が、まだそこにある。それは新しい人に会うための手っ取り早くて確実な方法であり、レニーはそこで目標を見つけスリルを感じることができる。「休暇はいいときもあるし、そうでないときもある。WoWはいつも期待にこたえてくれる」

シミュレーションゲームへの耽溺

アダム（43歳）は他のことが眼中になくなるほどシミュレーション・ゲームにはまっていて、やらずにはいられない。彼が好きなのはクエイク（Quake）とシヴィライゼーション（Civilization）。前者はグループで、後者はオンライン・ボットを相手にプレーする。ボットは人間の役割を演じる人工知能だ。アダムはゲームの中の自分のキャラクター――戦士と支配者――を、外の世界の自分より気に入っている。現実世界では弱みがあるが、ゲームの中ではスターだ。

アダムは独身で、野心のあるシンガー・ソングライターだ。映画のシナリオを書くという夢もある。生活のために、保険会社のテクニカルサポート、週末は老人介護の仕事をしている。どちらの〝リアルな仕事〟にものめりこむことはないし、しがみつく気もない。それらはゲームの世界から押し出され、「だんだんなくなってしまう」。彼はゲームの世界に身を隠し、ときに15時間もぶっとおしで遊ぶ。常に睡眠不足だが、ゲームの時間を減らそうとは思わない。自尊心を保つのに不可欠だからだ。いちばんリラックスして楽しめるのがこの世界なのだ。アダムはクエイクでのある一瞬についてこう説明する。「暗闇の中を歩いていくと――地面に雪があるのが見える。暗い風景の中を歩いていると、いつの間にか光に向かっている、そして太陽の光が見えるんだ！」

クエイクの物語の1つでは、ヴァドリガーと呼ばれる民族が娯楽として行う試合で偉大な戦士たちが戦う。「テストステロンをぶちこむみたいなもので、地図で見つけたさまざまな武器でほかの男どもをぶちのめすんだ」。アダムによると、クエイクをコンピュータ・ネットワークでプレーするとき、1対1で決闘もできるし、チームに加わってトーナメント戦に出ることもできる。1人でクエイクをするときは、ボットと決闘する。

いまは1人で遊んでいるが、以前はグループで楽しんでいた。そのゲーム友だちは彼の人生で「いちばん大事だった」と言う。彼はオンライン版のスクラブル（Scrabble）をエリンという女性とプレーしていたことがあって、彼女とはとても仲よくなった。しかしもう連絡をとっていない。彼女が別のゲームに移ったからだ。

アダムはゲームを始めたばかりのころを懐かしく思い出す。職場のグループで遊んでいた時期もある。「5、6人がサーバーに接続した。管理職が長い会議で不在になると、僕たちは各自の席で遊んだものさ。サーバーがパンクしないかぎり、お互いをぶちのめして遊んでいられた。すっかりハマっていた」

しばらくすると、そのグループは家でゲームをするようになった。家なら食べ物も飲み物もあるし、気がねなく一緒にいられる。内気なアダムだが、ゲームをしていれば話すことができると言う。「自分のことでなくてもいいんだ。ゲームのことだけ話していてもいい」

誰かの家にゲームができるくらいのネットワークがあると、そこにコンピュータを持ち込んで接続して、ピザを注文して、それからオニオンディップや安い食べ物、山ほどのコカコーラが並ぶ。そういうときのための特別の飲み物があるんだ。〝バルツ〟──B・A・L・Zでバルツ。聞いたことある？ スペルはB・A・L・Zで大丈夫だと思うけど。大事なのはカフェインがどっさり入ってるってこと。いまのレッドブルに近いかな。家の地下室でゲームのために準備して、4時間も5時間も楽しんだよ……お互いどなりあい、ゲームしながらいろんなことをぶちまけ、だらだら話すことができた。すごく楽しかった。

誰かの家に集まっていた彼らは、やがて1人50ドルずつ出してホテルの会議室を借りるようになった。薄暗い明りの中、食べ物を前に、9時間も10時間もクエイクをやり続ける。誰も帰ろうとしなかったとアダムは言う。「ただゲームを続けるんだ。〝ここでやめるわけにはいかない、もう1回やろう〟って」

しかし家やホテルの部屋でゲームをしなくなって、もうずいぶん経つ。いまアダムがクエイクをするときは、たいていシングル・プレーヤーとしてコンピュータとチームを組み、ボットを相方にプレーをする。アダムはボットが「いい仕事をする」と言う。それが人間でないことを、つい忘れてしまう。「ほかの人とプレーすれば独りよがりにならなくてすむけど、ボットもけっこういいよ」と言う。

ボットには、それぞれ明確な性格の違いがある。それは人間のプレーヤーのおしゃべりをまねて、用意されたせりふを言い続ける。たいていは生意気で頭のいい男だ。事実、アダムは「（人間の）プレーヤーとする会話は……ボットとでも話せる」と言う。ボットでも十分会話ができるのは、クエイクのプレー中にする話はだいたいパターンが決まっているからだと彼は説明する。話すことといえば「地図のこととか……隠れ場所、爆弾が手に入るところ、無敵の力をゲットできるところなんかだな」。それならボットでも対処できる。

アダムはクエイクに没頭していたころを楽しそうに思い出す。彼にとってゲームの世界に精通することが喜びだった。「長くやっていると、どこに何があるかわかってきて……本当にうまくなる」とアダムは言う。

クエイクには、「バスルーム」という設定で、ゴキブリになって走り回るプレーがある。「あまりいい響きじゃないけど」と彼は認めるが、心身ともに夢中になった。「ちょっとしたコツがあるんだ。小さいすべり台があって、あちこちすべって回ったり、ジャンプしたり、シンクに行って、そこをすべり下りて、最後はキャビネットの中に行ったら、小さいスロープをかけ上ってほかの場所を見つける……そこへ行くと一対の羽を手に入れて、羽ばたいて部屋を飛び回る」

アダムが会社の同僚たちとクエイクをしていたころ、いちばん好きだったのはキャプチャー・ザ・フラッグ（Capture the Flag）という旗取りゲームだ。チームを組んで自陣の旗を守りながら、敵の陣地を襲って旗を奪い取る。その中にはアダムがとくに好きなことが揃っている。競争、フライング、ゲームの中の人格――頭の回転が速くてすぐれた能力を持つ――になりきること。

敵を負かしたいと思う。自分のほうが強いことを確かめたい。旗を1本取ると、ジェット噴射器がいくつも使える。それで相手の陣地に飛んで行って、旗を取ってまた飛んで帰ってくる。飛

んでいると突然、（手を叩いて）ドカーン！と爆発音が聞こえる……（芝居がかった声で）赤チームの得点です（音楽を真似て〝リンリンリン〟）。そうすると（大声で）「こんちくしょう！」って感じだよね。どうしてこんなに熱くなれるのか、よくわかるでしょ。（笑いながら）僕に話をさせたこと、後悔してませんか？

プレッシャーなき創造・リスクなき冒険

クエイクというゲームは、会社の仲間とプレーしても、1人でプレーしても、外の自分に対してよりも大きな自信を与えてくれる。アダムは現実の技術の仕事よりキャプチャー・ザ・フラッグのほうが、自分は高いスキルを発揮していると言う。現実の仕事は決まりきった作業で、自分にはレベルが低いと感じている。

スキル以外にも、ゲームは自分を高める役割を演じる機会を与えてくれる。アダムは人にやさしくなりたいと思っているが、寛大になるには力が不可欠だ。現実世界では、アダムにはその力がない。しかしゲームの中では大きな力を持てる。いまアダムが1人でプレーしているシヴィライゼーションでは、彼はまさに世界をつくる責任者だ。

この手のゲームはすごく時間がかかる。本当に何日もプレーするんだ。本当にのめりこんだときなんか、次の日も一日中家でやっていた……昼にもやって、夜の9時にもやって、一晩中続けた。それでようやく勝てた。それくらいやると一気に進んで、すごく高度なテクノロジーを手に入れられる。最初は戦士になって、次の大きなステップで剣と盾を手に入れる。そのうちイージス艦なんかを手に入れる。これは船、現代の船だ。それから核兵器も……。宇宙船を建造して地球から飛び立つこともできる。そんなふうにしてゲームに勝つんだ……。

シヴィライゼーションで成功するには、探検、征服、経済、外交をうまくこなさなくてはならない。文化や技術をうまく使う必要もある。ゲーム内で調査を行い、アルファベットをつくり、ピラミッドを建て、火薬を発明する。自分の国の政治体制を選ぶ。独裁制から君主制に変更したとき、彼は満足を感じた。「君主制に変えれば（そして都市の中で何かの生産スピードを上げたければ）金《ゴールド》は失うけれど人心はとどまる。そんなとき、自分が思いやりのある人間だと感じられる」

しかしアダムが思いやりを向けている相手は人間ではなく人工知能だ。アダムはボットがプログラムであることを忘れてはいない。しかしゲームの中で、彼はそれらをプログラムであり人間でもあると見ている。それはソーシャル・ロボットに対する見方とよく似ている。アダムはＡＩから感謝されると満たされた気持ちになる。われながらよく面倒を見ていると満足する。するとこんどは彼らに恩義を感じ始める。こうして愛着が深まる。それはボットであって人間の国民ではないが、彼はそれについていとおしそうに話す。

アダムは「かわいいやつらが」（もちろんボットのこと）戦いを終えて自分のほうへやってくるとき、どのくらい気分がいいかを語る。「1人がやってくると、次から次へと近寄ってくるんだ」。現実の生活と違って、ゲームの中の忠実な部下たちはそれぞれ独自のサウンドとともに登場する。「大勢の部族民が歩いて行く、ちょっとしたサウンド効果（地響きのような音）があって、それが響きわたるんだ。これはちょっとすごいよ」

辞書によると「思いやり（humane）」には、同情とか慈愛といった意味がある。アダムの話を聞いていると、無生物に対する同情と慈愛について考えてしまう。ここには、たまごっちを論じたところで見た最初のルールが当てはまる。すなわち、私たちは愛するものを育て、育てるものを愛するのである（82ページ参照）。

アダムには世話をする対象があり、そのための力もある。彼がしたことに対し、それらは〝感謝〟してくれる。彼はそれが自分のいちばんいい面を引き出してくれていると感じる。そんなよい気分を維持しつづけるために、彼はシヴィライゼーションを続けたいと思う。シヴィライゼーションで得られる満足は他では得られないとアダムは感じている。

バーチャル世界で自分がどう見られるか、どう行動するかが、現実の行動に影響することは、実験室の研究で判明している。[7] それは私のロールプレイング・ゲームについての臨床研究のいくつかでも見られた。ネットの世界である行動をさせると――たとえば内気な男性が自分1人の力で暮らしていく――現実世界での可能性の幅が広がることがある。[8] この点について私は、バーチャルな経験を通して他者との関係を育む経験が得られるのなら、そこには治療につながる大きな可能性があると考えている。

アダムについて言えば、ネット上での達成によって彼が現実世界で満足度を高めているようには見えない。彼が言っているのは、ほかのことは「どうでもよくなる」ということだ。エリン（スクラブルのゲームで好きになった女の子）も、仕事も、歌いたいという夢も、曲や脚本を書きたいという希望も、すべてお気に入りのシミュレーション・ゲームには比べるべくもない。ゲームの世界は知り尽くした安心できる世界であり、それをマスターし有能でもある自分が〝特別〟だと感じられる場所だ、とアダムは説明する。

シミュレーションの中での成功は、アダムの失望感をやわらげている。ゲームをしていると落ち着くのは、自分が「何か新しいものを創造している」と感じるからだと彼は言う。しかしこの創造は、すでにほかの誰かが行ったことの後追いであり、新しいことではない。ビートルズ：ロックバンドでギターを弾くのと同じで、それは創造ではなく、創造しているという感覚にすぎない。

だが、それはアダムの目的に適っている。彼は「それまでみたいにガツガツしなくなった」と言う。ゲームをしていると、よりよい生活をしている気分になる。冒険したりふざけたりできるのは、ゲームには「すでに決まったフォーマットがあって、自分でつくりださなくてもよいからだ。ゲームをしているとき、何かを創造してはいるけれど、それはフォーマット上にすでに揃っていることだ。すべてお膳立てされていて、自分でやることはほんの少しだけ――それは幻想で、願望を満たした気がするだけ。そこへ行って、それをするだけ」。それでも彼はゲームに心浮き立つものを感じ、それを自分のものだと感じる。

アダムはシヴィライゼーションについて「ちょうどいい量の創造性だ。何か新しいことをしなければいけないというわけじゃない。でも新しいと感じる……。安心して行える、何度も繰り返し行うことで、たとえば〝僕は街をつくっている――ああ、そうだ、街をつくるのが仕事なんだ〟と感じられる」。これらはある時間尺度の中での達成感であり、現実では決して味わえないものだ。

これがシミュレーションの醍醐味だ。プレッシャーなしに創造の楽しさを味わい、リスクなしに興奮と冒険を体験する。アダムはプレーを続け、ゲーム以外のことを考える必要のない場所に逃避する。ゲームをしていないときのことを話すとき、脈絡のない言葉が彼の口をついて出てくる。重力、体重、離脱、トイレ、食べ物、テレビ……ゲームがないと、嬉しくない自問に搦《から》め捕られる。「次は何をしよう？　自分が本当にやるべきことは何だ？　ゲームから離れると憂鬱な気分になる。履歴書を書かなくちゃいけない、とか」

アダムは近いうちに仕事にあぶれるのではないかと恐れているが、曲も脚本も書いていない。履歴書も書き終えていないし、税金の申告もしていない。そんなことを考えると心が折れそうになるが、ゲームをしていれば心が落ち着く。ゲームでは見返りは保証されているからだ。現実の生活は煩雑で、いつもがっかりする結果に終わる。

アダムは望みのものをゲームから得ているが、ゲームがなければ自分が自分でなくなるような気がする。少なくとも高く評価できる自分ではなくなる。ゲームの外では、もうすぐ職を失いそうだ。ゲームの外では、会計士のところへ行くという些細なことも含めて、やると決めたことができない。いちばん親密だと思っていた女性も違うゲームへ行ってしまった。

アダムの思いはかつてクエイクを一緒にプレーしていた人たちへと戻っていく。彼らとの会話はほとんどゲームの戦略についてだったが、アダムは「それは問題じゃなかった。そこには電子世界の輝きがあって、人はどこか奇妙にも思える形でそこにつながろうとする」。アダムは落ち込んでいる。現実の生活は壊れかけている。それで彼はまた、その輝きのほうへと戻っていく。

ランダムなつながりの行き着く先

私たちはロボットやボットなど、まるで人のように接してくる物に心を惹かれる。そして、物を人であると想像するように、人を物のように扱う接し方も考え出す。

チャットルーレット（Chatroulette）というプログラムでは、あなたがコンピュータの前に座ると、そのときゲームにログインしている人の映像と音声がランダムに表示され、任意の相手とリアルタイムで声や文字でやりとりできる。

ロシア人の高校生が作成したこのプログラムは、２００９年11月に公開された。翌年の２月にはユーザーは１５０万人にも増えた。単純計算すると、いつどの瞬間をとっても、３万５０００人がチャットルーレットにログインしていることになる。キッチンで料理をしながら話し相手を探す人もいれば、マスターベーションしている人もいれば、会話をしたいと考えている人もいる。また単にほかに誰がいるか知りたいという人もいる。

ほんの数か月で、チャットルーレットから国際的に通用する新しい言葉が生まれた。それは「ネクストする」である。チャットルーレットのユーザーは、平均数秒ごとにネクストする。

私のチャットルーレット初体験は２０１０年３月、ＭＩＴで授業を行っているときのことだ。１人の学生が教材としてそれを提案し、教室のコンピュータで接続したところ、ものの数秒で最初の相手が現れたが、それはペニスだった。私はネクストボタンを押し、その相手を追い出した。

次は画面いっぱいに、くすくす笑うティーンエージャーの女の子たちが現れた。今度は私がネクストされた。

３番目はまたペニス。おまけにマスターベーションをしている。ネクスト。

４番目は薄暗い部屋にいる、若いスペイン人の男性のグループだった。キャンドルライトのもとで食事をしているようだ。彼らは笑顔で手を振ってきた。それに励まされて「ハイ」と声をかけたら、「やあ、おばさん」という返事がタイプされた。その屈託のない調子に屈辱的な気分を味わった。私のクラスの学生たちが応援のために画面に入ってきた。私は当然、そのスペイン人と楽しく会話しなければという思いにかられた。たしかに、おばさんだ！　双方ともネクストしたがる人はいなかったが、授業に戻らなければならなかったので、スペイン人たちには消えてもらった。

チャットルーレットはものごとを極限まで突き詰めた形だ。ネットの向こうにいる人間の顔や身体が物になる。ネットは独自の方法で、コミュニケーションから人間的な感情を追い出す。メールに使われる感情アイコンや顔文字が、言葉を使わずに感情を伝える。ゲームの世界でＡＩに話しかけるとき、私たちはコンピュータでもわかるような言葉で話す。人間がプログラムのような話し方をするようになったので、オンライン上のどのメッセージがプログラムから送られたのか見分けることが難しくなっている。[9]

極限まで行くと――その極限は間近に迫っている――私たちはプログラムのように話し始め、プログラムが人間の対話の相手になってもそれほど驚かないだろう。そのことを私の友人は、「私たちがレプリカント（人造人間）を見分けられないのは、なぜか人間がレプリカントのようにふるまっているから」とＳＦの用語を使って説明した。

私がこの本を書いているとき、コンピュータ・ゲームにはまっている人たちから、「私の何が問題なんですか？　ネットでコンピュータ相手にスクラブルやチェスをするのが悪いんですか？　新しくて芸術的なコンピュータ・ゲームの世界が悪いと言うんですか？」と訊かれた。何も悪いことはない。しかしゲームを娯楽として楽しむのと、それを生命あるものとして扱うのとは違う。

前述したように、ロボットといれば、私たちは一人でいるのに誰かと一緒にいると感じる。ゲームの世界を含めたネットワークの世界では、誰かと一緒にいても、相手に多くを期待できないために孤独を感じることがある。どちらの場合も、私たちは機器のせいで世界から目を逸らしている。そこには安全だという感覚があるが、集中することもない。それを「ゾーン」と呼ぶ人もいる。(10)

強制された空間への逃避

心理学者のミハイ・チクセントミハイは、彼が「フロー」（flow）と呼ぶ概念を使って「ゾーン」（zone）という考え方を検証している。フローというのは、そのときしている活動に全神経を集中させて浸りきっている状態だ。(11) フローの状態にあるときは、明確な期待と手が届く目標がある。限られた領域に集中しているため、不安は霧消して、その瞬間を存分に生きている気がする。

ルディ（18歳）がコンピュータ・ゲームをしているときが、まさにフローの状態だろう。「僕は引き込まれるゲームがいちばん好きだ。だから、1人でオンラインじゃないゲームをするのが好きだ。キャラクターにのめり込めるからね。まったく違う世界にいるような気になれる。いくらでも。だから映画とは違う。映画を観ているときは起きている出来事の全体を外から見ているけど、ビデオゲームをしているときはその世界の中にいて、自分が演じているキャラクターになる。まるで自分がそこにいるみたいだ」

フローの状態では自意識なしに無心で行動できる。私たちは刺激が多すぎると、耐えられなくなって逆に強制されることを求める。かつてそれはラスベガスのスロットマシンやスキー場で経験できたが、いまではシヴィライゼーションやワールド・オブ・ウォークラフト、ビートルズ：ロックバンドで遊ぶときに経験することができる。セカンドライフでも、テキストやEメールでも、夜にフェイスブックをすることでも経験できることがわかっている。

それらはすべて制約があるがゆえの強制力のある世界で、私たちはただその要求に応えていればよい。多くの人がそこで得られるフローを求めて、朝の一仕事という軽い気持ちでEメールを開き、ふと気づいたら5時間も経ち、1日の半分が過ぎようとしているのに仕事が何も終わっていないことに愕然とするのだ。

「Eメールをしなければならないんです」。会計士のクララ（37歳）は昼休みにブラックベリーを見ながら言う。「息苦しく感じるけれど、同時にリラックスできるんです。それをやっているときは、そのことしか頭にないから」[12]

人類学者のナターシャ・シュルは、ラスベガスのスロットマシンでのギャンブルについての研究で、アメリカ人は日々多すぎる選択を迫られているが、実はそれは選択ではないという議論を展開している。[13]その選択は幻想にすぎない。負担の重さは感じさせるが、意義のある生活の実感を与えてはくれない。そこから逃げるため、ギャンブラーはマシンへ引き寄せられる。その目的は勝つことではなく、自分を保つことだ。

ギャンブル依存症の人は、ゲームをすることでほかのすべてがシャットアウトされる状況に安住しようとしている。[14]その根拠を示すために、シュルは私の著者からビデオゲームの心理について書かれた部分を引用している。ビデオゲームが登場した当初から、人々がそれに時間を注ぎ込むのは、勝つためではなく、新たな精神状態を保てる場所に行くためだった。そこは何もかもが常に少し違うが、常に同じ世界だ。ギャンブラーとビデオゲームのプレーヤーには、共通した生活上の矛盾がある。すなわち、追い詰められてゲームの中に逃げ込み、ゲームに夢中になるあまり、ほかのことをする余裕を失っているという矛盾だ。

遮断困難な電子版アヘン

オンラインの生活に気晴らしを求め始めると、新たなやっかい事が生じる。孤独を感じたらいつでも誰かとオンラインでつながることができるが、そうするとさらに孤立し、まわりに本当の人間がいなくなる。それでまた、つながりを感じたくてインターネットの世界に戻って行く。ここでふたたびシェークスピアの言葉が思い起こされる。「私たちは育ててくれたものに焼き尽くされそうになっている」

「書こうとはしているんだ」と、ある経済学教授が言う。「原稿の締切が迫っている。それなのに2分ごとにEメールをチェックしてしまう。メールが届いたかチェックしなくてすむように設定を変えたけど、間違いだった。着信音のために、パブロフの犬みたいになってしまった。そわそわしながら音が鳴るのを待っている。そんなものは無視するべきなんだけど、音がしたらすぐ開いてしまう」

著書の締切が迫っている美術評論家は、思い切った手段に訴えた。「山小屋《キャビン》に逃げ込んで、携帯電話は車のトランクに置きっぱなしにした。1日1回だけチェックしようと思っていたんだけど、しょっちゅう家を出て、トランクを開けては携帯をチェックしてしまった。中毒になった気分だった。職場から外に出て屋外の喫煙コーナーのまわりをうろうろしているような気がした。何度も車のところに行ったよ」。仕事中、検索やネットサーフィン、Eメール、写真、フェイブックなど、ウェブの誘惑に引き込まれている時間が仕事時間の2倍くらいになると思っている人も珍しくない。

着信音が鳴ったときの私たちの神経科学的反応は、〝探索衝動《シーキング・ドライブ》〟という、人間心理の奥深い動機から引き出される。[15] つながりへの渇望によって、メールを受け取ったときに神経系がドーパミンを放出する。私たちはつながりそのものに刺激を受けるのだ。つながりのせいで消耗することになっても、私たちはつながりを求める。新しい世代はすでにそのことを察知している。そこで私は16歳の少女を思い出す。彼女は「テクノロジーが悪いのは、人間がその引力ほど強くないから」と言う。

彼女のこの意見で思い出すのは、広告業界で働くロビン（26歳）という女性のことだ。ロビンは自分の生活がEメールの要求にのみ込まれてしまっていると不満をもらす。私が初めて彼女に会ったとき、彼女は「神経性の発疹」に悩まされていて、西カナダに静養に行って「Eメール断ち」をすると言っていた。

3か月後、たまたま会った彼女に話を聞くと、まだ静養には行っていなかった。医者にかかり、赤くなっているのは湿疹だという診断が下った。彼女は、その原因もストレスで、たぶんEメールもひと役買っているだろうと説明する。しかし飲み薬と塗り薬があって、それできちんと手当すればオンライン生活を続けられる。つながりを断絶するより、湿疹を治すほうが簡単というわけだ。

中毒という言葉でしか、その状況を説明できない多くの人がいる。そのことについては終章で詳しく述べるが、いまは深入りしない。いまシヴィライゼーションに夢中のアダムはこのように言っている。「アヘンを吸ったことはないけど、これは電子版のアヘンに近いんじゃないかと思う。テレビも似ているけど、うっとりさせて、感覚を麻痺させる作用がある」

当初、アダムはシヴィライゼーションは自分の能力を高めてくれると感じていた。「駆け引きがあり、征服があり、勝利がある」と。しかし間もなく、やらずにはいられない衝動を示す言葉を使うようになった。ゲームでの達成——普通選挙を実施するとか、文化的な偉業をなしとげるといったこと——がドラッグのような効用をもたらし、ゲームから離れられなくなっているように見える。ゲームでの成功によって「やめるのが難しい」状態になっていると彼は言う。

> ポップコーンがやめられない。ポテトチップもやめられない。どうして？　ゲームではちょこちょこいろんなことを達成しなくてはならない……この都市でまたライフル兵をつくって……あるいは普通選挙を行って……でも普通選挙を達成しちゃうと……（大きな音を立てて）「ワシントンで普通選挙が行われました」ということになって銅像が立つ。普通では考えられないようなご褒美だ。これはとても励みになって、またやりたいと思わされる。

アダムの話の中に、シュルが説明した避難することで得られる安心が見受けられる。想定可能な世界で味わえる冒険感覚がもたらしてくれる安心感である。シミュレーション・ゲームはテクノロジーの繭の中にいるようなぬくもりを与えてくれる。ボットと友だちになることで自分の中にある思いやりを感じられるのなら、オンラインで出会った見知らぬ人に、ごく個人的な問題を打ち明けるようになったとしても驚くことではない。告白サイトでは、相手に期待するレベルは低下するが、電子の暖炉であたためてもらえる。シミュレーション・ゲームの世界では現実にはできないこと――ギターの達人になったり、慈悲深い王子として生きたりすること――ができる。他方、ネット上の告白では、現実になすべきこと――たとえば謝罪や償い――をせずにすませることが許される。次章でそのことを論じよう。

第12章 秘密を告白する空間

告白サイトに集う人々

気が向いたときにオンラインの告白サイトを覗くようになって半年ほど経ったある日の午後、こんな投稿を見つけた。「私が自殺しない唯一の理由は、母が自殺してしまいそうだから……私は恋してる。相手の男の子とは会ったことないけど、毎日インスタント・メッセージ（ＩＭ）で、結婚したら何をしてどこに住むか話してる……過食のせいでフェラチオがうまくなったわ」

たいていの告白サイトでは、人々は匿名で、ときには秘密という断り付きで告白を書き込む。書きっぱなしで終わるサイトもあるが、ほとんどのサイトでは反応が求められる。やさしく無視されることもあれば、厳しい反応が返ってくることもある。

ポストシークレット（PostSecret）は告白者がイラストや写真が入ったハガキにメッセージを書いて送り、それを運営者がスキャンして掲載するサイトだ。ある女性はひょろりとやせたモデルの絵を描いて、こんなコメントをつけている。「こんなふうになるには脚を切断しなければいけないというなら……ソッコーで切ってくる」[1]

1年後、私はポストシークレットのサイトと、そこに集まる悩める人々の世界に戻ってきた。「ママが私の初体験の相手と寝ていたの」「あなたと離婚したのは間違いだった」「私は前は彼に依存していた。いまは別れるとき彼に売りつけられたドラッグに依存してる」

ポストシークレットではハガキの投稿者と、Eメールでそれに反応する人たちのあいだでのやりとりがある。「白人は白人であるのがどれほどラッキーかわかっているのか」というメッセージが呼び水となって、「ストレート（異性愛者）はストレートであることがどれほどラッキーかわかっているのか」というコメントが付き、さらに「白人も非白人も、ストレートも非ストレートも、自閉症でないことがどれほどラッキーかわかっているのか」というコメントが付いた。「あした首の手術をするんだけど、それで死にたい」と書かれたハガキには、「そんな気持ちがなくなって、手術でまた生きる理由ができるといいわね。あなたのために祈っている」という反応があった。[2]

こうした書き込みは、私たちが生きる複雑な時代を映し出している。そこには知っておくべき重要なこと、思い出すべき重要なことがある。それは、私たちはさまざまな関係を通じて――不満を訴えずにいられない関係であったとしても――生活とつながっているということだ。氾濫する広告が有無を言わさぬ勢いで襲いかかる世界。見知らぬ人に手を差し伸べる親切な人がいる世界。ウェブサイトでしか会ったことのない人と結婚することが最大の望みと思えるほどの孤独な世界。そんな時代の電子世界の最前線で、昔ながらのつながりと仕組みを築いた私たちは、21世紀のペンフレンドに心を奪われている。その魅力は、本当はどんな人かわからないことだ。わからないから完璧な相手かもしれないと思える。

誰かが聞いてくれているという幻想

ポストシークレットの世界では、なんでも思いついたことを書ける、深く考えずに書ける人が投稿する。ナンシー（22歳）はだいたい1か月に1度、ポストシークレットにハガキを送る[3]。彼女は「日記をつけるほど意志が強くないの。日記をつけるほど自分が大事だと思えない。でもハガキなら送れる」。ハガキに書く内容は何でもかまわない。ハガキを書くことで自分の価値を認められるようになるなら、いいことだと思う。

告白サイトの投稿を読んでいると、インターネットは経験を簡略化し誇張する場所だと思わされる。結局、ここでもマーケット・インセンティブが働いている。どの告白も他の告白と注目度を競い合っている。誇張すればするほど読んでくれる人が増えるかもしれない。告白はどれも匿名なので、誰にも知られることはないだろう。

しかし投稿主が本当のことを書いていないなら、これらの告白はフィクションだ。ネット上の告白はまったく新しいジャンルなのかもしれない。アバターをつくるとき、それは本人ではないが、自分の重要な真実がそこに現れる。それと同様に、ネット上の告白サイトもパフォーマンスを見せる場所で、現実とバーチャルの中間的空間を占めている。ここに書かれていることは真実ではないかもしれないが、書き手の心を軽くし、読み手をコミュニティの一員と感じさせる程度には真実なのである。

ポストシークレットは年に1回ピクニックを開催していて、そこで互いに顔を合わせ、送られてきた実際の紙のハガキを見ることができる。第1回目のピクニックで、若い男性がどれほどこのサイトが慰めになっているかを語った。彼は「このサイトは僕の投稿を信じてくれている」と言いたかったのだと思うが、間違えて「このサイトは僕の投稿を信じるふりをしている」と言ってしまった。どちらも本当だ。彼の言い間違いは、このサイトをよく表している。信じてくれることもある。信じるふりをしていることもある。どっちにしてもそこには新しい幻想がある――誰かが自分の話に耳を傾けてくれているという幻想だ。

ハガキをあっという間に書いてしまう人もいるが、じっくり時間をかけて仕上げる人もいる。ハガキを書くには、いったん立ち止まる必要がある。それがポストシークレットの大きな強みだ。2人の子を持つルイーザ（32歳）は「自分の頭の中に何があるかはわかっていますが、ここでは、いま頭の中をいちばん占めているのは何かを考えなければなりません」。もっと衝動的に投稿が行われているように見えるサイトもある。しかし何より、かつて告白は友人や家族、あるいは教会といった縛りの中で行われていたことが、いまでは縛りも絆もまったくないところで行われるようになっているという点が大きい。現実の場で告白がなされれば、話し合いや交渉が始まるが、ネットの世界は違う。

友人に告白すれば非難されるかもしれない。非難を受けるのはつらいが、それが継続的な関係の一部というものなのかもしれない。あなたを心配するがゆえに正直な気持ちを伝えているのかもしれない。実際に向き合っていれば、批判されたときにその理由をともに検討することができる。ネット上で赤の他人に告白しても、そんなことは起こらない。投稿すると、それに対する意見が匿名で次々と送られてくる。投稿主にとっては、やさしい反応にだけ意識を向けるのは難しい。

悪感情を吐き出すことの効果

ネットの告白サイトのことを人に話すと、一緒に暮らすコンパニオン・ロボットについて言われているのと同じコメントが返ってくる。「悪いことはないでしょう」「みんな寂しいんだ。これがよりどころになる人もいる」「胸のつかえをおろす役には立つ」

一見したところでは、告白サイトを訪れる人間に向けて話しかけるのと、告白とは何かも知らない機械に話しかけるのとでは、大きな違いがあるように思える。だが、どちらも同じような反応や効果をもたらす点で似通っている。ウェブで告白することもロボットに話すことも、胸のうちを〝表に出す〟ことであり、治療的な効果があるとみなされている。どちらも悪い感情を吐き出せば害が減ると主張する。どちらも直接的に人と関わらずに感情を処理できることを前提にしている。(4) どちらも会話とは言えないことが会話だと思えるようになる。どちらも感情を吐き出すことで、それを共有しているような気分になる。

ここには、他者とのつながりについて、低くなった期待値が新しい標準になってしまう危険が潜んでいる。匿名の人とおしゃべりをしているうちに、オンライン・ボットやネット上のキャラクターが信頼できる仲間に思えてくる可能性はある。そしてオンライン・ボットと一緒に過ごすうちに、匿名の人間が実際よりよく思えてくる可能性もある。私たちは人よりテクノロジーに多くを求めつつある。

年齢が高い人々――たとえば35歳以上――はオンラインの告白を、欲しいけれど持っていないもの（信頼できる牧師や友人）の代わりととらえる。若い人たちは、見たままにそれを、新しくておもしろいものととらえる。ただ何があるか知りたくて、告白サイトを見る人もいる。他人が自分と同じことで悩んでいると知って安心するという人もいる。ただ見ていると楽しいという人もいる。そしてもちろん自分が告白するのに使う人もいて、皮肉なしに、こっそり話をする方法だという。

インターネットのサイトのほとんどが訪問記録を残しているが、告白サイトは記録を取っていないと表明している。ダレン（16歳）は「告白サイトは素性を明かさずに秘密を吐き出せる場所だ」と言う。

ダレンの一家はベトナムからの移民だ。厳格なカトリックで信心深い。父親は毎晩、彼の宿題をチェックし、遅れがあればよぶんに勉強させる。ダレンに関する重大な決定も「合理的ルール」と呼ぶ方式を使って両親が行う。大学選びは「さまざまな選択肢が僕の将来のキャリアにどんな意味を持つかを、コストと比較して決めることになる」。ダレンは言葉にとげを含ませてこう言い足す。「僕のキャリアにとっての〝合理的な〟選択がエンジニアリングでなかったら驚きだね」。両親の決定にダレンはおとなしく従っている。一家の考え方への不満は表に出さないが、家族の外に向けて「自分の本当の思いを叫びたいだけなんだ」。

ベトナム人の友人たちも告白サイトを利用している。ダレンが彼らの存在を知ったのもそのサイトだ。彼も友人たちも、告白するときはでたらめなハンドルネームを使う。「秘密をアップするのは、友だちじゃなくて赤の他人に見せるためだ。気持ちを言葉にしたくなったらそれを書いて、サイトにアップする。見ず知らずの誰かが読んくれることを願って。友だちではない誰かだ」

ダレンはまた、ロボットの相棒はいいアイデアだと思っている。ロボットに感情がないことは彼にとって問題ではない。実を言えば、感情がないことはむしろ「よいこと」かもしれない。家族と違ってロボットは「批判しない」。コンピュータに話しかけることについて、ダレンは「本当の気持ちを吐き出せる」と言う。

軽くなる謝罪の意味

ダレンの住むコミュニティには、彼が言うところの「不合理な考え」を表明できる場所がない。たとえ友だちであっても、それを分かち合うのは恥ずかしいと彼は言う。このようなときに将来はロボットが役に立つだろうし、いまはインターネットが役に立っている。

私はダレンの言う「不合理な考え」がどのようなものか結局わからなかったが、マサチューセッツ州西部に住むシェリル（32歳）という看護師は、自分がネットに何を書き込んでいるかを進んで話してくれた。

彼女は同僚と〝不適切な〟恋愛をして、両親の退職に備えて貯めていたお金を使って、2度バカンスに行っている。彼女はお金のことも、男性との関係についても、オンラインでの告白が慰めだったと言う。「いちばん大事なのは、告白をしたあとで他の人の告白を読むこと。自分だけじゃないんだとわかる。多くの人が自分とほとんど同じことをしていたわ」

オンラインで告白はしても、不適切なことをしたと考えている相手と話をしたり、修復を図ったりはしなかった。彼女がネットを訪問するのは気分がよくなりたいからで、関係を修復するためではない。それがほとんどの人の告白サイトの使い方だと彼女は思っている。「投稿の多くが〝夫には絶対言えないけれど……〟とか〝母には内緒だけれど……〟という言葉で始まっています」

私は彼女に、ネットで告白したら直接相手に謝罪しないでいることの心理的負担が減るのかと尋ねた。彼女はすぐさま答えた。「ええ、間違いなくそうだと思います。私はそうやって平静を保って毎日すごしています」。それほどすばやく答えが返ってくるとは思っていなかったので私はびっくりしたが、シェリルは前からそのことを考えていた。

彼女は依存症と戦うためのプログラム「12のステップ」の中から、ステップ8と9について説明する。「ステップ8は、『自分が傷つけたすべての人をリストアップして、全員に償いをしようという思いを持つ』、ステップ9は『その人たちに直接、償いをする』となっています」。そしてステップ9について、もしその償いが「その相手や他人を傷つける」ときは免除される、ということを指摘する。シェリルは免除される道筋を選んでいる。彼女は告白する準備はできているが、謝罪する準備はできていない。告白と謝罪の違いは、オンライン・コミュニケーションやSNSについての議論の中で定期的に現れる。たとえばフェイスブックではよく謝罪が行われるが、そうした謝罪は当てにならないとよく聞く。それらはむしろ告白に近い。本当の謝罪は悪いことをしたと思う相手と直接関わらなくてはならない。

金融アナリストのマリア（33歳）は、セカンドライフの強烈さに疲れることがあると言うが、Eメールで「関係を修復しようとする」ことをよく思っていない。謝罪は実際に会って行われるべきだと彼女は思っている。「でも、もう誰もそういうことはしなくなった……コンピュータで告白すれば、やるべきことはやったと思い、あとは相手に任せている。でも、もし誰かが私を傷つけたとして、なぜ私のほうがその人のところに行って、もういいと告げなければならないの？」

ここでオードリー（16歳）の明確なコメントを思い出してみよう。「オンラインでの謝罪は軽いし簡単。ただ〝ごめんね〟と打てばいいだけだもの」（346ページ参照）。ラリー（18歳）の対処の仕方もこれに近い。「僕はもう面と向かって謝らない。ただ自分の言いたいことをフェイスブックの近況にアップするだけだ。心当たりのある人は、誰のことを言っているのかわかるはずだ」。法律を学ぶシドニー

（23歳）は反対の意見だ。「フェイスブックの近況欄で謝るなんて……それは謝罪じゃない。〝ごめんなさい〟ってフェイスブックに言ってるだけじゃないか」

謝罪の本質は癒しの心理的な土台をつくることだ。そしてそれは、傷つけられた側と傷つけた側の両方にとっての癒しでなくてはならない。あなたはまず相手を怒らせたことを知り、傷つけられた側への攻撃を認め、どうすれば関係を修復できるか相手に尋ねる必要がある。

テクノロジーによって告白と謝罪の区別があいまいになり、謝罪とは何かがわからなくなってしまうのは、ネット空間が他者と向きあうことの安易な代用になるからだけでなく、すでにつながりの感覚がない他者に謝罪することの難しさを反映している。そのような状況では、私たちは自分の行動が相手の心を動かすことを忘れがちだ。

昔ながらの謝罪の好ましさをいちばん明確に語れるのは、ネット上での衝突で傷ついた若者たちかもしれない。シルバー・アカデミーの2年生の女子学生2人は、ネット上の謝罪が多すぎると批判する。1人は「テキストでの謝罪は気持ちが全然伝わってこない。相手の声が聞こえない。本気じゃなくてもわからない」。もう1人も同じ考えだ。「〝ごめんね〟とテキストするより言うほうが難しいし、謝られる側も〝ごめんね〟って言うほうが難しいと知っている。言ってもらったほうが許そうという気になる。目の前で言ってくれれば、勇気を出して本当に謝ろうとしていることがわかるから」

要は2人とも、許そうという気持ちは相手への共感から生じると言っているのだ。誰かが自分を傷つけたことを悔いていることがわかり、自分がその人と同じところにいると感じる。だが、個人的な生活の大半をネットで過ごしていると、こうした複雑な心の交流はわかりにくくなる。私たちは多くを期待しない生活に慣れてきているのだ。

ネット上の他人の残酷さ

ハリエット（32歳）は気持ちが落ち込んだとき告白サイトに投稿する。それがだいたい1か月に2～3回ある。彼女は読者がコメントを残せるサイトが好きだ。「そのほうが人とつながっている気がする」と言う。そうでなければ「瓶に手紙を入れて海に流すのと同じでしょう」。

彼女は最初、自分の投稿への〝批判的なコメント〟も気にならないと言っていた。けれどもほんの数分後、具体的なケースを話す中で、自分でも驚いたけれど、そうしたコメントに傷つくことがあると認めた。最悪の経験は、ティーンエージャーのときにおじに誘惑されたことを告白した後のことだ。「おばは何も知りませんでした。おばも最近亡くなり、おじはもうずっと前に死んでいます。いまではもう関わりのある人はいない。だからただ話すためにオンラインの世界に行きました。そうしたらみんなから批判されて、傷つきました。信仰心が強い人などは気に入らないだろうと思っていました。でも本当に非難の声が多かったんです」

ハリエットは最初「赤の他人がどう思おうと関係ない」と言っていた。けれども最後には人間の弱さについて語った。個人的なことを他人と共有すると、その人の意見がとても気になり始める。どこの誰だか知らなくても感情的に深入りしてしまうことはある。ネット上で告白する人は、気持ちを外に出せれば満足なのだと言うが、やはり頭の中には理想とする流れはある。自分のことを話し、人が心配してくれることを期待している。たしかにネット上での告白に親身なコメントがつくこともあるが、理想はあくまで理想である。

ロベルタ（38歳）は、自分がオンラインで告白を書き込むときの心理は解離に近いと説明する。現実がつらすぎると（たとえば虐待されているなど）、自分の心が身体から離れて外から見ているような気持ちになることがあると言われる。自分から離れることで、耐えられないことを感じないですむのだ。それでロベルタは告白を書き込むが、その詳細を忘れてしまうことがある。その後いったんサイトを離れ、コメントを読むために戻ってくる。そこでやさしくないコメントを読まされると、また解離状態に戻る。彼女はこう言う。

> 14歳のとき、私は母の恋人と性関係を持つようになりました。その男は私が10歳のときから一緒に暮らしていた……オンラインでそれを告白したとき、書き込んだことすら覚えていなかった……その日、しばらくしてサイトに戻ってみたら、励ましの言葉もありましたが、私が母を裏切った、母親に言うべきだったという人や、母には言わないほうがいいが、私のことをふしだらな女だという人もいた。私はそれを読んで気を失ったりはしませんでしたが、気づかないうちにキッチンにいました。

私たちがつくるテクノロジーは、私たちの中に新しい弱さをもたらす。ネットの告白サイトでは、投稿者は自分の重荷を顔の見えない読者と分かち合うが、その読者が投稿を読むのはおそらく自分の目的のためだ。コメントをつける人は味方なのだろうか？　それとも審判で、告白を1つずつ〝格付け〟しながら次を読むのだろうか。

例外はあるが、私たちが自らを無防備にさらけだすのは、人からの助けを期待しているときだ。[5]投稿者が深く考えずに自分の〝悲しい話〟を知らない他人に告白するのはそのためである。打ち明けたお返しに、親身になってくれることを期待している。オンラインの環境では、思いやりのある反応を期待できる人の数が多い。

しかし同時に、オンラインでは他人の残酷さにもさらされる。言葉とそれを発する人が切り離されているので、反応が荒れやすくなる。Ｅメールが一般的になり始めたころから、ネット特有の〝炎上〟への不満はあった。人々は匿名でなくても侮辱的なことを言う。最近のＳＮＳでは明らかな理由がなくても衝突がエスカレートするが、仲裁する力を持つ物理的な存在がないからだと考えられる。

オードリーの学校で起きたインターネット上での喧嘩の話を聞くと、炎上がどのように起きるかがわかる。「誰かが意地の悪いことを言う。誰かが誰かをののしる。たくさんの人がどちらかの味方になる……週末のあいだずっと喧嘩をしていたわ。1日に20回も30回も言い合いがあった」。彼女によれば、週末が過ぎても何も解決しなかった。他人とどうつきあうか、何も学ぶことはなかった。「その喧嘩が何のためだったかさえ、誰もわからなくなっていたわ」。しかし以前は友人同士だった生徒たちが、口もきかなくなった。面と向かわなくてすむようになったことで一部の人々はいきなりキレるようになった。これはインターネット特有の現象だ。ネットではいじめが起こりやすいことはオードリーも知っている。

自己を投影して他人を攻撃する

ティーンエージャーの多くは、それを知りつつ、ネットの告白サイトをよく訪れる。ブランディ（18歳）はそれをフェイスブックやマイスペース、その他の自分が使っているサイトと比較する。彼女が考えるそれらの共通点は、メンバーはそこに集う他の人々と関わるだけでなく、サイトとも関係を結ぶというところにある。「私は自分のシステムにプライバシーを吐き出して……不満を書き込むの」と彼女は言う。

こうした感情の転移〔怒りなどの感情の対象をより危険の少ない対象に移し替える防衛機制の1つ〕があるのだから、ネットの世界がさまざまな感情であふれるのも無理はない。告白サイトでは、意見が合わない人たちが〝怒鳴りあい〟を始める。彼らは何らかの問題――中絶、児童虐待、安楽死など――に対する強いこだわりから見知らぬ人との論争を始める。自分の「不満をサイトに書き込む」のは、多くの場合、自分の中にあるいやな面を相手の中に認めて憤りを覚えるからである。[6]

ジョナス(42歳)はさまざまな告白サイトに〝溺れている〟と認めている。宗教的なものもあるが、ほとんどは違う。彼は日中、仕事を中断してその中のいくつかに入り浸る。離婚を経験している彼は、息子と疎遠になりつつあることが頭から離れない。息子は母親とより多くの時間をすごすことを選んだ。ジョナスは息子に非難すべき点は何もないと思っている。息子と喧嘩をしているわけではない。「ただ息子に会う時間がどんどん減っているんだ」

そんな思いが念頭にあるとき、彼はあるサイトで19歳の息子のことを心配するレスリーという女性の告白を読んで激怒したことがある。レスリーは息子が高校3年生のとき仲たがいして、それがまだ続いている。高校卒業と同時に息子は軍に志願し、イラクへ送られた。レスリーは自分のせいで息子が出ていったと気に病んでいる。ジョナスは「僕はレスリーを悪い母親だと責めた……息子が死んだらあなたのせいだと責めた」と言った。

息子への感情が整理できないジョナスは、明らかにレスリーに八つ当たりしている。もちろんそういうことは友人間でも起こるし家族の中でも起こる。しかし、それはインターネットならではの風土病だ。そこには転移を防ぐものも、怒りを抑えるものもない。

ネット上の告白は面と向かって話さなくてもよいので安心感がある（ブランディは「プライバシーを確保」すると表現した）。そこには、感情を表に出すだけでも役に立つという考えがある。もちろん役立つこともあるだろう。ポストシークレットに「あなたと離婚したのは間違いだった」「去年私を虐待してくれてありがとう。あの人たちからはこんなカード届かないわよね」などと書き送る人は、それで少しは気が晴れているのかもしれない。

告白サイトにはセラピー効果があると言われることが多いが、実はそうではない。ただ気持ちを吐き出すだけでなく、抱えこんだ葛藤を新たな方法で取り扱おうと模索するのがセラピーというものだ。それにジョナスやレスリーのケースからもわかるように、セラピーがうまくいくのは、感情を他者に投影することで自分の中にある感情を理解できるからだ。

症状というものを、憎いけれども好きな何か——根底にある問題から目をそらさせて安心感を与える何か——だと考えることは役に立つ。私には、オンラインの告白サイトは症状のように見える。投稿者を一瞬いい気分にして、本当に必要なことから目をそらさせているからだ。

ある高校の最上級生の女の子は、少なくとも週に2回は告白サイトに行くと言う。最近、親友のボーイフレンドと寝ていることを書き込んだ。告白を書き込んだ後で何をしたか尋ねたら、部屋で一人でタバコを吸ったと答えた。胸のつかえが下りて、一人になりたくなったと言う。あるいは告白して消耗してしまったのかもしれない。

ロボットとの会話と同様、オンラインの告白サイトに人気があるのは、何も言わないように見える人たちも実は話したいと思っているからだ。だが、そうしたサイトでただ不安を吐き出し、それで束の間の安心を得ているだけなら、私たちは不安の背景にあるものを理解しているとは言えない。感情という資源を、持続する関係の構築に使っているとも言えない。このような現状をテクノロジーのせいにすることはできない。互いに相手を落胆させあっているのは人間なのだ。テクノロジーはただ、それで別にかまわないという神話をつくる手助けをしているだけなのだ。

「コミュニティ」の意味が変わった

オンラインで見知らぬ他人に告白することは、どのような枠組みの中で意味を持つのだろう。その告白は、あなたのことを知りたいと思っている誰かとあなたを繋ぐわけではない。自分の問題から目をそらすために他人のトラブルを利用しようとする人々――ジョナスがそうであった――に向かって自分をさらけ出しているにすぎない。現実の状況をよくする役には立たない。それどころか、告白しただけで〝何かした〟つもりになって、意味ある行動をしなくなってしまうかもしれない。それは間違いなく事実だ。しかしオンラインで告白する人たちは、それで救われた気分になり、自分は一人ぼっちではないと感じたと言う。それもまた事実だ。

告白サイトが症状で、私たちには症状が必要だというのなら、ほかに何が必要なのだろう。教会に集う人々と牧師のあいだにある信頼、子どもと話しができる親、子どもでいられる時間と安全な子ども時代、そしてコミュニティが必要だと私は思う。

元図書館司書のモリー（58歳）は一人暮らし、どのコミュニティにも属していないと感じている。子どもはいない。住んでいるのは都会で「住民がお互い知りあいになるような場所ではない……ショーズ（地元のスーパーマーケットのチェーン）で出会う人さえわからない」と言う。

彼女は幼いころ父親と食料品の買い出しをしたことを覚えている。そういうとき自分は家族の一員で、家族は地域の一員だと感じられた。ショーズに行くたびに、いまの自分に欠けているものを思い出す。彼女はお気に入りの告白サイトを自分のコミュニティと考え、ある程度は役に立っていると考えている。

モリーはアルコール依存症で苦しんだ母の話を投稿した。彼女はカトリックだが、子どものときも大人になってからも、自分のことを司祭に話すのには違和感があった。「告白ではなく、ただの愚痴のように思えたんです」。現実の生活について彼女は、「私のまわりで善意を目にすることはありません。ネットでは何人かいい人と会いました」。そうした話をするとき、彼女は「コミュニティ」という言葉を使う。

モリーが心の支えを見つけたのは喜ぶべきことだ。しかし「コミュニティ」についての彼女の見解は、テクノロジーの効果によって歪められている。告白サイトで「いい人」に会ったと言っているが、気に入らない書き込みがあると、モリーはサイトを離れて批判を見ないようにしている。

コミュニティとは、良いことも悪いことも受け入れられる安全な場所だ。コミュニティでは、困難なときには誰か手を差しのべてくれる。だから私たちは人が言うことに耳を傾ける。たとえそれが気に入らないことであっても。モリーが経験しているのはコミュニティではない。

告白サイトを運営している人たちは、バーチャル空間も含まれるように「コミュニティの定義を広げる」時期に来ていると提言している。(7) しかしそれでは言葉の意味が失われてしまう。他人と交流できるネット空間を「コミュニティ」と呼ぶようになれば、その言葉が以前は何を意味していたのかが忘れられてしまう。

言葉の由来から、コミュニティとはそもそも「互いに与え合う」という意味だ。ネット上の空間を判断する基準として、これを念頭に置くべきだ。オンラインの告白サイトは、正直に言って、この基準を満たしていないと思う。

おそらくコミュニティという言葉の意味は、広げるのではなく、狭めたほうがよい。同じ興味を持つ人々が集うグループにも、かつては名前があった。それは「クラブ」と呼ばれていた。けれども一般的に、クラブの会員に秘密を告白しようとは思わない。しかしいまでは、マイスペースやフェイスブック、セカンドライフがコミュニティではないなどと言おうものなら、異端視されかねないところまで来ている。

私自身も「コミュニティ」という言葉を使って、それが社会学者のレイ・オルデンバーグが「とても居心地のいい場所」(8)と呼ぶ環境に相当すると論じたことがある。それはたとえばコーヒーショップ、公園、理髪店など、知り合いや近隣の住民たちが集まる地点で、そこでは人々が日常生活の光景をつくっていた。私は「コミュニティ」という言葉を、弱いつながり《ウィーク・タイズ》のある世界を指すものとして使った(9)。私は話を急ぎすぎたのかもしれない。

コミュニティを構成するのは、物理的な近接性、関心事の共有、現実の結果、責任の共有などだ。そのメンバーはきわめて実際的なやり方で互いに助け合う。

私の祖父母はマンハッタンのロアー・イースト・サイドの、住民間に根深い対立がある地域に住んでいた。私は当時の話を聞いて育った。そこでは、ある家族がほかの家族よりいい暮らしをしていれば妬みが生まれた。ある家族がほかの家族から盗みをしているという疑いがあった。それでもお金がなくて苦しいとき、病人が出たとき、誰かが死んだときなどは、どの家族も助け合った。立ち退きを強制された家族は、近隣の家に住まわせてもらえた。彼らは互いを埋葬した。シミュレーションの世界で、私たちは互いにどんな助け合いをしているだろうか？ セカンドライフでジョエルはノエルの相談に乗ったが、扱っていたのは実はジョエル自身の問題だった。ゲームの中で出会う人たちに対して、私たちは現実にどのような責任を負っているのだろうか？　私は自分のアバターの後見人なのだろうか？

告白を読んだ者が問われること

午前中オンラインの告白を読みふけったあと、私は突然、自分の責任のことが心配になった。サイトは書き込んだ人のＩＰアドレスを収集しないと明言している。もし収集しているなら、違法行為を告白したユーザーを当局に報告する責任が生じると考えられる（人殺しをしたという告白があっても、サイト運営者は軍関係者の書き込みと解釈して、追及しない）。

しかし私が感じる私の責任はどうなるのか？　これがゲームでないなら、恋人に命の危険を感じるほど首を絞められるという女性のことを、どうすれば心配せずにいられるだろう。赤ちゃんを揺さぶりたい気持ちが抑えられなくなりそうだという母親の告白に、私は不安を感じずにはいられない。告白サイトにいると、私はそわそわと落ち着かず、集中することができない。誰かが悲惨な境遇にあり、私はその証人なのだから。

しかし私のその心配は的はずれなのかもしれない。インターネット上に書き込まれたことは、現実とほとんど関係ないという人もいる。ある20代の男性は、インターネットは新しい文学だと言う。この時代の記録であって、必ずしもそれぞれの人に真実を語ることを求めてはいないと。24歳の大学院生は、告白サイトに行って、注目されるために「何でも頭に浮かんだこと」を書き込むと言う。40歳の大学教授は、オンラインの匿名のフォーラムに行くときは「どこにでもいる平凡な男」の仮面をつけると話す。彼にとって匿名性は普遍性を意味する。彼がウェブで発言することは、必ずしも彼の実際の経験とは一致しない。たとえば世界には暴力があふれているのだから、自分自身の声で暴力について自由に書いてかまわないと彼は感じている。

オンラインの告白を読んでも何も感じないという人は、9歳でレイプされたという女性の声に耳をふさいでいるのだろうか。それとも、インターネット上の告白は実在する人や本当の話と無関係だと考えているのだろうか?

精神分析の訓練を受けた者として、私は何が真実かではなく、それが何を意味するかを問うようにしている。真実かどうかは重要ではないと言っているのではなく、妄想や願望には重大なメッセージが含まれているという意味だ。そのためには、個人とじかに向き合って話を聞かなくてはならない。その人の生活史、家族との葛藤、友人関係、セクシュアリティ、喪失体験などを知る必要がある。インターネット上で私は、その人が「真実」を語っているかどうか知りたいという、これまで覚えたことのなかった欲求を感じている。

よいセラピーを受けると、自分の生活を突き放した目で見ることができるようになり、昔の悪いパターンが顔を出すと、自分の中の何かが「おっと、またやってる。そんなことはやめて、別のやり方をしよう」とささやく。多くの場合、「別のやり方」をするための第一歩は、行動せず、立ち止まり、内省する力を養うことだが、オンラインで告白したのでは動き続けることになる。告白を書き込み、自分の話を公開し、反応を待つという行動を続けることになる。インターネット上の告白サイトが発明されていなくても、私たちは自分の問題を見つめず外に吐き出すのに忙しくしているかもしれないが、考えずにすませるための新しい方法をインターネットがもたらしたことは事実だ。

告白サイトで感情の〝ガス抜き〟をして、不幸なのは自分だけではないと知って気が休まる人がいることは認める。しかし私は、告白サイトの投稿を読むと、この人たちを助ける力が自分にないということがどうしても気になる。

私は投稿者と彼らの話につながりを感じるが、読み続けるためにはそれらに慣れる必要があると気づいた。だが、ある種の告白（残念ながらその一部は非常に残酷だ）を読んでいると、おなじみのジャンルのありふれた作品のような気がしてくる。そうなると私はサイトに居続けられなくなり、ひどく動揺してしまう。

私はセカンドライフに没頭し、ノエルの自殺願望の真偽を疑っているジョエルのことを考える。告白サイトで私が見ているものは演技《パフォーマンス》なのだろうか？　より実際に即した問いに言い換えるなら、私が見ているものはどのくらい演技なのだろうか？　私の考えは粗雑になりつつあるのだろうか？　それとも、現実的になっているだけなのだろうか？

第13章 脅かされるプライバシー

若者たちの戸惑い

シルバー・アカデミー2年生のマーシャ（16歳）は問題を抱えている。「耐えきれないことがありすぎる」と、画面上の生活について弱音を吐いた。

彼女はインターネットによって自分の中から引き出されるものが好きではない。それはもちろん自分のよい面ではない。ネットでは「特定の相手に意地悪なことを言ってもかまわないと思ってしまう。相手の反応も見えないし、画面に向かって話しているようなものだから、相手をどれほど傷つけたかもわからない。好きなことを言えるのは、私は家にいて、相手が手も足も出せないからよ」

彼女の隣りに座っているクラスメートのドレアが皮肉っぽく言う。「相手に家を知られたら別だけど」。マーシャは茶化されることがいやなようだ。彼女は自分が何度も冷たい仕打ちをしたことに気づいている。ふと話を止め、そして言った。「自分の言ったことが相手にどんな影響を与えるかが見えない」

マーシャとドレアはシルバー・アカデミーの2年生で、私は彼女たちの学年のグループにネット生活のエチケットについて話をしている。ジークはマイスペースでは嘘の自己像をつくったと言う。彼は雑誌から写真をスキャンして、架空の人間のプロフィールを書いた。そしてその自己像を使って実際の自分についての話——すごく批判的な悪口——を始めると、誰が話に乗ってくるかわかる。これは「自分を嫌っているやつを見つける」方法だと彼は言う。これはシルバー・アカデミーでは珍しいことではないが、生徒たちのあいだに強い不安をもたらしている。

ジークの話を聞いて、私はやはりシルバー・アカデミーの生徒で、デジタル版シラノにテキストを代筆してもらっているジョン（16歳）のことを思い出した（350ページ参照）。ジョンがクラスメートにそのことを話したとき、テキストをやりとりしている相手が本当は誰なのかわからないという可能性について議論が沸騰した。

ジークが自分の話を披露すると、キャロルがそのテーマに食いついた。「自分が話している相手が誰なのか知る方法はないわ」と彼女は言う。「自分の友だちについて話すことはあるけど、気をつけないと。話している相手がその友だち本人かもしれないから。マイスペースでは……たくさんのトラブルに巻き込まれてもおかしくない」

「トラブル」に関する話し合いにほかの生徒たちも加わる。ある生徒は「フェイスブックに人生を乗っ取られている」と言う。ログオフすることができないのだ。「いつのまにか知らない人の写真を見たりして、あちこち渡り歩いている。しばらくして時間の無駄だったと気づく」。2番目の子は「何かを見逃す」のが怖くて携帯電話を手放せないと言う。「カメラも時計もついているし、いつも友だちといられる。電話を持っていないのはすごいストレス」。3番目の生徒は話をこうまとめる。「テクノロジーが悪いのは、人間がその引力に勝てるほど強くないからよ」

テクノロジーの影響と向き合う必要

ネット社会には不安がともなうが、モバイル・コミュニケーションの革命的発達を考えるとき、その不安は見落とされることが多い。テクノロジーについて語るとき、多くの人はまず古いものを慇懃な口調でけなし、新しいものを理想的なものとして持ち上げる。

そのため、たとえばオンライン読書は、リンクやハイパーテキストの可能性とともに賞賛を浴び、紙の本は〝つながっていない〟と軽んじられる。昔の読書は一方的で排他的だが、新しい読書はすべてのテキストが新しいアイデアにリンクされ、どんどんつながっていって民主的だ、といった流れで語られる。(1)

これはもちろん、テクノロジーのよい部分を伝える一つの側面にすぎない。そこには別の側面もある。紙の本は自由な空想や人間同士の関わりにつながり、読む者は自分の内面を見つめることができる。そして、オンラインの読書は(少なくとも私が調査を行った高校生や大学生にとって)常にどこか別のところへと読む者を誘い込むが、(2)その行き先が参考文献や関連する注解書であることは少なく、誰かとのコミュニケーションや無関係なショッピング、あるいはフェイスブック、マイスペース、ユーチューブなどのことが多い。この〝別の側面〟は複雑で人間的だ。だが、テクノロジーはチャンスを切り拓くとか、傷つく恐れも不安もないという明るい賞賛がその側面に触れることはない。

コンピュータがネットワーク化されて簡単にマルチタスキング(いくつもの作業を同時に行うこと)ができるようになったときも、同じような理想化があった。教育関係者はすぐさま、多くのことがいっぺんにできることの利点を賞賛した。そういう将来に向かって進んで行くことが奨励された。しかし、いまやマルチタスキングはあらゆることでパフォーマンスの質を下げることがわかっている。今後も私たちがマルチタスキングを続けることは間違いないだろうが、それはパフォーマンスの質と、多くのことを一度にする効率性を引き換えにすることを承知したうえでの話だ。とは言え、オンラインのマルチタスキング（オンライン読書など）は、大げさな賞賛こそ鳴りを潜めたとしても、便利な選択肢であることは間違いない。

テクノロジーを正確に説明するためには、それを十分に愛する必要がある。そしてテクノロジーがもたらす影響と正面から向き合うためには、私たち自身を十分に愛する必要がある。そのようにして修正された技術の物語は、ある種のレアルテクニーク（現実技術）である〔イデオロギーや理想ではなく利害と権力で動く政治を指すレアルポリティーク［現実政治］になぞらえた表現〕。接続の文化のレアルテクニークは、達成と可能性に縁取られているが、そこには繋がれた自己の不安と居場所の混乱という問題もある。テクノロジーは生活のストレスをコントロールする助けにもなるが、独自の不安も生み出す。それら2つはたいてい密接につながっている。

たとえばモバイル機器でのつながりは、思春期の若者たちが別離という難問に対処するときに助けとなる。家を離れるときに携帯電話を持っていれば、以前のように切り離されたと感じずにすみ、少しずつ別離を乗り越えることができる。しかしいまは一日中、両親とテキストでつながっている。友人たちもいつもそばにいる。けっして一人になることはないという感覚を楽しむようになる。かつて思春期には、自分は取り残されているという感覚がつきもので、その感覚が内面的な能力を伸ばすと考えられていた。いまでは、ネットワークのおかげでそのような感覚を経験することはなくなった。ティーンエージャーたちは携帯電話をそばに置いておきたいと言う。持っていればいつでも「誰かが見つかる」からだ。

ティーンエージャーたちは「実際に知っている人」とネットワークでつながっていることがあるが、オンラインの世界だけの友人についてはどう考えているのだろう？　そういう友人にどんな意味があるのだろう？　会ったことはなくても、学校の廊下を歩きながら、何を言おうかと考えたりするのだろうか？

彼らは、こっそり追跡されている可能性があっても、自分の生活がそこにあると感じているのでフェイスブックから離れることは考えられない。やがて自分もフェイスブックを追跡し始める。フェイスブックは監視カメラが設置された公道であることは知っているが、それでもそこが〝家〟のように思えてくる。オンラインのグループに受け入れてもらおうと苦心もする。ただし、そこは残酷なウィットを特徴とする場所なので、発言には注意しなければならない。思春期の投稿は生涯にわたってネットに残る。フェイスブック上の〝友だち〟が決して離れないのと同じだ。それを思うと不安が頭をもたげ、その影が広がり始める。

リスクを避けてネットに依存する

私たちはブランスコム高校の2年生のジュリア（16歳）と会った。彼女にとってテキストを送ることとは自分の気持ちを認める手段、ときには発見する手段でさえある。

彼女は一人っ子で、母は心臓に病気を抱えていたため、幼いころはおばの家に住んでいた。9歳のとき母の手術が成功し、母と新しい義父と一緒に住めるようになった。この結婚は破綻し、その後は母と2人だけで生活した。健康を取り戻した母は大学を卒業して、いまは小さな人材派遣会社を経営している。

ジュリアは以前は父と週に1度会っていたが、父はもっと会いたがり、あまり来てくれないと言ってジュリアを責めた。彼女は父と母のあいだで身動きが取れなくなった。「それで、父に電話するのをやめた」と彼女は言う。こうしたケースではよくあることだが、父に電話をかけなくなったとき、ジュリアは父から電話してほしいと心から願っていた。「私は父から電話してほしかった。でもしてくれなかった……。もし私から電話したら、私があまり話さないことを、父はきっと責めたと思う」。それで親子の関係はしだいに悪化した。「あまり話さなくなると、会うことも減って、あるとき完全に止まっちゃった」。ここ4年間、ジュリアは父親に会ってもいないし、話してもいない。

私はターニング・ポイントになりそうな時期にジュリアと会っている。冬休みのあいだ、彼女は学校が主催する、グァテマラの孤児院で働く旅行に参加したいと思っていた。申し込むには父と母の両方から許可書類に署名をもらわなければならない。ジュリアは父が署名してくれないのではないかと心配していた（「それだけ長いこと父には会っていなかった」）が、父は署名してくれたうえに、書類と一緒にEメールアドレスを書いたメモを送ってくれた。

私がジュリアと会ったとき、彼女は興奮と戸惑いを同時に感じていたようだ。「父は私のパスポート取得のための書類を送り返すとき、手紙も入れてくれた。父は私に悪かったと謝り、また連絡を取り合いたいと言ってる。だからこれからは今までより話すことが増えると思う……私はEメールで父と話すつもり」。ジュリアはまだ直接、父と話す心の準備はできていない。彼女にとってそれはハードルが高すぎる。おそらく父にとっても同じだろう。そして父も電話番号は知らせてこなかった。声を出さずに話す方法として、Eメールを提案したのだ。「Eメールは完璧」とジュリアは言う。「私たちには練習が必要なの。コンピュータでしばらく話したら、そのうち電話するかもしれないし、会うようになるかもしれない」。その計画を話しながら、ジュリアは何度もうなずいていた。その気持ちはわかる。

ジュリアはもう1つ、父と連絡を取る方法を知っている。父はマイスペースのアカウントを持っているのだ。しかしそこから父に連絡することは「ありえない」と、彼女は言う。ひとつには、父がアカウントを持っていることすら腹立たしい。「大人がすることじゃないと思う」。さらに、父とマイスペースの友だちになると、自分の生活を必要以上に知られるうえに、父について知らなくていい情報まで知ってしまいそうだ。

父を〝ストーキング〟したくなる気持ちに勝てるかどうかわからない。ストーキングとは、本人に知られることなくその人の動向をさぐるのにソーシャル・ネットワーキングを使うことだ。ストーキングするときは、リンクをたどったり、相手の投稿からその友人たちのところを渡り歩いたりする。相手が招かれたパーティーや家族のイベントの写真を見て、話しているのが誰か調べる。ジュリアは父が女性に会っているかどうか調べそうで怖い。

それでもジュリアは、マイスペースで父の家族や親戚を調べずにはいられない。父の両親、きょうだい、いとこ、おば、おじ。その誰とも接触する気はないとジュリアは言う。少なくとも父にEメールをするのが先だ。マイスペースは子ども時代に引き裂かれたものを少しずつ縫い合わせる手段なのかもしれないと彼女は思う。そしてこのことすべてを母にどう話せばいいか頭を悩ませる。

父に電話するのは「重すぎる」と言いながら、ジュリアは新しい携帯電話をいじっている。テキストを打つのに最適なフリップアップ式キーボード付きのものだ。「どうしてもこれが欲しいと言ったの」。ジュリアは1日に何度も友だちに、授業中以外はほぼずっと、テキストをしている。彼女がアカウントを持っているベライゾン（Verizon）を使えば、テキストは無料でできる。ほかの通信会社だと料金が発生する。「友だちが全員ベライゾンならいいのに」とジュリアは残念そうに言う。親友は競合会社のシンギュラー（Cingular）なのだ。「だから私たちはテキストしない」。ではどうするか。「学校で話すのよ」。その解決策に満足はしていないが仕方がない。

私はジュリアに電話で話すことについて尋ねた。彼女は全然好きではないと言った。「電話で話すのは変な感じがする。友だちが電話してきて〝どうしてる？〟と聞かれると、〝何にも〟って答えて、〝もう切るよ、バイバイ〟って言っちゃう。電話ではぎこちなくなってしまう。テキストのほうが楽だと思う」

ジュリアはいつも携帯電話を持っている。授業中にテキストが届くと、先生に断ってトイレに行き、チェックする。テキストは一日中入ってくる。少なくとも5分に1度は振動する。テキストが届いたことがわかると、〝そわそわ〟して、だんだん心配になる。読まずにいられない。トイレでチェックすると、ただ〝ハロー〟と言っているだけのようなものが多い。「それを見ると、なぜこんなにあせったのか、ばかみたいに思える」

ジュリアの許可を得て、教師の1人が電話について私たちが話しているのを聞いていた。教師は「どうして電話の電源を切らないの？」ともっともなことを尋ねる。ジュリアは間髪入れずに答える。「お母さんからかもしれないし、緊急事態かもしれない」。教師は穏やかに続ける。「でもお母さんなら学校に電話してもいいわけでしょう？」ジュリアはためらうことなく答える。「そうね、でも校内にいる友だちから緊急の用件が入るかもしれないし」

ジュリアはその緊急の用件について、ある「友だち」が置かれた架空の状況を例にとって話してくれた（後に自分自身のことだと認めた）。「その子がトラブルに巻き込まれたとする。彼女が何かしたわけじゃないけど、誰かに話したくなる。ばかみたいに聞こえるかもしれないけど、その子が友だちや男の子のことでトラブルがあったら、私にテキストか電話してくる。そういうのが緊急の用件」。強烈な感情を誰かと共有できないのは苦しいことなので、それが「緊急の用件」となる。

あるいは親友であるヘザーの父のジョーに何かあったかもしれない。ジョーは何度か心臓発作を起こしている。「次に起きたら死ぬかもしれないと言われているの。だから私はいつも……連絡があるんじゃないかとびくびくしてる。ヘザーか、彼女のお母さんが電話してくるんじゃないかと思って。家族ぐるみで親しくしてるから。ヘザーのお父さんは、自分のお父さんも同然で大好き……。それも緊急の用件と言える」

ジュリアは私に携帯電話の緊急連絡先のリストを見せてくれた。ヘザー、ヘザーの両親ときょうだいの名もある。以前はヘザーのおじやおばもリストに入っていたが「電話を変えたので、いまは入っていない」と言う。新しい電話にも入れなければと思っている。母親だけでなく、彼らもジュリアにとってのセーフティーネットなのだ。携帯電話は彼らの存在をリアルに感じさせてくれる。

生活の変化と別れを何度も経験しているジュリアは、離れることをいつも恐れている。何か悲劇が起こるのではないかと身構えている。いつなんどき、周囲の人がどこかへ行ったり奪われてしまったりするかわからない。携帯電話で連絡を取れるようにしておけば、愛する人たちが消えてしまうことはないと信じていられるような気がする。(3)

テロと暴力の世界で

ジュリアの携帯電話は、危機にある世界における接続のシンボルであるにとどまらず、自分は安全だと感じさせてくれるものだ。

「学校で何か事件があったらすぐ警察に電話できるし、たとえば火事があったり不審者が学校に入ってきたりしても、自分は無事かそうでないか母に伝えられる。そういうところも電話のいい点だと思う」

つながっていないときに感じる不安をジュリアが語っているとき、2001年のワールド・トレード・センターへのテロ攻撃の話になった。つながりという点から見ると、9・11のときは連絡が断絶していた。教師や学校の事務員の多くは（核攻撃されたときは机の下に隠れるように教わった世代）、ツインタワー崩壊のニュースを聞いて、子どもたちを外界から引き離して自分たちの保護下に置いた。生徒たちは教室から冷戦時代の象徴とも言うべき地下の避難所に連れていかれた。ジュリアもそのような即席の避難所で何時間も過ごした。彼女を含め、クラスメートたちは親と連絡を取るすべがなかった。「私は4年生だった」と彼女は言う。「そのときは携帯電話も持っていなかった。母と話がしたかった」

同級生におばさんがワールド・トレード・センターで働いているという子がいたため、ジュリアにとってはなおさら恐ろしかった。男の子の1人は、その日、親戚が飛行機に乗っているはずだったが、どこへ行く便かはわからなかった。午後になってようやく連絡が取れ、ジュリアも友人たちも心配していた人がみんな無事だと知った。

あれが怖かったのは、先生たちでさえ何が起こっているかわかっていなかったから。私たちを部屋に集めたけど、何を言えばいいのかわからなかった。ただ悪い人が攻撃して、ビルに飛行機で突っ込んだとだけ聞いた。質問しても答えられなかったと思う。悪者はつかまったのか尋ねたら「ええ、刑務所に入れられたわ」と言っていた。でも飛行機が突っ込んだんだから、誰も刑務所になんか行ってない。先生たちも何がなんだかわからなかったのよ。

9・11のトラウマは接続の文化史の一部だ。ワールド・トレード・センターが攻撃されたあと、アメリカ人は個人とその通信網について、かつてないレベルの監視を受け入れるようになった。ジュリアの世代にとって、9・11はすべての安心感から切り離された子ども時代の経験として記憶に焼きつけられている。

その変化を背景として、携帯電話は身体と心の安全を守るシンボルとなった。それまで携帯電話を子どもに持たせる意味はないと思っていた親たちが、意味を見つけたのだ。それはいつでも連絡が取れるということだ。ジュリアは9・11の経験から、携帯電話を持ち歩くのは「いつだっていいことだ」と確信するようになった。

これは全国の学校教師たちの思いとは反する。生徒たちが一貫しないメッセージを受け取っていることで、教師たちは難しい立場になる。親が子に携帯電話を持たせるとき、そこには「私たちはあなたを愛している。これがあれば安全を守れる。これを持たせるのはあなたを心配しているから」というひそかなメッセージがある。しかし学校は電話を生徒から引き離したい。(4) 電話の音を消させ、目につかないところに置かせる学校もある。ロッカールームへの持ち込みを禁止するところもある。

ジュリアの学校では、常に電話を持ち歩く必要はないと教師が生徒たちを説得しようとしていた。ジュリアはばかにしたように教師の口調をまねて言う。「先生たちは〝どの教室にも電話はありますからね〟って」。彼女はまったく受け入れていない。「自分の電話を持っていたほうが安心。だって1つの電話をみんなが一度に使うことなんてできないから」

いまやこれは譲れない一線だ――安全だと感じるには、つながっていなければならない。「誰かと喧嘩になったら友だちに電話する。先生とトラブルになったら友だちに言う。喧嘩があって怖い思いをしたら友だちに伝える。脅されたら友だちに言う。ナイフを持った奴が入ってきたら友だちにテキストする」。こうした事態が起きたとき、頼れるのが携帯電話なのだ。

ブランスコム高校には入り口に金属探知機があり、制服を来た警備員が廊下をパトロールしている。以前は生徒同士が喧嘩を始めるなどの騒ぎがあった。私と話しているとき、ジュリアはコロンバイン高校やバージニア工科大学の銃乱射事件のことを思い出していた。「いま学校のことが書かれている本を読んでるんだけど……2人の生徒が銃を隠し持ってダンスパーティーに行って、みんなを人質にとって、最後には自殺してしまう。コロンバインの事件にとてもよく似ている……つい最近、うちの学校でもコロンバインに関係する集まりが開かれて……ああいうことが起こったときのために、携帯電話は必要だと思う」

最近よく「ヘリコプター・ペアレント」〔頭上を旋回するヘリコプターのように子どもに付きまとう過干渉・過保護な親〕の記事を目にする。[5] それは自分たちの親の間違い（早すぎる時期に大きすぎる自由を子どもに与えた）を繰り返したくないと考える世代で、子どもたちからなかなか離れようとしない。しかし今日では、子どもたちのほうも親から離れない。何としても断絶を避けようとしている。

ジュリアのように両親が離婚している子もいれば、2度も3度も家庭の崩壊を経験している子もいる。親が他の州や他の国で働いている場合もあれば、親が出張続きでめったに子どもと顔を合わせないという家庭もある。親が軍人で外国に駐屯していることもある。ティーンエージャーたち自身は、常にテロの脅威を意識する文化の中で生きている。彼らはみんな9・11を経験した。学校にも空港にも金属探知機を通って入る。何かしら危険があるのが当然だと思っていて、携帯電話がお守りのように安全の象徴となっている。

ジュリアは自分がどこにいるか、必ず母親に伝える。放課後、何時に電車に乗って、何時に家や友だちの家に着くか。出かけるときは「目的地に何時ごろ着いて、家には何時ごろ帰るか」電話する。「携帯電話を持たないなんて考えられない。持ってないところは想像できない……自分の一部みたいに感じる。私も友だちも〝電話がないと裸でいるみたい〟な気がする」。たしかに裸でいたら危険に思える。壊れやすく、つながりに頼る必要がある。つながっていれば不安は減るが、すでに述べたように、そこには独自の問題もある。

誰と話しているのかわからない

クランストン・スクール3年生のリサ（17歳）は、よくわからなくなっている。「学校から帰ってきてオンラインにすると、気分が落ち着いて、2時間くらいウェブで話をしてしまう。それなのに友だちが1人もいない。話している相手のことは何も知らないの。その人たちは〝チャット仲間〟で、12歳の子がいてもおかしくない」。「チャット仲間」たちと長時間過ごしていると、オンラインでいる時間にはどんな意味があるのかという疑問がわいてくる。

その疑問はハンナ（16歳）の頭からも離れない。彼女もクランストンの生徒だ。彼女にとってはネット上のつながりが、男の子に関する不安を減らす助けになっている。学校の友だちの多くはボーイフレンドがいるが、彼女はデートの経験も少ない。クランストンでは、ボーイフレンドができると性的な関係へのプレッシャーがかかる。彼女はまだそんなことは考えられないが、置いてけぼりにされている気がしている。

５年前、ハンナが11歳のとき、イアンと名乗るオンラインの友だちができた。彼女はインターネット・リレー・チャット（ＩＲＣ）で１９６０年代のロック・バンド好きが集まるグループに加わり、そこでイアンと出会った。

イアンは当時14歳と言っていた。２、３年経つとお互いのことをかなり知るようになり、２人でプライベートなチャット・ルームをつくった。「まるで魔法みたいだった。突然、その部屋で２人きりになったの」。そのうちハンナとイアンで毎日、話したりスクラブルで遊んだりするのが習慣となった。

彼はリバプールに住んでいて、もうすぐ大学に行くと言っていた。ハンナは自分が大学に入ったらすぐ彼に会いにいくことを夢見ている。いまから1年半後だ。「そのころなら世界中のどこから来た友だちがいても、自分より年上の友だちがいても変に思われないでしょ」

タイプした文字を通してしか彼を知らなくても、「イアンは私をいちばんよく知ってくれている人」だと言う。ハンナは2人のチャットに音声や映像を加えたいとは思わない。そのほうがイアンを望みどおりの人物として思い描くことができる。イアンもハンナを望みどおりの人物として想像できる。相手の理想の存在になれるという考えは魅力的なファンタジーだ。何よりも、相手が離れて行く理由がなくなる。自分は相手から望まれている対象である――それは相手が自分を理想の相手と思い描けるからにほかならない――という安心感はインターネット生活の深い喜びの一つだ。

ハンナはオンラインで、現実ではまだ難しい、男性の気を引く練習をしている。イアンとの関係には不安がないので、ボーイフレンドを持ったり、男の子に熱を上げる体験を試すことができるのだ。だが、ハンナはイアンとの友情が「少し怖い」とも感じる。「世界でいちばん好きな人がある日突然姿を消すかも」しれないし、連絡が取れなくなってしまうかもしれない。結局イアンについては、楽しい会話をした記憶のほかは、架空のファーストネームしか知らないのだ。

ハンナのイアンへの思いは複雑だ。「自分ではイアンを知っていると思っても、現実の生活で会う人を知っているのとは違う」。とても深い友情を感じることもあるが、それは砂の城のようにもろいものにも思える。

ニュートンの法則が気に入らないという調子で彼女は言う。「悲しいことだけど、本当に人と関わるには、相手が身体で表現するものを自分の感覚で経験しなければならないときが来ると思う。たとえばその人の顔を見るとか、声を聞くとか」

ハンナは一瞬口をつぐむが、しばらくすると声を落としてまた話し始める。ＩＲＣチャンネルで過ごすことで犠牲になっているものがほかにもある。チャンネルにいる人たちはやさしくない。「自分がそんな意地悪な人たちの友だちだというのが好きじゃない」と彼女は言う。ネットの友だちは「新しく入ってきた人をばかにしていじめる」し、お互いのあいだでも敵対することがある。

自分はそうした敵意を向けられることはないとハンナは思っているが、気分がいいものではない。自分もそんな集団の一員となり、ほかの人と同じようにふるまっている。「ときどきＩＲＣでは、ふだんの生活では言わないようなひどい冗談を言ってしまう……〝私はこんな人たちと友だちでいたいの？〟と考えることもある。この人たち、なんでこんなに意地悪くなれるんだろうって呆れてしまうことも。ちょうど学校で、自分のグループに入ってきてほしくない人を拒絶したりばかにしたりするのと似てるかも。よくないことだと思うし、そんな冷たい人たちと友だちでいたいとも思わない」

ハンナは学校の友だちは「彼らよりは親切」だと感じるが、じつはそれほど違うとも思っていない。マーシャと同じように、彼らが冷酷なのはインターネットのせいだと思っているからだ。「インターネットは人間の最悪の部分を引き出すことがある……怒りはエスカレートして……ブレーキが効かない」

そう言いながら彼女は、ほめられたものではない行為をする人たちの承認を求めて、週に20時間近くもネットに費やしている。そして自分も同調して彼らの機嫌を取ろうとしている。それはとても疲れることだ。「インターネット上の友情は、実際の生活よりずっと求められるものが多い」とハンナは言う。そして、そういう求めに応じているうちに、自分には何があるのかわからなくなってしまう。

ネットに費やす時間が増えていく

ハンナはオンラインでならもっとうまく人づきあいをコントロールできると思っていた。「もともとの想定では」気が向いたら参加するけれど、忙しくて参加できなくても「悪いと感じない」つきあいのはずだった、と彼女は言う。ところが実際は違った。

ネットの友だちは、彼女がチャット・ルームに来ないと腹を立てる。彼らは他の面でも手がかかる。IRCの友だちは話すのが速く、すぐ人を非難する。気の利いたことを言わなければならないというプレッシャーがある。「学校で歩きながら、帰ったら何を話そうと考えている」とハンナは言う。

ハンナは最近フェイスブックも始めたが、手のかかるものが増えただけだった。クランストンの生徒たちが口をそろえて言うのは、フェイスブックを放置していても寛大なのは、実際によく知っている相手（たとえば学校の友だち）だということだ。よく知らない人や、自分がグループに参加してほしいと思っている相手からは、厳しい反応が返ってくることが多い。人気のある生徒や他校の生徒、あるいはすでに大学に行っている人などだ。「そういう人たちは、自分のすべてを見ている」というのがクランストンの生徒たちの一致した見解だ。

ハンナは新たな視線が自分に注がれていることをひしひしと感じ、「体裁を保つために必死にがんばっている」と言う。「フェイスブックはだんだん手に負えなくなる……そんなに頻繁に更新する必要はないけど、しなさすぎるとプロフィールがすごくださくなるし。だからいったん始めたら、恥ずかしくない程度には書き込まなくちゃならない」。この構造に、決めるのは自分ではなくフェイスブックだということが表れている。

別のクランストンの生徒たちも、同様のプレッシャーについて語っている。ある4年生の男子は「フェイスブックから反応を得るためにはフェイスブックに時間をかけなくてはならない」と言う。「使わなければ、誰もコミュニケーションしてこない。そうすると誰とも交流がないと思われる。そう見られるのがいやで、みんな毎日何時間もフェイスブックをするんだと思う」。均整のとれた身体を保つためにジムでトレーニングするように、ネット上の自分を魅力的に見せるためには努力が必要だということだ。

2年生の女の子は言う。「最後のウォールへの投稿が1週間前だと、変わり者と思われそうで心配になる。これは本当に大事。そこで自分が判断されると知っているから」

４年生の男子は「フェイスブックを良好な状態に保つ方法」を事細かく教えてくれた。まず、あまり労力をかけないこと。「フェイスブックをメッセージのやりとりに使うのは時間の無駄だ」と言う。その理由は、Ｅメールと同様、相手だけとの個人的なやりとりで「イメージアップの効果は何もない」から。フェイスブックの基本は「毎日、時間をとってほかの人のウォールにコメントすることだ。そうするとお返しに自分のウォールにコメントしてくれる」。これを修行者のように律儀に行えば、人気者に見えてくる。やらなければ「問題が起こるかも」と彼は声を落とす。

別の４年生の男子は、ネット上のコミュニケーションを維持するための不安を次のように語っている。

ときどき〝最後の投稿は1週間前だ〟とあせることがある。〝まずい、これを見たらみんな〝こいつは友だちがいないんだな〟と思うだろう。それでマジで心配になって、〝誰かのウォールに投稿しなきゃ。そうすれば向こうも書いてくれるから、また友だちがいるように見えるはず〟って思う。これがフェイスブックを使う心理だ。

ハンナもこの心理状態におちいって、フェイスブックに費やす時間が増えるのを抑えられなくなった。何かすると次々やらなければ気がすまなくなる、と彼女は説明する。「ネットを見る。誰かが何かを尋ねる。その人が自分のことを知りたいと思っていると感じる。気分がよくなって文字を打ち続ける……。何時間もおだてられ続けているみたいに感じる。でも実際、その人たちは誰なんだろう？」

しだいにそれが心配になり、イアンとの友情さえも薄っぺらに思えてくる。イアンとの会話に時間をかけるほど、「ふだん会う人」とのつながりから切り離されていくと感じるようになった。「毎日本当に長い時間を費やしている」と自分でも思っている。実際、私が会ったときハンナはＩＲＣチャンネルから離れていると言った。しかしイアンと話せないのはさびしいから、すぐまた戻るだろうと思っている。

ストーキングの誘惑

ジュリアはマイスペースで父親を〝友だち〟にするか悩んでいる。してしまったら、こっそり追いかけるストーキングの誘惑に勝てそうもないからだ。ストーキングはうしろめたい快楽であり、不安の源でもある。ハドレー高校４年生のクリス（19歳）は、それが習慣になる道筋を説明してくれた。いまやどんな携帯電話にもカメラがついていて、みんな何かというと写真を撮る。その写真をフェイスブックに投稿してラベルをつける。どの写真も普通〝タグ付け〟されていて、写っている人全員の名前が書かれている。ネットには〝タグ付け〟されたクリスが写っている写真がたくさんある。「パーティーやロッカールームで友だちとじゃれあっているような写真」だ。フェイスブックでは誰のものでも、あらゆる写真を探すことができる。そこからストーキングが始まることが多い。

クリスはハンサムで優秀なアスリートだ。多くの女の子が自分の写真を見ていることを、彼は知っている。「ストーキングされるのはちょっと嬉しいけど、気味悪くも感じる……ぞっとする写真もある。ありとあらゆる種類の写真がネットに上がっているからね」

それに彼は人を非難できる立場にはない。「僕も好きな女の子がいれば、タグ付けされた写真をたどっている。どんな友だちがいるかわかるから。人気者だろうか？　ボーイフレンドがいそうか？　特に目的もなくやり始めて、気づいたら何時間も経っているなんてこともある。僕もストーキングしてるんだ」

クリスは自分が特に悪いとは感じない。ロッカールームでの写真を見られるのは〝勘弁してほしい〟けれど、人気の表れでもある。自分を見せることで彼らと接触できるし、一人でいるときでも誰かが自分を探しているという気分を味わえる。

ティーンエージャーたちはそれは違うと感じていても、新しい生活と折り合いをつけているように見える。それは有名人の生活に似ている。酔っぱらったり、性的に行儀の悪いことをしたら——高校生活のどこかで起こりそうなこと——誰かがそれを写真に撮る（だいたいは携帯電話のカメラを使って）ことは承知している。撮られたら、その写真はいずれインターネットに流出し、拡散を防ぐ手立てはない。

つまりストーキングは法を犯さない犯罪だ。フィルモア・スクール3年生のある生徒（17歳）はそれを「最悪。普通だけど気持ち悪い」と言う。普通というのは、「フェイスブックのウォール上での会話を見ることはルール違反ではない」からだ。気持ちが悪いというのは、「自分が加わっていない会話に聞き耳を立てているみたい」だから。「ストーキングしたあとはシャワーを浴びたい気分になる」

大学に入ったばかりのドーン（18歳）は「興味深い人たちを知るのに取り憑かれている」と言う。つまり新しいクラスメートたちのことだ。「一晩中、その人たちのウォールを読んでいる。どんな仲間がいるのか追いかけ、ガールフレンドをチェックする」。彼女もまた「フェイスブックを見ていると自分が汚くなったように感じる」と言う。ストーキングはルール違反ではないが、若者たちは他人のプライバシーに踏み込む方法を手に入れたように感じ、スパイかポルノ写真家になったような気がしている。

ストーキングが生活の一部になったティーンエージャーは、自分のプライバシーに侵入されることも仕方ないと受け入れるようになっている。ブランスコム高校では「マイスペースに載せたパーティーの写真にビールが写っていたらトラブルになる」と、ジュリアは言う。学校の職員や警察は、学生のマイスペースのアカウントを見ていると、彼女も友人たちも信じている。そのためジュリアは、自己管理を厳しくし、友人のアカウントにも気をつけている。「私はいつも友だちに〝あの写真はアップしちゃだめ。トラブルになるから〟と言っている」

ブランスコム高校の4年生の男子は、「普通のアカウントと秘密のアカウントを持っている」と言う。「秘密のアカウントでは偽の名前を使っている」が、私と話しているうちに、秘密のブログのIPアドレスとタグ付けされた写真から、自分を割り出されるのではないかという不安が生まれた。それまでそんなことを気にしたことはなかった。そう考えると「お先真っ暗」に思えてくる。

ローズベルト高校のアンジェラ（16歳）は、マイスペースのページを「ハック」された。「ハックというのは誰かのページに入りこんですべて変えてしまうこと。私も1度されたけど、誰がやったかはわからない。でもそういうことが起こるの。［声をひそめて］レイアウトも何もかも変えられた。まるで私がレズビアンみたいに見えるように変えられた。いろんな人から〝レズビアンになったの？〟と訊かれた。みんなに〝違う。ハックされたの〟と説明しなければならなかった。すごく時間がかかった。みんな〝最低〟と言ってくれたけど」

手紙を書き換えられたら、書き換えた側が加害者だ。しかしSNSのアカウントをハックされたら、被害に遭ったあなたが事情を説明しなければならない。アンジェラは自分がハッキングされた体験を話してくれたが、明らかにそのことを怖がっていた。しかしその後、「毎日起こるわけじゃない」と考えて深刻に受けとめるのをやめた。これはほかに方法がないと感じている人の自己防衛法だ。アンジェラはマイスペースをやめる気はない。怒っても意味はない。そのためこの出来事の意味を解釈し直すことにした。彼女は迷惑をこうむった。「私が怒ったのは、すべてやり直さなくてはならなくなったことに対してであって、ハックされたことに対してではない。こんなこと毎日起こるわけじゃない……毎日起こるわけじゃない」

私はシルバー・アカデミーでのディスカッションでも同じような場面を経験した。2年生のグループに「オンラインのプライバシーについて心配している人はいますか？」と尋ねると、みんな「してる！」と叫んだ。カーラとペニーが勢い込んで自分の経験を話してくれた。みんなが興奮して一斉に話し出す。それが落ち着いたとき、カーラが話を続ける。

「ママと買い物に行ったとき、携帯を家に置き忘れてしまって、そこにペニーがテキストしてきた。たまたま弟が私の携帯のそばにいたときに着信した。それで弟は私になりすまして返事を書いたの。ペニーが何か言ったとき、弟がとても失礼なことを書いたものだから、あとでペニーに電話して、テキストしたのは弟で、私じゃないと弁解しなければならなかった」

最初、カーラとペニーは、自分たちの動揺をみんなに共有してほしかったようだが、ほかの生徒たちが特に感情を表さなかったので（誰もが同じようなことを経験している）、拍子抜けしてしまった。ペニーはカーラの弟はなりすましが特別うまかったわけではないから、気をつけていれば見抜けたかもしれないと言った。怒りのやり場を失ったカーラも「そうかもね」と引き下がった。

プライバシーを差し出す世代

マスコミは現代の若者たちを、プライバシーを気にしない世代として描きたがる。若者たちについて、私にはそれとは別の、同じくらい不安なことがある。それは高校生や大学生がルールを理解していないということだ。自分は見られているのか？　誰に見られているのか？　特別なことをしたときだけ監視されるのか、日常業務として監視されるのか？　監視は合法なのか？

彼らはフェイスブックやＧメール（グーグルが提供しているＥメール・サービス）が用意している利用規約の本当の意味を理解していない。自分はどのような保護を「受ける権利がある」のか理解していない。異議申し立てが妥当なのはいつか、可能なのはいつかを理解していない。誰かがあなたの携帯電話に入り込んであなたに成りすましたら、それは犯罪とみなされるのか、単なるいたずらなのか。

そのような疑問に対して、ティーンエージャーは年長者――このテクノロジーを彼らに与えた世代――から納得のいく答えを示してもらったことがない。

そのため、学校当局や警察が生徒のネットのプロフィールを見ているのではないかと心配するジュリアだが、それがプライバシーの侵害なのかどうか、はっきりとはわからないと言う。そして、いずれにせよそれについて自分は何もできないと付け加える。ある女子生徒（17歳）は、高校の進路指導カウンセラーの指示でフェイスブックのページを〝修正〟したことがあるが（見られて困るような写真は大学入学申込が始まる前に削除しておくべきだという理由による）、時間とお金があれば、誰でも自分のフェイスブックのページに許可なく入り込むことができると思っている。「大学は見ているし、企業も見ていると、みんな話している。きっと友だちを装ってサイン・インしてるんじゃないかしら。実際にどうやるかはわからないけど」

このあいまいさにもよい点はある。わからないことには怒りようがない。ジュリアは「フェイスブックとマイスペースは、私の人生」と言う。もし、自分の情報を使ってフェイスブックに何ができるかを知って心穏やかでいられなくなったら、それでもそこにとどまる理由を探さなくてはならなくなる。しかしジュリアは何を知ろうと、たとえ高校の担当者や地元警察による監視という最悪の事態が本当だったとしても、行動は起こさないだろう。彼女にとってフェイスブックのない生活は想像できないからだ。

ジュリアは結局、不安と受け身の姿勢を示した。細かいことは気にしたくない。誰が見ているのかを知ろうとしすぎるより、自分の行動に気をつけるつもりだ。「気にしないことにする」。個人的には自分は安全だと感じている。「だって、私はおもしろい人間じゃないもの」。たいして見るものもないから、見られてもどうということはない。別の16歳の少女も、フェイスブックのプライバシー・ポリシーを気にしていない。「私なんかのつまらない生活、誰も気にしないよ」。16歳の男子は、秘密の会話をしたいなら、有料の電話を使わなければならないと言う。硬貨を入れる〝古いタイプの〟電話だ。どの物言いも、私の耳には不穏なマントラのように響く。

プライバシーについての問題は、思っているほど悪くならないだろうと言うティーンエージャーもいる。その理由は、将来、選挙に立候補する人も、司法関係や企業の要職に就く人も、誰でもインターネット上に過去の失敗が記録され、調べれば簡単に発見されるようになるときが来る。[6] そうなってしまえば、消せないデジタルの記憶も痛手にはならず、社会の風潮もより寛大になっていくと考えられるからだ。

世代論を持ち出す生徒もいる。いわく「フェイスブックは若者の所有物だ」。この考え方に、投資家、オーナー、管理職、発明家、スポークスマン、株主たちは困惑する。企業の仕組みやガバナンスをまったく理解していない主張だからだ。しかし、びっくりするような考えでもない。自分の人生がフェイスブックやマイスペース、グーグルとともにあるのなら、それらの企業を動かしているのはよい人であってほしいと思うだろう。よい人とは自分が持つ最も顕著な特性を共有する人々だ。そして、若者にとってその特性とは若さなのである。

事実、当初からフェイスブックは、そのデータ管理をめぐってユーザーと主導権争いをしているようなものだった。パターンは予想できるが、フェイスブック側は自社がすべてを所有していると主張し、それを商業的に利用しようとする。人々はそれに反対し、フェイスブックが後退する。だが、しばらくすると、フェイスブックはもっとわかりにくい形で次の手を打ってくる。

ある16歳の少女のコメントが、それをよく表している。「フェイスブックはしょっちゅう規約を変えるよね。ユーザー側も規約を変えさせようと働きかけることはできるけど、規約はすごく細かい字で書かれるでしょ」。彼女はそんな小さな字で書かれていることは読まない。結局フェイスブックがやりたいようにやるというのが彼女の考えだ。「フェイスブックに何かを変えろと言うことはできる。何年もして変わるかもしれないし、変わらないかもしれない。そういうものでしょ」

グーグルの前進と後退も同じパターンをたどっている。[7] フェイスブックやグーグルを必需品と見なす限り、もしそれら各社が情報を要求するなら、若者たちはそれを差しだすだろう。そうする以外の方法を彼らは知らない。

インターネットの世界で会社を興した人々の中にも、打つ手はあまりないという声がある。[8] 1999

年、サン・マイクロシステムズの創設者の一人であるスコット・マクニーリーはこう言った。「どのみちプライバシーはゼロになる。慣れるしかない」[9]
10年後、グーグルのCEO、エリック・シュミットが、新たな解釈を付け加えた。「誰にも知られたくないことがあるとすれば、そもそもそれはすべきではなかったのだ」。最近の彼の発言を見ると、近い将来、すべての若者に、ネットの過去から逃れるために名前を変える権利が与えられるのが普通になるだろう、と述べている[10]。

過去を消せない世界の自己規制

1990年代初頭に私はインターネット上でアイデンティティを構築する試みをしている人々について研究を始めた。彼らはアバターやウェブページをつくり、恋愛や復讐をして遊んでいた。当時、ウェブサイトやバーチャルな舞台が突然消えることは珍しくなかった。運営者が興味を失ったとか、サーバーにアクセスできなくなったとか、新しいものを開発したとか、理由はいろいろある。ある場所が消滅すると、そこにいた人々はネットのほかの場所に移動した。移動するというのは、アバターやバーチャルのコミュニティに注ぎ込んだ労力をすべて失うことだった。インターネットは一時的なものと思えた。

だが、フェイスブックの世代がネットの世界を見る目は違う。フェイスブックやそれを引きつぐ会社は永遠に存在すると思っているのだ。その見通しがあるので、彼らは「お行儀よくふるまう」ことになる。

とは言え、もちろん人はヘマをしでかして後悔する。グロリア（18歳）は以前、フェイスブックに書き込んだことを振り返って言う。「インターネットが脅迫状を送りつけてきたみたいだった」。彼女はいまではもっと慎重になっている。公の場でしたことや言ったことで、フェイスブックにアップされないものはないと考えている。ダンスやパーティー、コーヒーショップなど、どこへ行っても友だちが写真を撮ってアップする。フェイスブックから締め出されるような失態を犯したくはない。

大学1年生のヘスター（18歳）は、インターネットに上げたものが「消せなくなる」ことを心配するようになった。「それがネットの悪いことの一つ。タイプライターなら紙をはずして小さく破くことができる。でもオンラインで書いたものは、ずっとオンラインにある。いくらでもコピー・アンド・ペーストできる。それをEメールでお互い送りあえるし、印刷もできる。インターネットに書き込むときは気をつけないといけない。ほとんどのものが……インターネットで公開したら、それで終わり。たくさんの人が……アクセスしてもしなくても、ずっとそこにある」。これがコピー・アンド・ペーストの世界だ。さらに悪いことに、その世界にはコピーとペーストのあいだに編集まで加わる。

ハドレー・スクールの4年生の子は、ネットでの会話に起こり得ることを論評した。「ネットの会話は保存できる。気づかないうちに保存されているかもしれない。コピペされて、誰かほかの人に送られるかもしれない。自分は秘密のつもりでも、そうではない……好きなように書き換えられ、実際より悪人に見えるように仕立てられて、別の誰かに送られる。言ったとおりの言葉が残るとは限らない」

ローズベルト高校の3年生の女の子は心配を抱えている。「SAT（大学進学適性試験）の指導員から、誰に見られないとも限らないからEメールにばかなことを書かないように言われたの。それは少し心配。私は毎日、トロントにいる友だちにメールを書いていて、ほかの子たちのことも書くし、その子たちには見られたくないような書き方もする。だから誰かがそれを見つけたりしないように祈っている」。別のローズベルト校の1年生は、インターネットに書いたことは「永久保存」されることを知っていて、秘密にしたいことは紙に書くことにしている。「秘密は日記に書いて、コンピュータやウェブサイトには載せない」

私たちが会ったブラッド（18歳）は、インターネットに慎重だ。彼はネットの生活に秘密はないことを知っている。ふだんはそのことを考えないようにしているが、つい最近トラブルに見舞われた。何より悩まされているのは、友だちが「チャット・ログ」を使っていることだ。ブラッドはこう説明する。「文字を打ち込むたびに、何もしなくても、何の同意もしなくても、チャット・ログがそれをフォルダーに保存するんだ」

ブラッドはそのことにまったく気づいていなかったが、あるとき1人の友人との会話がきっかけで気づいた。そのときはどちらも高校3年生だったが、1年生のときにブラッドが言ったことを相手が持ち出してきたのだ。彼女は高校時代ずっとチャット・ログを使っていた。「彼女がそんなことをしていたのがショックだった……そんなふうに会話していたなんて」

いま彼は知らないうちに記録されていたことへの怒りと、驚いた自分への怒りの板挟みになっている。「結局のところ、僕はインスタント・メッセージ（IM）の会話がどういうものか知っている……聞いていたはずなのに、忘れていた。記録される可能性が高いことも知っている……チャット・ログをオンにしている人も知っている」

ブラッドはあまりにも無防備だったことで自分を責めている。2年生のときにだらだら書いたことが、何かのはずみで誰かのフェイスブックかブログか〝どこか〟に出てしまったら、と考えると耐えられない。どんな悪いことが起こるのか、彼は具体的なイメージは持っていないが、不安は本物だ。ネットのデータ収集の威力は「恐ろしい」と彼は言う。自分の言葉をどこで見るかわからない。

オンラインの生活はもう、リラックスできる場でもなければ、本当の自分になれる場でもない、とブラッドは言う。「すべてが保存される……そのことを頭の片隅に留めておかなければならないし、何をするにも慎重にならなければいけない」

会話をしていて腹を立てたり誤解されたりしたとき、目の前に相手がいれば「謝ることもできるし、言い直すこともできる……ジョークにして笑い飛ばすこともできる」と彼は言う。けれどもネットでは、たとえ相手が記録していなくても、フェイスブックが保存している。

「誰かのフェイスブックのウォールにメッセージを送ったけど、翌日になってばかなことをしたと後悔した話はいくらでも聞く。そのときの勢いで、頭に血が上ったまま書いてしまうんだろう」。しかしそれが、最悪の状態のあなたの言葉として残るのだ。

「もちろん、実際に会っているときでも、ばかなことを言ったりしたりすれば」あとでそのことを持ち出されることはあると、ブラッドもわかっている。しかし、直接のコミュニケーションには「一般的な人間的な間違いを受け入れる余地がある」と思えるのに対し、オンラインでは誰かが自分の間違いの「目に見える証拠……書いた文章の記録が残っている証拠」を集めているかもしれない。

ブラッドはテクノロジーのおかげでできるようになったことや、許可なく自分の記録を残す相手を非難しようとは思わない。自分は〝現実主義者《リアリスト》〟だと彼は言う。「デジタル世界に住んでいる人は、オンラインで怒りをぶちまけたり、拡散されたくないことを言ったりしてはいけない」という意味である。

それに「オンラインのコミュニケーションを、自然に湧き上がる感情を伝えることに使っていい理由はない……書き込む前に気持ちを落ちつけて、送信ボタンを押すのをやめることができるのだから、ネットできついことを書いてしまったら弁解できない」。彼らは他人から非難される余地がないよう自己規制しているのだ。

感覚と現実の乖離

知られると困るやりとりの「目に見える証拠……保存された文字の証拠」などという言葉づかいを聞くと、まるでブラッドが誰かから追われているように聞こえる。私は彼に、あなたの手紙を保存しておく人についてはどう感じるかと尋ねた。するとそれは気にならないと言う。手紙は書く前に考えるし、何度か書き直すこともある。しかし、「十分わきまえている」はずの彼にとっても、インターネット上の会話は思いつきのように感じられる。書きながら考えるという癖が染みついているからだ。すべてが「整理」されていても、彼はなぜか「自由地帯にいるような経験」にのめりこんでしまうと言う。

オードリー（16歳）も同様の意識のずれについて説明した。彼女はネットは実験のための空間だと感じている。しかし彼女は、電子メッセージは永遠であり、大学や企業が自分のフェイスブックを見ている可能性があることも知っている。感じていることと知っていることが一致していない。

ブラッドもオードリーも、電子メッセージのパラドクスを経験している。私たちはデスクの上か、自分の手の中にある画面を見つめている。それは受け身の行為で、伝達の枠組み《フレーム》は自分で掌握しているつもりでいる。そこでは安全と受容が約束されている。電子メッセージの繭の中で、私たちはメッセージを送る相手を理想的な姿に思い描き、安全と感じさせてくれる相手に向けて書く。そのやりとりは秘密が保たれ、用がすめば消えていくものと感じている。しかし、そのコミュニケーションは公開されていて永遠に残る。

このようにデジタル・コミュニケーションでは感覚と現実とが乖離しているからこそ、違法行為や不倫の証拠となるEメールやテキストが後を絶たないのだ。私たちは感覚に拠らず知識に基づいて行動しようとするが、インターネットにはプライバシーがないということを忘れたいという気持ちがどこかにあって、そこにコミュニケーション・メディアがつけこむのだ。

イレイン（17歳）の話を思い出してみよう。彼女はインターネットのおかげで内気な子が友だちをつくりやすくなったと考えていた。画面の背後に隠れているときは、行動を抑制するものが少なくなるからだ。彼女のこの「自由」な空間という感覚には矛盾がある。

たとえばフェイスブックのようなサイトに載せたことはすべて、いつまでもそこに存在し、フェイスブックに属していることを彼女は知っている。しかしいったんオンラインの世界に入ると、自分が後々《のちのち》の人々に向かって話しているのだということを意識していられる自信がない。インターネットは永遠かもしれないが、それを忘れないようにするには修練が必要だ。イレインには、「インターネットで起こることは、インターネットの中に残る」というのは現実的ではないと思える。「それは難しいでしょう……外に出してしまうのは人間の本性だから」。オンラインとオフラインの生活には一線を画することができると言う人もいるが、それは疑わしい。「インターネット上にあるものは誰もがコピペして保存できる……。誰かと直接話していて、それが録音されていなければ、意見を変えることができるけど、インターネットではそうはいかない。オンラインの発言はすべて録音されているようなものよ。〝考えが変わった〟とは言えるけど、変わる前の意見はずっとそこに残り続ける」

インターネットは実験と自己表現の場という見解にも真実はある。それでもイレインに言わせれば、それは「永遠に記憶される」ことを自由に言えるということでしかない。常識的に考えて〝自由〟と〝永遠〟の組み合わせは成り立たない。イレインは言う。「私の子ども時代はインターネットに奪われた。こんなことを考えなくちゃならないというのが間違ってる」

ドーン（437ページ参照）は大学に入学するとき、フェイスブックの「汚れを洗い流した」。「心機一転したかったから」と彼女は言う。しかし削除には限界がある。友人たちのフェイスブックにある彼女の写真やメッセージはすべて残るからだ。

ここにはブラッドの厳しい自己批判（「拡散されたくないことを言ったりしてはいけないと肝に銘じるべきだ……弁解できない」）と同様の、自らを新たな形で監視している姿がある。彼らは幼児期にネットに書き込むことを覚え、それが永遠に残ることに気づいた。自分のあらゆる過ち、若さゆえの不自然な行動が、コンピュータ・メモリの中で凍結されることを知りながら思春期を過ごす最初の世代だ。それを考えないようにする人もいるが、忘れられない人、忘れようとしない人もいる。私は忘れるべきではないと思う。

削除も消去もできない世界

インターネットでは「削除」とか「消去」という言葉には比喩的な意味しかないと理解できるようになるまで、だいたい1世代かかっている。削除あるいは消去したファイル、写真、Eメール、テキスト、検索履歴などは、ただ自分の目に見えないところに移されるだけなのだ。[11]インターネットは決して忘れない。そんなことは直観的に信じられないと思うだけに、その重要性は計り知れない。
起こっていることを否定するティーンエージャーもいる。また、カメの甲羅のように、背中に自分の人生すべてを背負わなければならないのは〝フェアじゃない〟と思う人もいる。ハドレー高校4年生のコービンは、オンラインに存在するものは決してなくならないことについて、こうコメントする。「僕がフェイスブックに書いたことすべてが、いつもつきまとうだろう。自分のしたことからは決して逃れられないということだ」

データが残るように、人も残る。誰かと10年間友だちでいたら、その人を友だちでなくすためには何かしら行動を起こさなければならない。一緒に育った人とはずっと連絡を取り合いたいと思うのが普通かもしれないが、ソーシャル・ネットワーキングの登場で「過去の知り合い」という考えは時代遅れになってしまっている。コービンは自分が感じている不快感をこう表現する。「はじめて、ずっと友だちでいることが可能になった。そのため、それを断ち切って前へ進むことが難しくなった」

サンジェイ（16歳）は「大人になっても友だちのウォールに書き込んでいるのだろうか」と思いながら、いま感じている危惧をこんなふうにまとめている。「はじめて、人と人が生涯にわたって連絡を取り続けられるようになった。でもこれまで、高校の友だちから離れて新しいアイデンティティを手に入れるのはよいことだった」

この不安は常につきまとう。私は10年前、流動的で柔軟で多様な画面上の生活は、ロバート・ジェイ・リフトン（米国の精神科医）が言う「プロテウス的（変幻自在）」な自己に似たものを助長すると論じた[12]（プロテウスはあらゆる物に姿を変えることができるギリシア神話の海神の従者）。これは便利な譬え《メタファー》だと、私はいまでも思っている。しかし、プロテウス的な自己という概念は、いつまでも残るデータと人間関係によって変更を迫られている。プロテウス的であるという感覚を支えているのは不確かな未来という幻想だ。コンピュータや携帯電話の中に住まうという経験はとてもプライベートなものに感じるので、私たちは自分が置かれている本当の状況を簡単に忘れてしまう。実際には、私たちはあらゆるつながりの中に電子的な痕跡を残しているのである。

同様に私は、インターネットが少年少女たちに、結果の心配をせずにいくつものアイデンティティを試すことができる空間を与えているとも論じた。それはエリク・エリクソンが若者たちには絶対に必要だと考えていたモラトリアムだ。しかし、データや人が残り続けることで、この可能性も小さくなっている。私が話をするティーンエージャーたちは、1か月に6000から8000通のテキストを送受信し、1日何時間もフェイスブックに費やし、その合間にIMやグーグル検索を行っている。どの行動でも痕跡が残る。モラトリアムという概念は、電子の世界の闇を生む生活とは相容れない。

自らの闇が見えないピーター・パンは、決して大人にならない少年だ。私たちの大半は彼のようなものだ。時間が経つにつれて、電子の闇とともに生活するのが自然になり、闇が消えたように感じるようになる(私はこれを大きな危惧を抱いて言っている)。しかし、その感覚は危機に見舞われると一変する。たとえば訴訟、スキャンダル、取り調べなどだ。私たちは不意打ちを食い、振り返ってみて、自らがそれまで自分を見張っていたものの手先になっていたことに気づく。

しかし私たちはほとんどの時間を、闇など存在しないかのように——ただ見えないというのではなく——ふるまっている。私と同様にネットのデータが消えないことを心配している少年少女たちも、そのことは忘れようとしている。モラトリアムの空間はどうしても必要なので、どうしようもなければ、彼らはフィクションの中にそれを見出そうとするだろう。理解できるが、解決策としては不十分だ。電話をしたり、テキストを送ったり、フェイスブックにメッセージを送ったりするたびに痕跡が残ると考えるのは、かなり耐えがたいことだ。そのため多くの人が、そんなことは起こっていないようにふるまう。

大人もまたフィクションを生きる。そんなことはないと知りながら、Eメールの秘密は守られているかのごとく行動する人もいる。その一方で、ビジネスに関することでも個人的なことでも、重要なことは電子的にやりとりしないという人もいる。大切なことはなんであれ安全な固定電話で話さなければいけないと考えている人たちだ。しかしそういう人でも、話しているうちに、そのルールを守らないときもあると認めることが多い。分別をわきまえずにEメールを使ってしまうことを恥ずかしげに告白するのがお決まりだ。

そんなことは重要ではないと言う人もいる。歴史的に見れば、プライバシーは新しい考えにすぎないという主張だ。たしかにそのとおり。だが、歴史的には新しくても、親密さや民主主義といった現代的概念にとって大いに役立っている。プライバシーがなければ親密さの境界があいまいになる。そしてもちろん、情報がすべて集められたら、誰もが密告者になる可能性がある。

プライバシーと政治

誰もがウェブが政治にもたらした利益について語る。私たちは新しい情報源を手に入れた。たとえば、政治的な出来事についてのニュースが携帯電話のカメラやビデオを通して世界中からもたらされる。組織をつくったり資金を集めたりすることができる。

２００４年にハワード・ディーンが大統領選挙の民主党予備選に立候補して以降、オンラインでつながることが人々を結集させるための第一歩と考えられるようになった。そしてバラク・オバマが大統領選挙戦で、ディーン時代のオンラインの〝ミートアップ〟〔ネットを通じて共通の関心や意見を持つ人が交流を図ること〕を、人々をバーチャル世界から互いの家や街に連れ出すためのツールにつくりかえた。

プライバシーの問題が十分に配慮されるなら、こうしたインターネットのプラスの効果に何の文句もない。しかし、プライバシー侵害に対する受け身の姿勢やあきらめの態度の先には、政治的な言説に及ぼす背筋が寒くなるような影響がある。

インターネットについて話すとき、若者は恥ずかしいけれど許される行為と、深刻なトラブルを招く政治的行為とを区別している。高校生や大学生にとって、ストーキングをはじめとして、お互いさまの行為は前者のカテゴリーに入る。そういう行儀の悪さはバツの悪い行為とコード付けされる。そういう行動は謝れば許されると彼らは思っている。そもそも、有名人たちの世界を見れば一線を越える行為と更生の話で満ちているではないか（若者たちが仲間を〝いじめる〟ことにあまり罪悪感を持たないのもその考え方からだ。許されるだろうと心のどこかで思っている）。

しかし、請願書への署名やデモへの参加といった政治的な行動は〝取り返し〟がつかない。ある18歳の生徒はこう言う。「インターネットがあるから、どうしても抗議行動とかに行くときは考えてしまう。カメラがたくさんあって、どこに写真が出るかわからない」

プライバシーには政治問題がある。「私たちは結局、みんないつでも監視されている。プライバシーなんて誰が必要なんだ？」というのが多くの人の普通の考え方になっている。しかしこの心理には代償がともなう。

影響力を持つすぐれたウェブサイトに贈られるウェビー賞（Webby Awards）の授賞式に出席して、私はそれがどれほど高くつくかを思い知らされた。私が授賞式に参加したとき、ちょうど政府による盗聴というスキャンダルがメディアをにぎわせていた。違法な盗聴についての問題が持ち上がったとき、〝ウェブの世界の住人〟たちは、問題を問題とみなさないと決めたのだった。「すべての情報はよい情報だ」「情報は公開、開放すべきだ」「隠すことが何もないのなら恐れることはない」といった声が多く聞かれた。

授賞式前のカクテルパーティーでは、あるウェブの権威が、盗聴をめぐる論争について快活な口ぶりで話しかけてきた。驚いたことに、彼はミシェル・フーコーのパノプティコン（円形刑務所）を引き合いに出して、インターネットのプライバシーについて心配する必要がない理由を説明した。

フーコーの見解では、近代国家の仕事は、市民が互いを見張りあうように仕向けて、国家が行う監視を減らすことだった。自制的な市民はルールを重視する。フーコーがジェレミー・ベンサムのパノプティコンの設計について書いたのは、そのような市民がどのようにつくられるかが、そこに表されていたからだ[13]。パノプティコンは車輪のような円形の構造の中心に監視役がいて、常に見られているという感覚を生み、実際には監視役がいなくてもその感覚が持続する。そのような構造を持つ刑務所では、囚人は看守にいつも見られている可能性があることを知っている。つまりその構造によって、自制するようになる[14]。

パノプティコンは、近代国家の市民が自分で自分を取り締まる警察になることのメタファーとなっている。国家が従順な市民を生み出すので、強制力は必要なくなる。いつ調べられるかわからないので、誰もが自分自身に注意を払う。ウェビー賞授賞式で私に話しかけてきた人物は、インターネットでは常に誰かに見られているかもしれないのだから、ときどき誰かに本当に見られたとしても問題ではないと言う。悪いことをしていないのなら危害が及ぶことはないというわけだ。

懲罰的な社会に対するフーコーの批判が、テクノロジーの導師によって、インターネットを使って市民の情報を収集するアメリカ政府の行為を正当化する根拠に使われている。カクテルパーティーで私たちを取り囲んだ人たちの中には、うなずいて賛同の意を示す人がいた。このような考え方は、多少の違いはあっても、テクノロジーの世界ではごく普通であり、それが高校生や大学生たちのあいだにも浸透しつつある。

プライバシーなくしてデモクラシーなし

マイスペースやフェイスブックで、音楽の好みから性的な悩みまで明らかにするほどプライバシーにこだわらない人なら、正体のわからない権力者に誰と電話しているか、どんなウェブサイトをよく見るかを知られても気にならないかもしれない。プライバシーの侵害どころか、自分の価値を認められたように感じ、世間に知られることに満足する人さえいるかもしれない。見られるということは、自分が取るに足らない存在でも孤独でもないということなのだから。

ネットのおかげで可能性を広げた世代の人々と話をしていると、ネット上のプライバシーをめぐる議論は決まってあきらめと無力感に行き着く。プライバシーは確実に侵害されているということをティーンエージャーたちと話すとき、1950年代にブルックリンで育った私は、彼らとはまったく異なる経験を思い出す。

マッカーシズム〔1950年代にアメリカで発生した政治的運動。共和党上院議員のジョセフ・マッカーシーによる告発をきっかけとして「共産主義者」のレッテルを貼られた政府職員、マスメディアや映画関係者などが排斥された〕の嵐が吹き荒れていたころ、私の祖父母はとても怖がっていた。東欧出身の彼らは、マッカーシーによる公聴会を愛国心の防衛ではなく人権への攻撃とみなした。マッカーシーはアメリカ人を監視していた。政府による国民の監視は旧世界ではよく行われていたことだ。そこでは政府が人々の郵便を見るのが当然で、見られた側には何か厄介事が起こったものだ。だがアメリカでは事情が違った。

私は幼いころ、大きなビルのアパートに祖父母と一緒に住んでいた。毎朝、祖母は私を連れて階下の郵便箱へ手紙を取りに行った。その真鍮製の光る扉を見つめ「名札を出すことが怖くないのね。誰に見られるかわからないのに」と言った。あり得ないと言わんばかりの口ぶりだった。「アメリカでは誰も他人の手紙を見ない。連邦法違反になるものね。それがこの国のいいところだわ」

この幼いころの郵便箱の教えのおかげで、私の中ではプライバシーと国民の自由が結びついている。EメールやIMの類いは拡散される可能性があり保護されていないと教えられて育つ現代の子どもを見ていると、社会の変化を考えずにいられない。

ウェビー賞の授賞式で、フーコーを引用したインターネット導師は、皮肉ではなく、インターネットがパノプティコンの夢を実現したという考えを受け入れ、ネットについての自らの政治的立場を次のようにまとめた。「正しい対処法は、善良な市民になることだけだ」

しかし国民は、ただ「善良」であってはいけないときもある。そのためには異議——真の異議——を申し立てることのできる余地《スペース》を確保しておく必要がある。技術的な余地（無断で開けられない郵便箱）と精神的な余地だ。これら2つは互いに結びついている。私たちは現在のテクノロジーを生み出し、そのテクノロジーが私たちを生み、形づくる。

祖母はブルックリンのアパートのロビーで、私をアメリカ市民、市民的自由と個人的権利の擁護者に育てた。私は18歳の娘をどこに連れていくべきか決めかねている。彼女はループト（Loopt）（ｉＰｈｏｎｅのＧＰＳ機能を使って友だちがどこにいるかを示すアプリ）を「気味悪い」と感じているが、友だちがみんな使っていたら削除するのは難しいと言う。「何か隠していると思われるから」

民主主義は、誰にでも人に知られたくないことや、プライベートな行動や思考の領域があり、それはテクノロジーへの熱意がどんなに高まっても守られなくてはならない、という前提に立脚しなければならない。私の脳裏に、プライベートな電話をかけるときは硬貨を入れる公衆電話を使うが、ボストンでは見つけるのがたいへんだと不満をもらす16歳の少年の顔が浮かぶ。ネットのプライバシーが失われていくことに対し「誰が私のつまらない生活に興味を持つというの？」と言った少女の顔も思い浮かぶ。

私はブルックリンの郵便箱の前で市民になることを学んだ。私にとって、テクノロジーやプライバシー、あるいは市民社会について議論することは、過去を懐かしむことでもなければ、機械嫌いのラッダイト的行為でもない。私にとってそれは、民主主義のための不可侵のスペースを確保する取り組みの一部である。

第14章 古き良き時代への郷愁

手紙や電話の時代には戻れないのか

シルバー・アカデミー2年生のクリフは、〝テキスト以前〟に戻るのは無理なのだろうかと考えている。いま彼はテキストのやりとりに夢中になり、結局は「ただ返信するため」だけの表面的なコミュニケーションに時間を無駄に費やしている。

私は彼に、すぐ返信しなくてはいけないというプレッシャーを感じないときもあるのかと尋ねた。クリフは2つの例をあげる。「授業でテストがあるとき。それからネットの回線がダウンしたとき」。つまり携帯電話を見られないのがはっきりしている場合——何かほかのことをしているとき、ほかのことを考えているとき、ほかの人といるときなどだ。

若者たちは実際に会うことがないかもしれないネット上の相手へのメッセージを打ちながら学校の廊下を歩いている。誰かとつながっているとき彼らは生き生きしているが、画面から離れると迷いや孤独を感じる。歩いている時間の半分をバーチャルの世界で過ごす子もいる。

しかし彼らは、手紙のやりとりや実際に会うこと、あるいは公衆電話のプライバシーを懐かしんでもいる。ネットに接続された若者たちが、自分たちの知らない過去を想像しながら、現状の延長とは違う未来を築こうとしている。その世界には、一人になれる時間がある。自然と過ごす時間がある。お互いだけになれる時間がある。家族と一緒の時間がある。

テキストには抗いがたい魅力がある。それは要求を、確実に相手に伝えてくれる。[1] テキストを送ると何秒もしないうちに相手がそれを受け取り、たとえ手がふさがっていても文面を見られるのは間違いない。そこで伝えられる要求は、テキストを受け取った相手は、すぐそれを見て（授業中なら音を消して携帯電話を盗み見る）、できるだけすばやく返信することだ。クリフに言わせると、仲間内なら「遅くても10分以内」である。

学校ではこんな感じ。携帯に知らせが入る。テキストだったら、すぐ返信しなくてはいけない気分になる。相手はそれが僕に届いたことを知ってるから。インスタント・メッセージ（ＩＭ）ならパソコンを使ってなかったとか、インターネットにつながってなかったとか言える。でもテキストだと受け取ってないとは言えない。携帯を見てスルーできるヤツは少ない。ほとんどいないんじゃないかな……テキストはプレッシャーだ。始終誰かとやりとりしていたいなんて思わないから。いつもスタンバイしてなきゃならないなんて、誰のせいなのかなあ？

本当に誰のせいなのだろう？　若い人たちが懐かしむものに耳を傾ければ、彼らが何を必要としているかわかるかもしれない。彼らの話に耳を傾ける必要がある。

自分だけに意識を向けてほしい

ティーンエージャーたちがＩＭで話すとき、パソコンの画面にはほかにも多くのウィンドウが開いている。彼らは自分が送ったＩＭを相手が気にかけていないことを知っており、自分にほとんど意識が向けられていないこともわかっている。

ブランスコム高校2年生の女子生徒は、ＩＭを〝走行制御《クルーズ・コントロール》〟や〝自動操縦《オート・パイロット》〟にたとえる。つまり当人たちの意識は別のところにあるということだ。

4年生の男子生徒は「自分がＩＭしている相手に意識のすべてを向けていても……相手は意識のすべてを自分に向けてくれているとは限らない」と言う。電話をかけたとき、彼はまず、相手が「自分だけのためにそこにいるか」判断すると言う。これが電話の利点の一つだ。テキストやＩＭでは、相手が何をしながらあなたへの返事を書いているかわからない。彼あるいは彼女は、同時に誰かと電話で話していたり、宿題をしたり、テレビを見たり、ほかの人ともオンラインで話をしているかもしれない。

そのとき彼らが願っているのは、相手が全意識を自分に向けてくれるという、今となっては手に入りにくい喜びだ。最近のティーンエージャーは、公園に向かって歩きながら携帯で話したりテキストを読んだりする親に育てられた。親は片手でテキストを打ちながら、もう一方の手でブランコを押していた。ジャングルジムの子どもを見上げながら電話をしていた。ティーンエージャーたちは、送り迎えの車中でも、家族でディズニーのビデオを見ているときも、親たちがモバイル機器を使っていたという話をする。

ある大学1年生の女の子は、父親は『ハリー・ポッター』を読んでくれたが、途中でよくブラックベリーにじゃまをされたと冗談めかして言う。ブラックベリーやラップトップは、家族旅行にも同行する。田舎で過ごす週末旅行は、ホテルにインターネットのサービスがなければ予定より早く終わった。レオン（18歳）の父親はそんなとき、「そろそろ帰ろうか」と言った。父は家族みんなに荷物をまとめさせ、家に着くと接続された世界へと戻った。

彼らはごく幼いころから、テクノロジーとは自分への関心を他に分散させるものと見て育った。電話が彼ら自身の生活の必需品となる前は、電話が親の関心を競うライバルであり、必ずしも勝てるわけではなかった。ティーンエージャーになっても事情はあまり変わらない。

ニック（17歳）は言う。「両親は食事のときにテキストする。もう慣れたよ。父はオフィスに居続けるよりいいって言う。僕は〝食事の時間を短くしたらいいいんじゃない？〟と言ってるんだけど、母は時間をかけて食事するのが好きなんだ。いくつも料理が出るような食事をするなら、ブラックベリーを使うのを認めざるを得ないんだ」。事態は膠着《こうちゃく》している。

いつの時代でも、子どもは親の注意を自分に向けさせようと頑張ってきたが、いまの子どもたちは新しい問題に直面している。かつての子どもたちにとって、親の注意を自分から逸らせるのは親の仕事、友だち、あるいは兄弟や姉妹だったが、いまの子どもたちは、そばにいても心は他所《よそ》にある親たちの気持ちを自分に向けさせなくてはならない。

ハンナは、学校に車で迎えに来てくれる母親が、自分に声をかけるときもブラックベリーから目を離さないと話した。わざわざ娘を迎えに行く女性と、画面から目を離せない女性のコントラストに胸が痛む。

ロンは父親にはデスクトップ・コンピュータを使ってほしいと思っている。つまり決まった場所で仕事をしてほしいということだ。いま父親はカウチで彼の隣りに座りフットボールの試合を見ているが、同時にブラックベリーも見ている。物理的に近くにいるからこそ、父親がブラックベリーを見ていると、距離を置かれているように感じる。

ハドレー高校4年生のミゲールは、テレビのスポーツ中継を観ている父親がブラックベリーの画面をスクロールしているのは〝ストレス〟だと言う。「苦痛というわけじゃなくて、なんか目障りという感じ」ではあるのだが。父親にブラックベリーを見ないでほしいと言うのは難しいとミゲールは言う。自分自身、父と車に乗っているときにテキストをしているからだ。「息子がやってるんだから、父がやっちゃいけないってことはないよね?」

しかし、子どもがテキストのチェックをしているのを見た親が、それなら自分も同じことをしてもかまわないと思っているのなら、それは親と子の立場の違いを軽視していると言わざるを得ない。ティーンエージャーがいくつものことを同時に行うのは、まさにティーンエージャーだからだ。彼らは大人から関心を向けられることを望み、またそれを必要としている。

彼らは、親から携帯電話を置いて話をしようと言われたらほっとする、と率直に認める。だが親にすれば、それを子どもに頼むためには——子どもは四六時中携帯を使っているので会話をしたければ口に出して頼むしかない——自分も携帯を置かなければならない。最近では、食事中はスマートフォンを見ずに話をするべきだと主張するのは（たいていは母親と協力して）子どものほうなのだ。しかし意識を複数の対象に分散させる習慣はなかなか変えられない。

ある高校の4年生男子は、父親が隣りに座って本を読んでいたのを思い出す。「父は楽しみのために読書していたので、僕が話しかけてじゃまをしても気にしなかった」。しかし医師である父が手に持つものが本からブラックベリーに変わると判断が難しくなった。「ゲームをしているかもしれないし、患者の記録を見ているのかもしれない。外からはわからない……どっちも同じブラックベリーの中だからね」。父親をそこから連れ出すのは一苦労だ。父親がブラックベリーから離れても、意識をこちらに向けるまでの時間が必要だ。「何か父に尋ねると〝ああ、ちょっと待って〟とか言ってEメールを終わらせて、ログオフして、〝ああ、すまない。で、なんて言ったんだ？〟なんてことになる」

8歳から10代の子どもたちが、いくつものことを同時にしている親の目を自分のほうへ向けようとするいらだちを口にするのは珍しくない。そんな子どもたちではあるが、お互いに相手に注意を向け合っているかとなると確信が持てない。夜、コンピュータの前に座ってメッセージをやりとりしているとき、同時にショッピング、写真のアップ、フェイスブック、動画、ゲーム、そして宿題をしていて、子どもたちの〝頭のスペース〟はいくつにも分かれている。ある高校4年生の男子生徒は、機械を使って行う夜の「会話」について説明する。「IMなら同時に3人の違う人と話ができて、音楽も聴けるし、ウェブサイトも見られる」

テキストがいちばん飛び交う時間帯は日中だが、やりとりは彼らが1つのことから別のことへと移る途中の時間を使って行われる。ティーンエージャーたちはテキストでコミュニケーションすることでわからなくなるものについて語る。それは相手の様子、声の調子、顔の表情などだ。それは18歳の子の言葉を借りれば、「目や耳を通じてわかること」である。

私が初めてテキストを使ったとき、機械的すぎるように感じ、事務連絡の手段の1つくらいにしかならないのではないかと思った。予約を確認したり、レストランを決めたり、無事に家に帰ったことを伝えたりするぐらいにしか使えないと。けれどもそれは間違っていた。

テキストはどんどん進歩して、告白、破局、愛の宣言まで行うスペースになった。それは友情を育み、バーチャルで投げキスができる活気あふれる新しい場所であって、それは祝福に値する。しかしそこには代償がある。すべての問題（デリケートなものもあればそうでないものもある）が、すばやく伝えることはできるが複雑な感情の交換には向かないメディアに押し込まれてしまうということだ。

テキストは受信状態の悪さ、かかってくる電話、あるいはほかのテキストによっても妨げられる（ほかにも誰かがいる場所で行われることが妨げになるのは言うまでもない）。そして、うたい文句とは裏腹に相手との親しさを損なう可能性がある。ある18歳の男子生徒に言わせると、「笑い声を聞くのと、笑っていると書かれた文を読むことは違う」。彼は「僕の友だちはみんないつも携帯に意識を奪われていて……目の前に意識を向けるべき人間がいるのを忘れてしまっている」

全員へのメッセージは誰にも届かない

私たちは競争の激しい大手広告会社にコピーライターとして勤めるロビン（26歳）に会った。彼女は仕事に「押しつぶされそうなほど」たいへんだと言う。彼女はいつもブラックベリーを持ち歩いている。バッグに入れず手に持っている。食事のときはテーブルの上に置き、しょっちゅう触れている。私たちとのビジネス・ランチでも、仕事上いつでも電話に出られるよう〝待機〟していなければならないので電源は切れない、と説明した。食事をしながら、彼女はその先を話してくれた。

彼女の仕事はたしかに、いつも連絡がつく状態でいることが求められる。しかしいままでは、職場からのメッセージがあろうとなかろうと、ロビンはブラックベリーを持っていないと不安を感じるというのだ。「連絡手段を持っていないと、ほとんど目眩《めまい》がしそうになる。何かが間違っている、何かがひどく間違っている、みたいな気になる」

この小さな機器が両親や仕事、恋愛の不安さえもコントロールするものになっているのだ。うまく行かないことがあっても、「ブラックベリーを思いどおりに使えていれば、少なくともまったく手に負えないわけじゃないと感じることができる」と言う。しかし何かが手に負えなくなっている。何がストレスかと問われれば、ブラックベリーがないことだと思う。しかし、ブラックベリーを持っていることもまたストレスだと認めている。

ロビンがブラックベリーを手放せなくなったのは、仕事用のEメールを見ることが始まりだったが、いまでは1日に何時間もフェイスブックを見るのに使っていると言う。ビジネス目的だと装うつもりはないが、では娯楽なのかと言うと、それはもうわからなくなっている。しだいにフェイスブックが「悩みの種」になっているのだ。私がどんなことに困っているのかと尋ねると、ロビンは友人のジョアンのことを話し始めた。

ロビンとジョアンはロサンゼルスで同じ大学に通っていた。卒業後、ロビンは出版の仕事に就きシカゴへ行った。ジョアンは大学院で人類学を学ぶために西海岸に残った。5年前、ジョアンは論文執筆のためにタイの村を訪れた。ジョアンは村にいるあいだ、Eメールを送ることはできたので、ロビンに毎回5、6ページにもわたる長くて詳細なメールを書いてくれた。2週間ごとにタイでの生活をつづった個人通信が届いた。ロビンはそれについて懐かしげに語る。通信は「とても優美で細かく、詩的なものでした」。ロビンはその大切な手紙をプリントアウトして、いまでもときどき読み返す。

ジョアンは新たなプロジェクトのためタイに戻ったが、今回は2週間ごとの通信をフェイスブックに投稿している。2人は仲違《なかたが》いしたわけではない。ジョアンはただ友人たちに近況を知らせるのに、より〝効率的〟な方法を選んだだけだ。ロビンのところにはまだときどきEメールが来る。しかし基本的に、以前は個人的な手紙で読んでいたものをフェイスブックで読むことになってしまった。

ロビンは、ジョアンのフェイスブック投稿に対する自分の反応を恥じている。「それを読む人たちすべてに嫉妬していました。その人たちは私ほど彼女を知っているわけじゃないのにって」。ロビンはジョアンが通信を〝公開〟した気持ちを理解している。「そのほうが多くの人たちに伝えられる……仕事の役に立つ人がいるかもしれない」。しかしそうは思っても、ロビンは見捨てられたように感じる。友だちすべてに向かって書かれたものでは、ジョアンが近くにいると感じられない。

これは基本的に個人の喪失感についての話だが、彼女は「私だけのことではなく、一般論のつもりで話した」と言い足した。ジョアンが手紙を書いてくれていたとき、それは「一人の人間から、もう一人の人間に宛てられたものだった」。それは特別に彼女だけに書かれていた。それぞれの手紙の背後には二人の長い友情の歴史があった。フェイスブック上の新しい手紙は全体に向けたものだ。プロのライターであるロビンは、あえて批判的に見る。「あの通信は全員に対して書いているために、結局は誰にも向けられていない。前のほうがよかった」。ロビンは自分だけに向けられたものを懐かしんでいる。

自然なメディアを求める若者

フィルモア校の4年生と行ったオンラインの生活についてのディスカッションで、ブレンダンは自分は孤独だと言った。彼はユーモアをこめて、「僕の毎日は『ロスト・イン・トランスレーション』〔東京を舞台に男女の出会いと別れを描いたアメリカ映画〕だ」と説明する。「僕の生活は、〝いまから急いでメッセージを送るから、15分で返事をくれ。まあ1時間でもいいけど。そしたらまた時間を見つけてこっちから送るよ〟という感じだ」

そう言ったとき彼のユーモアに陰りが差す。テキストは気分が落ち込む。いくらやりとりしても「親密さを感じる」ことはない。逆に、親密さを感じさせるものから確実に彼を遠ざけている。ブレンダンは友だちとは直接会いたいし、電話で話したいと思っている。それはほかのことをしながらの気ぜわしいやりとりではない。ここでも古いメディアを懐かしむ気持ちの中心には、注目、集中、そして1度に1つのことだけをするという美意識がある。

クラスメートのトルーマンは、ブレンダンは多くを望みすぎだと考えている。「ブレンダンは……ときどき僕に電話してくる。とても楽しくて、本当に嬉しいんだけど、自分が同じことをするのは……想像できない。ただ話すためだけに誰かに電話するというのは、僕にはなんだか気づまりで」。トルーマンは友だちの望みどおりになればよいと思いつつ、冗談めかしてブレンダンに、「近々《ちかぢか》電話で長いおしゃべりができると期待しないほうがいいよ」と言う。

トルーマンのコメントは解読が必要だ。ブレンダンからの電話は嬉しいと言うが、本当は電話が好きではない。会話は楽しいが、ストレスを感じることのほうが多い。トルーマンにとって、「あらかじめ決めていた電話、計画を立てるための相談、居場所の連絡」以外の電話は、相手が自分のために時間を割いてくれるはずだという考えが前提となっている。だが本当にそうだろうか？　その疑問のせいで、電話するのは迷惑ではないかと心配になる。電話することは自分を危険にさらすことであり、傷つく可能性がある。

若者は不安になると、愛情テストを考え出す。自分に自信を取り戻すための採点基準を設定しようとするのだ。この頃のティーンエージャーは、相手が自分のことをどれぐらい気にかけているかを、使用するコミュニケーションで測るという話を聞いた。ＩＭなら、あなたは画面上のいくつものウィンドウの１つにすぎない。電話での長話や手紙――めったに起こらない難しいこと――は、全意識があなたに向けられている証しだ。

ハドレー校の４年生のブラッドはフェイスブックを中断している。彼の話はこうだ。「手紙を受け取るのは本当に特別なことだ。自分だけに向けられたものだから。本当に嬉しい。特に最近はみんなマルチタスキングばかりだから、ほかのことをやめて自分のために５分なり10分なりの時間を割いてくれたと思うと。何が嬉しいかって、それだけの時間をかけてくれたってこと……その時間を本当に僕にくれたということなんだから」

フィルモア校の４年生グループの１人であるハーブも同じように感じている。彼とガールフレンドは手紙でやりとりをしようと決めている。

「手紙なら、彼女が書いてくれたことも、そのために時間を取ってくれたこともわかる。間違いなく彼女から届いたこともわかるし。Ｅメールは人間味が感じられない。テキストも同じ。味気ないんだ。誰でもたまたま彼女のＥメールのアドレスを知ったら、メールを送ることができる。手紙は、実際にさわれるというのが大事なんだ……Ｅメールは削除されるけど、手紙は引き出しに入れられる。それは本物で、実際に存在する。オンラインのものは、コンピュータの画面をさわってもだめだけど、手紙にはさわることができる」

クラスメートのルイスも同意する。「手紙には、何か特別なものを感じる。手書きで思うように書けるし、デコレーションもできる。筆跡を見て、どんな気分かわかるときもある」。彼はこれまで個人的な手紙をもらったことがなかった。「まだ生まれてなかったけど、そういう時代が懐かしいよ」と彼は言う。やや言いわけがましくなるのは、手書きが好きと言うことで変わり者に見られたくないからだ。「昔は手書きが当たり前だった。それが文化の一部だった。でもいまは、自分の子ども時代には存在しなかったものへの逆行のように感じる」

ブラッドは、デジタルな生活は人々から相手の表情を見て、その「感情のニュアンス」を読み取ることを学ぶチャンスを奪っていると言う。さらに「受け身の自分自身になるチャンスも奪っていると言う。おもしろい言い回しだ。正真正銘の自分というほどの意味らしい。探りを入れていないときの自分、演じていないときの自分、先の見通しなく単純な会話をしているときの自分のことだ。

ブラッドのクラスメートのミゲールは、テキストは〝隠れ場所〟として気に入っているが、誰かを近くに感じたければ、もっと自然なメディアが必要だと言う。

電話での会話が親密になるのは、落ち着いて何を言おうかと考える時間がないからだ。言いたいことが、そのまま口から出る。テキストだと受け取ってからしばらく何を言おうかと考えられるけれど、直接の会話だと2分も黙っていたらおかしなことになる……だから僕は電話が好きなんだ。正直な気持ちを言ってほしい……電話するのは面倒かもしれないけど、やっぱりそのほうがいい。

フィルモア高校のグラントは、以前テキストでやりとりをしていたころ、「一日中メールを打っていて、あまりにもさびしくなった」と言う。彼はいま、ガールフレンド以外とのテキストは止めている。彼女からの長いテキストに対して、彼は「okay」を省略して「k」とだけ返し、その先は電話か直接

会って話す。「テキストやＩＭじゃ、相手がどんなふうに言っているのかわからない。同じ言葉でも、冗談なのか真剣に言っているのか、はっきりとはわからない」

若者たちは、時間を割くこと、ふれあうこと、自分に注意を向けてくれること、直接関わることを求めている。意識的な演技をしなくてすむ生活を想像する。実体のあるものと関わり、1度に1つのことしかしない世界に興味津々だ。同時にいくつものことをするのが当然で、それをよしとする世代に属している彼らであることを思えば、これは皮肉な現象である。

エリク・エリクソンは、アイデンティティを模索する若者には、自分と向き合える静寂《スティルネス》の場所が必要だと書いている。[2] 精神科医のアンソニー・ストーも、孤独《ソリチュード》という言葉を使って、エリクソンの言う静寂と似たことを書いている。ストーは創造的なプロセスについて次のように述べている。「ぼんやりと思いめぐらしているとき、目覚めと眠りの中間状態にいるときのほうが、はるかに多くの新しいアイデアが浮かぶ……そのような状態のときはアイデアやイメージが自然に現れて勝手に動きだす……創作する者は、頭の中でものごとが動きだすのを待てる受け身の状態でいなければならない」[3]。デジタルの生活の中では、静寂も孤独も手に入れるのは難しい。

オンラインの世界で、私たちはインターネットの喧噪に心を乱されている。ロアンヌ（16歳）は毎日の出来事を紙の日記に書いている。自分は意志が弱いから、インターネットの誘惑に打ち勝って集中することができないと彼女は言う。

> 日記を書くのにインターネットは使えない。いつでも『デスパレートな妻たち』を見てしまえるから。ちょっとだけでもね。『ゴシップ・ガール』とか『グリー』も。会話だけに集中したいなら、

直接会って話すほうがいい。会うのが無理なら電話。コンピュータの前に座っていたら、しょっちゅうじゃまが入りそう。とにかく誰かと話すこと以外にも、やれることが山ほどあるから。

現実の世界は必ずしも静かな場所ではない。あらゆるところに演技と自己顕示が満ちている。学校にも、家族のあいだにも、データの中にも。若者たちは、デジタルの世界にペルソナをつくっては壊し、またつくり直す日々を送っている。彼らはこの新しい社会環境を受け入れつつ、オンラインの生活は新しい種類の「ばか騒ぎ」だと主張もする。そこにはあまりにも多くのサイト、ゲーム、世界が存在する。それぞれの場所で自分をどのように見せていたか、微妙なニュアンスを記憶しておかなければならない。もちろんテキストへの注意も怠れない。「こんなこと、やってない人にはわからないだろうけど」と、疲れ切ったブラッドは言う。

本当の自分でありたい

ブラッドは半ば冗談のように、オンラインの生活のために「つくりあげた」ものと、「本当の」自分との「違いがわからなくなってしまいそう」で心配だと言う。まだアイデンティティが確立していないので、自分自身について、本当かどうか自分でもわからないことを投稿することに不安がある。オンラインでの発言によって、自分に接する友だちの態度に影響があるのも面倒だ。

人々は彼がフェイスブックに書いたことを念頭に置いて彼と関わろうとする。ブラッドはもっと「自分らしく」あろうとするが、それが難しい。「正直に」なりたいけれど、「適切な印象を与えたい」という誘惑に負けてしまう。フェイスブックでは「効果を考えて書いている。〝こんなことを言ったら堅えている」

苦しいやつに見られないか？　でもこう言ったら、何も考えていないやつと思われそうだ〟なんて考えている」

彼はフェイスブックで「もっと自然に」するよう努め、「これが本当の僕だ。これが僕の好きなもの、嫌いなもの」と、積極的に書き込むが、フェイスブックがその努力を帳消しにしているように感じている。なぜなら、包み隠すことのない自己表現は「自分にとって大切な人」に向けられるべきなのに、プロフィールとして全員に公表したのでは意味がないと思うからだ。

インターネットはアイデンティティを構築するときに何らかの役割を演じる可能性はあるが、すでに見たように、すべてのリハーサルが記録・保存される状況ではおいそれと実験できない。

ブラッドは、フェイスブックでは広く全員に向けて自分を演じることしか知らないと認めている。すでに見たように、ブラッドはクールなバンドとクールでないバンドのどちらを載せるかで悩んでいる（327ページ参照）。お気に入りリストに入れるべき映画はどれで、退屈な人間とか性差別主義などと判断されそうな映画はどれだろうと考えている。好きな本は『ハリー・ポッター』シリーズと書けば、少年のような心を持っているという好印象を与えるかもしれないが、セクシーと見られなくなる。

実生活では何かクールでないものが好きだったとしても、実際にはクールなやつだとわかってもらえる、とブラッド指摘する。だがプロフィール欄で失敗したら挽回の余地はない。そこでのブラッドは、正しい選択肢と間違った選択肢の集合体でしかない。「ネットの生活は事前の仕込みが大切だ」とブラッドは指摘する。そして、ネットは〝本当の自分〟であることを許してくれないと不満を語る。彼は人と直接ふれあうことを望んでいる。誰かがフェイスブックで自らを語っているのを読むと、クールを装う演技を観せられているような気分になる。

自発的に接続を断つ若者たち

ブラッドには少なからずヘンリー・デイヴィッド・ソロー的なところがある。ソローは１８５４年に出版された『森の生活』で、われわれは他人と行き当たりばったりに触れあうことが多すぎると書いている。「互いに躓《つまず》きあっていたら」敬意をもって接することはできない。(4) 私たちは「人が密集するところ」で暮らし、頻繁に会いすぎているため、互いの値打ちを見出せなくなっている。「社交というものは一般的につまらないものだ」。(5) 人とつきあう前に、自分で何かを学び経験するべきだと彼は言う。私たちはソローが自分の考えに従って何をしたか知っている。彼は遠くへ行った。自然や質素な物を心の友とした。古い友人に会い、新しい友人をつくった。これらすべてが彼を支えたが、〝人が密集するところ〟では暮らさなかった。

ブラッドは結局、デジタルな生活を離れて、彼のウォールデンに行った。友だちに会いたければ電話をしてその人を訪ねる。彼は生活が前より自然に感じられるようになったと言う。「人間はブラインドタッチを覚える前に、人と話すことや目を合わせることを覚える。だからそれが基本的で根本的なコミュニケーションの形だと思う」と彼は言う。デジタルのつながりを放棄することは「空疎な会話を３つ犠牲にして、誰か1人と人間的なすばらしい交流をすること」だと。「ＩＭをやめたら1日の社会交流の量は一気に減る」が、失ったものを嘆くことはない。「30人の友だちみたいなものと、５人の本当に親密な友だちと、どっちがいい？」

私はブラッド以外にも、自発的に〝デジタル断ち〟をするティーンエージャーに会った。テキストを止める子もいれば、ＩＭを止める子もいる。社交生活における重要性から考えて、止めるのにいち

ばん決意が要るのはおそらくフェイスブックだろう。(6)

ブラッド同様、演じることのプレッシャーに疲れたから止めたという子がいる。あるいは自分が「残酷」になっていることに気づいて止めたという子もいる。ネットの生活では健全な自制心がなくなるというのだ。「友だち申請」を承認した人とのやりとりに何時間も費やして、「リアルな友だち」との触れあいがなくなったという子もいる。数は多くないが、フェイスブックが自分の生活の話を所有しているという現実に反抗している子もいる(この問題点を指摘した子どもたちが使った言葉の中でいちばん具体的な言葉が「所有」だった)。このサイトが自分自身や他者に対する皮相的な見方を助長していると考える子もいた。

彼らはどの写真を投稿するかで思い悩み、自分がより魅力的に見えるよう写真を加工する。時間をかけてプロフィールを書き、写真を修整しても、見る人の反応など気にしていないというふうに、さりげなくアップする。

ルイスは言う。「これは化粧濃すぎ。がんばりすぎて痛い女の子みたい。何も気にしてないように見せたいんだろうけど。〝ちょっとサイトに載せてみただけ……私はクールで、ほかにいくらでもすることはあるんだから〟的なつくり話はもう誰も信じない。そんな連中に限って一日中フェイスブックに張りついてる。誰もだまされないよ」。彼は悲しげな口調になる。「誰かに話しかけて人柄が判断できた時代は、きっとよかったんだろうね」

これらもろもろの理由によって、ソーシャル・メディアからの離脱は苦痛からの解放となっている。デジタル断ちに際して彼らが口にする言葉――自分とも人とも直接的に関わる、メディアを介さない生活をする、演じるのを止めてリアルな何かに向かう――は、2世紀近く前にソローをウォールデン湖へと向かわせたものを思い出させる。

ネット時代の「森の生活」

2年間の隠遁生活をつづったエッセーで、ソローは次のように書いている。「私が森へ赴いたのは、意識的に生活し、人生に不可欠な事実のみに向かいあい、人生が教えてくれるものを学び取り、死を前にしたとき、偽の人生は生きていなかったと思いたかったからだ。私は人生でないものを生きたくなかった。生きることはそれほど大切なものだ。私はよほどの事情がないかぎり、あきらめたくはなかった」(7)。ソローの人生の探求は、私たちにテクノロジーとの生活について考えさせる。私たちは意識的に生きているだろうか？　人生でない人生に背を向けているだろうか？　あきらめることを拒否しているだろうか？

新しいつながりの文化が、デジタル世界のウォールデンを提供してくれると考える人もいる。ある15歳の少女は携帯電話を避難場所と説明する。「携帯電話が唯一、自分だけの領域」と彼女は言う。テクノロジー・ライターで『ワイアード』誌の初代編集長ケヴィン・ケリーは、自分はウェブでリフレッシュできると言う。彼はその涼しい木陰で充電するのだ。「ウェブの世界ではただ迷うばかりだ。そこに身を任せているうちに、ウェブは私の確信を飲み込み、未知のものを届けてくれる。人間が目的を持ってつくったものなのに、ウェブは野生の荒野だ。どこが境界かわからず、知るすべもなく、数えきれないほど謎がある。互いに絡み合ったアイデア、リンク、ドキュメント、画像が、ジャングルのように先が見えない異質な世界を生む。ウェブには生命の臭いがする」(8)

しかし誰もがケリーのようにリフレッシュできるわけではない。ブラッドはオンライン生活の「使い捨ての友情」について考えている。ハンナは意地悪な内輪の集団と時間を過ごしているとき、あるいは突然姿を消してしまわないかと心配になる親友と過ごしているとき、自分は本当は何を見せるべきなのだろうと思い悩んでいる。オンラインの友だちは自分の生活の一部ではないという考えを受け入れるのは難しいが、彼らはいつでも自分の前から消えられるし、自分も彼らを消すことができる。

そんなネット上の友情への不安が募ると、別の友情が大切に思えてくる。常につながっている状況に置かれると、ちょっとした空白のスペースが貴重に思えてくる。パティ（14歳）はもう携帯電話を持ち歩いていない。「誰からも連絡が来ないようにしておくのは気分がいい」と彼女は言う。

その少しの空白は、子どもが少しだけ長く子どものままでいられる余地を与えてくれる。子どもであることの特権の一つは、大人を介して見られる世界があることだ。

ヒラリー（16歳）は携帯電話を持たなくなって久しい。いつも着信を気にしているのがいやで、家に置きっぱなしにしている。「いつでも連絡がつく感じが嫌い……なんでもリアルタイムでわかってしまう感じも」。子どもにとって——ここでの論点においては思春期も子ども時代に含まれる——常時接続の代償は、大人が世界と子どものあいだの緩衝装置となり得なくなったということだ。

数か月前、ヒラリーが『ハリー・ポッター』の新刊発売を祝うパーティーに出ていたとき、父親が急病で倒れた。彼女がそれを知ったのは帰宅して家族と会ったときだ。不幸中の幸いだったと彼女は思っている。携帯電話を持っていなかったおかげで、彼女を支え事情を説明してくれる大人がいないところで悪いニュースを聞かずにすんだ。一人でいるときに電話でそれを聞かずにすんでよかったと思う。

ヒラリーは映画好きだ。「多少の例外が認められるなら、アーミッシュの生活には憧れる。映画は例外にしてほしいけど……でもインターネットはなくなってもかまわない」と言う。「インターネットがなくなったら、みんな何をするのかしら？」と自問し、すぐに自答する。「ピアノを弾く、絵を描く、いくらでもクリエイティブなことがあるわね」

ヒラリーは「いろんなタイプのサイトについていく」のがどれほどたいへんかを話す。何よりもフェイスブックに書き込むのはとても時間がかかる。そうした骨の折れる作業をしていると、新しいものを想像したり深く考えたりする余裕がなくなる。「本当に気が散って集中できない」。ソローが言う意識的な生活をする余裕はほとんどない。

フェイスブックでプロフィールをまとめたり、自分の考えを整理しながらインスタント・メッセンジャーで会話することは、これ以上ないほど意識的な行為だ。しかし、ネットで過ごすほとんどの時間、私たちは流され、試し、リンクをたどり、探りを入れる。友だちのフォトアルバムを眺めたら、友だちの友だちのアルバムを覗く。ほとんど知らない人の投稿にコメントをつける。

ソローは誰もが急いで意見を言いたがる風潮を非難した。オンラインのソーシャル・ネットワークは、いつでも「頭に浮かんだこと」を無知でも浅慮でも発信するよう煽り、可能な限り多数の人に届けるよう手を貸す。私たちは毎日、思いつきの意見の砲弾にさらされ、そんな感情の表出が普通のことと思うようになっている。そのため、ネット上でのアイデンティティ構築はプロフィールやアバターを考えることから始まるとはいえ、実際に意識的に行えることといえばネットの世界に身を委ねるかどうかの決断だけということになる。そのあとはただ流されるしかない。

自分らしくあるための聖域

いつもつながっている人々にとっては、ネットの生活には疑わしい面はあっても——演じられる人生、直接会うことで感じられるニュアンスの喪失など――常に誰かが隣りにいるという喜びがある。つながっていない人々にとっては、近所の通りを歩いているときでも不気味な孤独がある。

50代のカーラはメイン州ポートランドの地元での生活は空っぽになってしまったと言う。「通りを歩いていて、ネットにつながっていないのは私だけということがあります。まるでほかにもつながっていない人を探しているみたいな気になるんです」。通りで人とすれ違うときには誰もが会釈していた昔への郷愁《ノスタルジー》をにじませながら、彼女は悲しげに付け加えた。「みんなそこにいるのに、誰もそこにいない。何マイルも離れたところにいる人と話している。彼らがそこにいないことがさびしい。彼らは大切なものを見逃している」

ノスタルジーは、何かがまだ私たちの前にあるという証拠だ。若者も老人も、私たちはみなそれを懐かしんでいる。

私たちにとってネットの世界は、意識的に生き、人生と向き合い、あきらめずにいられる場所なのだろうか？　この問いに単純な答えはない。だが考えるきっかけとしてはよい問いだ。それを問うことで私たちは、そのような生き方に価値を置き、それに照らして自分の人生を評価しているだろうかと考えるようになる。

私たちがそのような生き方に価値を認めているのに、現在のテクノロジー文化がそのような生き方を助けるものでないとすれば、どうしたら大切なもの――聖域――を尊重する文化を再建できるだろうか？　たとえば私たちは、情報と同様にプライバシーを重視し、それを民主的な生活の中心に据えるネット世界を構築することができるだろうか？

「聖域」（sacred spaces）という言葉が私にとって大切な意味を持つようになったのは、１９８０年代に、シミュレーションに熱中していた科学者、エンジニア、デザイナーの集団を研究していたときだった。それぞれの集団には、決して侵してはならない職業上の領域があった[9]。それは職業人として最も自分らしさを感じられる領域なので、彼らはそれをシミュレーションから切り離しておきたかった。

建築家にとってそれは、図面を手で描くという技の領域であった。この領域で設計が建築の本分と結びつく。ここで建築家は、もちろんエンジニアであり、同時に芸術家にもなる。ここで手描きのスケッチが建築物に個性を与える。大きなチームの一員である建築家が、作者は自分だと感じられるのもこの領域だ。コンピュータ支援設計（ＣＡＤ）を推し進める建築家もハンド・ドローイングは別と考えている。学生の手描きのスキルが低下すると、教授たちはその学生をドローイングのクラスへ送り込む。

それはコンピュータを拒絶しているからではなく、デザイナーは自分なりの価値観を持ってそれを使うべきだということを確認するためだ。聖域は隠れるための場所ではなく、自分自身と自分の責任を認識する場所なのだ。

ソローが「どこに住むか、何のために生きるか」を考えたとき、彼は居住地と価値観を結びつけた。住む場所は私たちの暮らし方を変えるだけではなく、私たちが何者になるかを指し示す。近年、私たちは画面の上で生きられるということをテクノロジーが保証してくれている。ソローならきっとこう問うだろう――その居住地からどのような価値観が生まれるのか？　作り物（シミュレーション）の世界に没頭する私たちは、どこに住み、何のために生きるのだろう？

終章
人間の会話をとりもどす

テクノロジーに使われる人間

MITで働き始めたばかりのころ、テクノロジーに仕事を与え続ける方法を考えることが私の仕事の一部ではないかと思い当たった（当時の私にとってはまったく新しい考えだった）。

1978年秋、コンピュータ科学研究所の所長マイケル・ダートウゾスがMITのエンディコット・ハウスで、当時は広く「ホームコンピュータ」と呼ばれていたパーソナル・コンピュータの未来について、2日間の合宿会議を開催した。

ダートウゾスが「一般人《エブリデイ・ピープル》」と表現する人々が、まもなくそれぞれ自分のコンピュータを持てるようになるのは明らかだった。その先陣を切るタイプのコンピュータ――店頭で販売され、自分で組み立てる必要のないコンピュータ――が市場にお目見えしようとしていた。しかしそれを使って何をするのか？　技術的なポテンシャルはあるが、できる仕事を探す必要があった。

合宿会議では、世界でも特に優秀なコンピュータ・サイエンティストたち――ロバート・ファノ、

J・C・R・リックライダー、マーヴィン・ミンスキー、シーモア・パパートといった情報処理と人工知能のパイオニアたち――がこの問題についてブレインストームを行うことを依頼されていた。

この会合を記録した私のノートを見ると、納税申告書の作成や子どもたちにプログラミングを教える教材といった提案が行われている。学者以外にコンピュータで何かを書きたい人がいるなど、誰も考えていなかった。スケジュール表を考えた人がいれば、それはくだらない考えだと思った人もいた。きっとゲームができるという考えも述べられている。

しかし、コンピュータによって私たちが互いに結びつき、ネットワークにつながれた現在、コンピュータに仕事を与える必要などないことが明らかになった。コンピュータが私たちに仕事を与えているからだ。まるで私たち人間がコンピュータのキラー・アプリケーションになったようだ。

私の友人の1人が腹立ちまぎれにこう表現している。「私たちがEメールを使ってるんじゃない。Eメールが私たちを使っている」。私たちはEメールに何時間も〝消費〟するという話をするが、私たち自身も消費されている。ニールス・ボーア〔デンマークの理論物理学者〕は、「深い真実の反対は、別の深い真実かもしれない」と述べた[1]。このことを頭に留めておくと、オンラインの生活について考えるうえで役に立つ。

オンライン上では簡単に〝仲間〟が見つかるが、演技をしなければならないプレッシャーで疲れ切ってしまう。いつでもつながっていられるのはよいが、お互い相手に意識を集中することはめったにない。話を聞いてくれる人はすぐ現れるが、この世界独特の簡略化された表現や略語によって、お互いに平板な内容を交換するだけになってしまう。

私たちはウェブに自分を「知ってほしい」と思うが、そのためにはプライバシーをさらし、ネット上に足跡として電子のパンくずを残す。それは政治や商業に簡単に利用される。そこには多くの新しい出会いもあるが、それは一時的なものにすぎず、もっとよい出会いがあったら「保留」にされる。新しい出会いは、前のものよりよくなくても、目を引くことがある。私たちは単に新しいというだけで好意的に反応するようできている。

家で仕事ができるようになったが、その仕事がプライベートな生活に侵出し、やがて公私の境界がほとんどわからなくなってしまう。私たちはお互いにすぐに連絡できることを歓迎するが、静かな時間を確保しようと思ったら携帯電話を隠さなければならない。

テクノロジーによって可能になったスピードに圧倒され、もっと効率的な新しいテクノロジーが窮地から救い出してくれることを期待する。しかし新しい機器は、より速く、より膨大な力をもって私たちに迫ってくる。

増大しつづける要求の圧力の下で、安心を感じられることの一つは、遠くにいる人々とつながるためにテクノロジーを使うことだ。正確に言えば、遠くにいる多くの人々とつながることだ。しかし、遠くにいる多くの人々では十分ではない。私たちはフェイスブックで友だちが大勢いることを自慢するが、アメリカ人は以前より友だちが少ないと感じている。(2) 信頼できるのは誰か、緊急事態のとき頼れるのは誰かという問いに、家族だけと答える人が増えている。

人間への期待値が下がってきた時代

インターネットを通した結びつきは、結局のところ固い絆ではない。しかしそれは私たちを夢中にさせる結びつきだ。私たちは家族との夕食の席で、ジョギング中に、運転中に、公園で子どものブランコを押しているとき、互いにテキストをしている。互いに相手のじゃまをしたくないと思いつつ、「リアルタイム」を避けていつも互いにじゃまをしあっている。

モバイル機器をどこかに置き忘れると不安になる。聞くところでは、ティーンエージャーは携帯電話を身に着けていなくても、振動するとわかるという。ある16歳の子は「電話に着信があるとわかる」と言う。「それを感じる」のだ。携帯電話への依存は世代を超えて存在する。「携帯電話なしではいられない」と52歳の父親は言う。「これは僕の守り神だ」

夜そんな気分が押し寄せてくると、人々は「ポスト家族的家族」と呼ばれるものを形成しようとする。[3] その家族のメンバーは、それぞれ自分の部屋で、ネットワーク接続されたコンピュータやモバイル機器を持ち、一人でいながら誰かと一緒にいる。

私たちは忙しいからオンラインの世界に行くが、結局、互いに一緒にいる時間より長い時間をテクノロジーと過ごしている。私たちはネットに接続された環境を、親密な人間関係を保つための手段だとして擁護する。しかし現実には、私たちはそれを使ってお互いから隠れている。最後には、必要とあらば、生きていないものを相手にすることで妥協している。

「深い真実の反対は、別の深い真実かもしれない」というボーアの金言は、インターネットと同様に複雑なソーシャル・ロボットの世界でも真実である。ロボット工学者は、ロボットの感情も究極的には人間の感情と同じ粒子でできていると主張する（人間の脳も究極的には物質でできているのだから）。しかし、ロボットの感情は人間の感情に働きかけるべく設計されたプログラムから生まれている、ということもまた真実なのである。[4]

ロボット工学者は、まるでそれが根本原理であるかのように、社会が高齢化すると介護の人手が不足するので、ソーシャル・ロボットは「ないよりまし」な同伴者だと主張する。しかし、人間にとって根本原理とは何だろう。

人間は、機械が自分に興味を示しているように見えたり、そのアフォーダンスが自分たちの弱みに訴えかけたりすると、機械に共感することがわかっている。しかし、テクノロジーが私たちに訴えてくるすべてにイエスと言う必要はない。私たち大人が、ソーシャル・ロボットが老親の気晴らしになるという考えに惹かれたとしても、子どもたちは「その仕事をする人はいないの?」と尋ねる(154ページ参照)。この子どもたちのためらいに耳を傾けるべきだ。解決は容易ではないだろう。しかし私たちはいま岐路に立っている。新しい対話を始める時と場所にいる。

この本を書いているとき、かつて同じ職場で働いていたリチャードとこのテーマについて話し合った。彼は自動車事故でひどい障害を負い、車椅子が必須で、ほぼフルタイムで介護を必要としている。リチャードは、自分のような状態の人の支援ができて、同伴者にもなるよう開発されているロボットには興味を持っているが、そこには複雑な思いがある。

彼は「僕みたいな状態の人で介護ロボットを探している人がいるなら教えてくれ。僕は、人間の介護者を探しているけれど見つけられないでいる人を教えてあげるよ」と言って話を始めたが、話題が人間の残酷さに及んだとき、はからずもそれは介護ロボット擁護論になった。「リハビリ・センターのヘルパーや看護師でも、スキル不足で患者を傷つける人がいるし、故意に傷つけるやつもいる。僕はどっちも体験したことがある。髪を引っぱったやつや、チューブを引っぱったやつもいる。ロボットなら絶対そんなことはしない」。そう言った後で、しかしこう言い足した。「でも、チューブを引っぱった奴にも事情があった。あとでわかった。その人には事情があったんだ」

リチャードには、たとえ不快でも意地悪でも、人間と一緒にいるほうが生きていると感じられる。人間と一緒にいることが、できることは限られていても、自分は確かな尊厳をもって世界に存在していることの証しになるのだ。彼にとって、尊厳ある生のためには本物であるという感覚、人間の物語につながっているという感覚が必要だ。それが彼の生きる力となる。命が危なくなるほどなら話は別だが、彼はロボットよりは、たとえ意地悪でも人間を好む。

リチャードの見解には、人間と機械の関わりを技術的基準だけで単純に考えることへの警告が含まれている。私たちはロボットに意味を投影することで命を与え、ロボットには感情があるとか、「本物である」などとさえ言う誘惑にかられている。ロボットに刺激されて自分の中に生じる感覚に目を向けるなら、ロボットに感情があると言いたくなるのはわかる。しかし、ロボットは何を感じているか、という問いが発せられることはほとんどない。

私たちはロボットができないことなら知っている。ロボットは人間のように共感することができない。人との結びつきを感じることもできない。要するに、ロボットは何も感じることができないのだ。それは気にすべき問題だろうか？　あるいは、何かを感じているように見えさえすれば十分なのだろうか。人間はなぜ、自分のことを理解できない、気にかけてもくれない機械と会話をしたがるのだろうか？

そのことを私が考えるようになったきっかけは、イライザというコンピュータ・プログラムだ[5]（67ページ参照）。イライザが貴重な会話の相手になるのはなぜなのだろう？　機械にしか話せない私的なこととは、どういうものなのだろう？

何年か研究を続けるうちに、やや不本意ながら、イライザに人気があるのは、人間の中にある機械と話したいという気持ちだけが理由ではないとわかってきた。それはほかの人と話したくないという気持ちの表れでもある。(6) 機械に思いやりがあるという考えは、人間はお互いから逃げていられるという幻想を抱かせる。コンピュータの裁判官、カウンセラー、教師、牧師がいてもよいという考えは、愛情のない人や偏見のある人、あるいは暴力さえふるう人への落胆の裏返しだ。こうした失望感があるために、機械が示す見せかけのやさしさで十分だと感じるようになる。

私たちは、プログラムは私たちのことを理解できないという事実に目をつぶり、実際以上に理解しているように見せかけるためにプログラムを書き直す。人間に代わるものがあるという幻想をつくりあげるためだ。これはより深い「イライザ効果」である。イライザへの信頼が物語っているのは、私たちがイライザは理解してくれていると考えているということではなく、私たちが理解してくれるかもしれない人間を信頼できなくなっているということだ。

ケヴィン・ケリーは「テクノロジーに必要なものは何か?」と問いかけ、それが何であれ、いずれテクノロジーはそれを獲得するだろうと断言する。その意見を認めるとして、テクノロジーに必要なものの一つが人間の失望や感情面での弱さを利用することだとしたら、何が起こるのだろう。それがテクノロジーに必要なら、それは私たちの症状になる必要があるということだ。

症状と夢

人間同士の関係を思い煩ううちに、ロボットの同伴者との関係はコントロールできるという感覚が生まれ、人間の代替として好ましく思えてくる。愛を返してくれるロボットなど存在しないが、こちらから一方的に愛情を注ぐだけで満足するようになっていく。

それと同様の警戒心は、ネットワーク化された生活の中にも見て取ることができる。私たちはそこでも、人とのつながりを抑え、直接話すことを減らそうとする。事態は急速に進んでいる。弁護士が「依頼者との打ち合わせに出られないから、資料をEメールで送っておく」と言うのは理にかなっている。しかし何段階か進むと、同じ階にいる同僚と会うのも電話するのもおっくうになって、「テキストのほうが効率的だ」とか「フェイスブックに上げておくよ」などと言うようになる。

電子的つながりの文化が隆盛のいま、私たちはソーシャル・ロボットを夢見ている。[7]つながっているのに孤独な私たちは、テクノロジーによって自らにバレンタインの贈り物をしようとしているのだ。オンラインの生活は手厳しく、非難にさらされることも多いが、ロボットはいつもそばにいてくれる。コンパニオンとしてのロボットは夢であり症状でもある。精神的な症状がどれもそうであるように、原因は放置されたまま問題が「解決」してしまうので、何が問題だったのかが曖昧なままになる。ロボットは私たちの同伴者となり、危険に満ちた親密な人間関係に対する私たちの恐れを覆い隠してしまう。一方、夢としてのロボットは、人間関係を思うようにコントロールしたいという願いの表れである。

症状の背後には、耐えられない恐怖を与える何らかの事実が隠れている。日常的にそれに向き合わずにすむよう、症状がその事実をおおい隠すのである。[8]つまり母親が食事を与えてくれないという事実に向き合うより、常に空腹でいるほうが簡単なのだ。連れ合いが思いやりを示してくれないことに対処するより、スーパーでの長い列に怒っているほうが簡単なのだ。症状としてのテクノロジーは、私たちの意識を本当の困難から逸らさせる。

治療を受けて症状が消えるのは、それが意味を失うからだ。患者の関心は症状の下に隠れていたものに向かう。そこにあるのは抑圧された通常の思考や経験である。テクノロジーを症状や夢として見るとき、私たちは意識をテクノロジー（症状）から自分自身（問題）に向ける。ヘンリー・デイヴィッド・ソローなら「どこに住み、どんな目的を持つのか」と問いかけるかもしれない。ケリーは「テクノフィリア」（テクノロジー嗜好）は人間の自然な状態だと書いている。私たちは対象物を愛し、その導きに従うと[9]。私は彼の意見をこう書き直そう。私たちは対象物を愛するが、その魅力には代償がともなうと。

精神分析の世界では、すべての創造性には代償があると教えられる。これは精神分析そのものにもあてはまる警句だ[10]。精神分析学者のロバート・ケイパーからすると「精神分析という仕事からの逸脱は、状況をよくしようとするときに起こるのではない。精神分析の代償と限界に目をつぶることが逸脱なのだ」[11]。

その主張を説明するために、ケイパーはオイディプス王の物語を再考する。従来の解釈では、オイディプス王は自分の出自を知ろうとしたために苦悩を抱えることになったとされる。だがケイパーは、彼が苦しむことになった理由は別にあると示唆する。それは知ることとの限界を認めようとしなかったことだ。

テクノロジーとの相似点は明らかだ。私たちが何か新しいものをつくろうとすることが逸脱なのではなく、それが物事を混乱させたり衰弱させたりすることを考えようとしないことが逸脱なのだ。新しいものを発明するからトラブルが生じるのではなく、それですべてが解決すると考えるからトラブルが生じるのだ。

それは目的にかなっているか？

分析がうまくいくと、その場は一時的に混乱するが、長期的なメリットがあり、混乱は自ずと収まる。[12]それによって人は内省的な精神へと向かう。限界を認めること、いったん立ち止まって修正すること、来た道を引き返すこと――これらが精神分析の倫理の中心にある。テクノロジーに対しても同じアプローチをとれば、テクノロジーへの頑ななまでの楽観論からも絶望からも自由になれる。

それがテクノフィリアについてのケリーの議論をどのように変えるかを考えてみよう。ケリーは著書でヘンリー・アダムズ〔米国の作家、歴史家、思想家〕に言及している。アダムズは1900年のパリの万国博覧会で初めて40フィートの発電機を見て恍惚となった。彼はそれを「無限のシンボルであり、初期のクリスチャンが十字架に感じたような道義的な力を投影する物」として見ていた。[13]発電機と一体化したいというアダムズの欲求は、自分がいまウェブに感じていることに近いとケリーは考えている。すでに述べたように、ケリーはウェブと同化して〝身をゆだねる〟至福を味わいたいと思っている。ケリーはさらに続ける。

私はネットが与えてくれるものをありがたく思っている。常にそこにあり、必ず力になってくれる。私は不器用な指でそれを愛撫する。それは恋人のように私の欲望を明らかにしてくれる……私はその底なしの豊かさに身を沈め、そこに留《とど》まりたい。その夢のような抱擁に包まれたい。ウェブに身をまかせることは、先住民が森の中を歩きまわるようなものだ。論理が通じない安らぎの夢の世界。夢を見ながら、私はあるページから別のページへ、ある考えから別の考えへと飛

び移る。ネットの白昼夢が私自身の白昼夢に触れ、私の心を震わせた。見知らぬ人の家への道案内ができない猫を愛せるなら、ウェブを愛せない理由はない(14)。

いつでもつながることができるネットの世界は、私たちの最も深い恐怖――孤独《ロンリネス》、喪失、死――を和らげてくれるというのがケリーの見解である。それは大いなる喜びだ。しかしそのつながりは、常に私たちを支えてくれるもの――たとえば直接顔を合わせる人間同士のつながりの価値――への愛着を乱してもいる。人間生活の喜劇や悲劇を重視する精神分析は、私たちの注意を人間同士の会話の特殊性に向けさせてくれる。

ケリーは限りない知識の提供を約束してくれるウェブと、その「底なしの豊かさ」に夢中になっている。しかしオイディプスの物語は、歓喜には代償があることを思い出させる。代償はたいてい、結果に目をつぶっていることによってもたらされる。

オイディプス王の物語は、望みのものを手に入れることと、望んでいると自分では思っているものを手に入れることの違いについての話でもある。テクノロジーは望みのものをどんどん与えてくれる。近年、ソーシャル・ロボットやデジタル化された友だちの広がりを見ていると、私たちが望んでいるのは、相手が誰であろうと何であろうといつでも連絡が取れること、一人きりにならずにすむことではないかと考える人がいるかもしれない。あるいは私たちの望みは、弱いつながり、オンラインでのつきあいを支える形式ばらないネットワークだと思うかもしれない。

しかし、望んでいると思っているものの現実の成り行きを見れば、私たちは自分が本当に望んでいるものは何かということに気づく。私たちは静寂と孤独《ソリチュード》を望んでいるのかもしれない。ソローが言ったように、私たちはもっと「人が密集していない」ところで生活し、頻度は少なくても意義のある直接の出会いを待っているのではないだろうか。

何時間も文字を打ち込んでいるうちに（全部の指を使っていようと親指だけを使っていようと）、自分は人間の声を懐かしんでいると気づくかもしれない。チェスの相手ならロボットでもかまわないが、家族や友人のことを話す相手としてはロボットは不向きだと思うかもしれない。ロボットにもニーズがあるのかもしれないが、欲求を理解するには言葉と身体が必要だ。そうした会話をするためには、この世に生をうけること、親や家族がいること、大人として愛情や子どもを欲しがること、そして死を自覚することの意味を、実際の体験を通して知っている人間が必要だと考えるようになるかもしれない。

そしてもちろん、ケヴィン・ケリーがウェブにどれほどの「荒野」を見つけたとしても、自然を守る責任をバーチャルな存在に引き受けてもらうことはできない。もちろんその自然は、プラグを抜いたら消える画面上の自然ではない。

私たちは事態が自分の手から離れつつあるのを放置している。すでにいま、私たちは感情面ではオンラインの友だちに依存し、もうすぐ人を愛せるようになると設計者たちが主張するロボットに関心を寄せている。(15) 勇敢なケリーは、ほかの人が怖くて言えないことを言っている――自分はウェブに恋していると。ウェブはエロティックで理想的なものになった。

人間同士が一緒にいる生活の何が不満で、私たちはつながっているのに一人ぼっちというウェブの生活を好むようになったのだろう？　なんであれ新しいテクノロジーに触れると私たちは、どの世代であっても、それは人間の目的にかなうのか、目的とは何か、と自問を迫られる。

感情を持つ機械

ある設計のセミナーで、建築家のルイス・カーンがこう尋ねた。「レンガは何を望んでいるのか？」[16] その伝で言えば、私たちは「シミュレーションは何を望んでいるのか」と問うことになるが、答えはわかっている。それが望んでいるのは――要求しているのは――人間がそれに没頭することだ。

しかしシミュレーションに没頭すると、その先に待ち構えているものを意識することや、すべてがそこで手に入るわけではないと認めることが難しくなる。シミュレーションは没頭を求めるだけでなく、シミュレーションを好む自己を人間の中に形成し、現実世界よりも単純な人間関係を提供してくれる。私たちは人間との関係を簡略化することに慣れ、裏切られることに疲れて、ロボットとの生活を受け入れる心境に達しているのだ。

しかしその心境に達したからといって、実際に次の段階に進まなければならないわけではない。ソーシャル・ロボットは、親しい交流関係の中や、子どもの発達段階において最もデリケートな時期に、科学を持ち込む。科学を制止できる人はいないが、せめて審判がいてくれればと思う。始まりは、愛着について研究したいという神経科学者の純真な意図であった。だが、その意図は、ロボットにはアルゴリズムがあって、愛着をどうすれば形成できるかを「知っている」という主張とともに、細切れにされて終わる。今日のロボット工学者の夢は、まさに愛をリバース・エンジニアリングすることだ。私たちは自分を愛してくれるのがロボットであろうと人間であろうと気にしなくなってしまったのだろうか？

フィリップ・K・ディックの古典的ＳＦ小説『アンドロイドは電気羊の夢を見るか』（映画『ブレー

ドランナー』の原作として知られている）では、ロボットを愛しロボットに愛されるのはよいこととして描かれている。映画の主人公のデッカードは、人間とロボットがほとんど見分けのつかない世界に生きるプロのロボット・ハンターだ。彼はレイチェルというアンドロイドと恋に落ちる。そのアンドロイドは人間の記憶と、自分は〝死ぬ〟という知識をプログラムされている。死すべき運命を知っていることと、ライフサイクルを経験することが、人間を人間たらしめていると私は考えているが、このすばらしい物語は、ではそれらを模倣《シミュレーション》できさえすれば十分に人間なのかと問いかけている。

映画が終わっても、デッカード自身もアンドロイドなのかという思いは残るが、彼の正体テは明かされないままだ。その疑問が解けなくても、私たちはデッカードとレイチェルの逃避行を応援する。彼らに残された時間がどのくらいなのかもわからない――それが人間であるための条件だ。

映画の公開から30年以上経ったいまでも、人間はアンドロイド開発には至っていない。けれども『ブレードランナー』のメッセージは、私たちが現在置かれている状況に訴えかけてくる。どんなバージョンのチューリング・テスト〔アラン・チューリングによって考案された、ある機械が知的かどうかを判定するためのテスト〕にでも合格する機械が現れるはるか前に、テスト自体が的外れになってしまうだろう。私たちが知りたいことが、機械が知的かどうかではなく、私たちを愛せるかどうかに変わるのだから。

実際、ロボット工学者たちが私たちに伝えたいのは、感情を持つ機械は私たちの世話をしてくれるということだ。人間はいずれ〝思いやりのある〟機械の世話を受けるという考えは、いまでは広く受け入れられている社会通念だ。社会通念には、いつの時代でも不適切な部分があるものだが、今日それは危険なまでに不適切になってしまった。機械の世話を受けるという考えが当たり前になったという事実は、私たちは感情のように見えさえすれば十分だと思っていることを示している。

人間はロボットにどんな関係を求めているのか

ロボットは感情を持つ可能性があるとロボット工学者が論じるとき、彼らはまず、あらゆる思考について物質的基礎があると主張し、そこから話を進める。たとえばロドニー・ブルックスは、「コンピュータのコードに数字を設定」することによって「悲しみ」のような感情をロボットに与えることができると言う。ブルックスに言わせれば、この悲しみは人間の感情に近いもののはずだ。「人間の悲しみのレベルも基本的には数字、つまり脳を循環するさまざまな神経化学物質の量を示す数字にすぎない。なぜロボットの数字が人間の数字より本物ではないなどと言えるのか？」(17)

私は精神分析の臨床医としての教育を受けたが、ロボットの「数字」で感情について考えることの妥当性には疑問を感じる。人間に備わっているあるものが、ロボットには備わっていないからだ。それは人間の身体と人生だ。身体で生きることで人間の「数字」が決まる。人の感情は発達経路――幼年期の依存状態からしだいに自立していく――に結びついていて、私たちは他者に依存して生きていた幼児期の痕跡を、長じて後に幻想や願望や恐怖の中で経験する。

ブルックスはロボットに「悲しみ」という感情を与えることについて語った。私の娘はあと数か月で大学に入学して家を出る予定だ。私は悲しいけれど、同時にわくわくしてもいる。ロボットはそういうことを、どう「感じる」のだろう？　ロボットの「数字」は娘の大学入学を「望む」のだろうか？

ブルックスの教え子だったシンシア・ブリジールは別のアプローチを採用して、ロボットの感情を新しいカテゴリーに属するものと考えれば、それが存在することは可能だと主張する。猫には猫の感情があり、犬には犬の感情がある。それらは異なるし、人間の感情とも異なるが、どちらも「真正」

で「本物」とみなすことに何の不都合もないとブリジールは言う。ロボットにはロボットの感情があり、それは独自のカテゴリーで「真正」で「本物」である。ブリジールによれば、ロボットの感情を独自のカテゴリーと考えれば、他と比較する必要はなくなる。私たちは感情のあるロボットを人間とは「異なる」ものとして尊重するべきだ。人間の中に存在する多様性を尊重すべきであるのと同じである。[18]

しかしこの主張は、本物であることと独特であることを混同している。ロボットによる感情の演技《パフォーマンス》が独自のカテゴリーとして存在したとしても、それはその感情が本物であることを意味しない。ロボットは尊重すべき感情を持っていない。ロボットは人間の目には感情があるように見える行動をするだけで、それは人間がロボットをそのようにつくったからである。ロボットの設計には私たちの反応が最初から織り込み済みなのだ。

ロボットの感情について、物質に還元して考えようと、カテゴリーの違いを持ち出して考えようと、答えを出すことはできない。ロボットに感情があるかと問うのではなく——その問いは感情を構成する成分は何かという問題に帰結してしまう——私たちは機械とどんな関係を結びたいのかと問うべきなのだ。私たちはなぜ、ロボットに感情を演じてほしいと思うのだろうか。私がＭＩＴで働き始めたころ、私はジョセフ・ワイゼンバウムと、コンピュータ・プログラムは貴重な対話の相手になるかということを議論していた。それから30年たった現在、私が議論する相手は（デイヴィッド・レヴィをふくめ）、私の娘がもしかしたらコンピュータ・プログラムと結婚したがるかもしれないと主張している。[19]

シミュレーションは実際のスキルを身につけるための練習に使える点で正当とされる。たとえばパイロット、船員、カーレーサーとしての腕を磨くのに使える。しかし人間関係にシミュレーションを持ち込むと面倒なことになる。オンラインのバーチャルな場所では、私たちはシミュレーションの中の生き物となる。しかしオンライン生活の外に出ると、突然、明るすぎる光を浴びたように感じるかもしれない。

法律学教授のハンク（30代後半）は、毎日少なくとも12時間はネットの中ですごす。コンピュータ・ゲームから出ると自分がどこにいるかわからなくなる。Eメールが使える環境から離れるときも同じだ。その安全な場所を離れると「家族とすごす単調な時間が耐えがたくなる。まるでスローモーションで動いているみたいだ。ついぶっきらぼうに当たってしまう」。家族と夕飯をとったあと、ハンクは快適なオンラインの生活に戻る。

現実の生活や人々はネットの世界とは似ても似つかない。ネットでは、コントロールされているけれども常に何か新しいことが起こるつながりがある。彼の言う「単調な時間」とはどういう意味なのか少し考えてみよう。現実の人々には一貫性があるので、その人間関係の中でものごとがうまくいっていれば、変化は緩やかで、ゆっくりと進む。ネットの世界ではそのスピードが上がる。何かに夢中になってはすぐに幻滅し、そしてまた何かに夢中になる。ほんの少しでも退屈を感じれば、別の誰かにすぐアクセスできる。Eメールはざっと読んで、大事なことだけに注意を向けるようになる。件名は目を引くために大げさになる。オンライン・ゲームでは、恐ろしい目にあって安全なところへ逃げるというパターンを繰り返す。ぞっとするようなものと出会い、対処し、ふたたび着手し、そしてまた恐ろしいことが起こる。常にアドレナリンが放出され、「単調な時間」など存在しない。

ときどき他者とのかかわりをシミュレーションのように扱おうとする人がいる。そういう人は現実に起きていることを誇張したり、周囲の人をコントロールしたりする。その努力はあまりよい結果をもたらさないと言っていいだろう。うまくいかないことがわかると、そういう人の多くはうまくやれる世界に戻りたくなる。そして画面の中にある人生を生きる。そこに中毒的依存があるとするなら、それはテクノロジーへの依存ではなく、テクノロジーが可能にしてくれた思考の習慣への依存だ。

オンラインでは、意思疎通できていないのではないか、人から関心を持たれていないのではないかと不安に感じることがある。すると、さらに多くのつながりに慰めを見出そうとし、一人でいることに耐えられなくなる。「ブラックベリーを持たずに旅行することはない」と50歳の経営コンサルタントは言う。彼女は脳の中にさまざまなものがなければ、脳を静かな状態に保つことができないのだ。

ネットワーク化された生活を研究しているうちに、親密であること――じかに向き合ったり、声を聞いたり、顔を見たり、気持ちを理解しようとすること――について考えるようになった。そして孤独《ソリチュード》について考えるようになった。気持ちを一新し、回復させる類いの孤独だ。孤独になることができなければ淋しさ《ロンリネス》を感じることになる[20]。孤独を経験するには、自分の力だけで自分を奮い立たせる必要がある。そうでないとただ淋しさを感じるだけだ。デジタル時代に娘を育てながら、私はよくこのことを考える。

孤独についての著作の中で、アンソニー・ストーは一人でいるときに心の平安を感じることができることの重要性を書いている[21]。しかし多くの人は、ネットの生活に浸りきっているので、湖でも海辺でも、散策しているときでも孤独を体験することができない。静寂は彼らを不安にする。

しかしそこには反動の兆しがあり、若者の一部がソーシャル・メディアに幻滅する姿も目にする。ヨガ、東洋の宗教、瞑想、そして「スローネス」などにも新たな関心が向けられている。

こうした新しい習慣は、私が1980年代の理想論的《ロマンチック》な反応（72ページ参照）という言い方で説明したものと家族的類似（明確な定義や境界線がなくても感知しうる類似性）がある。当時、人間はその本質に含まれる何かによってどんな機械とも異なる存在であると断じられていた（「感情を模倣《シミュレート》したものは感情かもしれないが、愛を模倣したものは決して愛ではない」）。近年、画像技術と神経化学の発達とともに、人々は自らが持つ機械的な性質を認め始めたように見える。彼らが抵抗しているのは、その認識に対してではなく、ネットワーク化された生活のアフォーダンスに対する人間の反応のありように対してである。常につながっている生活を提供されて、私たちはそれを受け入れた。プライバシーを放棄する機会を提供されて、今のところ抵抗していない。そして登場したのが新しい「種《しゅ》」、すなわちソーシャル・ロボットである。人間が気持ちよく一緒にすごせるように〝感情〟が設計されたソーシャル・ロボットが突きつける問題に、私たちはどう対応するのだろうか。

80年代に見られた理想主義的な考え方においては、コンピュータは頭脳をモデルとしているとされた。いま私たちは、コンピュータが存在する社会で形成された私たち自身と格闘している。80年代には、自分自身を見る見方を変えれば事足りたが、いまでは、自分の人生をどう生きるかという問いに答えなくてはならない。

今日、まず着手できる〝抵抗〟は、試験的なネット断ちだ。しかしいまやネットは、教育を受け、ニュースを見、職を探すために不可欠な道具になっている。それを前提に抵抗策を再考するなら、画面の上での生活を意識して変えていくということが考えられる。新しいバランスを見つけるのは単に〝スローダウン〟する以上のことだ。どうすればじっくりと自分を振り返る余地をつくれるだろうか。

二者択一の罠

〝思いやりのある機械〟についての議論になると、ロボット工学者たちはしばしば二者択一を迫ってくる。「あなたの父親や祖父をロボットに世話してもらいたいですか？　それとも誰からもまったく世話されない状態のままにしますか？」と言ったり、「老人に寂しくて退屈な毎日を送らせるんですか？　それともロボットに話し相手になってもらいますか？」などと言う[22]。

こうした選択困難な二者択一にさらされ続けると、私たちはその二者択一の前提を受け入れてしまい、選択の余地はないと考え始める危険性がある。高齢者介護の場合の前提は、ロボットの世話を受けるか心細い孤独かのいずれかしかないというもので、そう問われれば答えは一つしかなくなる。こうした二者択一の罠は広く使われていて、ロボットの同伴者に抵抗を示そうものなら、老人が退屈で孤独で見捨てられた暮らしをしても平気な人のように思われてしまう。

こうした二者択一思考から脱け出す方法を教えてくれるすぐれた文献がある[23]。抽象的な議論から離れて具体的な議論をすることが展望を開くことがあると示唆されている。それはまさにミス・グラントが受け持つ5年生のクラスが行ったことだ（143ページ参照）。クラスの話し合いがロボットが高齢者を介護することは「是か非か」という二者択一に搦め捕られていたとき、そのジレンマから離れた地点から投げかけられた問い――「その仕事をする人はいないの？」――が新たな議論の道を開いたのだ。

子どもたちはそんなことに気づかずそのまま話し合いを続けたが、大人にはその後の方向性が見える。新たに人材を投入したらどうか？　どうすれば必要な所に必要な人を配置できるか？　どうすれば社会的優先順位を変えて高齢者介護の予算を確保できるか？　報酬に回せるお金があれば、失業者、退職者、帰還兵などの一部を雇えるかもしれない。まず着手すべきことは、最低賃金レベルで福利厚生も乏しい老人介護職の報酬を引き上げることだ。〝介護ロボットか介護放棄か〟という枠組みに囚われると、問題の中心であるはずの社会的・政治的な選択が忘れ去られてしまう。

私はMITで行われた医療現場におけるロボットの役割をテーマにしたセミナーで、人々の認識がそのように変化する瞬間に立ち会った。私のクラスでは、寝たきりの患者を入浴させるためにベッド上で身体を動かしてくれるロボットのことを考えていた。その当時、その市場に出ているロボットは2つのへらのような平たいプレートでできていた。1枚を患者の身体の下に滑り込ませ、もう1枚は身体の上に置く。そして頭を支えたまま患者を反転させるというものだった。

このクラスの反応も、老人介護に機械を使うか使わないか、という二者択一のジレンマに囚われていた。介護の仕事をロボットに託すことは必然だという主張と（コスト、効率、介護分野の人手不足への言及があった）、介護は人間が行うべきだ、そうでなければ高齢者の尊厳が傷つくという意見があった。見解は両極端に分かれ、互いに譲ろうとしなかった。

この行きづまった議論に、1人の女性が割って入った。彼女は最近、母親を亡くしたばかりだった。彼女が議論の前提条件に疑問を呈した。なぜロボットに介護させるかさせないかという話に限定するのですか？　思いやりをもって世話をしようとする人間の身体の延長として使える機械を考えればいいのでは？　介護者の腕力を増大させる水圧式の人工の腕をつくって、介護者がそれに手を差し入れて使うというのはどうでしょう？

勝手に動く機械も放置される患者も、どちらも彼女には受け入れることができなかった。人間の力を補うような形でテクノロジーを使えないかを話し合いたかった。自分の腕力がもっと強ければ、具合の悪い母親を持ち上げられたかもしれない。そのような機械があれば喜んで使っただろう。それがあれば母親を家で看取《みと》る助けになったかもしれない。枠組みを変えてテクノロジーを受け入れることで、母親と娘のふれあいが可能になる。

「枠を壊すと新しいものが見える」という観点から、哲学者のクワメ・アンソニー・アッピアは二者択一の思考に疑問を呈する。

選択肢というものは、記述されたある状況下での選択肢として提示される。これは組み合わせの問題《パッケージ・プロブレム》と見ることができる。現実の世界では、状況と選択肢の組み合わせは固定されているわけではない。現実の世界では、枠組みをつくること――前提となる状況を記述し、決めるべきことは何かを決めること――自体が一つの倫理的な作業だ。いや、しばしば唯一の倫理的な作業である。ある状況下において何が選択肢で何が選択肢でないかを見極める術を学ぶことは、人間が目指すべき倫理面での発達の一部なのである……人生で挑むべき課題は、そのゲームでの最善手を見つけることではなく、自分は何のゲームをしているのかを理解することだ。[24]

アッピアによれば、倫理的な判断を最もよく行うためには、単純な二者択一思考にはまるのではなく、選択肢の前提となっている枠組みを疑い、どのような枠組みで考えるかを選ぶのは私たち自身であることを忘れないことが必要だ。

介護ロボットで変わるケアの意味

小学5年生の子どもたちが、ロボットに祖父母の世話をさせることについて、「それをやる人はいないの？」と問うとき、彼らは自分たちが「世話をするのは父や母の仕事ではないのか？」と問うていることを知っている。その延長上には「自分たちが〝不自由〟になったとき、世話をしてくれる人はいるのか？」という問いがある。将来のロボットを考えるとき、私たちはお互い同士の責任について考えることになる。

ロボットに世話をしてもらいたいという理由は何だろうか？　戦争や宇宙開発や医療なら、ロボットを利用したいと考えるのは理解できる。危険な環境ではロボットが有用というのも理解できる。[25]けれども、「介護」となると、なぜ私たちはこだわりを覚えるのだろう？　私の考えでは、それが範囲を逸脱した「禁じられた実験」のように見えるからだと思う。[26]

当然ながら、誰もがそう考えるわけではない。介護用機械が発達するのは常識的に考えて当然だと言う人もいる。ポーター（60歳）の妻は長年の闘病の末に亡くなった。彼は、ロボットのヘルパーがいて「たいへんな仕事を肩代わりしてくれたら、人間の看護師はもっと個人的、感情的なケアができるかもしれない」と考えている。

しかし人間関係は、それにかけた時間によって決まることが多い。親が時間をかけて子どもの世話をし、子どもにとって最も基本的なことをしてあげることで、大切な土台が築かれることを私たちは知っている。[27]それがあるからこそ、子どもは何があっても自分は愛されているという自信を持つことができる。世話をする親のほうは、自分は他者を愛し世話することができるという自信を持つ。病人や老人もまた、そうした基本的な信頼が築かれているという自信を持ってしかるべきだ。私たちがそれを与えることで、誰もがより十全な人間に近づくことができる。

介護をロボットにまかせることの利点について、最も一般的に言われているのは、介護を受ける側にとっては、受け取るものは人に介護されるのと同じということだ。この意見は、人間とロボットの「違いがわからない」認知症の患者に向いていると思っている人から、特によく聞かれる。しかし障害を持つ人が、人間の声、顔、ふれあいをどう受け止めているのか、本当のところはわからない。ロボットによる世話と人間による世話は、全然同じではないかもしれない。

また、かつて愛の労働だったものを他者に任せると、任せる側も変わる。私たちは他者の世話という「重荷」から解放されるとき、人間は他の人間の世話をする、という協定を放棄することになる。寝たきりの母親を持ち上げるために水圧式の補助腕が欲しいという娘の望みは、母親のそばに寄り添うことだ。その娘にとって、最後の介護の時間は母親と共有できるとても大切なものだ。それを放棄したら、自ら人間としての価値をおとしめる恐れがある。

さらに、老人用ロボット、介護ロボットがあるなら、子育てロボットがあってもかまわないという話になってしまわないだろうか？

子育てロボットに育てられる子どもの感情

ロボットに子守をさせたいと思う理由は何だろう？　これまで述べてきたとおり、子どもとソーシャル・ロボットの関係は、子どもと人形の関係とは大きく違う。子どもたちは人形の顔から表情を学んだりはしない。その逆で、人間の表情を人形に投影する。しかしベビーシッター・ロボットは、すでに想定されているが、人間にとても似ているので、子どもが自分の手本《モデル》にしようとするかもしれない。

そうなると重大な問題が持ち上がる。人間の声の調子と顔の表情の組み合わせは無限にある。私たちは相手の言葉に耳を傾けたり、意識を向けたりすることを、人との関係の中で学ぶ。私たちの目は、何かおもしろいものを見つけると輝き、怒ったり不安になったりすると険しくなる。それがわかっているので、私たちは表情を表に出す人には落ち着いて対応できるが、そうでない人――たとえば自閉症やアスペルガー症候群の人など――が相手だとあまり落ち着けない。

子どもたちがロボットを手本にし始めたとき、発達面でどのような影響があるかはわかっていないが、悪い影響が出る可能性は高い。人間は人間とふれあい、人間の顔や声を近くで感じる必要がある。人間は人間に育てられる必要がある。

私がこう主張すると、もっと〝単純な〟仕事ならロボットにもできるかもしれないという反論が返ってくる。たとえば食事を食べさせたり、おむつを替えたりといったことだ。しかしロボットにサヤインゲンを食べさせてもらった子どもは、食事を他人とテーブルを囲み、話し、リラックスすることと結びつけることはできないだろう。食べることが心の養育から切り離されてしまう。ロボットにおむつを替えてもらった子どもは、自分の身体をほかの人が大切と思ってくれているという実感を持てないかもしれない。そのような危険をなぜ冒そうとするのだろう？[28]

私たちはすでに禁じられた実験を行っている、と考える向きもあるかもしれない。被験者は私たち自身、対照群はなく、喜ばしくない結果が出ていると。たしかに、私たちはかつてないほどつながっていて、その過程で自分たちを傷つけているように見える。1万4000人を超える大学生のデータを30年にわたって分析した結果が2010年に発表されたが、それによると、2000年以降、若者たちのあいだで他人への関心が急激に低下している。たとえば現在の大学生は、以前ほど、他人の立場で考えることや、他人の気持ちを理解することを大切だと考えていない(29)。

この研究を行った人は、学生の共感の欠如とオンライン・ゲームやソーシャル・ネットワーキングの存在を結びつけている。オンラインでのつながりは強い印象をもたらすが、実際にはゲームやソーシャル・ネットワークを通して垣間見る相手の一部に対応しているだけだ。若者たちはそれ以上の関わりは必要ないと思っているように見える。その限られた関わりに寄せる気持ちもやがて冷める。「友だち承認」の数を増やすことに熱中して、友情への興味を失っていると言ってもよいかもしれない。

この研究の知見は、私が聞いている心理療法士たちの印象とも一致する。最近の患者の中には、身体から心が切り離されているような、人と会うときの最低限のマナーも知らないような人が多いという。精神科医、心理学者、ソーシャル・ワーカーたちからも同様の観察を聞く。目的志向で人とつながり、メディアと常時接続しているような患者は、周囲の人にほとんど注意を払わない。彼らが他人に求めるのは、自分の役に立つかどうかということだけだ。原始的な〝部品的世界観〟の再来である(121ページ参照)(30)。彼らの周囲への無関心に攻撃性はない。ただ周りが見えず、理解できないだけのようだ。

テクノロジーとつきあう現実的方法

もちろんこれらすべてを、依存症《アディクション》という言葉で説明したくなることはある。職場の同僚とコンピュータ・ゲームを始め、ついにボットの世界にのめりこんでしまったアダムなら、きっとこの言葉を使うだろう（382ページ参照）。依存症という比喩は、一般的な経験とも合致する。ネットに費やす時間が長くなるほど、もっとネットにいたくなる。

だがその比喩がどんなに適切に思えても、その言葉を唱えてお終《しま》いにすることはできない。依存症という言葉で問題を捉えるなら、解決策は一つしかないことになり、私たちの思考はそこで停止する。つまり、依存症と闘うには原因となる物質を断たなくてはならないという解決策だ。しかし私たちはインターネットから〝逃れよう〟としているわけではない。子どもたちから携帯電話を取り上げたり、禁止しようとしているわけでもない。ネットを遮断して、テレビ中心の家族だんらんに戻ろうというわけでもない。

私は互いに向き合う社会への道がいずれ見つかると思っているが、自分たちを何かの中毒物質の犠牲者ととらえるのは、よい出発点とは言えない。依存症と考えるなら、その解決策は一つしかなく、それはネット社会の現実の中では不可能とわかっているのだから、私たちは希望を断たれてしまう。私たちは魅力たっぷりのテクノロジーとうまくつきあい、目的を果たすのに役立てる方法を見つけなければならない。これは難しいことで、多大な努力を必要とする。ただテクノロジーを愛するだけでは何も改善しないし、ラッダイトのように機械を否定するのも無益なことである。

必要なのは、私が「レアルテクニーク」（現実技術）（421ページ参照）と呼ぶもので、テクノロジー万能主義であれテクノロジー終末論であれ、テクノロジーとのつきあい方についての議論を耳にしたときは一歩退いて再考するという態度である。レアルテクニークは直線的進歩という考え方に懐疑的である。それは私たちに謙虚であれと勧める。謙虚さとは、虚心坦懐に問題に向き合い決断を再考するような心の状態である。それがあれば、テクノロジーを受け入れることの代償は何か、侵されてはいけないものは何かを知るのに役立つ。先に私は、テクノロジーとともに生きる生活をこのように捉えることは精神分析の倫理に近いと述べた（489ページ参照）。古くさく聞こえるかもしれないが、こんな時代に生きていると、そんな注文をつけたくもなる。

私たちはネットとともに育ったので、ネットは大人だと思っている。成熟したテクノロジーであると考えがちだ。しかし実はまだ始まったばかりなのだ。間違いを正す時間はある。何よりも若者たちが、ネットワーク化された生活について、私たちはまだ始まりの段階にいることをはっきり知る必要がある。

私は慎重な楽観論者だ。若い人たちがプライバシーを取り戻そうとしたり、相手だけに意識を向けて行う会話を欲している様子をこの目で見ている。彼らは電話のようなシンプルなもの、ある18歳の子の言葉を借りれば「腰を落ちつけて、相手に全意識を集中する」ようなコミュニケーションを渇望している。いまの若者には特有の弱さがある。常時接続しているのに、誰も自分のことを気にかけていないという感覚がそれだ。子どものころ、親が携帯電話で話しながらブランコを押してくれたという子どもがいた。[31] いま、その親たちは夕食の席でEメールをしている。

ティーンエージャーの中には、黙々と働くロボットと、Eメールをしながら子どもと話す自分の親を、冷静に比較する子もいる。その比較では、常に親が勝つとは限らない。ある17歳の男の子はこう言う。「ロボットは僕が言ったことを全部覚えている。すべてを理解していないかもしれないけど、覚えていなきゃ始まらない。父は僕と話しているときもブラックベリーを見ていて、僕が何を言っても上の空だから、理解できるとしても関係ないんだ」

ネットワーク文化はとても若い。その誕生に立ち会った私たちは、その冒険に没頭した。それが人間というものだろう。しかし最近では、ネットの問題は無視できないほど厄介になっている。極端な場合、私たちはつながることに没頭するあまり、お互いへの関心を払わなくなっている。テクノロジーを貶《おとし》めたり拒絶したりする必要はないが、適切な使い方をする必要がある。

ネットとともに育った大人の世代はそれができるが、若者たちには助けが必要だ。彼らがプライバシーを求める戦いを始めているいま、私たち大人がそのパートナーにならなければいけない。私たちは情報が政治的に容易に悪用されることを知っている。歴史がそのことを教えている。だが、私たちはおそらくその歴史を子どもたちと十分に共有してこなかった。私たち大人がネットに魅了されてしまったため、子どもたちに目を向けずにEメールに夢中になり、リアルなものに共感することや意識を向けることの重要性を十分に教えてこなかったのである。

テクノロジーを使うのは私たち

本書に綴られた物語は一つの大きな流れを描いている——私たちはテクノロジーにより多くを期待し、お互いに対して多くを期待しなくなった。それが私たちを激しい嵐のまっただなかの静けさの中に置く。嵐に押しつぶされそうになった私たちは、リスクが少なく思えて、いつでも手が届く、ネット上のつながりへと引き寄せられていった。それはたとえばフェイスブックの友だちであり、アバターであり、インターネット・リレー・チャット（ＩＲＣ）のチャットパートナーである。

このまま思い通りにコントロールできるということと便利さを優先し続けるなら、私たちはソーシャル・ロボットを使いたくなるだろう。スロットマシンを前にしたギャンブラーのようなもので、ゲームを続けてしまうだけの興奮が約束されている。ロボット化の時代に危惧すべきことは、人間関係の単純化や軽視がもはや不満の対象ではなくなっていることだ。私たちはそれを不満に思うどころか、期待し、切望するようにさえなっている。

この本で私は、私たちのニーズよりも弱さに多く言及した。ニーズとは、何かを手に入れなければならないということだ。弱さには選択の余地がある。弱さを克服して進化する余地がある。私たちはまだ先に行ける。一緒に前へ進むには——世代を超えてともに進むには——現在の状況の複雑さを受け入れなくてはならない。

私たちは刺激を与え能力を高めてくれるテクノロジーをつくりだしたが、それが私たちの存在を小さなものにしてしまうことを許した。機械を愛する、あるいは機械に愛されるという可能性が、愛の意味を変えた。私たち大人は、若者たちがテクノロジーに誘惑されていることを知っている。彼らはそうなるように育てられたのだ。人生を通じて愛を知っている大人なら、もっとよいものを若者たちに与えられるはずだ。

テクノロジーについて考えるとき、私たちは本当に重要なものは何かという疑問に立ち返る。先日、仲がよかった友人の追悼式に出席したとき、プログラムが書かれたクリーム色のカードが用意されていた。そこには弔辞を述べる人の名前、音楽を演奏する人の名前や曲名、そして若く美しかったころの友人の写真が載っていた。私のまわりの何人かは、そのプログラムで携帯電話を隠し、式のあいだにテキストを送っていた。

その中の1人、60代後半とおぼしき女性が、式のあと私のそばに来て、当たり前のような口調で「あんな長い時間、電話なしで座っているなんて無理ね」と言った。式の目的は、時間をとってその人に思いをはせることではないのか。この女性は、手にして10年にも満たないテクノロジーのせいで、それができなくなっているのだ[32]。そのあと私は、追悼式の最中のテキスト送信について友人たちと話した。何人かは肩をすくめた。1人がこう言った。「だとしても、それをどうしようというの？」

肩をすくめるのは、打つ手がなくなったときだ。私たちはそこまで行っていない。まだできることはある。いま私たちは岐路に立っている。これまでに代償として支払ったものを思い、新たな行動の出発点とすることができる場所に立っている。

行動の手始めはごく単純なことになるだろう。行儀のよいマナーにすぎないようなものもあるかもしれない。たとえば、オフィスの廊下は同僚と話しながら歩く。ディナーの席、公園、車の中、誰かと一緒にいるときは携帯電話を出さない。もっと複雑なこともある。一つだけ例をあげれば、プライバシーを取り戻そうとする努力が始まっていて、世代を超えた支持が集まるだろう。

通信機器に依存しすぎている人々――私たちの中に数多くいる――には同情せずにはいられない。彼らは追悼式や授業や観劇の最中でも、それなしにはじっと座っていられない。携帯電話を使って検索したり、ネットサーフィンしたり、マルチタスキングを行うたびに、脳の回路が変わることがいまではわかっている[33]。集中を取り戻すためには、私たちは文字通り自分と戦わなければならない。どんなに困難な戦いだとしても、いまや孤独《ソリチュード》を、熟考を、この一瞬を完全に生きる生き方を取り戻すべきときが来ている。私たちはすでに、ある実験に自らを実験材料として差し出してしまっている。一連の実験と言うべきか。子どもの世話をするロボット、高齢者を介護するロボット、プライバシーを軽視し否定するテクノロジー、ここで生きればよいと人を誘惑するシミュレーションなどの実験である[34]。

私たちにはもっとよいものがふさわしい。テクノロジーに何をさせるのかを決めるのは私たちだということを忘れなければ、それを手に入れることができるだろう。

エピローグ 娘への手紙

スカイプと手紙

2009年9月、私はアイルランドのダブリンからボストンに戻ってきた。娘のレベッカをダブリンまで連れて行き、ニューイングランドで大学生活を始める前のギャップイヤー〔高校卒業後、大学入学資格を保持したまま1年間遊学できる制度〕を過ごす寮の部屋を片づけるのを手伝ってきたのだ。

ダブリンから戻って1日で、すでにレベッカとは何度も連絡をとったが、どのやりとりも、とても楽しかった。娘からのテキストの内容はこんな感じだ。お気に入りの赤いコートを忘れてきた。グリーンのダウンの〝パフ〟ジャケットとピンクのスカーフを郵送してくれる？　スカーフはベッドの上に天蓋のようにつるすの。

私はそれらを箱に詰め、テキストを返信した。「いま郵便局に向かってる」。スカイプもダウンロードして、画面を通して話す準備も整えた。

家に帰ってまだ1日目だというのに、私は懐かしさを覚える。私が初めて家を出て暮らし始めた大学1年生のころに母とやりとりした手紙を、かびくさい箱が並んだ地下の部屋で探した。当時、電話はお金がかかった。母は週に2通、私は1通手紙を書いた。手紙は長く、感情があふれ、葛藤に満ちていた。私たちは離れた場所にいて、何か新しいものへ向かおうとしていた。40年後、私はその手紙を見つけて、母の心を抱きしめているように感じる。

ダブリンから帰って数日経っても、私はしょっちゅう娘とスカイプやテキストで連絡を取りあっている。私は娘の世代に合わせて、この情報だけの軽いやりとりを、努めて簡潔で洒落《しゃれ》たものにしようとした。あるとき、テキストを打ちながら、いずれ自分が死ぬべき運命にあることを悟る瞬間が来るのだという感慨におそわれた。40年後、新しい何かに向かおうとするときの母親の気持ちについて、レベッカは何を知るだろうか?

いま、わが母の手紙を手にして、そこに明るさや切望を読み取るのは難しい。その手紙を書いていたころ母は死に近づきつつあったのだが、私にはそれを知らせようとしなかった。母の手紙は遠まわしで、書かれることのないであろう未来の手紙の重みが感じられた。私は1週間に1度、自分の生活の中で、母に知ってもらいたいことを手紙に書いた。考えた末に、あえて書かなかったこともある。それでも私はたくさんのことを書いた。母は私の価値基準であり、母には私を理解してほしかった。私は手紙のやりとりを通して、母との会話のためのスペースをつくろうとしていた。

わが娘とのテキストとスカイプには、そのようなスペースが入り込む余地はない。この軽さは私たち母娘の関係の問題なのだろうか? それともメディアの性質なのだろうか?

母たちと娘たち

娘が高校の最上級生だったとき、娘のクラス――娘は女子高に通っていた――を通じて知り合った母親の多くは、娘が大学の寮に入ったり、一人暮らしを始めたりしていた。私は彼女たちと、その経験について、そしてテクノロジーの役割について話をした。

そうした〝母親語り〟には一つの共通点があった。彼女たちの話は、まずテクノロジーを肯定することから始まる。母親たちは頻繁に娘と連絡を取り合っていると言う。「ここまで多くなくていいと思うぐらい」とある人は言った。

母たちはテキストやスカイプについて詳しく話してくれた。たまにはEメールを使うという母親もいたが、ごくわずかだ。スカイプは声だけでなく映像も見られるので、娘が元気にしていることがわかると母親たちは言う。誰もが娘の健康を気づかい、インフルエンザを心配している。

娘に自分の姿を見られるのがいやだという人もいる。母親たちは40代から60代前半で、近くで顔を見られるのは嬉しくない。「スカイプのためにお化粧するのはやめた」とある母親が言う。「ばかばかしくなってしまって」。別の母親はスカイプのために化粧をするのは大事だと主張する。「娘にはいちばんいい姿で、落ち込んでないというところを見てほしいの。心配させたくないから」

母親たちの話には、どこか物足りなさがにじんでいる。ある人はこう言う。「〝今週のニュースひとまとめ〟みたいな感じ。ただし〝きょうのニュース〟ですけど。でも、しょっちゅう話をしていても、本当にどんなことをしているのかよくわかっていない。娘が本当は何を感じているかも」

別の人にとっては「テキストだと簡単に嘘がつける。本当に娘がどこにいるのかはわからない。家にいるかどうかもわからない。どこからでもテキストは送れますから。iPhoneでスカイプするのでも同じですけど。固定電話ならその場にいることがわかる」

スカイプでの会話はどうしても表面的になるという私の意見に同意してくれる人もいる。ただ私と違うのは、彼女はそれをインターネット接続の技術的な限界のためだと考えていることだ。「お互いに相手に聞こえるように叫んでいるような感じがするの。実際、電波が途切れると、コンピュータに向かって叫んでいる」。この母親にとっては、テキストのやりとりはさらに表面的になる。「テキストだと親密になれるという人もいるのは知っているけれど、長い話をするためのものではないと思う」

私は彼女に、自分もスカイプには何かはかないものを感じるので、話しながら娘の顔の〝スクリーンショット〟を撮ることがあると話した。スカイプでは互いを見ることはできるが、目を合わせることができない。私はそうしたスクリーンショットが好きではない。そこに映る娘の表情が一人ぼっちの人のそれだからだ。

もちろん、デジタル世界をはかないものと感じるのも、40年後の娘が私との会話をまったく覚えていないだろうという勝手な想像も、皮肉な話ではある。デジタル世界がはかないのは、私たちがそれを永遠にするための手間をかけようとしないからだ。

生活のすべてを記録するという発想

第2次世界大戦中にアメリカの科学研究開発局局長だったヴァネヴァー・ブッシュは、戦争が終わったあと、科学者たちが市民生活に戻ったらどうなるか心配していた。生物学者のことは心配していなかった。彼らはいつでも実用的な医学的問題を研究できるはずだ。しかし物理学者は新しい方向性をさぐる必要があった。

『アトランティック・マンスリー』誌に掲載された「われわれが思考するごとく」と題された記事で、ブッシュは物理学者に「メメックス」（memex）を開発することを提言している。それは「個人がすべての本、レコード、コミュニケーション記録を保管し、機械化してきわめて速く弾力的に参照できる」というものだ。ブッシュは「その人の記憶を強力に補完するもの」と書いている。[1]

ブッシュは、科学者が「残す価値のあること」を自動的に記録できるメガネをかけている光景を夢見ていた。そして記録されたことすべてに注解が付けられることを夢見ていた。彼はそうして記録されたデータを個人が体系化する方法を説明しているが、それを読むと現在のウェブ検索の本質がとらえられていることがわかる。

1970年代後半、コンピュータ・サイエンティストのスティーヴ・マンは、まったく異なる思いから——抵抗のために——自らの生活を記録し始めた。通りにもショッピングモールにも銀行にも監視カメラがついている世界で、マンはその世界にカメラを向けたいと思った。このプロジェクトを実行するため、マンはコンピュータ、キーボード、画面《スクリーン》、そして無線送信機を身につける方法を考案し、自分の生活をキャプチャーしてウェブにアップした。[2]

マンのこの作業はパフォーマンス・アートでもあり、エンジニアリング研究でもあり、政治的メッセージでもある。いま現在、かつては反抗のジェスチャーだったこの行動——生活を記録してウェブにあげる——は、ほぼ誰にでも可能になっている。スマートフォン（カメラと動画記録機能がついている）を持つことは記録係を連れて歩いているようなものだ。携帯電話のそうした機能を使って生活を記録しないでいると、怠けているようで気がとがめるという人も多い。

90年代半ば、コンピュータ工学者のゴードン・ベルはあるプロジェクトに着手し、それが彼の人生のアーカイブをつくることにつながった。手始めは本、カード、手紙、メモ、ポスター、写真、さらにはコーヒー・マグカップのロゴやTシャツのコレクションをスキャンすることだった。さらにホームビデオや、講義の録画、声の録音をデジタル化した。当然ながら、コンピュータ上で書いたり読んだりしたものは、個人的なEメールや学術論文まですべて保存した。

それらのデータをどのように整理し取り出すかという問題に取り組んだとき、彼はマイクロソフトの同僚であるジム・ゲメルと協力するようになり、そこからマイライフビッツ（MyLifeBits）というプロジェクトが生まれた。

システムが稼働し始めたとき、ベルは音声レコーダーとカメラ（ベルが人に会ったり新たな状況に遭遇すると、周囲の光の変化によって感知して写真を撮る）を身につけた[3]。コンピュータに向かっているときは、彼が訪れたウェブページ、開いたファイル、送受信したメッセージをそれが記録した。どのウィンドウがどの時点で画面の前面に表示されているか、マウスやキーボードがどのくらい動いているかまで監視した。

生活のキャプチャーには実用的な面もある。たとえばベルの主治医は患者であるベルの生活について、継続的で細かい記録を見ることができる。ベルが運動をしなかったり脂っぽい食事をしたら、システムに知らされる。しかしベルの頭はもっと先に行っている。彼にとってマイライフビッツは、私たちが「子孫に自分の人生の物語を伝える」ためのものだ[4]。

テクノロジーに押し込められる人間

ベルはこのプログラムを生活を記録するための究極のツールにすることを目指している。[5]しかし、あらゆることが記録に残される生活において、「記憶」はどうなるのだろうか。テクノロジーが私たちに代わって記憶してくれるなら、私たちは記憶しなくてもよくなるのだろうか？　自分自身の生活にもっと遠くから接するようになるのだろうか？

ベルは記憶するということから「離れて」、コンピュータに保管しておけるということが、いかに心安まることかを語っている。スーザン・ソンタグ（米国の作家、映画製作者、運動家）は写真に関して、「旅行は写真を撮り溜めるための手段になる」と書いている。[6]デジタル文化の中では、生活はアーカイブを構築するための手段となるのだろうか。[7]若者たちはフェイスブックのプロフィールに書いたら目立つような生活を送ることを心がけている。生活のすべてが保管されることがわかっていれば、私たちは保管してほしいような生活を送ろうとするのだろうか？

ベルにとって、人生のアーカイブは、人間が持つある種の不死願望に応えるものだ。すべてを残すという方法は、大昔から存在する死を欺くためのファンタジーである。しかしアーカイブをつくろうとすること自体が、その意図を損なうかもしれない。記録を集めることに追われて、私たちは死を回避する以前に、生を味わうことを先送りしてしまう。人生の楽しみの一つは、よいことも悪いこともふくめ、それらを記憶することだ。私たちはアーカイブさえすれば記憶は完了したと思うようになっていくのだろうか？

２００８年の夏、私がサンフランシスコを訪れてベルとゲメルに会ったとき、公式のマイライフビッツのプロジェクトは縮小しつつあった。ベルはインタビューのあいだ、装備のごく一部しか身につけていなかった。彼はテープレコーダーを回し、私の写真を撮る。彼はそうしたハードウェアにうんざりしていた。

しかし2人の科学者は断言した。生活を記録するためのテクノロジーがもっと簡便になれば、完全な記憶《トータル・リコール》はいまよりもっと広まるだろうと（私もその指摘は的を射ていると思う）。将来は、カメラをいじくりまわしたり録音調整をしたりする必要はなくなる。録音や録画の装置はいずれ宝石くらいの大きさになり、最終的には身体に埋め込まれるだろうと彼らは言う。

ゴードン・ベルと過ごした日に、心を動かされることがあった。私たちは彼の撮った写真を見た。それらは複雑なパターンに従って格納されていて、日付、テーマ、写っている人によって取り出せるようになっている。彼の職業人生全体におよぶEメールのアーカイブも見た。けれども皮肉なことに、私たちはほぼずっと、実際に存在する物質について話をした。ベルも私もきれいなノートが好きで、彼は日本製の美しい日記帳を見せてくれた。そこにはエレガントなコンピュータ回路のスケッチがぎっしり描かれていた。私たちはベルの父親が遺してくれたという品物を見た。ベルは50年前に彼が書いたＭＩＴの博士論文を引っ張り出してきた。それはタイプライターで打ったものだ。内容は彼が考案した回路の〝青写真〟だった。文字通り、青い紙にエッチングされた設計図だ。

私たちはある種の畏敬の念を抱いてそれに触れた。いまではそのような設計図はコンピュータでつくれる。しかしベルは、私が母の手紙に触れたときに感じたような畏敬の念をもってそれに触れる。私たちはまだ、これらすべてを手放す心の準備はできていない。

ベルはいまでも熱心に生活を記録しているが、それが思いがけない影響をもたらす可能性があることを認めている。一つあげれば、このプロジェクトが自分の記憶の性質を変えるかもしれないと考えている。[8] アーカイブに行けばすぐ見つかる生活の細部への好奇心が乏しくなり、アーカイブから取り出しやすいものに意識が向かう。たとえばベルは、個人的なアーカイブからスナップ写真をランダムに取り出してくるスクリーンセーバーに夢中だ。はるか昔の誕生日や家族旅行の写真にノスタルジーを刺激される。けれども私の訪問中、ベルは検索ツールを使って、画面に出てこないある写真を見つけようとした。さまざまなやり方を試したが、どれもうまくいかず、そのうち彼は興味を失ってしまった。そこに新しいダイナミクスが感じられる。過去を記憶するのにコンピュータを頼るうちに、コンピュータに保管された過去しか見なくなる。そして簡単に見つけられるものを好むようになる。スクリーンセーバーが自らの人生となる。

さらに別の影響もある。ベルはもう本をじっくり読めないと言う。本を手に取り、パラパラ眺めると、「すぐにページを閉じてしまう。それが（コンピュータの）メモリに記録されていないから。私にとって本はほとんど過去のものになってしまった」[9]。やはりベルに会いにきていたジャーナリストのクライブ・トンプソンは、ベルの実験のこの側面について考察し、こう言っている。「データベースにないものは存在しない。これはベルのプロジェクトが提起した、気味の悪い哲学的命題だ」[10]

この命題はそれほど哲学的ではないかもしれない。私たちはある程度、それをすでに実践している。2009年の大統領就任式を考えてみよう。誰もが腕を伸ばし、その手にある携帯電話が太陽の光を浴びて輝いていた。人々は自分の、見知らぬ人の、友人の写真を撮り、式を映し出すジャンボトロンのプラズマ画面の写真を撮った。

就任式は実際にそこにいる人たちの祝典だが、群衆はそこにいない人たちに向かって手を伸ばしている。その日の写真を自分の電話の中に持っていることが重要なのだ。そしてそれを知り合いに送ることも重要だ。就任式の写真、テキスト、投稿、ツイートなどのすべてがそこにいることの証明になる。かつては写真を撮ることは、そこに参加していることのしるしだった。自分のカメラでモナリザだけでなく、絵と一緒に写る自分の写真を撮ろうとした観光客がどれほどいたか考えてみればよい。人に送ることが、自分がそこにいるということになる。大統領就任式では招待客も携帯電話やカメラを高く上げていた。写真に撮られる有名人たちも、自分で写真を撮る。私たちは誰もが、記憶と存在証明のテクノロジーの中に押し込められている。(11)２０１０年１月の『ニューヨーカー』誌の表紙に、スキーのスロープの頂上にいる男女を描いたものがあった。男はデジタルカメラで写真を撮り、女は携帯電話で話している。

収集と回想

マイライフビッツのソフトウェアが顔認識技術を使って自動的に写真のラベル付けを行っていることを知ったとき、私が幼いころ母が家族の写真の裏に、おかしなコメントやたわいもないポエム、感傷的な感想を書き留めていたのを思い出した。

母はそれらすべてを大きな引き出しに入れていたので、引き出しから写真を取り出すのは、ある意味、サプライズプレゼントを見つけるような楽しさがあった。写真の引き出しを囲む一時《ひととき》は、思い出に浸り、笑い、ときに後悔したりする時間だった。

ベルとゲメルは写真のラベル付けを〝面倒な〟技術的問題とみなし、コンピュータにやらせるべきだと思っていた。ラベル付けの作業について、人は「デジタル・アーカイブの管理人になりたいとは思わない。その作業はコンピュータにしてもらいたい」とまとめている。[12] 人の人生への向き合い方は、少しずつ変わる。母は引き出しの中の写真に説明を書くのを楽しんでいて、自分をその管理人とは考えていなかったはずだ。

ベルは「記憶をコンピュータに移すと、ある意味すっきりする」と言う。思い出を捨てて、すっきりするのだろうか。乱雑であてにならない関連付けから逃れられて、すっきりするのだろうか。私たちはそういうふうに「すっきり」したいと思っているのだろうか。[13]

マルセル・プルーストは自分の記憶——明確なものも忘れてしまっていることも——を掘り起こし、つくりなおして、『失われた時を求めて』を書いた。しかしプルーストがコルク張りの部屋で仕事をしているとき、記憶から〝逃れよう〟としていたとは誰も考えない。ジークムント・フロイトによれば、私たちは覚えているものからだけでなく、忘れてしまったものからも、ものごとの意味を理解するという。忘れるのには何か動機がある。忘れたという事実が、自分が何者であるかのヒントを与えてくれる。プルーストが覚えるのに苦労したことは、すぐ思い出せることよりも重要だ。彼は闇から取り出した記憶の中に自分がいることに気づいた。人工の記憶装置はすべての記憶をのっぺりとした均一な状態で保管する。

マイクロソフトでは、コンピュータ科学者のエリック・ホロヴィッツが、ライフ・ブラウザ（Life Browser）というプロジェクトを担当している。マイライフビッツのデータに形式とパターンを付与して使いやすくしようとするものだ。

ライフ・ブラウザは各自のコンピュータにインストールされ、その人が注目するものを監視する。開いたファイル、返信したEメール、ウェブで検索した事項などだ。やっていることに基づいて、その人がどういう人間かを示すのだ。記録された結果に自分で手を加えることもできる。たとえば手作業で、特に重要なことや、あまりしないことにタグ付けもできる。たまにしか電話をしない相手が特に重要というようなケースにもそれで対応できる。

しかしライフ・ブラウザは、あなたの行動から割り出したあなたにとっての優先順位に基づいて、何度もあなたのところに戻ってきて、あれこれ知らせてくれる。このプログラムのデモンストレーションで、ホロヴィッツはそれに向かって「独立記念日に行け」と命令した。ライフ・ブラウザはそれに応えて、パレードと野外パーティーの写真を出してくる。ホロヴィッツはこのプログラムについて、「これはあなたが選んだものを通してあなたの考えを理解し、あなたがどう記憶を整理しているかを理解する。そしてあなたのようになり、もっとよいあなたになるのを助けるだろう」と言っている。(14)

私の母は写真の引き出しをわざと乱雑にしていたのだろうと思う。母がライフ・ブラウザを使っていたら、無秩序と矛盾だらけだっただろう。母は写真を見るたびに、違う話をしていた。本当の話もあったが、本当であればいいという願いにすぎないこともあった。そうした願いを理解することで、私にとって引き出しの中の写真を見る時間が貴重なものになった。

対照的にゲメルは、ライフ・ブラウザやその後継的なAIが、個人的な生活史をつくる重荷を引き受けてくれると考えている。「こんな将来を夢見ている。休暇で旅行に行って写真を撮り、家に帰ったらコンピュータに向かって、〝母さんに見せたいからブログを書いておいて〟と命令する。私は何もしなくていい。写真が並び、文章が現れる」(15)

ウェストコースト大学学生のドン(21歳)は、自分の人生のアーカイブをほしがっている。彼はｉＰｈｏｎｅで写真を撮り、毎晩それをウェブにアップする。多いときは1日１００枚にもなる。友人たちは彼のすることすべてを見たがるから、「僕の生活をフェイスブックに載せる。（どの写真を載せるか）選びたくはない。選ぶのは友人たちだ。僕はただすべてをそこに載せたい」

毎日の生活の中で、できるだけたくさん写真を撮るという前提以外、彼の行動に計画的なものは何もない。ドンは「人生のすべての写真の中から、僕の生活の全体像が現れる」と確信している。

ドンはライフ・ブラウザについて聞いたことはなかったが、自分の生活を〝客観的〟に見ることができる人工知能が登場するのは、もはや時間の問題だと思っている。彼はアルゴリズムで整理された生活の記録というアイデアを歓迎している。不完全なフェイスブックのアーカイブはその第一歩だ。

ロンダ（26歳）もフェイスブックを生活の記録に使っているが、もう少し手をかけている。「写真を撮ってアップするのが義務みたいになっている」と言う。彼女がコンピュータに記録を残したい理由は、覚えておきたい（「正確に何をしたかわかる」）からだけでなく、忘れたいからでもある（「何かを思い出したくなったとき、すべてがそこにある。コンピュータに記録しておけば、それについてもう考えなくてすむ」）。

これこそゴードン・ベルが「すっきりした生活」と呼ぶものだが、一つ違っていることがある。ベルが描くユートピアでは、記録を保存した後に移動したり鑑賞したりするが、ロンダにとっては保存すること自体が目的だ。ドンとロンダが考える世界では、起こったことのうち何を記憶すべきかを決めるのは機械である。ソフトウェアが私たちの〝お気に入り〟を学んで記憶すべき重要なことをカスタマイズし、私たちはそれを傍観する。そのうちお気に入りに囲まれてしまい、私たちはその外にあるものが見えなくなってしまう。

「メメックス」もマイライフビッツも、テクノロジーがもたらす能力を何かの役に立てるべきだという考えから生まれた。私たちとテクノロジーのあいだには、テクノロジーの力を無駄にしてはいけないという暗黙の協定がある。これをケヴィン・ケリーは、テクノロジーが自覚的な意思を持っているかのような表現で言い換えている。すなわち、テクノロジーが発達すると、それはそれ自体の望みを私たちに伝えてくる、という捉え方だ。テクノロジーと平和的に共存するには、私たちはテクノロジーの望みに自分を合わせる努力をしなければならない。その理屈で言えば、いまテクノロジーが望んでいることの一つは、人間の記憶という領域への介入だろうと思う。

私たちを人間たらしめるもの

私がこの章を書き始めたのは2009年の夏の終わりだった。その数週間後、ユダヤ教の祭日ヨーム・キップール（贖罪の日）でその作業は中断された。その日には死者を悼むイズコールと呼ばれる特別な儀式がある。儀式の細部はシナゴーグ（会堂）によって異なるが、私が通っているところではラビが儀式の直前に説教をする。

この年、私はその話にはっとさせられた。込み入っていると思っていたことが明快になった。死者に話しかけるのは大切なことだとラビが言ったのだ。私たちは死者と話したがっているし、話す必要がある。それは感傷ではなく、とても大切なことだと。死者に言うべきことは4つあるとラビは言う。ごめんなさい。ありがとう。あなたを赦《ゆる》します。あなたを愛します。これが時間を超え、距離を超えて、私たちを人間たらしめるものなのだ。

娘と初めてスカイプで話したとき（ダブリンとボストンで）、私はまさにゴードン・ベルとマイライフビッツについて書いた原稿を見直しているところだった。私はレベッカに、人間が行うすべてのことを保存しておける可能性について書いているところだと話した。そして、ダブリンにいるあいだ、人とやりとりしたすべてのことを記録しておきたいと思うかと尋ねた。それにはEメール、テキスト、インスタント・メッセージ（IM）、フェイスブック上でのコミュニケーション、電話、会話、検索、会った人や行った場所すべての写真などが含まれると説明した。

彼女はそれについて考えた。しばし沈黙のあと口を開いて、「なんでも溜め込むみたいで、気持ち悪い」と言った。収集癖や記録癖のある人が溜め込んだものの量からは、彼らがすべての出会い、すべての会話、すべての変化を等価に扱っていることがうかがえる。レベッカは、ものごとをふるいにかけたり取り除いたりする人間の記憶のほうが好ましいと思った。記憶はものごとを意味づけして、移り変わる仮住まい――スクラップブックや日記など――の中に置いていく。

18歳の娘はおそらく、すべてをアーカイブするということは生活のじゃまになると感じたのだろう。しっかりと生きるためには、生活を記録することに捕われていないという意識――実際はどうあれ――を持つことが必要だ。なんでも保存するようになると、私たちは記録するために生き、他人に見せたい自分をつくるために生きるようになる。

外国で暮らすことの影響について娘と話しているとき、私は、レベッカが家を離れたことがきっかけとなって、自分が大学1年のときに母とやりとりしていた手紙を読み返したという話をした。そして、私宛に手紙を書く気があるかと娘に尋ねた。彼女はすでに定期的にテキストを送ってきていたし、そのときもスカイプで、ダブリン大学の「バック・トゥー・ザ・フューチャー・ダンスパーティー」にはどの靴を履いていけばいいかなどと話していたところだったので、本当に戸惑った表情で、「何を書けばいいかわからない」と答えた。しょっちゅう話しているので、もう話したいことは残っていないと思えたのだろう。

しかし私は「アイルランドにいるということについて、考えを書いてくれるというのはどう？　そのことをどう感じているかとか。私にとって特別な意味がありそうだと思えることでもいいし」というようなことを言った。しばらくして、遠い地にある学生寮の部屋にいるレベッカは、スカイプの画面を通じて私を見つめ、「何か書きたいことが見つかったらね」と繰り返した。

私が母との手紙のやりとりで味わった喜びをレベッカに語ると、彼女は「それなら私に手紙を出して」と、もっともなことを言った。それで私はこの本を書いた。

索引

カ

サ

タ

マ

ヤ

ラ

ワ

原注

はじめに　テクノロジーと人間の関係が変わる

1. Sherry Turkle, "Inner History," in Sherry Turkle, ed., *The Inner History of Devices* (Cambridge, MA: MIT Press, 2008), 2–29.
2. Sherry Turkle, *The Second Self: Computers and the Human Spirit* (1984; Cambridge, MA: MIT Press, 2005), 2.
3. Sherry Turkle, *Life on the Screen: Identity in the Age of the Internet* (New York: Simon and Schuster, 1995), 13（シェリー・タークル『接続された心―インターネット時代のアイデンティティ』日暮雅通訳，早川書房，1998 年）．
4. Roger Entner, "Under-aged Texting: Usage and Actual Cost," Nielsen.com, January 27, 2010, http://blog.nielsen.com/nielsenwire/online_mobile/under-aged-texting-usage-and-actual-cost (accessed May 30, 2010).

序章　つながっているのに孤独

1. "What Is Second Life," Second Life, http://secondlife.com/whatis (accessed June 13, 2010) 参照.
2. Benedict Carey and John Markoff, "Students, Meet Your New Teacher, Mr. Robot," *New York Times*, July 10, 2010, www.nytimes.com/2010/07/11/science/11robots.html (accessed July 10, 2010); Anne Tergeson and Miho Inada, "It's Not a Stuffed Animal, It's a $6,000 Medical Device," *Wall Street Journal*, June 21, 2010, http://online.wsj.com/article/SB10001424052748704463504575301051844937276.html (accessed August 10, 2010); Jonathan Fildes, "'Virtual Human' Milo Comes Out to Play at TED in Oxford," *BBC News*, July 13, 2010, www.bbc.co.uk/news/10623423 (accessed July 13, 2010); Amy Harmon, "A Soft Spot for Circuitry: Robot Machines as Companions," *New York Times*, July 4, 2010, www.nytimes.com/2010/07/05/science/05robot.html?pagewanted=all (accessed July 4, 2010); Emily Veach, "A Robot That Helps You Diet," *Wall Street Journal*, July 20, 2010, http://online.wsj.com/article/SB10001424052748704682604575369981478383568.html (accessed July 20, 2010).
3. これに関しては以下を参照. "The Making of Deep Blue," IBM Research, www.research.ibm.com/deepblue/meet/html/d.3.1.html (accessed June 10, 2010).
4. David L. Levy, *Love and Sex with Robots: The Evolution of Human-Robot Relationships* (New York: Harper Collins, 2007).
5. ブックレビューは以下. Robin Marantz Henig, "Robo Love," *New York Times,* December 2, 2007, www.nytimes.com/2007/12/02/books/review/Henig-t.html (accessed July 21, 2009). MIT のロボット研究についてのオリジナル記事は下記を参照 . Robin Marantz Henig, "The Real Transformers," *New York Times*, July 29, 2007, www.nytimes.com/2007/07/29/magazine/29robots-t.html (accessed July 21, 2009).
6. Levy, *Love and Sex with Robots*, 22.
7. 他人の立場でものごとを見られる能力については以下を参照. Emmanuel Lévinas, *Alterity and Transcendence*, trans. Michael B. Smith (London: Athlone Press, 1999)（エマニュエル・レヴィナス『他性と超越』合田正人，松丸和弘訳，法政大学出版局，2001 年）．
8. Turkle, *The Second Self*, 183–218.
9. このような考え方の下地としては，冷蔵庫や洗濯機，シェービングクリーム，ウォッカを宣伝する女性型ロボットのエロチックなイメージがある．たとえばスヴェドカ・ウォッカ (Steve Hall, "Svedka

Launches Futuristic, Un-PC Campaign," Andrants.com, September 20, 2005, www.adrants.com/2005/09/svedka-launches-futuristic-unpc.php [accessed September 1, 2009]), フィリップス・シェービング・システム ("Feel the Erotic Union of Man and Shavebot," AdFreak.com, August 21, 2007, http://adweek.blogs.com/adfreak/2007/08/feel-the-erotic.html [accessed September 1, 2009]) のキャンペーンを参照.

10. Sharon Moshavi, "Putting on the Dog in Japan," *Boston Globe*, June 17, 1999, A1.
11. グーグル第１世代（だいたい 1987 年から 1993 年の間に生まれた）の若い女性たちは,ティーンエージを迎える前，広くベビー・ハーロットと呼ばれる服を着て（訳注：ハーロットは売春婦の意），思春期前からあからさまなセックスについての歌を聴いていた．彼らの親はベビーブーマー世代で，自分たち自身が若いころ縛られることを嫌っていたこともあって，どこに線を引くべきか決めかねている．ブーマー世代の親たちは，親から課せられるルールを拒絶していたが，ルールがあるのはわかっていた．束縛に抵抗するのがティーンエージャーの仕事であり，たとえ子が従わなくてもルールを主張するのが親の仕事であるともいえる．無視されるとしてもルールが存在するということ自体が，12 歳から 15 歳という年代に感情やセックスの問題に巻き込まれるのは望ましくないことを示唆している．
今日のティーンエージャーが明確に主張できる性的行動のルールは，" 安全 " なセックスをするということだけだ．ここで安全とは，性感染症や AIDS にかからないようにするということではない．妊娠しないということだ．この問題については，ティーンエージャーたちは雄弁に臆せず語り，驚くほどの知識を持っている．しかしティーンエージャーは人間関係の中で大きな不安を抱え押しつぶされそうになっている．（今はまだそのようなものはないが）話を聞いてくれるロボットや，心理的な負担なしに誰かが近くにいてくれると感じられる状況は魅力的だ．私は以前から，恋人がヴァンパイア（親密になってもセックスできないという限界がある）というファンタジー小説の流行は，ロボットの恋人（親密にならなくてもセックスできる）が欲しいという考えに似たところがあると思っている．身体的な接触や性的な関係の可能性がない，すぐにスイッチを切れる親しさがネット上の出会いのアフォーダンスである．ネットの恋愛はロボット化の時代の美学だ．ある意味，それは本当の恋愛に備えるための１つの方法である．制約付きの人間関係を望む思春期の若者の心理については,2009 年８月に行った，子どもと思春期の若者が専門の精神分析家のモニカ・フルヴィッツ（Monica Hurwitz）との会話が大いに参考になった．
12. 2009 年のクリスマスシーズンにおける，ペットロボットのとどまるところを知らない人気について，ある社会トレンド研究者は「おもちゃの流行には，より大きな社会が反映されている．それを見れば社会がどこへ向かうのか，何を必要としているのかが分かる」とコメントしている．トレンド・リサーチ・インスティテュート創設者のジェラルド・セレント（Gerald Celente）の言葉をブラッド・タトル（Brad Tuttle）が以下の記事で引用．"Toy Craze Explained: A Zhu Zhu Pet Hamster Is Like a 'Viral, Infection,'" *Time*, December 9, 2009, http://money.blogs.time.com/2009/12/07/toy-craze-explained-a-zhuzhu-pet-hamster-is-like-a-viral-infection (accessed December 9, 2009)
13. 症状の意味についての古典的な精神力学的説明については以下のフロイトの著作を参照．Sigmund Freud, "The Unconscious," in *The Standard Edition of Sigmund Freud*, ed. and trans. James Strachey et al. (London: Hogarth Press, 1953–1974), 14:159–204; "Introductory Lectures on Psychoanalysis," in *The Standard Edition*, vols. 15 and 16; "From the History of an Infantile Neurosis," in *The Standard Edition*, 17:1–122; "Inhibitions, Symptoms, and Anxiety," in *The Standard Edition*, 20:75–172; さらに Sigmund Freud and Joseph Breuer, "Studies on Hysteria," in *The Standard Edition*, 2:48–106. 願望としての夢についてのフロイトの考えは "The Interpretation of Dreams," in *The Standard Edition*, vol. IV を参照．
14. 別のテクノロジー領域における制限された世界の喜びに関する議論については，ギャンブルについての研究報告である以下を参照．Natasha Schüll, *Addiction by Design: Machine Gambling in Las Vegas* (Princeton, NJ: Princeton University Press, 2010).
15. 一例として以下を参照．Bill Gates, "A Robot in Every Home," *Scientific American*, January 2007, www.scientificamerican.com/article.cfm?id=a-robot-in-every-home (accessed September 2, 2009).
16. Turkle, *Life on the Screen*（『接続された心』）．パフォーマンスとしての人生についての古典的著作

としては以下を参照. Erving Goffman, *The Presentation of Self in Everyday Life* (Garden City, NY: Doubleday Anchor, 1959)（『行為と演技―日常生活における自己呈示』石黒毅訳，誠信書房，1974 年）.

17.「アイデンティティ構築の作業場」（identity workshop）という的確な言葉は，当時私の教え子だったエイミー・ブルックマンによる造語である. Amy Bruckman, "Identity Workshop: Emergent Social and Psychological Phenomena in TextBased Virtual Reality" (unpublished essay, Media Lab, Massachusetts Institute of Technology, 1992), www.cc.gatech.edu/~asb/papers (accessed September 2, 2009).

18. 社会学では強いつながり（家族や親しい友人）と弱いつながり（顔見知り程度の関係で,職場やコミュニティの人間関係を円滑にする）を区別する. 友情を築くというより友達承認するフェイスブックやツイッターは，弱いつながりの世界だ. 今日のテクノロジーは，ネットワーク化された生活に必要なものとして弱いつながりを助長する.弱いつながりについての古典的研究は以下.Mark S. Granovetter, "The Strength of Weak Ties," *American Journal of Sociology* 78, no. 6 (May 1973): 1360–1380（マーク・グラノヴェター「弱い紐帯の強さ」,野沢慎司編・監訳『リーディングス　ネットワーク論―家族・コミュニティ・社会関係資本』所収，勁草書房，2006 年）.

19. たとえば以下を参照. Matt Richtel, "In Study, Texting Lifts Crash Risk by Large Margin," *New York Times*, July 27, 2009, www.nytimes.com/2009/07/28/technology/28texting.html (accessed September 1, 2009). 運転中にメールをするドライバーに対する家族や友人からのプレッシャーについては以下を参照. "Driver Texting Now an Issue in Back Seat," *New York Times*, September 9, 2009, www.nytimes.com/2009/09/09/technology/09distracted.html (accessed September 9, 2009). 私がこの本を書き終えるころ，オプラ・ウィンフリーが個人的に運転中のメール撲滅を訴え，全米に向かって,メールしながら運転しないというオンライン誓約書に署名するよう呼びかけた.以下を参照."Oprah's No Phone Zone," Oprah.com, www.oprah.com/packages/no-phone-zone.html (accessed May 30, 2010).

20. 2010 年 1 月時点でティーンエージャーの全国平均は 3500 件. 私が住む富裕層が多い地域では，はるかに高い数字になる. Roger Entner, "Under-aged Texting: Usage and Actual Cost," Nielson.com, January 27, 2010, http://blog.nielsen.com/nielsenwire/online_mobile/under-aged-texting-usage-and-actual-cost (accessed May 30, 2010). テキストがティーンエージャーに与える影響については以下を参照. Katie Hafner, "Texting May Be Taking Its Toll," *New York Times*, May 25, 2009, www.nytimes.com/2009/05/26/health/26teen.html?_r=2&8dpc (accessed July 21, 2009).

21. 近くにいる友達を見つけるアプリとしては iPhone の Loopt が人気.

22. あるウィットの利いた実験で，フェイスブックの「友達」はパーティーに招待しても現れないことが示唆された. Hal Niedzviecki, "Facebook in a Crowd," *New York Times*, October 24, 2008, www.nytimes.com/2008/10/26/magazine/26lives-t.html (accessed July 27, 2010).

23. ウィンストン・チャーチルが 1924 年にイギリス建築協会に宛てたコメント. www.icf-cebe .com/quotes/quotes.html (accessed August 10, 2010). チャーチルのコメントは，もちろんマーシャル・マクルーハンの考えに近い. たとえば以下を参照. *Understanding Media: The Extensions of Man* (1964; Cambridge, MA: MIT Press, 1994).

第 1 章　いちばん近くにいる隣人?

1. ワイゼンバウムはこのプログラムを 10 年前に書いていた. Joseph Weizenbaum, "ELIZA—a Computer Program for the Study of Natural Language Communication Between Man and Machine," *Communications of the ACM*, vol. 9, no. 1 (January 1966): 36–45.

2. Joseph Weizenbaum, *Computer Power and Human Reason: From Judgment to Calculation* (San Francisco: W. H. Freeman, 1976).

3. どんな役割を与えるにしろ，第一歩は人間そっくりなロボットをつくることだ. アメリカではデイヴィッド・ハンソン（David Hanson）が，相対性について話すアインシュタインのロボットを持っている. ハ

ンソンは 2009 年 2 月のTEDの会議で，「未来への希望の種」 として，人と共感するロボットをつくる計画について話した．http://www.ted.com/talks/david_hanson_robots_that_relate_to_you.html (accessed August 11, 2010). ハンソンについては以下も参照．Jerome Groopman, "Robots That Care: Advances in Technological Therapy," *The New Yorker*, November 2, 2009, www.newyorker.com/reporting/2009/11/02/091102fa_fact_groopman (accessed November 11, 2009).

日本のデパートでは自分にそっくりな（あるいは他の人でも）ロボットを注文できる．価格は 22 万 5000 ドルで，2010 年 1 月から販売を開始した． "Dear Santa: I Want a Robot That Looks Just Like Me," Ethics Soup, December 17, 2009, www.ethicsoup.com/2009/12/dearsanta-i-want-a-robot-that-looks-like-me.html (accessed January 12, 2010).

4. Bryan Griggs, "Inventor Unveils $7,000 Talking Sex Robot," CNN, February 1, 2010, www.cnn.com/2010/TECH/02/01/sex.robot/index.html (accessed June 9, 2010).
5. Raymond Kurzweil, *The Singularity Is Near: When Humans Transcend Biology* (New York: Viking, 2005)（レイ・カーツワイル『ポスト・ヒューマン誕生 コンピューターが人類の知性を超えるとき』井上健訳，NHK出版，2007 年）．極端な未来イメージについては以下を参照．Joel Garreau, *Radical Evolution: The Promise and Peril of Enhancing Our Minds, Our Bodies—and What It Means to Be Human* (New York: Doubleday, 2005).
6. コンピュータによる心理療法について，私のさらに詳しい考察は以下を参照．Turkle, *Life on the Screen*, 102-124（タークル『接続された心』4 章「インターフェースの価値で物事を考える」）．
7. 機械と交流することで気分がよくなるなら，そうした意欲は高まるだろう．コンピュータの擬人化が容易に起こることについては以下を参照．Byron Reeves and Clifford Nass, *The Media Equation: How People Treat Computers, Television and New Media Like Real People and Places* (New York: Cambridge University Press, 1996). コンピュータによる心理療法については以下も参照．Harold P. Erdman, Marjorie H. Klein, and John H. Greist, "Direct Patient Computer Interviewing," *Journal of Consulting and Clinical Psychology* 53 (1985): 760–773; Kenneth Mark Colby, James B. Watt, and John P. Gilbert, "A Computer Method for Psychotherapy: Preliminary Communication," *Journal of Nervous and Mental Diseases* 142, no. 2 (1966): 148–152; Moshe H. Spero, "Thoughts on Computerized Psychotherapy," *Psychiatry* 41 (1978): 281–282.
8. 生きるということの意味と初期のコンピュータ制御された客体について私が行った研究については，Turkle, *The Second Self* を参照．生きていると感じることに関する研究は，第 2 世代のコンピュータ制御された客体でも続けられた．その研究については Turkle, *Life on the Screen*（『接続された心』）の中で論じた．私の研究は子どもたちの答えよりも，彼らの論理の道筋を重視しているが，それはジャン・ピアジェの次の著作に触発されたからである．Jean Piaget, *The Child's Conception of the World*, trans. Joan Tomlinson and Andrew Tomlinson (Totowa, NJ: Littlefield, Adams, 1960).
9. 境界にあるものの力については以下を参照．Victor Turner, *The Ritual Process: Structure and Anti-Structure* (Chicago: Aldine, 1969)（ヴィクター・ターナー『儀礼の過程』富倉光雄訳,思索社,1976 年），ならびに *The Forest of Symbols: Aspects of Ndembu Ritual* (1967; Ithaca, NY: Cornell University Press, 1970). さらに以下も参照．Mary Douglas, *Purity and Danger: An Analysis of Concepts of Pollution and Taboo* (London: Routledge and Kegan Paul, 1966)（メアリー・ダグラス『汚穢と禁忌』塚本利明訳，思潮社，1972 年）．
10. Piaget, *The Child's Conception of the World*.
11. Turkle, *The Second Self*, 33–64.
12. 子どもたちは 3 つの結論に落ち着いた．第 1 に，コンピュータ制御された客体が生きているかどうか考えるとき，自発的に動くかどうかはもう問題の中心ではない．問題はコンピュータが独自の認知作用を持っているかどうかだ．第 2 に，子どもたちはコンピュータ式のおもちゃは生きていなくても，ある種の意識（特に自意識）があると考えていた．第 3 に，コンピュータは自分で考えられるので生きているように見えるが，それはあくまで " ある種の生命 " である．たとえ一人で考えることができても，その履歴からすると，それは本当の自律性とは言えない．だからある 8 歳の子はスピーク・アンド・スペルについて「生きているみたい」だけどプログラマーがいるから「本当は生きていない」と言った．

「プログラマーがアイデアをあげているんだ．ゲームが考えたんじゃない」と彼は言った．最近のソーシャル・ロボットは行動もムードも顔の表情も自然で，プログラマーの存在が意識されなくなっている．「十分に生きている」（alive enough）という表現を使って，子どもたちはロボットを新しい領域にあるものとした．認知作用について言えば，子どもたちの心の中では，ロボットが自分に注意を向けたり，互いに好意を持ったりすることのほうがより大きな意味を持っている．

13. Turkle, *Life on the Screen*, 169（タークル『接続された心』）.
14. Turkle, *Life on the Screen*, 173-174（タークル『接続された心』）.
15. 1832 年 1 月のエマーソンの日記から引用．文全体は「夢と動物は，私たちの性質の秘密を知るための 2 つの鍵である．神秘主義者はみんなそれを使う．それは比較解剖学のようでもある．私たちの検査対象だ」.Joel Porte, ed. *Emerson in His Journals* (Cambridge, MA: Belknap Press, 1982), 81. を参照．
16. 精神分析学者の D.W. ウィニコット（D. W. Winnicott）によれば，テディベア，赤ちゃん毛布，最初の枕の生地の一片などは，乳児にとって自分と切り離せない母親との絆と，自分とは別な存在として現れる他人との間を橋渡しするものだ．これらは「移行対象」（transitional）として知られていて，子どもにとっては切り離せない自分の一部であり，最初の“自分でない”所有物でもある．大きくなるにつれて移行対象は忘れられるが，幼いころにそれらに触れた影響は残る．その影響は，後に遭遇する対象や経験――自分以外のものと“一つ”になる感覚を呼び起こす対象や経験――との間に成立する熱のこもった関係において表れる．移行対象の力は，宗教，スピリチュアリティ，美の認識，性的親密さ，自然とつながる感覚と結びついている．そしていま，移行対象の力は，より劇的にソーシャル・ロボットと結びついている．移行対象については以下を参照．D. W. Winnicott, *Playing and Reality* (New York: Basic Books, 1971)（D·W· ウィニコット『遊ぶことと現実』橋本雅雄，大矢泰士訳，岩崎学術出版社，2015）.
17. 1980 年代初頭，人間は「感情を持つ機械」であるという子どもたちのとらえ方がずっと続くとは私には思えなかった．後の世代の子どもたちは，もっとコンピュータのことを知り，また違った基準を見つけるだろうと思っていた．たとえば機械の“知性”らしきものについて，それがどのようにつくられ，動かされているかを理解することで，本質を見抜くかもしれない．その結果，子どもたちはコンピュータを人に近いものと考えなくなるのではないかと．しかしほんの数年で，事態はまったく違った方向へ進んだ．子どもたちはコンピュータ利用にあまり透明性を求めなくなった．その他の文化についてと同様，子どもたちはそれを不透明な動く機械として受け入れた．社交ロボットを「インターフェースの価値」でとらえる子どもたちは，大きな潮流の一部だ．1984 年のマッキントッシュの発売で，ユーザーが中身を気にしなくなる傾向に拍車がかかった．マッキントッシュにおける“透明性”は，この語の従来の意味を混乱させた．透明性とはかつては「フードを開けることができて」中を見られることだった．しかしマッキントッシュでは，アイコンをダブルクリックすることだ．言い換えると透明性とは，仕組みを知らなくてもシミュレーションができるという意味になったのだ．この新しい透明性は，以前は不透明性と呼ばれていた．この問題についてのより詳しい説明は Turkle, *Life on the Screen*, 29–43（『接続された心』），および Sherry Turkel, *Simulation and Its Discontents*(Cambridge, MA:MIT Press, 2009) を参照．
18. 私たちとバーチャルのつながりは，アバターが私たちと似ていたり，同じようなしぐさをしたり，動いたりするとき，より強くなる．そのようなつながりは，バーチャルから身体を持つロボットに移行すると，さらに強くなる．コンピュータ・サイエンティストのコリー・キッド（Cory Kidd）はコンピュータ・プログラムへの愛着について調査を行った．第 1 の条件では，プログラムが文字で命令を出して被験者に何をするか伝える．第 2 の条件では，画面上のアバターが同じ指示をする．第 3 の条件では，画面上でロボットが同じ指示を出す．いちばん愛着を引き出したのはロボットだった．Cory Kidd, “Human-Robot Interaction”（マサチューセッツ工科大学の修士論文，2003 年）
19. たまごっちのウェブサイトでは好ましくない結果について警告している．「この小さなサイバーペットの世話をしないでいると，あなたのたまごっちは意地悪で醜く育つ可能性があります．故郷の惑星に帰るとき，あなたのたまごっちは何歳になっているでしょう？　あなたはどのようなバーチャル世話係になるでしょう?」　たまごっちの箱には目標がはっきり書かれている．「“幸せ度”と“空腹度”の画面にはハートが 4 つあって，それらは最初，空の状態です．中が詰まったハートが多いほど，たまごっちは

満足しています．ハートをいっぱいにするには，餌をやらなければなりません．たまごっちのお腹をいっぱいにして満足させていれば，かわいくて楽しいサイバーペットとなります．けれども世話をしないと，かわいくないエイリアンになります」．最初のたまごっちを製造したのはバンダイである．そのウェブサイトには育成と責任について，はっきりとした道徳的な指示が示されている．バンダイのウェブサイトを参照．www.bandai.com (accessed October 5, 2009).

20. 以下を参照. "Tamagotchi Graveyard," Tamagotchi Dreamworld, http://members.tripod.com/~shesdevilish/grave.html (accessed June 15,2009).
21. 日本では，たまごっちの世話をしないと死んでしまうが，バーチャルな墓地にアップロードできる．アメリカではメーカーがもう少し穏やかな策を講じている．世話をされなかったたまごっちの一部は"天使"になって故郷の星に帰る．私が遊んでいたたまごっちは，リセットボタンを押して別の個体を育てることもできた．
22. Sigmund Freud, "The Uncanny," in *The Standard Edition of Sigmund Freud*, ed. and trans. James Strachey et al. (London: Hogarth Press, 1953–1974), 17:219–256.
23. Sigmund Freud, "Mourning and Melancholia," in *The Standard Edition*, 14: 237–258（ジークムント・フロイト「喪とメランコリー」，『人はなぜ戦争をするのか—エロスとタナトス』所収，光文社古典新訳文庫，中山元訳，2008 年）.
24. "Tamagotchi Graveyard" 参照.
25. たまごっちの墓地についてかかれたものの中に，99 歳まで生きたレイシーというたまごっちの墓碑銘がある．この結果を出すために持ち主がどれほどたいへんな思いをしたかわかるが，彼はあくまで謙虚に「面倒なんてまったくなかったよ」と言う．これだけの成果をあげても，彼は自分のたまごっちが死んだのは，世話が行き届かなかったせいだと感じる．「日曜の朝，遅くまで寝ていたらたまごっちが死んでいた」．しかし簡潔な罪悪感（を感じている演技かもしれない）の表現に，愛する者を失うつらさがよく出ている．たまごっちの死を悼む人の言葉をいくつかあげる．「私はこの子の母だった．私が彼を愛したのと同じくらい，彼はいつも私を愛してくれるでしょう」「いつも一緒だった．愛すべき，そして忠実なペットだった」「ごめんね．あなたがいなくなって本当に悲しい」「神が彼に命を与え，私が奪った」．世代を超えた償いの決意を表明する人もいる．48 歳で死んだ"リトル・ガイ"に捧げられたのは「幸せであることを祈るよ，リトル・ガイ．僕はいま君の息子を育てている．息子だとわかったのは,見た目も やることも君にそっくりだからだ．君を救えなかったとことや,大きくなってからはしょっちゅう中断させて，本当に申し訳なく思っている」．"Tamagotchi Graveyard" を参照.

第 2 章　十分に生きている?

1. ファービーを黙らせるのが難しいという事実は，それが生きている証しだった．生きていないと知っている大人でも，生命との境界線上にいるとみなしていた．多くの人の反応は，ファービーは手がつけられず，耐えがたいもので，まともじゃないと言った人もいる．「まともじゃないファービー」というタイトルの動画は，しゃべり続けるファービーと，しだいに驚きが大きくなっていく持ち主（大人）が映されている．ファービーを止めるために，彼はその顔をたたき，指を口に突っ込み，目と耳を押さえ，壁に投げつけ，階段から落とした．それでも黙らせることはできない．むしろその言葉がどんどん病的で"自暴自棄"のようになっていく．結局，ドライバーでファービーのバッテリーを取り出して黙らせた．ファービーは静かになった．持ち主は「こっちのほうがずっといい」と言う．"Insane Furby," YouTube, March 15, 2007, www.youtube.com/watch?v=g4Dfg4xJ6K0 (accessed November 11, 2009).
2. こうした実践によって理論が現実に近づく．以下を参照．Donna Haraway, "A Cyborg Manifesto: Science, Technology, and Socialist-Feminism in the Late Twentieth Century," in Simians, *Cyborgs and Women: The Reinvention of Nature* (New York: Routledge, 1991), 149–181, and N. Katherine Hayles, *How We Became Posthuman: Virtual Bodies in Cybernetics, Literature, and Informatics* (Chicago: University of Chicago Press, 1999).
3. Michael Chorost, *Rebuilt: How Becoming Part Computer Made Me More Human* (Boston: Houghton

Mifflin, 2005).

4. ここでファービーは精神分析家のD.W.ウィニコットが言う「移行対象」であり，自己と対象の境界があいまいになっている．以下を参照．D. W. Winnicott, *Playing and Reality* (New York: Basic Books, 1971)（D.W.ウィニコット『遊ぶことと現実』）．
5. ファービーは周囲で話される言葉を“聴いて”新しい言葉をおぼえられるという説は根強く残っていた．これは，ファービーを撫でながらプログラムされたある言葉を聞かせると，他の言葉より頻繁に言わせることができるという事実から生じたと思われる．その説のために，いくつかの諜報機関は盗聴器が仕込まれているとして，ファービーをオフィスに持ち込むことを禁止した．
6. 交流できる機械について話すとき，子どもたちの意見は揺れ動く．いったん心に決めても，ずっとその考えが続くわけでもない．そのため私が本書で紹介する子どもたちの言葉も，一貫しないことがある．
7. ピーター・カーン（Peter H. Kahn）とその同僚たちは，おもにファービーについて話し合うオンラインのディスカッション・グループの調査を行った．彼らのすばらしいレポートは以下を参照．Batya Friedman, Peter H. Kahn Jr.and Jennifer Hagman, “Hardware Companions? What Online AIBO Discussion Forums Reveal About the Human-Robotic Relationship,” in *Proceedings of the Conference on Human Factors in Computing Systems* (New York: ACM Press, 2003), 273–280.
8. アーティストのケリー・ヒートン（Kelly Heaton）は400体ものファービーの毛を“むしって”毛皮のコートをつくり，ミセス・サンタクロースのコートにつくりかえることで，ファービーの身体の生物と機械の危ういバランスを見せた．デッド・ペルト（死んだ毛皮）と題された彼のアート作品は見ている者の心をかき乱す．その中には，ファービーから取った動く唇と目を並べた壁や，正式なファービー解剖図もある．フェルドマン・ギャラリーのケリー・ヒートンのページを参照．www.feldmangallery.com/pages/artistsrffa/arthea01.html (accessed August 18, 2009).
9. フリーダム・ベアード（Freedom Baird）は1999年にスウェーデンのイエーテボリで行われたビクトリア研究所の発表のために，人間がアレチネズミ，バービー人形，ファービーをどう扱うかを調べる思考実験を開発した．
10. 人間と区別できなければその機械には知性が存在すると論じたチューリングの論文で，1つのシナリオにはジェンダーが関わっていた．彼は「計算機と知性」の中で“イミテーション・ゲーム”を提案している．まず男性が女性のふりをし，そして次にコンピュータが女性のふりをする．判定者はそれを本物の女性と比較して，どちらが本物の女性か判断する．Alan Turing, “Computing Machinery and Intelligence,” *Mind* 59, no. 236 (October 1950): 433–460 を参照．
11. Antonio Damasio, *The Feeling of What Happens: Body and Emotion in the Making of Consciousness* (New York: Harcourt, 1999). 感情は身体状態の認知表現なので，身体と感情的な生活とは切り離せないし，感情と認知は切り離せない．
12. ネット上には人々が遠慮なくファービーへの愛を語り，まじめにたまごっちを追悼できる世界やコミュニティがある．ロボットとつながっている奥深い感覚を共有できる場所がある．そうした“公認の場所”はロボット化の時代の発達に大きな役割を果たしている．コミュニティや仲間がいるとき，ソーシャル・ロボットと親しくするという感覚が自然になる．時間の経過とともに，これらの場所がより大きなコミュニティに影響を与えるようになる．そして少なくとも，ある集団は無生物に対する自分たちの姿勢が，広く共有されていると考えながら成長する．
13. BITはロドニー・ブルックス（Rodney Brooks）とISロボティクス・コーポレーションの同僚たちが開発した．ISロボティクスはiRobotの前身で，最初はロボット掃除機ルンバのメーカーとして有名になった．
14. Rodney A. Brooks, *Flesh and Machines: How Robots Will Change Us* (New York: Pantheon, 2002), 202.
15. Turkle, *The Second Self*, 61.
16. この分野には大量の文献がある．私の考え方に影響を与えたものとしてはピーター・D・クレイマーの初期の著作 Peter D. Kramer, *Listening to Prozac: A Psychiatrist Explores Antidepressants and the Remaking of the Self* (New York: Viking, 1993) や，最近のものとしてはマーガレット・タルボット Margaret Talbot, “Brain Gain: The Underground World of Neuroenhancing Drugs,” *The New Yorker*, July 27, 2009, www.newyorker.com/reporting/2009/04/27/090427fa_fact_talbot (accessed

July 21, 2009)，そして Nathan Greenslit, "Depression and Consumption: Psychopharmaceuticals, Branding, and New Identity Practices," *Culture, Medicine, and Psychiatry* 25, no. 4 (2005): 477–502. がある.

第3章　本当の同伴者?

1. 自動人形と架空の存在に関する文献は枚挙にいとまがない．私の思考に影響を与えた研究者の最近の著作を3つあげる．Jessica Riskin, ed., *Genesis Redux: Essays on the History and Philosophy of Artificial Life* (Chicago: University of Chicago Press, 2007); Gaby Wood, *Edison's Eve: A Magical History of the Quest for Mechanical Life* (New York: Anchor, 2003); そして Barbara Johnson, *Persons and Things* (Cambridge, MA: Harvard University Press, 2008). ジョンソンは人と物の関係がどうしたらもっと流動的なものになるかを掘り下げながら，人は人として扱われるべきであるという倫理の中心的な原則を論じている．
2. Norbert Wiener, *God and Golem, Inc.: A Comment on Certain Points Where Cybernetics Impinges on Religion* (Cambridge, MA: MIT Press, 1964)（ノーバート・ウィーナー『科学と神』鎮目恭夫訳，みすず書房，1965 年）.
3. テクノロジー，自己，社会的世界の折り合いについての文献は豊富でバラエティに富んでいる．本書を執筆するための調べ物で特に影響を受けたのは，Wiebe Bijker, Thomas P. Hughes, and Trevor Pinch, eds., *The Social Construction of Technological Systems: New Directions in the Sociology and History of Technology* (1987; Cambridge, MA: MIT Press, 1999) で説明されている見解だ．そしてカリン・D・クノール・セティナとブルーノ・ラトゥールの著作も参考にした．例として以下を参照．Karin D. Knorr Cetina, "Sociality with Objects: Social Relations in Postsocial Knowledge Societies," *Theory, Culture and Society* 14, no. 4 (1997): 1–30; Karin D. Knorr Cetina, *Epistemic Cultures: How the Sciences Make Knowledge* (Cambridge, MA: Harvard University Press, 1999); Bruno Latour and Steve Woolgar, *Laboratory Life: The Construction of Scientific Facts* (1979; Princeton, NJ: Princeton University Press, 1986); Bruno Latour, *Science in Action: How to Follow Scientists and Engineers Through Society* (1987; Cambridge, MA: Harvard University Press, 1999); Bruno Latour, *Aramis, or the Love of Technology*, trans. Catherine Porter (1996; Cambridge, MA: Harvard University Press, 2002); そして Bruno Latour, *We Have Never Been Modern*, trans. Catherine Porter (1991; Cambridge, MA: Harvard University Press, 2001).
   人とコンピュータ制御された客体との関係という特定の領域に関して，本書はサラ・キースラー，リー・スプルール，クリフォード・ナスとその協力者の著作に多くを負っている．例として以下を参照．Sau-lai Lee and Sara Kiesler, "Human Mental Models of Humanoid Robots" (paper delivered at the International Conference on Robotics and Automation, Barcelona, Spain, April 18–22, 2005); Lee Sproull et al., "When the Interface Is a Face," *Human-Computer Interaction* 11 (1996): 97–124; Sara Kiesler and Lee Sproull, "Social Responses to 'Social' Computers," in *Human Values and the Design of Technology*, ed. Batya Friedman (Stanford, CA: CLSI Publications, 1997); Byron Reeves and Clifford Nass, *The Media Equation: How People Treat Computers, Television and New Media Like Real People and Places* (New York: Cambridge University Press, 1996); Clifford Nass and Scott Brave, Wired for Speech: How Voice Activates and Advances the HumanComputer Relationship (Cambridge, MA: MIT Press, 2005); Victoria Groom and Clifford Nass, "Can Robots Be Teammates? Benchmarks and Predictors of Failure in Human-Robot Teams," *Interaction Studies* 8, no. 3 (2008): 483–500; Leila Takayama, Victoria Groom, and Clifford Nass, "I'm Sorry, Dave, I'm Afraid I Won't Do That: Social Aspects of Human-Agent Conflict," *Proceedings of the Conference on Human Factors in Computing Systems* (Boston, MA: ACM Press, 2009), 2108-2209.
4. 精神分析思考における対象関係という考え方では，子どもは対象（そして人）をその機能で見ているとみなす．そうした部分的な理解が「部分対象」（part objects）という言葉で示される．そのため，たとえば空腹な幼児に乳をくれるのが "よい乳房" である．"悪い乳房" との関係の中で空腹を

満たそうとしてもうまくいかない．世界と関わることで，子どもはこうした外部の対象を内部に取り込みながら心を形成する．子どもたちは成長していく中で「全対象」という感覚を発達させる．内部に取り込まれた対象は外の世界を正確に表現したものではないかもしれないが，それらは子どもたちが前に進むときに使っているものだ．D．W．ウィニコットは“そこそこよい”育成環境であれば，部分対象という見方はやがて全体対象の理解へと変わっていくと，母親を安心させている．これはあいまいさを許容し，“よい乳房”も“悪い乳房”も同じ母親の一部だと認識する能力と一致する．より大きな意味では，これが一生を通じて多義的かつ現実的な関係を許容する能力の基礎となっている．例として以下を参照．Melanie Klein, *Love, Guilt and Reparation: and Other Works, 1921–1945*, ed. Roger Money-Kyrle et al. (New York: Free Press, 1975), Winnicott, *Playing and Reality*（ウィニコット『遊ぶことと現実』）.

5. Lévinas, *Alterity and Transcendence*（レヴィナス『他性と超越』）.
6. ポケモンはカードコレクションのキャラクターで，ヘンリーはそれを使って複雑な戦争ゲームをする．彼はポケモンに出てくる，それぞれ違ったパワーを持つキャラクターのカードを集めている．そうした生き物のチームが互いに戦う．ヘンリーはどうすれば自分のチームのパワーを最大にできるか，戦略を考えるのに長い時間を費やす．“パワー”について長時間，考えている．ポケモンの世界について詳しく説明してくれたリサーチ・アシスタントのローレン・クライン（Lauren Klein）に感謝する．
7. 1980年代には，子どもたちがコンピュータで動くおもちゃやゲームについて話すとき，“プログラマー”の存在が前提となっていた．自分で体を動かすロボットの出現で，プログラマーの決定力が話題にのぼらなくなったように思える．これはロボットは独力で生きているとみなしていることであり，人間とロボットの関わりに重要な意味を持つ．

   ピーター・カーン（Peter H. Kahn）とその同僚たちは，一連の実験を行い，AIBOとぬいぐるみのイヌに対する子どもたちの態度と行動が，どのように違うのかを調べた．口頭で質問したときは，子どもたちのAIBOについての意見は，ぬいぐるみのイヌについてのものとほぼ同じだった．しかし子どもたちの言動ではなく行動に注目すると，事情はかなり違って見える．カーンは2360件のコード化された行動を分析した．もっともドラマチックだったのは，AIBOと遊んでいる子どもたちのほうが，ぬいぐるみのイヌと遊んでいる子どもたちより，はるかに互恵的な行動（相手に働きかけるとともに，相手から働きかけられることを期待する）をしようとすることだった．また同じように，AIBOもぬいぐるみも耳は聞こえていると子どもたちは答えるが，実際に言葉による指示を出す回数は，AIBOには54回，ぬいぐるみには11回と大きな差があった．言い換えると，子どもたちがぬいぐるみは生きていると言うとき，彼ら自身，自分たちの言っていることを信じていない．しかしAIBOについて生きていると言うときは，それを信じているのだ．

   同様にカーンの実験に参加した子どもたちは，ぬいぐるみに“生きているような動きをさせる”ことが多かった（207回）．一方，AIBOに対しては，自由に動くのにまかせていた（20回）．何よりわかりやすかったのは，ぬいぐるみをいじめる回数のほうがはるかに多かったことだ（ぬいぐるみ184回に対してAIBO39回）．関わり合える人工物は，ここで強調しているように，子どもたちに道徳心を引き起こすのだ．

   カーンはまた子どもたちがAIBOを「重要な社会的関係（人と動物との）を築ける存在」と見ている証拠を見つけた．これは私が同時視覚（simultaneous vision）と呼ぶものを示している．子どもたちはロボットを機械であり生物でもあるとみなす．彼らはAIBOがつくりものだと知っていて，イヌとして扱う．以下を参照．Peter H. Kahn Jr. et al., “Robotic Pets in the Lives of Preschool Children,” *Interaction Studies: Social Behavior and Communication in Biological and Artificial Systems* 7, no. 3 (2006): 405–436.

   また人々がAIBOについてウェブで何を書いているかについて行われたカーンと同僚らの研究も参照．Peter H. Kahn Jr., Batya Friedman, and Jennifer Hagman, Hardware Companion? What Online AIBO Discussion Forums Reveal About the Human-Robotic Relationship,” in *Proceedings of the Conference on Human Factors in Computing Systems* (New York: ACM Press, 2003), 273-280.
8. 年長の子どもや大人は，自分のイメージどおりのAIBOをつくるために，プログラミング・コードにアクセスして改変する．

9. コンピュータを使った道具（ロボットを含む）によって，まもなく人間は基本的に不死になると示唆する文献が増えている．このジャンルでもっとも知られているのはレイモンド・カーツワイル（Raymond Kurzweil）で，彼は25年以内にコンピュータの能力が，シンギュラリティ（特異点）と呼ぶ地点に達するとしている．それは“離陸”の瞬間であり，コンピュータに何が可能か，それが何を考え，実行するか，まったく予想できなくなる．特異点を超えたあと何が起こるか，カーツワイルの予測の1つは，人間を1枚のチップに収められるようになるということだ．ロボットの形で生きることもできるし，それが可能になるまでは，バーチャル風景の中を散策していることもできる．このバーチャルの自己は，さらに技術が進むとアンドロイドへと進化する．Kurzweil, *The Singularity Is Near*（カーツワイル『ポスト・ヒューマン誕生』）を参照．

カーツワイルの著作は世間の想像をかきたてた．メディアがシンギュラリティに注目した例をいくつかあげる．“Future Shock—Robots,” *Daily Show with Jon Stewart*, August 24, 2006, www.thedailyshow.com/watch/wed-august-23–2006/futureshock—-robots (accessed August 10, 2010); the IEEE Spectrum's special issue *The Singularity: A Special Report*, June 3, 2008; James Temple, “Singularity Taps Students' Technology Ideas,” *San Francisco Chronicle*, August 28, 2009, www.sfgate.com/cgi-bin/article.cgi?f=/c/a/2009/08/27/BUUQ19EJIL.DTL&type=tech (accessed September 2, 2009); Iain Mackenzie, “Where Tech and Philosophy Collide,” *BBC News*, August 12, 2009, http://news.bbc.co.uk/2/hi/technology/8194854.stm (accessed September 2, 2009).

AIBOと遊んでいる子どものつぶやきには，“トランスヒューマン的見解”（いずれ人間が機械と融合して新たな領域へ進むという考え）が繰り返し現れる．9歳のマットは自分のAIBOについてじっくり考えてこう言った．「これから20年たって，道具がそろっていたら，ロボットの身体に本物の脳をつけられるかもしれない」．AIBOユーザーの集まりに参加したとき，不可能な“完璧さ”を目指して練習するという考えが頭に浮かんだ．彼らは自分のAIBOをどのようにカスタマイズしたかを見せあうために集まる．プログラムしなおして，“完璧”なものをつくる．私が話をしたユーザーたちは，週に50時間から60時間もこの趣味にかけていると言う．家族よりもAIBOと一緒にいる時間のほうが長いと得々と語る人もいた．しかしAIBOは息抜きとして経験されている．ある35歳のコンピュータ技術者は，「これだけやっても本物のイヌのようなプレッシャーはない．死ぬことはないからね」と言う．私が研究したロボットの中で，死と喪失の結果についていちばん考えさせられたのはAIBOだった．

10. Turkle, *The Second Self*, 41.

11. これは古典的な防衛機能で，投影性同一化として知られる．自分自身の中にあると感じているものを他の人の中に見ることだ．だから詮索好きの母親に腹を立てているティーンエージャーは，母親が自分を敵対視していると考える．無愛想な夫に怒っている妻は，彼が攻撃的だと感じる．このような感情に気づく場合もあるが，たいていは意識されない．子どもたちは遊びを通して投影を行い，気づかれていない感情を表に出す．「子どもにとっての遊びは，大人にとっての思考，立案，計画である．その実験的な世界の中では，条件は単純化され，手法は試験的なものになるため，過去の失敗についてじっくり考えることができ，期待を試すことができる」．以下を参照．Erik Erikson, *The Erik Erikson Reader*, ed. Robert Coles (New York: W. W. Norton, 2000), 195–196.

12. 2000年7月のインタビュー．

13. ダグラス・ハインズ（Douglas Hines）はこのロボットは「生きているような動きをするのではなく，持ち主と会話するようにつくられている」と言っている．以下を参照．“Roxxxy Sex Robot [PHOTOS]: World's First ‘Robot Girlfriend’ Cando More Than Chat,” Huffington Post, January 10, 2010, www.hu7ngtonpost.com/2010/01/10/roxxxy-sex-robot-photo-wo_n_417976.html?view=print (accessed January 11, 2010).

14. Paul Edwards, *The Closed World: Computers and the Politics of Discourse in Cold War America* (Cambridge, MA: MIT Press, 1997)（P・N・エドワーズ『クローズド・ワールド　コンピュータとアメリカの軍事戦略』深谷庄一訳，日本評論社，2003).

第 4 章　ロボットに魅入られる人間

1. ロボットのベビーシッターについてのインタビューを受けたとき,心理学者のクリフォード・ナス（Clifford Nass）は次のように答えている.「問題はロボットが子どもの世話をできるとしても，あなたがそれをさせるかということです．子どもの世話を最優先にしない私たちの社会について，それは何を物語っているのでしょうか?」　私は後にナニー・ロボットへのその反応について，ナスと話をした．すると彼は言葉を変えて，さらに強調した．「ロボットにベビーシッターをさせる際の第 1 の問題は，なぜあなたがそれを考えたのか，子どもに説明しなければならないということだ．子どもを見てくれる人がなぜいないのかということを」．以下を参照．Brandon Keim, "I, Nanny: Robot Babysitters Pose Dilemma," *Wired*, December 18, 2008, www.wired.com/wiredscience/2008/12/babysittingrobo (accessed May 31, 2010).
2. これを日本人の労働倫理にからめた記事もある．以下を参照．Jennifer Van House Hutcheson, "All Work and No Play," MercatorNet, May 31, 2007, www.mercatornet.com/articles/view/all_work_and_no_play (accessed August 20, 2009). ある老夫婦が人を雇って孫を演じさせ，彼らに乱暴したという記事もある．老夫婦は本当の孫たちに怒りをぶつけたいと願っていた．以下を参照 .Pencil Louis, "Elderly Yokohama," OurCivilisation.com, www.ourcivilisation.com/smartboard/shop/madseng/chap20.htm (accessed August 20, 2009).
3. チェルシーの母親のグレース（51 歳）は，彼女の立場をこう説明する．「元気な若者たちは，老人の相手をするのに向いていないんです．娘たちを母親のところに連れていくと私は罪悪感をおぼえます．この子たちはここにいるべきじゃないと．母はもう昔の母じゃない．娘たちが幼かったころとも違っています……娘たちには，もっと元気で健康的なころの母をおぼえていてほしい」．グレースはパロを私のオフィスで見て，それを母親のところに置いておきたいと思っている．グレースにとって母親を昔の母親のままにしておくには，いまの状態の母を，もう記憶に残すべき人ではないと割り切らなければならない．社会が " 人ではない " と判断した人々の話し相手としては，ロボットを与えるほうが " 楽 " だというのと同じだ．グレースは母親が人ではないと言っているわけではないが，ロボットを話し相手として選んだとき，グレースの母親は，娘が母親としておぼえていたくない人間になった．

第 5 章　人間とロボットの共謀

1. Rodney A. Brooks, "The Whole Iguana," in *Robotics Science*, ed. Michael Brady(MIT Press, 1989), 432–456. これは単なるモジュールではなく完全なシステムをつくることで課題を学習できるとする，ダニエル・C・デネットからの 2 ページの質問書への回答として書かれた．以下を参照．Daniel C. Dennett, "Why Not the Whole Iguana?" *Behavioral and Brain Sciences* 1 (1978): 103–104.
2. キスミットは "say（言いなさい）" という言葉を認識し，それに続く言葉を繰り返すようプログラムされている．そのため子どもたちは，キスミットに名前を教えようとして「セイ・キスミット」と呼びかけ，それにキスミットが従うととても喜ぶ．同じように,子どもたちは自分の名前を教えようと「セイ・ロバート」「セイ・イーヴリン」「セイ・マーク」などと呼びかける．これらに応える能力もキスミットは持っている．
3. コグとキスミットはどちらも MIT の人工知能研究所でつくられた．Cogには視覚，触覚，運動感覚といった感覚システムがあり,さまざまな社会的作業ができる．たとえば人や目立つ物体を目で察知する，視対象のほうを向く，視対象に注意を向ける，生物と無生物の動きを区別する，簡単なものまねをする．キスミットは頭部ロボットで，その自由度は 5 である．アクティブビジョンのプラットフォームが備わり，顔の表情をつくるための自由度は 14 である．キスミットには身体がなく,頭だけ台の上に乗っているが，愛嬌のある顔をしている．折った紙でつくられた耳，赤いゴムチューブで作った動く唇，まぶたは厚く，目のまわりはまつげで縁取られている．その行動や能力は，まだ話せない幼児を模している．キスミットは人の目をのぞきこんでいるような印象を与え，ある程度ではあるが，発話と発話パターンを認識して話すことができる．

これら２つのよく知られたロボットについては，多くのことが書かれている．どちらもロドニー・A・ブルックス監督下で開発された．以下を参照．Rodney A. Brooks et al. “The Cog Project: Building a Humanoid Robot,” in *Computation for Metaphors, Analogy and Agents*, vol. 1562 of *Springer Lecture Notes in Artificial Intelligence*, ed. C. Nehaniv (New York: Springer-Verlag, 1998)，および Rodney Brooks, *Flesh and Machines: How Robots Will Change Us* (New York: Pantheon, 2002). ブライアン・スカセラティの博士論文のテーマはCogだった．Brian Scassellati, *Foundations for a Theory of Mind for a Humanoid Robot* (PhD diss., Massachusetts Institute of Technology, 2001). スカセラティとシンシア・ブリジールはキスミット・プロジェクトが始まったばかりのころ，共同研究をしていた．それがブレジールの博士論文の基礎となった．Cynthia Breazeal and Brian Scassellati, “How to Build Robots That Make Friends and Influence People” (paper presented at the IEEE/RSJ International Conference on Intelligent Robots and Systems, Kyongju, Korea, October 17–21, 1999), in *Proceedings of theIEEE/RSJ International Conference on Intelligent Robots and Systems (IROS)* (1999), 858–863. Cynthia Breazeal and Brian Scassellati, “Infant-like Social Interactions Between a Robot and a Human Caretaker,” *Adaptive Behavior* 8 (2000): 49–74; Cynthia Breazeal, “Sociable Machines: Expressive Social Exchange Between Humans and Robots” (PhD diss., Massachusetts Institute of Technology, 2000); さらには Cynthia Breazeal, *Designing Sociable Robots* (Cambridge, MA: MIT Press, 2002).

4. シンシア・ブリジールは『ニューヨークタイムズ』に掲載された記事の中で宇宙飛行士プロジェクトについて論じている．Claudia Dreifus, “A Conversation with Cynthia Breazeal: A Passion to Build a Better Robot, One with Social Skills and a Smile,” *New York Times*, June 10, 2003, www.nytimes.com/2003/06/10/science/conversation-with-cynthia-breazeal-passion-build-better-robot-one-with-social.html?pagewanted=all (accessed September 9, 2009).
5. この学生については，Turkle, *The Second Self*, 271 でも触れている．ノーバート・ウィーナーの言葉をすべて引用すると「これは以前，漠然と考えていたアイデアだ．人間を電信線で送ることは概念的には可能だ」．Norbert Wiener, *God and Golem, Inc.*, 36（ウィーナー『科学と神』）.
6. ソーシャル・ロボットに対する好感度が突然，低下する時点で，これは「不気味の谷」として知られるようになった．この言葉は森政弘が次の記事で初めて使ったとされている．『Energy』第７巻第４号，エッソスタンダード石油，1970 年，33-35. カール・F・マクドーマン（Karl F. MacDorman）と森による英訳は以下のサイトで入手可能．www.androidscience.com/theuncannyvalley/proceedings2005/uncannyvalley.html (accessed November 14, 2009).
   人間との外見の類似度をX軸，ロボットへの好感度をY軸にとったとき，ロボットが人間に近くなるほど好感度も高くなるが，ある時点で急降下して“谷”をつくる．ロボットが完全に人と区別がつかなくなると，好感度は回復する．日本のロボット研究者，石黒浩は，自分が制作しているのは，この不気味の谷を登るリアルなアンドロイドだと考えている．たとえば以下を参照．Karl F. MacDorman and Hiroshi Ishiguro, “The Uncanny Advantage of Using Androids in Cognitive and Social Science Research,” *Interaction Studies* 7, no. 3 (2006): 297–337, および Karl F. MacDorman et al., “Too Real for Comfort: Uncanny Responses to Computer Generated Faces,” *Computers in Human Behavior* 25 (2009): 695–710.
   石黒と同じように，ロボット研究者のデイヴィッド・ハンソンも不気味の谷を超えるリアルなロボットをつくりたいと思っている．「社会的な人間を可能な限り細かく表現することが，社会的知性を科学的，芸術的に理解する助けになるというのが，私たちの結論だ」．以下を参照．David Hanson et al., “Upending the Uncanny Valley,” Association for the Advancement of Artificial Intelligence, May 11, 2005, www.aaai.org/Papers/Workshops/2005/WS-05–11/WS05–11–005.pdf (accessed November 14, 2009).
7. 人間とロボットの深いつながりへの好意的な見解は，次の著作に見られる．Peter H. Kahn Jr. et al., “What Is Human? Toward Psychological Benchmarks in the Field of Human-Robot Interaction,” Interaction Studies 8, no. 3 (2007): 363–390，および Peter H. Kahn Jr. et al., “Social and Moral Relationships with Robotic Others?” in *Proceedings of the 13th International Workshop on Robot and Human Interactive Communication (RO-MAN ‘04)* (Piscataway, NJ: Institute of Electrical and

Electronics Engineers, 2004), 545–550.
しかし 2006 年の論文 "Robotic Pets in the Lives of Preschool Children" (*Interaction Studies: Social Behavior and Communication in Biological and Artificial Systems* 7, no. 3, 405–436), でカーンらは 1992 年のジョン・サールの AI 批判を引用して自分たちの理論を組み立てている. 以下を参照. John Searle, *The Rediscovery of the Mind* (Cambridge, MA: MIT Press, 1992). カーンは次のように結論している. 「議論の余地はあるが, 私たちの感覚としては, コンピュータ制御のロボットはフォーマル・システムで, シンタックスは持つがセマンティクスはないため, 人間と豊かな社会的関係を築いたり, 人間の最大限の道徳心を引き出すことはないだろう」. 以下を参照. Kahn et al., "Robotic Pets in the Lives of Preschool Children." また以下を参照. Batya Friedman and Peter H. Kahn Jr., "Human Agency and Responsible Computing: Implications for Computer System Design," Journal of Systems Software 17 (1992): 7–14; Batya Friedman, Peter Kahn Jr., and Jennifer Hagman, "Hardware Companions? What Online AIBO Discussion Forums Reveal About the Human-Robotic Relationship," in Proceedings of the Conference on Human Factors in Computing Systems (New York: ACM Press, 2003), 273–280.

8. 哲学者エマニュエル・レヴィナスは, 顔の存在によって人は倫理的な協定を生んだと書いている. それは私たちが顔の背後に何があるかを知る前に, 私たちを縛る. 顔そのものが「汝, 殺すなかれ」と語りかけてくるのだ. たとえそれが機械の顔でも,それは殺してはならない何かである. ロボットの顔は, レヴィナスの表現を借りれば,「汝, われを見捨てるなかれ」と訴えている. 以下を参照. Emmanuel Lévinas, "Ethics and the Face," in *Totality and Infinity: An Essay on Exteriority*, trans. Alphonso Lingis (Pittsburgh, PA: Duquesne University Press, 1969), 199. レヴィナスは, 他人の立場でものごとを見る能力（他者性）は人間を特徴づける一つの性質であると考えている. 私が共謀（complicity）について語るのは, 人間が現在のロボットを " 他者 " と感じるためには, ロボットが他者性を持っていると自らに思い込ませる必要があるからである. 以下を参照. Lévinas, *Alterity and Transcendence*（レヴィナス『他性と超越』）.
9. Sherry Turkle et al., "First Encounters with Kismet and Cog: Children Respond to Relational Artifacts," in *Digital Media: Transformations in Human Communication, ed. Paul Messaris and Lee Humphreys* (New York: Peter Lang Publishing, 2006) を参照. この研究の計画と実行についてはジェニファ・オードリー（Jennifer Audley）から, 記録の分析についてはオリビア・ダステ（Olivia Dasté）とロバート・ブリスコウ（Robert Briscoe）から多大な協力をいただいた.
10. Plato, *The Republic*, Book *Two: The Individual, the State, and Education*（プラトン『国家』2 巻, 個人, 国家, 教育）.
11. J. K. Rowling, *Harry Potter and the Chamber of Secrets* (New York: Scholastic, 1999), 329（J・K・ローリング『ハリー・ポッターと秘密の部屋』松岡佑子訳, 静山社, 2000 年）.
12. 12 歳のある生徒はスカセラティが間もなくいなくなることを知って悩んだ. 彼女はスカセラティに残ってほしいと懇願した.「でもコグはずっと先生と一緒だったでしょう?　いなくなったら寂しがるよ. きっと先生のことパパみたいに思ってる……私たちより先生のほうが, 教え方が上手だし」. 彼女はロボットに起こる最悪の事態を想像していた.「誰かがロボットに悪いことをしようとしたとき, 先生がいなかったら誰が守ってあげられるの?」
13. Brian Aldiss, *Supertoys Last All Summer Long and Other Stories of Future Time* (New York: St. Martin, 2001).
14. Takayuki Kanda et al., "Interactive Humanoid Robots and Androids in Children's Lives," *Children, Youth and Environments* 19, no. 1, (2009): 12–33, www.colorado.edu/journals/cye (accessed July 4, 2009).

第 6 章　ロボットによる高齢者ケア

1. パロのギネス認定については以下を参照. "Seal-Type Robot 'PARO' to Be Marketed with Best Healing Effect in the World," Paro Robots, January 4, 2005, www.parorobots.com/pdf/pressreleases/PARO%20to%20be%20marketed%202004–9.pdf (accessed July 27, 2010).

2. パロの広報ビデオには，パロと一緒に住んでいる年配の男女が，一緒に朝食をとったり，テレビを見たり，スーパーに連れていったり，夕食に出かけたりする姿が映っている．パロを引き取る人々の中には夫婦もいれば，1人で暮らすのがつまらないという若者もいる．彼らに話を聞くと，本物のペットより世話が簡単で死なない仲間がいるのはうれしいと言う．パロのウェブサイトを参照．www.parorobots.com (August 10, 2010).
3. 時間が経つにつれ，私は介護施設の老人たちがロボットとの関係に興味をそそられていると確信するようになった．理由はいろいろあるが，ロボットが施設における老人の自主性をめぐる緊張を前面に押し出すからだ．自分を必要とするロボットがいると，自立していると感じられる．何かに頼られていると自分は有能だと感じられる．しかしその一方で，ロボットは自立しているという幻想を断ち切ることもある．「あなたはもう一人では生きられない．このおもちゃで遊んでいなさい．子どもと同じなのだから」というメッセージにもなり得るからだ．この両方の効果があるために，たとえ気に障ることはあっても，老人たちはロボットに興味を持たずにいられない．この洞察を得たのは調査アシスタントのウィリアム・タガート（William Taggart）のおかげだ．以下を参照のこと．Sherry Turkle et al., "Relational Artifacts with Children and Elders: The Complexities of Cybercompanionship," *Connection Science* 18, no. 4 (December 2006): 347–361, および Cory D. Kidd, William Taggart, and Sherry Turkle, "A Sociable Robot to Encourage Social Interaction Among the Elderly," *Proceedings of the 2006 IEEE International Conference on Robotics and Automation*, Orlando, Florida, May 15–19, 2006.
4. たとえば次を参照されたい．Toshiyo Tamura et al., "Is an Entertainment Robot Useful in the Care of Elderly People with Severe Dementia?" *The Journals of Gerontology Series A: Biological Sciences and Medical Sciences* 59 (January 2004): M83–M85, http://biomed.gerontologyjournals.org/cgi/content/full/59/1/M83 (accessed August 15, 2009).
5. Suvendrini Kakuchi, "Robot Lovin'," *Asia Week Magazine Online*, November 9, 2001, www.asiaweek.com/asiaweek/magazine/life/0,8782,182326,00.html (accessed September 15, 2006).
6. ソーシャル・ロボットの"必要性"を訴えるプレゼンテーションでは，人口動態のトレンドを理由にサービス業の人手不足を示すスライドから始まるのがふつうだ．そのスライドは2002年の国連報告から抜粋されたものが多い．"UNPD World Population Ageing: 1950–2050," United Nations, www.un.org/esa/population/publications/worldageing19502050 (accessed July 8, 2009). この報告書のスライドは，（特に先進国で）老人がどんどん増え，それを世話する若者がどんどん減っているという事実を表している．私はそれに反論するつもりはないが，そこから介護ロボットが不可欠になるという飛躍に疑問を持っている．
7. このシンポジウムはアメリカ人工知能学会が後援していた．そこでは機械の内部に存在するリレーショナル・エージェントに関する講演もあった．たとえば"情緒"の健康や，シンポジウムの議長であるティモシー・W・ビックモアが開発した減量コーチなどだ．以下を参照．Timothy W. Bickmore, "Relational Agents: Effecting Change Through Human-Computer Relationships" (PhD diss., Massachusetts Institute of Technology, 2003), および Timothy W. Bickmore and Rosalind W. Picard, "Towards Caring Machines," in *CHI '04 Extended Abstracts on Human Factors in Computing Systems* (New York: ACM Press, 2004).『タイムズ』の「2003年の代表的発明」に選ばれた,ネコ型ロボットのマックス（Max）についての発表もあった．マックスを撫でたり名前を呼んだりすると反応する．以下を参照．"Best Inventions 2003: Lap Cat," Time.com, www.time.com/time/2003/inventions/invcat.html (accessed September 23, 2009). マックスをこの会議に連れてきたのは，"ロボット・セラピー"の提唱者であるエリナ・ルービン（Elena Lubin）とアレクザンダー・ルービン（Alexander Lubin）である．応用心理学辞典の彼らの項を参照されたい．*Encyclopedia of Applied Psychology* (Oxford: Elsevier, 2004), 289–293.
8. 毎年18歳以上のアメリカ人の約26.2パーセント（そして子どもの5人に1人）が，精神疾患に悩まされている．National Institutes of Mental Health Statistics, http://www.nimh.nih.gov/health/topics/statistics/index.shtml (accessed August 10, 2010) および "The numbers count: Mental Disorders in America," http://www.nimh.nih.gov/health/publications/the-numbers-count-mental-disorders-in-america/index.shtml (Accessed August 10, 2010).

9. セラピーにロボットを活用するという動きが高まっているのは，ペットや相手に意識を集中することに治療効果が見られたためだ．たとえば以下を参照．K. Allen et al., “Presence of Human Friends and Pet Dogs As Moderators of Autonomic Responses to Stress in Women,” *Journal of Personality and Social Psychology* 61, no. 4 (1991): 582–589, および Michael Argyle and Mark Cook, *Gaze and Mutual Gaze* (Cambridge: Cambridge University Press, 1976).
10. ここ何年にもわたり，ネットゲームやインターネットを「現実の生活では言えないことを言える場所」と言う人を見ている．特に思春期の若者たちはネット生活の匿名性と新しいチャンスを生かして，さまざまなアイデンティティを試す．安全な場所で新しいことに挑戦するのは，けっして悪い考えではない．自分の行動を画面上の生活の中で見ると，自分に足りないものがわかり，その情報を利用して“現実”の生活を向上させられる．私は長年にわたる研究から，画面上の生活でも全力を尽くす人は，そこで学んだことを自分を顧みる材料にできることを学んだ．セラピストと患者が行うワークもそこに焦点を当てることができるかもしれない．Turkle, ed., *The Inner History of Devices* への，心理療法士 John Hamilton, Kimberlyn Leary, および Marcia Levy-Warren の寄稿を参照されたい．
11. Cory D. Kidd, “Designing for Long-Term Human-Robot Interaction and Application to Weight Loss” (PhD diss., Massachusetts Institute of Technology, 2008). ローズ（とゴードン）はキッドが被験者につけた仮名である．
12. Cory D. Kidd, “Sociable Robots: The Role of Presence and Task in HumanRobot Interaction” (master’s thesis, Massachusetts Institute of Technology, 2003).
13. 記憶を呼び出すきっかけとして小さな布製のロボットを使った初期の実験については，以下を参照．Marina Bers and Justine Cassell, “Interactive Storytelling Systems for Children: Using Technology to Explore Language and Identity,” *Journal of Interactive Learning Research* 9, no. 2 (1999): 603–609.
14. たとえば次を参照．Erving Goffman, *The Presentation of Self in Everyday Life* (Garden City, NY: Doubleday Anchor, 1959).
15. インテル社はミシガン大学，ピッツバーグ大学，カーネギー・メロン大学，スタンフォード大学によるナースボット・プロジェクトに協力している．そのプロジェクトでは老人を手助けするためのいくつものアイデアを検証している．たとえば年配の患者にトイレに行くことを促す，薬や水を飲むよう指示する，医者に行くよう伝える．インターネットを通じて患者と介護者をつなぐといったことも挙げられた．データを集める，患者の健康をモニタリングする．家の中にあるもの，たとえば冷蔵庫，洗濯機，電子レンジを操作する．ゲームをしたり簡単な会話をするといった，社会的機能を代行するというアイデアもあった．全米科学財団が 2002 年に作成した，ナースボットの動画は以下を参照．“Nursebot,” YouTube, May 10, 2008, www.youtube.com/watch?v=6T8yhouPolo (accessed August 13, 2009).
16. Chung Chan Lee, “Robot Nurse Escorts and Schmoozes the Elderly,” Robots—Because Humans Deserve Better, May 17, 2006, http://i-heart-robots .blogspot.com/2006/03/robot-nurs-escorts-and-schmooze.html (accessed August 13, 2009). このブログのメインタイトル「人間にはもっと良いものがふさわしい」（“Because Humans Deserve Better”）は内容をよく表している．
17. Lee, “Robot Nurse Escorts and Schmoozes the Elderly.” を参照．
18. “In the Hands of Robots—Japan,” YouTube, June 16, 2008, www.youtube.com/watch?v=697FJZnFvJs&NR=1 (accessed August 13, 2009) を参照．
19. Amy Harmon, “Discovering a Soft Spot for Circuitry,” *New York Times*, July 5, 2010, www.nytimes.com/2010/07/05/science/05robot.html?pagewanted=all (accessed July 5, 2010). この記事には，人工的な感情を処理するための私たちの新たなチャレンジについて，日本でロボット学を学んでいるティモシー・ホーニャック（Timothy Hornyak）の言葉が引用されている．

第 7 章　ロボットと心を通わせる?

1. 次を参照されたい．“Kismet and Rich,” MIT Computer Science and Artificial Intelligence Laboratory, www.ai.mit.edu/projects/sociable/movies/kismet-and-rich.mov (accessed November 14, 2009). リッチがキスミットを“発見する”のを見ていると，哲学者ヒラリー・パットナムのコメントを思い出す．

「私たちの世界は人間の世界で，意識的なものと意識的でないもの，感情を持つものと持たないもの，質的に似ているものと似ていないもの，感覚を持つものと持たないもの，すべて結局は似ているか違っているかの判断で決まる」．以下を参照．Hilary Putnam, Reason, Truth, and History (Cambridge: Cambridge University Press, 1981), 102.

2. 幸運にも，共謀（complicity）と交流（communion）の解釈についてひらめきを与え，反論してくれた同僚がいた．マーガレット・ボーデン（Margaret Boden），リンダ・R・カポリアル（Linnda R. Caporael），ルーシー・サッチマン（Lucy Suchman）に特に感謝する．
私が人間とロボットの関わりについて「共謀」という言葉を使う背景にある意味の構造の議論については以下を参照．Margaret Boden, *Mind As Machine: A History of Cognitive Science*, vol. 1 (London: Oxford University Press, 2006). そうした意味の構造の議論以前に，そもそもなぜ人間は擬人化するのかという一般的な疑問がある．たとえば以下を参照．Linnda R. Caporael, "Anthropomorphism and Mechanomorphism: Two Faces of the Human Machine." *Computers in Human Behavior* 2 (1986): 215–34 および Linnda R. Caporael and Ceclia M. Hayes, "Why Anthropomorphize? Folk Psychology and Other Stories," in *Anthropomorphism, Anecdotes, and Animals*, ed. Robert W. Mitchell, Nicholas S. Thompson, and Lyn Miles (Albany: State University of New York, 1997), 59–75. 擬人化についての文献は数多くある．ここでは特に有益な２つをあげる．Mitchell, Thompson, and Miles, eds., *Anthropomorphism, Anecdotes, and Animals*, (New York: State University of New York Press, 1996) ならびに John Stodart Kennedy, *The New Anthropomorphism* (Cambridge: Cambridge University Press, 1992).
人間とロボットの関わりの意味の構造についての批評研究としては以下を参照．Lucy Suchman, *Human-Machine Reconfigurations: Plans and Situated Actions* (1987; Cambridge: Cambridge University Press, 2007) の特に 13 章．さらに以下も参照．Lucy Suchman, "Affiliative Objects," *Organization* 12, no. 2 (2005): 379–399. サッチマンと私は，科学の社会研究学界（Society for the Social Studies of Science）（2007 年 8 月）とハーバード大学デザイン大学院（2009 年 3 月）が主催した，コンピュータと社会についての討論会に参加した．どちらの討論会でも，サッチマンは人間とロボットの関わりは社会的構成概念であると雄弁に解説した．ごく最近サッチマンは，ソーシャル・ロボットに対するアプローチを「無垢」な状態に戻し，ロボットへの投影をトーンダウンさせるべきという説得力のある議論を展開している．以下を参照．Lucy Suchman, "Subject Objects," submitted to a special issue of *Feminist Theory* devoted to "nonhuman feminisms," edited by Myra Hird and Celia Roberts.

3. ドモについては以下を参照．Sandra Swanson, "Meet Domo, It Just Wants to Help," *Technology Review* (July/August 2007), www.technologyreview.com/article/18915 (accessed August 6, 2009). 特に断りがなければ，アーロン・エドシンガー（Aaron Edsinger）の言葉は 2007 年 3 月に私が行なったインタビューから．

4. Swanson, "Meet Domo."

5. 同様のことをリジン・アルヤナンダも報告している．彼女は MIT のコンピュータ・サイエンス人工知能研究所の大学院生で，メルツの研究で卒業論文を書いた．メルツはピア・リンドマン（Pia Lindman）が頭脳を融合したいと考えたロボットだ．私が 2007 年 3 月にアルヤナンダと話をしたとき，彼女は卒業間近で，特別研究員としてドイツに行くことになっていた．彼女はロボットに会えなくなるのがさびしいと言っていた．その感覚は当初は「技術的な絆」だったと彼女は言う．自分はロボットと誰よりもうまく関われるというのが彼女の説明だ．「私はロボットのタイミングがわかります．どんなものに反応するよう条件づけられているか知っていますから．ロボットを見て自由度が 13 だとわかるという以上のことです」．自分がいなければ，ロボットは"最高"の力を発揮できないだろうから，近くにいられなくなったら，ロボットをがっかりさせてしまうのではないかとさえ思う，とアルヤナンダは説明する．あるとき「技術的なさびしさ」が，ただの「さびしさ」になった．「メルツは，それだけ生活の大きな部分を占めている．メルツの反応が私の一日のリズムをつくるうえで大切なんです」と彼女は言う．自然な環境で人がメルツにどのように反応するかを研究した彼女の博士論文は以下を参照．Lijin Aryananda, "A Few Days of a Robot's Life in the Human's World: Toward Incremental Individual

Recognition" (PhD diss., Massachusetts Institute of Technology, 2007).

6. 一般的にプログラム可能なコンピュータの発明者と言われるアラン・チューリングが，知性には五感による経験が必要かもしれないと述べている．1950 年代に彼は「機械にお金で買える最高の感覚器官を備えつけ，英語を理解して話せるように教え込むのがいちばんいいかもしれない．そのプロセスはふつうに子どもに教えるやり方を踏襲する．何か物を指してその名前を教えるといったなどだ」．Alan Turing, "Computing Machinery and Intelligence," *Mind* 59, no. 236 (October 1950): 433–460.
7. 人工知能のこの分野（「古典的 AI」と呼ばれることもある）は人間の知識を事実とルールの宣言的記述によって明確に示そうとしている．AI について，また AI と心の理論の関係を研究する学派については，以下を参照．Margaret Boden, *Artificial Intelligence and Natural Man* (1981; New York: Basic Books, 1990).
8. Hubert Dreyfus, "Why Computers Must Have Bodies in Order to Be Intelligent," *Review of Metaphysics* 21, no. 1 (September 1967): 13–32. また以下のドレイファスの著作も参照されたい．*What Computers Can't Do: A Critique of Artificial Reason* (New York: Harper & Row, 1972)（ヒューバート・ドレイファス『コンピュータには何ができないか—哲学的人工知能批判』黒崎政男・村若修訳，産業図書，1992 年）; Hubert Dreyfus with Stuart E. Dreyfus and Tom Athanasiou, *Mind over Machine: The Power of Human Intuition and Expertise in the Era of the Computer* (New York: Free Press, 1986)（ヒューバート・ドレイファス，スチュアート・ドレイファス『純粋人工知能批判—コンピュータは思考を獲得できるか』椋田直子訳，アスキー，1987 年）; Hubert Dreyfus with Stuart E. Dreyfus, "Making a Mind Versus Modeling the Brain: Artificial Intelligence Back at a Branchpoint," *Daedalus* 117, no. 1 (winter 1988): 15–44; Hubert Dreyfus, *What Computers "Still" Can't Do: A Critique of Artificial Reason* (1979; Cambridge, MA: MIT Press, 1992).
   ロボットが身体を持つことの重要性を強調した，その他の有名な AI 批評については以下を参照．John Searle, "Minds, Brains, and Programs," *Behavioral and Brain Sciences* 3 (1980): 417–424（訳注：論文発表後，論文と同タイトルの書籍が出版されている．John Searle, *Minds, Brains and Science*, Harvard University Press,1984 ［ジョン・サール『心・脳・科学』土屋俊訳，岩波書店，1993 年］）ならびに "Is the Brain's Mind a Computer Program?" *Scientific American* 262, no.1 (January 1990): 26–31.
9. Dreyfus, "Why Computers Must Have Bodies."
10. Antonio Damasio, *Descartes' Error: Emotion, Reason, and the Human Brain* (New York: Gosset/Putnam Press, 1994)（アントニオ・R・ダマシオ『デカルトの誤り——情動，理性，人間の脳』田中三彦訳，ちくま学芸文庫，2010 年）.
11. この現象の基礎知識としては次を参照．David G. Myers, *Exploring Psychology* (New York: Worth Books, 2005), 392. 以下も参照されたい．Robert Soussignan, "Duchenne Smile, Emotional Experience, and Autonomic Reactivity: A Test of the Facial Feedback Hypothesis," *Emotion* 1, no. 2 (2002): 52–74, さらに Randy J. Larsen, Margaret Kasimatis, and Kurt Frey, "Facilitating the Furrowed Brow: An Unobtrusive Test of the Facial Feedback Hypothesis Applied to Unpleasant Affect," *Cognition & Emotion* 6, no. 5 (September 1992): 321–338.
12. たとえば以下を参照．Stephanie D. Preston and Frans B. M. de Waal, "Empathy: Its Ultimate and Proximate Bases," *Behavioral and Brain Sciences* 25 (2002): 1–72, さらに Christian Keysers and Valeria Gazzola, "Towards a Unifying Neural Theory of Social Cognition," *Progress in Brain Research* 156 (2006): 379–401.
13. リンドマン，エドシンガー，ドモのプロジェクトのニューヨークでの展示については以下を参照．Stephanie Cash, "Pia Lindman at Luxe," *Art in America*, September 2006, http://findarticles.com/p/articles/mi_m1248/is_8_94/ai_n26981348 (accessed September 10, 2009).
14. 本書の議論の範囲からはずれるが，無生物との融合については他の専門家の証言もある．たとえば以下を参照．Michael Chorost, *Rebuilt: My Journey Back to the Hearing World* (New York: Mariner Books, 2006). これは内耳移植を受けたコロストの個人的な述懐だ．他の証言としては，両脚を失った後に義足をつけて自らを再建したエイミー・マランスの著書があげられる．以下を参照．

"Aimee Mullins and Her 12 Pairs of Legs," Ted.com, www.ted.com/talks/aimee _mullins_prosthetic_aesthetics.html (accessed September 11, 2009). コロストとマランスのケースはどちらも，技術と融合することによって，純粋に機能面での利益があるだけでなく，人工器官を通した意識が生まれることの証拠を示している.

15. Lévinas, Emmanuel, "Ethics and the Face," in *Totality and Infinity: An Essay on Exteriority*, trans. Alphonso Lingis (Pittsburgh, PA: Duquesne University Press, 1969), 197–201.
16. リンドマンは具体的には大陸哲学と心理分析を使っている．私はフランス人の心理分析家ジャック・ラカンの理論の 2 つのテーマが，彼女の考え方の基準になっていると考える．第 1 は，常に表現できないこと，ラカンが「リアル」と呼ぶものが存在するということ．第 2 に，自己は言語と社会によって形成される．言語と社会から切り離された自我は存在しないということ．以下を参照．Jacques Lacan, *Ecrits: A Selection*, trans. Alan Sheridan (1977; New York: W. W. Norton & Company, 2002)（ジャック・ラカン『エクリ（1-3）』宮本忠雄ほか訳，弘文堂，1972 年）および Jacques Lacan, *The Four Fundamental Concepts of Psychoanalysis*, ed. Jacques-Alain Miller, trans. Alan Sheridan (1973; New York: W. W. Norton & Company, 1998)（ジャック・ラカン『精神分析の四基本概念』小出浩之ほか訳，岩波書店，2000 年）.
17. たとえば以下を参照．Sherry Turkle, "Authenticity in the Age of Digital Companions," *Interaction Studies* 8, no. 3 (2007): 501–517.
18. 性格，知性，感情をコンピュータ機器の中に見ようとする人間の傾向は，人間とコンピュータの相互作用の分野で広く記録されている．古典的な研究は以下の文献で報告されている．Byron Reeves and Clifford Nass, *The Media Equation: How People Treat Computers, Television, and New Media Like Real People and Places* (New York: Cambridge University Press/CSLI, 1996); Clifford Nass et al., "Computers Are Social Actors: A Review of Current Research," in *Human Values and the Design of Computer Technology*, ed. Batya Friedman (Stanford, CA: CSLI Productions, 1997), 137–162; Clifford Nass and Yougmee Moon, "Machines and Mindlessness: Social Response to Computers," *Journal of Social Issues* 56, no. 1 (2000): 81–103. 以下も参照されたい．Salvatore Parise et al., "Cooperating with Life-like Interface Agents," *Computers in Human Behavior* 15 (1999): 123–142; Lee Sproull et al., "When the Interface Is a Face," *Human-Computer Interaction* 11, no. 2 (June 1996): 97–124; Sara Kiesler and Lee Sproull, "Social Responses to 'Social' Computers," in *Human Values and the Design of Technology*, ed. Batya Friedman (Stanford, CA: CLSI Publications, 1997). ソーシャル・ロボットに関する調査のレビューは次を参照．T. Fong, I. Nourbakhsh, and K. Dautenhahn, *A Survey of Social Robots* (Pittsburgh, PA: Carnegie Mellon University Robotics Institute, 2002).
19. Nass et al., "Computers Are Social Actors," 138.
20. Nass et al., "Computers Are Social Actors," 158.
21. Nass et al., "Computers Are Social Actors," 138.
22. Rosalind W. Picard, *Affective Computing* (Cambridge, MA: MIT Press, 1997).
23. Marvin Minsky, *The Emotion Machine: Commonsense Thinking, Artificial Intelligence, and the Future of the Human Mind* (New York: Simon & Schuster, 2006), 345.
24. 「アフェクティブ」（affective）については以下を参照．Thesaurus.com, http://thesaurus.reference.com/browse/affective (accessed July 6, 2009).
25. MIT メディア研究所の現在の研究は，このようにコンピュータで環境をよくすることを目指している．たとえば流動的インターフェースや情報エコロジーの研究グループの内容を参照．www.media.mit.edu/research-groups/projects (accessed August 14, 2010).
26. スターナーは服にセンサーをつけてロボットを育てる考えについて，2008 年のインタビューで語っている．"Wearable Computing Pioneer Thad Starner," Gartner.com, January 29, 2008, www.gartner.com/research/fellows/ asset_196289_1176.jsp (accessed April 3, 2010).
27. 特にアルツハイマー病と自閉症への対応を中心とした医療現場でのロボット使用の概要については以下を参照．Jerome Groopman, "Robots That Care: Advances in Technological Therapy," *The New Yorker*, November 2, 2009, www.newyorker.com/reporting/2009/11/02/091102fa_fact_groopman

(accessed November 11, 2009).

28. 日本ではロボットのベビーシッターが勉強を教えたりゲームをしたり，母親が家事をしている間，子どもを見ていたりする．セクシーな女性の姿をしたアンドロイドが,受付係や案内係として販売されている．接客業や小学校の先生としてのロボットも開発中だ．他に日本で開発されているものとしては，解剖学的にも正しく，括約筋で機能が高められた，人間そっくりのセックス人形が販売されていて，外に出られない人のための快楽や，もっと一般的な使い方としては，性病の広がりを抑えるのに役立つと考えられている．
新たな進展としては，日本の男性がバーチャルな恋人と“本当の”旅行に出かける場所がある．男性は“一人で”チェックインするが，旅館の従業員は，彼がカップルで来ているように対応する．Daisuke Wakabayashi, "Only in Japan, Real Men Go To a Hotel With Virtual Girlfriends," August 31, 2010, http://online.wsj.com/articles/SB10001424052748703632304575451414209658940

第8章　いつもつながっている人生

1. この章はシェリー•タークルの以下の著作のテーマを掘り下げたものである．Sherry Turkle, "Tethering," in *Sensorium: Embodied Experience, Technology, and Contemporary Art*, ed. Caroline Jones (Cambridge, MA: Zone, 2006), 220–226, ならびに "Always-On / Always-on-You: The Tethered Self," in *Handbook of Mobile Communication Studies*, ed. James E. Katz (Cambridge, MA: MIT Press, 2008), 121–138.
2. 人を支えるとか，ともに喜ぶといったことは，そもそもどういうことなのかと改めて考えさせられる．私がインタビューした人の中には，バーチャルな弔辞や祝辞も心理的な助けになるという人がいたが，ただ自分がどれだけ孤独か思い知るという人もいた．実はそれが私の研究テーマだ．私たちはいつ孤独で，いつ人と一緒にいるのか，混乱している．
3. 次を参照．"The Guild—Do You Want to Date My Avatar," YouTube, August 17, 2009, www.youtube.com/watch?v=urNyg1ftMIU (accessed January 15, 2010).
4. インターネット・リレー・チャットは，リアルタイムのテキストメッセージ（チャット）や電子会議の一形態である．おもにディスカッション•フォーラム（チャンネルと呼ばれる）のグループ•コミュニケーション向けだが，チャットやデータ転送やプライベート・メッセージを通じて1対1のやり取りもできる．学術会議では，ツイッターに加え，これも多く使われている．たとえば次はメディア・リテラシーに関する会議への参加者への連絡である．「本年はオンライン・ソーシャルネットワーキングも会議の一部となるので，ラップトップ，PDA，ネットブック，ツイッターが使える携帯電話を持ち込むことを推奨します．インターネットへの接続方法や話し合いの場所は，参加者向け配付物でお知らせします．参加できない方々には，ツイッター # homeicでバックチャネルしていただくようお知らせください」．"Conference Program," 2009 Media Literacy Conference, http://ezregister.com/events/536 (accessed October 20, 2009) より．
5. Hugh Gusterson and Catherine Besteman, eds., *The Insecure American: How We Got Here and What We Should Do About It* (Los Angeles: University of California Press, 2009).
6. たとえば以下を参照．Robert D. Putnam, *Bowling Alone: The Collapse and Revival of American Community* (New York: Simon and Schuster, 2001); Gusterson and Besteman, eds., *The Insecure American; Theda Skocpol, Diminished Democracy: From Membership to Management in American Civic Life* (Norman: University of Oklahoma Press, 2003).
7. Turkle, *Life on the Screen*, 182（タークル『接続された心』）．
8. 次を参照のこと．"What Is Second Life," Second Life, http://secondlife.com/whatis (accessed June 13, 2010).
9. 人はネットで行ったことを現実で起こったことのように感じるという証拠がある．たとえば以下を参照．Nick Yee, Jeremy Bailenson, and Nicolas Ducheneaut, "The Proteus Effect: Implications of Transformed Digital Self-representation on Online and Offline Behavior," *Communication Research* 36, no. 2: 285–312．ジェレミー・ベイレンソン（Jeremy Bailenson）が所長を務めるスタンフォード

大学バーチャル・ヒューマン・インタラクション研究所における，この分野の研究を紹介する動画は次を参照．"The Avatar Effect," PBS.org, www.pbs.org/wgbh/pages/frontline/digitalnation/virtual-worlds/secondlives/the-avatar-effect.html?play (accessed September 2, 2009).

10. ピートはセカンドライフにSparkというiPhoneのアプリでアクセスする．それで世界が開けるわけではないが，会話はできる．
11. 妻のアリスンは彼の二重生活を知らないと、ピートは主張する。過去20年の間に、バーチャル世界での浮気について何度も話してきた。夫がバーチャル世界で浮気しているという女性の間では、受け止め方に大きな違いがあった。現実の浮気よりいいと言う人がいる一方で、それは最悪の浮気だという人もいた。セックスだけでなく、話をしたり、別の可能性を考えたり、計画を立てたり、生活の基盤を築いたりもしているからだ。
12. ネットの生活では，弱いつながり（顔見知り程度のつながり）が，つながりとして最高だとみなされている．弱いつながりについての画期的な著作は以下を参照．Mark Granovetter, "The Strength of Weak Ties," *American Journal of Sociology* 78, no. 6 (1973): 1360–1380, ならびに "The Strength of Weak Ties: A Network Theory Revisited," *Sociological Theory* 1 (1983): 201–233.
13. Turkle, *Life on the Screen*（タークル『接続された心』）.
14. 「継続的不完全注目」（continual partial attention/ continuous partial attention）という言葉は，メディア研究者のリンダ・ストーン（Linda Stone）が考案したとされる．ストーンのブログを参照．www.lindastone.net (accessed August 24, 2009).
15. 仕事と仕事以外の生活の境界を研究している人は，変わりつつある私たちの役割の範囲を明確化することが役立つと言う．Sue Campbell Clark, "Work/Family Border Theory: A New Theory of Work/Family Balance," *Human Relations* 53, no. 6 (2000): 747–770; Stephan Desrochers and Leisa D. Sargent, "Work-Family Boundary Ambiguity, Gender and Stress in Dual-Earner Couples" (paper presented at the conference "From 9-to-5 to 24/7: How Workplace Changes Impact Families, Work, and Communities," 2003 BPW/Brandeis University Conference, Orlando, Florida, March 2003); ならびに Michelle Shumate and Janet Fulk, "Boundaries and Role Conflict When Work and Family Are Colocated: A Communication Network and Symbolic Interaction Approach," *Human Relations* 57, no. 1 (2004): 55–74 を参照されたい．
16. メディア理論家のヘンリー・ジェンキンス（Henry Jenkins）はマルチタスキングの重要性を雄弁に語るスポークスパースンである．次を参照のこと．"The Skill of the Future: In a Word 'Multitasking,'" PBS.org, www.pbs.org/wgbh/pages/frontline/digitalnation/living-faster/split-focus/the-skillof-the-future.html? (accessed November 16, 2009). この他，「デジタル・ネーション」に掲載された彼のオンライン・インタビューは，新しいメディア感覚を取り込んだ学校のビジョンを紹介している．次を参照．"The Tech Fix," PBS.org, www.pbs.org/wgbh/pages/frontline/digitalnation/learning/schools/the-tech-fix.html?play (accessed November 14, 2009), および "Defenders of the Book," PBS.org, www.pbs.org/wgbh/pages/frontline/digitalnation/learning/literacy/defenders-of-the-book.html?play (accessed November 14, 2009).
17. マルチタスクの弊害を指摘する文献は増えている．影響力が大きく，よく引き合いに出されるのが以下の研究だ．Eyal Ophir, Clifford Nass, and Anthony Wagner, "Cognitive Control in Media Multitaskers," *Proceedings of the National Academy of Sciences* 106 (2009): 15583–15587, www.pnas.org/content/106/37/15583 (accessed August 10, 2010). この研究によると，マルチタスクを行うとすべての作業で質が下がる．一般論についての優れた研究としては，次の著作があげられる．Maggie Jackson, *Distracted: The Erosion of Attention and the Coming Dark Age* (New York: Prometheus, 2008). 同時に2つ以上のことができると考えることの実際の害については，たとえば『ニューヨークタイムズ』ウェブ版の「Driven to Distraction」（9回シリーズ）を参照．そこでは時速60マイルで運転しながら事務作業をするドライバーや議員，携帯電話禁止の通達を無視するニューヨークのタクシードライバーの話などが取り上げられている．"Driven to Distraction," *New York Times*, http://topics.nytimes.com/topics/news/technology/series/driven_to_distraction/index.html (accessed November 14, 2009).

ティーンエージャーは当たり前のように運転しながらテキストのやり取りをする．彼らが起こした自動車事故の原因がテキストや携帯電話の使用であることが調査で明らかになったことで判明した．2009 年の調査では，21 人のティーンエージャーがテキストしながらスピードを変えたり，車線を何度も変更したりしていた．Eastern Virginia Medical School, "Texting While Driving Can Be Deadly, Study Shows," *ScienceDaily*, May 5, 2009, www.sciencedaily.com/releases/2009/05/090504094434.htm (accessed January 4, 2010)．2007 年に行われた，より大規模な 900 人を対象にした調査では，それが危険だと考える人が 36 パーセントいたにもかかわらず，50 パーセントが運転中にテキストをしていた．以下を参照．Steve Vogel, "Teen Driver Menace: Text-Messaging," Suite101, October 22, 2007, http://parentingteens.suite101.com/article.cfm/teen_driver_menace_textmessaging (accessed January 4, 2009).

大人も運転中にテキストをする．運転士がテキストをしていて列車が衝突する．パイロットが新しいコンピュータ・プログラムに夢中になっていて目的地を通過する．2009 年 10 月，パイロットがラップトップコンピュータに気を取られていたこと（安全規則違反）が原因で，目的地であるミネアポリスを 150 マイルも行き過ぎた．「パイロットたちは国家運輸安全委員会に，目的地を見過ごしたのは，個人のラップトップをコックピットに持ち込んで（当該航空会社規定違反），副操縦士のリチャード・I・コールが機長のティモシー・B・チェニーにデルタ航空（前年秋にノースウエスト航空を買収）の新しいスケジューリング・システムについて教えていたからである，と説明した」．Micheline Maynard and Matthew L. Wald, "Off-Course Pilots Cite Computer Distraction," *New York Times*, October 26, 2009, www.nytimes.com/2009/10/27/us/27plane.html?_r=1 (accessed November 16, 2009).

18. 実際問題としてもっとも効果が高いのは，学生たちに，メディア・リテラシーとはテクノロジーを使うべきでないのはいつかを知っていること，どう使うべきかを知っていることである，ということを周知することだ．私はそれについては楽観していて，私たちはいずれ教室でテクノロジーをもっとうまく使えるようになるだろうし，教育上，必要であれば電源を切ることを恐れないようになるだろうと考えている．
19. Melissa Mazmanian, "Some Thoughts on BlackBerries" (unpublished memo, Massachusetts Institute of Technology, 2005)．以下も参照．Melissa Mazmanian, Wanda Orlikowski, and Joanne Yates, "Ubiquitous E-mail: Individual Experiences and Organizational Consequences of BlackBerry Use," *Proceedings of the 65th Annual Meeting of the Academy of Management*, Atlanta, Georgia, August 2006, http://Seeit.mit.edu/Publications/BlackBerry_AoM.pdf (accessed August 24, 2009).
20. アリアナ・ハフィントン（Arianna Huffington）がハフィントン・ポストのブッククラブのために最初に選んだ本は Carl Honoré, *In Praise of Slowness: How a Worldwide Movement Is Challenging the Cult of Speed* (New York: HarperCollins, 2004)（カール・オノレイ『スローライフ入門』鈴木彩織訳,ソニーマガジンズ，2005 年）であった．
21. Diana B. Gant and Sara Kiesler, "Blurring the Boundaries: Cell Phones, Mobility and the Line Between Work and Personal Life," in *Wireless World: Social and Interactional Aspects of the Mobile Age*, ed. N. G. R. H. Brown (New York: Springer, 2001).
22. Donna Haraway, "A Cyborg Manifesto," in Simians, *Cyborgs and Women: The Reinvention of Nature* (New York; Routledge, 1991), 149–181.
23. Thomas R. Herzog et al., "Reflection and Attentional Recovery As Distinctive Benefits of Restorative Environments," *Journal of Environmental Psychology* 17 (1997): 165–170．次も参照されたい．Stephen Kaplan, "The Restorative Benefits of Nature: Toward an Integrative Framework," *Journal of Environmental Psychology* 15 (1995): 169–182.
24. 私が調査したティーンエージャーたちは，経済的，社会的，民族的な背景はさまざまだった．学校のタイプを説明しておくと,私立男子校が 2 校．そのうち 1 校は都市中央部（フィルモア),もう 1 校は郊外（ハドレー）にある．そして都市部の女子高（リシュリュー），都市部のカトリック共学校（シルバー・アカデミー),都市部の私立共学校（クランソン．公立校は 2 校で,そのうち 1 校は郊外（ローズベルト），もう 1 校は都市部（ブランスコム）の学校である．裕福でも貧しくても，すべての生徒がテキスト送受信機能がある携帯電話を持っていた．階層差は電話を持っているかどうかではなく，どのような契約をプロバイダーと結んでいるかに表れていた．あまりお金を持っていないティーンエージャー（たと

えば9章に登場するジュリア）は，無料でテキストが送れる相手が限られる安価なプランに加入する傾向があった．一般的に同じネットワークに加入しているユーザー同士は無料になる．そのため制限の多いプランに加入している生徒は，友人にも自分と同じプロバイダーを勧める．ティーンエージャーは誰と電話できるかはあまり気にしない．私は彼らが「電話の通話は全然使わない」と言うのをよく聞いた．ティーンエージャーとデジタル文化については以下を参照．Mizuko Ito et al., *Hanging Out, Messing Around, and Greeking Out: Kids Learning and Living with New Media* (Cambridge, Ma:MIT Press, 2010) and Danah Boyd, "Why Youth (Heart) Social Network Sites: The Role of Networked Publics in Teenage Social Life," MacArthur Foundation Series on Digital Lerning--Youth, Identity, and Digital Media, ed. David Buckingham (Cambridge, MA:MIT Press 2007), 119-142.

第9章　常時接続社会のアイデンティティ

1. Carol Gilligan, *In a Different Voice: Psychological Theory and Women's Development* (1982; Cambridge, MA: Harvard University Press, 1993)（キャロル・ギリガン『もうひとつの声—男女の道徳観のちがいと女性のアイデンティティ』岩男寿美子訳，川島書店，1986年）．
2. Erik Erikson, *Identity and the Life Cycle* (1952; New York: W. W. Norton, 1980)（エリク・エリクソン『アイデンティティとライフサイクル』西平直・中島由恵訳，誠信書房，2011）ならびに Erik Erikson, *Childhood and Society* (New York: Norton, 1950)（エリク・エリクソン『幼児期と社会』仁科弥生訳，みすず書房，1977，1980）．
3. ジュリアの世界ではEメールは「遅い」のでめったに使われない．テキストのほうがずっと速い．
4. ティーンエージャーが携帯電話に熱中して周囲に注意を払っていない（ティーンエージャーに限らないが）ことが当たり前のようになっているので，イギリスの主要都市では試験的に街灯にクッションを巻くことになったというフェイク・ニュースが広まったのも不思議ではない．これはでっちあげだったが，ネットニュースでこれを見たとき，私は騙されてしまった．このデマの前年，イギリスでは5人に1人が携帯電話を見ながら歩いているときに街灯などにぶつかった経験があった．「62パーセントのイギリス人が携帯電話に集中していて，周囲が見えなくなっている」という調査報告があるので，驚くことではない．以下を参照．Charlie Sorrel, "Padded Lampposts Cause Fuss in London," *Wired*, March 10, 2008, www.wired.com/gadgetlab/2008/03/padded-lamposts (accessed October 5, 2009).
5. 新しいコミュニケーション・テクノロジーによって，自分を細分化して相手に差し出すことが簡単になった．そのことが私たちに，自分は必要なものを他者から得るための複数の無尽蔵のオプションを持っているという感覚をもたらしている．こうした「細分化」を必要とする心理については以下を参照．Paul H. Ornstein, ed., *The Search for Self: Selected Writings of Heinz Kohut (1950–1978)*, vol. 2 (New York: International Universities Press, 1978).
6. David Riesman, Nathan Glazer, and Reuel Denney, *The Lonely Crowd: A Study of the Changing American Character* (1950; New Haven, CT: Yale University Press, 2001)（デイヴィッド・リースマンほか『孤独な群衆』加藤秀俊訳，みすず書房，1964年）．
7. Orenstein, *The Search for Self*. 文化の変化と自己愛性パーソナリティの関連を論じた初期の著作としては Christopher Lasch, *The Culture of Narcissism* (New York: Norton, 1979)（クリストファー・ラッシュ『ナルシシズムの時代』石川弘義訳，ナツメ社，1981年）を参照．ラッシュは「病理とは正常な状態が激化したものだ」と述べている．この考えは，つながれた社会における「正常な」自己と，それに不満を持つ人々の痛みについて考えるうえで示唆に富む．精神力学的視点からすると，同じことで苦しんでいても，他の人より痛みを感じる人はいる．
8. 以下を参照．Erikson, *Childhood and Society*（『幼児期と社会』）ならびに Erik Erikson, *Gandhi's Truth: On the Origins of Militant Nonviolence* (New York: W. W. Norton, 1970).
9. Robert Jay Lifton, *The Protean Self: Human Resilience in an Age of Fragmentation* (New York: Basic Books, 1993).
10. ロバート・ジェイ・リフトン（Robert Jay Lifton）はこの話を，2009年10月に行われたウェルフリート・セミナー（Wellfleet Seminar）の会議で披露している．毎年開かれるこのセミナーは，心理歴史

学に注目したエリクソンとその教え子たちの討論会として始まったものである.

11. 日常的な演技――父，母，子，妻，夫，人生のパートナー，労働者を演じる――も「多少のストレス」になっている. ネットの生活がどの程度，“現実の生活”における自己の演技と共通するかについては大いに議論の余地がある.「自己呈示」の社会学の観点から，オンラインであろうとオフラインであろうと，私たちはいつもステージの上にいるとする主張もある. Erving Goffman, *The Presentation of Self in Everyday Life* (Garden City, NY: Doubleday Anchor, 1959)（アーヴィング・ゴッフマン『行為と演技―日常生活における自己呈示』石黒毅訳，誠信書房，1974 年）.

第 10 章　電話をかけなくなった社会

1. 対象関係についての精神分析の教えでは，対象とは人が関わりを持つものである. 通常，対象は人間，とくに感情や意図が向けられる重要な人間である. 全体対象は，ある人の全体である. 発達過程においては，部分対象（ある人を表現するものだが全体ではない）を内面化することが多い. ネット生活は部分対象と関わりやすい環境をつくる. そのせいで人間関係が危機にさらされる. 対象関係理論についてはたとえば以下を参照. Stephen A. Mitchell and Margaret J. Black, *Freud and Beyond: A History of Modern Psychoanalytic Thought* (New York: Basic Books, 1995).
2. Stefana Broadbent, “How the Internet Enables Intimacy,” Ted.com, www.ted.com/talks/stefana_broadbent_how_the_internet_enables_intimacy.html (accessed August 8, 2010) 参照. ブロードベントによれば，個人ごとに見た場合の携帯電話の通話の 80 パーセントは通話頻度上位 4 人に，スカイプの電話の 80 パーセントは上位 2 人に対するもので，フェイスブック上のおもなやりとりの相手は 4 人から 6 人である.
3. この母親は娘との関係を破壊しようとしている. 調査が示すところによれば，私たちは大人の相手に対しても関係を傷つけるような電話の使い方をしている. 携帯電話会社のバージニア・モバイルの CEO ダン・シュルマン（Dan Schulman）によると，5 人に 1 人がセックスの最中でも電話がかかってきたら中断するという. David Kirkpatrick, “Do You Answer Your Cellphone During Sex?” *Fortune*, August 28 2006, http://money.cnn.com/2006/08/25/technology/fastforward_kirkpatrick.fortune/index.htm (accessed November 11, 2009).
4. Amanda Lenhart et al., “Teens and Mobile Phones,” The Pew Foundation, April 20, 2010, www.pewinternet.org/Reports/2010/Teens-and-Mobile-Phones.aspx ?r=1 (accessed August 10, 2010).
5. “What Is Second Life,” Second Life, http://secondlife.com/whatis (accessed June 13, 2010).
6. Erikson, *Childhood and Society*（エリクソン『幼児期と社会』）.
7. 心理分析家のフィリップ・ブロンバーグの言葉を借りると，ネット上の自己が流動的だと「いくつもの現実のはざまにいられて，そのどれも失わないですむ……数多くの自己でありながら，1 つの自己でいられる」. 以下を参照. Philip Bromberg, “Shadow and Substance: A Relational Perspective on Clinical Process,” *Psychoanalytic Psychology* 10 (1993): 166. AI のパイオニア，マーヴィン・ミンスキーに言わせると，オンラインのペルソナをぐるぐる回っていると，“心の社会”の違う面が明らかになる. これは分散して異質なアイデンティティという，コンピュータ的な概念だ. ラテン語の idem に由来する identity という言葉は，おもに 2 つのものが同質であるという意味で使われる. しかしインターネットでは，1 人で多くの人間になれるし，たいてい誰もがそうしている. Marvin Minsky, *Society of Mind* (New York: Basic Books, 1987) を参照.
8. 最近のニールセンの調査で，子どもたちは電話を 1 本かけるために（自分からかける場合と，かかってくる場合の両方），8 件のテキストメッセージを送っていることが分かった. 以下を参照. Anna-Jane Grossman, “I Hate the Phone,” Huffington Post, October 14, 2009, www.hu7ngtonpost.com/anna-jane-grossman/i-hate-thephone_b_320108.html (accessed October 17, 2009).
9. “Number of US Facebook Users over 35 Nearly Doubles in Last 60 Days,” Inside Facebook, March 25, 2009, www.insidefacebook.com/2009/03/25/number-of-us-facebook-users-over-35-nearly-doubles-in-last-60-days (accessed October 19, 2009).
10. ダンは自分が引きこもり気味だと自覚しているが，新しい世代は機械が仲介するコミュニケーションを

当たり前のことと受け止めている．10 歳と 12 歳の 2 人の少女は排水管に閉じ込められたとき，警察に電話せずにフェイスブックを頼った．携帯電話を使ってフェイスブックを更新したのだ．生命の危機にあっても，少女たちにとってはフェイスブックが世界への扉だった．男友だちの 1 人がネットを見ていて，彼女たちが閉じ込められていることを知り，消防署へ連絡して救出された．それを伝えるニュース記事は次の通り．

「このドラマはオーストラリアのアデレード近くで起こった．救出隊に加わっていた消防士のグレン・ベナムはこう語る．『あの女の子たちは携帯電話でフェイスブックにアクセスできたのだから，救急隊に電話できたはずだ．ネットを見ている誰かに頼って電話してもらうより，私たちもずっと速く行けただろう．これは心配な傾向だ．若者たちには，直接こちらに連絡したほうがいいと分かってほしい．幸運にも，彼女たちは救出されて元気だった．しかし救出が遅れていたらどうなっていたか考えると背筋が寒くなる』」

"Girls Trapped in Storm Drain Use Facebook to Call for Help," *Daily Mail*, September 8, 2009, www.dailymail.co.uk/news/worldnews/article-1211909/Girlstrapped-storm-drain-use-Facebook-help-instead-phoning-emergency-services.html#ixzz0T9iWpeNR (accessed October 6, 2009) を参照されたい．

11. ソネット 73, "Consumed with that which it was nourished by".
12. 「電話なんて大嫌い」というブログ記事を書いたアンナ・ジェーン・グロスマン（Anna Jane Grossman）は，トレーを時代遅れとは言わないだろうが，彼に電話したいとも思わないはずだ．彼女は小さいころピンクのお姫様がついた電話や，留守番電話や，学校で会ったばかりの友だちと電話で長々と話すのが好きだった．しかし今は電話が嫌いだと言う．「電話が鳴ると，なんとも説明できない恐怖を感じる．表示を見て好きな人からだと分かったとしても……電話嫌いが始まったのは，たぶんインスタント・メッセージ（IM）を使うようになってから．おそらく電話で話すことは練習が必要なスキルなのだろう．でもＩMをすればするほど，私の電話のスキルはお粗末になっていて，いまでは固定電話に触ったこともない 13 歳の子と同じくらいのレベルではないだろうか……私はもう電話のメッセージすら聞かない．自動的に文字にされてEメールかテキストで送られてくるから」．この筆者はスカイプのことは知っていて,その利点を理解しているが,同時にそれが会話を減らしていることも認識している．「ビデオチャットのせいで時代遅れになるものを 1 つあげるなら，それは電話ではなく，遠くにいる人との自然な会話だろうと思う」．以下を参照．Anna Jane Grossman, "I Hate the Phone," https://www.huffingtonpost.com/anna-jane-grossman/i-hate-the-phone_b_320108.html.

私のスカイプ経験では，話が途切れると時間がとても長く，ぎこちなく感じる．そして相手に飽きていると思わせないために努力が必要だ．ペギー・オーンスタイン（Peggy Ornstein）が記事の中でそのことに触れている．"The Overextended Family," *New York Times Magazine*, June 25, 2009, www.nytimes.com/2009/06/28/magazine/28fob-wwln-t.html (accessed October 17, 2009)． オーンスタインは，スカイプは「提供する情報が多すぎ」て親しさを妨げると述べている．「私は突然，パジャマパーティーではなぜいつも電気を消したあとに告白が始まるのか，なぜ子どもは，こちらが運転しているときに後ろの座席でおもしろい話を始めるのか，なぜ心理分析家は患者と目を合わせないのかを理解した」

第 11 章　人間に期待しない社会

1. レイモンド・カーツワイルは自己を機械にダウンロードできるようになると考えている．彼の考察の概要については Kurzweil, The Singularity Is Near（『ポスト・ヒューマン誕生』）参照．
2. Seth Schiesel, "All Together Now: Play the Game, Mom," *New York Times*, September 1, 2009, www.nytimes.com/2009/09/06/arts/television/06schi.html (accessed December 13, 2009).
3. Bruckman. "Identity Workshop."
4. 「境界の働き」についての有益な文献として Adam Boellstorff, *Coming of Age in Second Life: An Anthropologist Explores the Virtually Human* (Princeton, NJ: Princeton University Press, 2008)，ならびに T. L. Taylor, *Play Between Worlds: Exploring Online Game Culture* (Cambridge, MA: MIT Press,

2006) を参照のこと．あわせて Turkle, *Life on the Screen*（『接続された心』）も参照されたい．

5. これは 1990 年代初頭のテキストベースのマルチユーザー・ドメイン（MUD）（たとえばラムダ・ムー）についても，90 年代末の美しい画像のマルチプレーヤー・オンライン・ロールプレイングゲーム（エバークエストやウルティマIIなど）についても，現在の映画のようなバーチャルワールド（ワールド・オブ・ウォークラフトやセカンドライフなど）についても言える．
6. Victor Turner, *The Ritual Process: Structure and Anti-Structure* (Chicago: Aldine, 1969)（ヴィクター・ターナー『儀礼の過程』 富倉光雄訳，思索社，1976 年）．
7. スタンフォード大学のバーチャル・リアリティ研究所で行われた実験により，たとえばもしあなたがバーチャル世界で背が高ければ，オンラインのセッションのあとのミーティングで自信を持って意見を言えるという説得力のある証拠が呈示されている．たとえば以下を参照．J. N. Bailenson, J. A. Fox, and J. Binney, "Virtual Experiences, Physical Behaviors: The Effect of Presence on Imitation of an Eating Avatar," *PRESENCE: Teleoperators and Virtual Environments* 18, no. 4: 294–303, ならびに J. A. Fox and J. N. Bailenson, "Virtual Self-modeling: The Effects of Vicarious Reinforcement and Identification on Exercise Behaviors," *Media Psychology* 12 (2009): 1–25.
8. Turkle, *Life on the Screen*（タークル『接続された心』）．
9. ローブナー賞（Loebner Prize）はいちばん人間らしい人，いちばん AI と混同されにくかった人にも賞を授けている．以下を参照．Charles Platt, "What's It Mean to Be Human, Anyway?" *Wired*, May 1995, www.wired.com/wired/archive/3.04/turing_pr.html (accessed May 31, 2010).
10. Mihaly Csíkszentmihalyi, *Beyond Boredom and Anxiety* (San Francisco: JosseyBass, 2000 [1st ed. 1975])（ミハイ・チクセントミハイ『楽しみの社会学』今村浩明訳，新思索社，2000 年），ならびに Schüll, *Addiction by Design*.
11. Mihaly Csíkszentmihalyi, *Flow: The Psychology of Optimal Experience* (New York: Harper & Row, 1990)（ミハイ・チクセントミハイ『フロー体験　喜びの現象学』今村浩明訳,世界思想社,1996 年）．
12. 数が多すぎれば,当然ながら,Eメールはストレスになりリラックスできない．しかしどれほど面倒でも「Eメールをすること」でゾーン状態に入ることがある．
13. Schüll, *Addiction by Design*．シュルは非現実的な選択について Barry Schwartz, *The Paradox of Choice: Why More Is Less* (New York: Harper Collins, 2003)（バリー・シュワルツ『なぜ選ぶたびに後悔するのか―「選択の自由」の落とし穴』瑞穂のりこ訳,武田ランダムハウスジャパン, 2004 年）に言及している．
14. Turkle, *The Second Self*, "Video Games and Computer Holding Power," 65–90 を参照．
15. ワシントン州立大学の神経科学者ジャーク・パンクセップは「探索衝動」と呼ぶ強迫的な行動について説明している．人（実は哺乳類すべて）が外側視床下部に刺激を受けると（メールの着信音が鳴ったり，リターンキーを押してグーグル検索が始まったりするたびに起こる）私たちは「それぞれの刺激が，ある検索戦略を呼び起こして再活性化する」というループにはまり込む．以下を参照．Jaak Panksepp, *Affective Neuroscience: The Foundations of Human and Animal Emotions* (Oxford: Oxford University Press, 1998), 151. これは検索が検索を呼ぶということだ．探すことが，さらに探すことにつながる．パンクセップは，私たちがアイデアの世界に，知的なつながりをつくることに，意味を見抜くことに興奮を覚えるとき，脳の探索回路が活発化しているのだと述べている．

    エミリー・ヨフ（Emily Yoffe）は『スレート』誌の記事で，私たちのデジタル生活と脳の快楽の関係について論評している．彼女は次のように言う．「電子コミュニケーション・ツール――Eメール，フェイスブック，テキストなど――はどれも検索と同じ衝動を引き出す……思いがけない報酬――Eメールやテキストの着信，フェイスブックのアップデートなどから得られるような――があると私たちはさらに夢中になる．ブラックベリーが " クラックベリー " と呼ばれるのも不思議ではない（訳注：クラックはコカインの俗称）」．

    心理学者のケント・ベリッジ（Kent C. Berridge）に言わせると，新しいEメールの到着を知らせる音や,テキストの到着を知らせるバイブレーションは,私たちにとって報酬の知らせだ．それに反応すれば,ちょっとしたニュースを得ることができ，もっと欲しくなる．その情報は，ラットに与えられた好物のように，人間に独特の影響力を及ぼす．ラットに少量の砂糖を与えると，" 激しい食欲 " を引き起こす．ベ

リッジはそれを，強力だが必ずしも快適ではない状態と言う．

以下を参照されたい．Emily Yoffe, "Seeking How the Brain Hard-Wires Us to Love Google, Twitter, and Texting. and Why That's Dangerous," *Slate*, August 12, 2009, www .slate .com/id/2224932/pagenum/all/#p2 (accessed September 25, 2009)．さらに Nicholas Carr, "Is Google Making Us Stupid?" *The Atlantic*, July–August 2008, www.theatlantic.com/doc/200807/google (accessed November 20, 2009)，ならびに Kent C. Berridge and Terry E. Robinson, "What Is the Role of Dopamine in Reward: Hedonic Impact, Reward Learning, or Incentive Salience?" *Brain Research Reviews* 28 (1998): 309–369 も参照されたい．

第 12 章　秘密を告白する空間

1. ポストシークレットのサイトはフランク・ウォレン（Frank Warren）が運営している．以下を参照．http://postsecret.blogspot.com (accessed August 22, 2009)．「告白サイトを通じて発散する」ことのプラスの面について彼の見解は以下を参照．Tom Ashbrook's *On Point* interview with Frank Warren, "Baring Secrets Online," WBUR, June 10, 2009, www.onpointradio.org/2009/06/secret-sharers (accessed August 2, 2010)．さらに以下も参照されたい．Michele Norris's *All Things Considered* interview with Frank Warren, "Postcards Feature Secret Messages from Strangers," NPR, March 30, 2005, www.npr.org/templates/story/story.php?storyId=4568035 (accessed August 2, 2010).
2. www.postsecret.com (accessed August 4, 2010) 参照．
3. このケースを含め，引用しているケースすべてで細かい部分は隠している．
4. Ashley Fantz, "Forgive Us Father; We'd Rather Go Online," CNN.com, March 13, 2008, www.cnn.com/2008/LIVING/wayoflife/03/13/online.confessions/ index.html (accessed August 22, 2009).
5. その例外は重要だ．もし幼年期に十分な世話を受けられなかったら（泣いても食べ物を与えてもらえなかったら），弱さを見せて世話を受けようという期待は成り立たない．エリク・エリクソンは人に前向きな期待の表明をさせるものを「基本的信頼」と呼ぶ.Erikson, *Childhood and Society*, 247–250（エリクソン『幼児期と社会』）．
6. これは「投影性同一化」による防衛メカニズムだ．自分の問題に向き合うのではなく，他人の中にそれを見出す．それなら安心して批判できる．自分の外見に自信がない妻は，夫の体重を批判する．いつも怒っている人は敵意に満ちた世界を見る．
7. キリスト教福音派 13 教会が加盟する「ライフ・チャーチ」（LifeChurch.tv）（本部オクラホマ）はオンライン告白サイトのマイ・シークレット (MySecret.tv) を運営している．この教会の牧師ボビー・グルーンワルド（Bobby Gruenwald）は，「コミュニティ」という概念にオンライン上の人々の集まりも含めるべきだと主張する 1 人だ．マイ・シークレットが開始された 1 年目には，約 3 万人が MySecret のサイトに " 秘密 " を投稿した．投稿は，欲望，不正，盗み，残忍な行為といったカテゴリーに分類される．このサイトがアメリカ・オンラインのホームページで特集されたときは，1 日のアクセス数が 130 万を超えた．マイ・シークレットのような告白サイトは，投稿者を特定できるIPアドレスを追跡しない．つまり，たとえ投稿者が犯罪と思われることを書き込んでも，サイト管理者がそれについて何かできるわけではない．そのためネット上で，殺人の告白や幼児ポルノを楽しんでいるという告白が読める（殺人の告白は兵士の戦争体験と解釈されることが多い）.最近の Ivescrewedup.com [訳注:カトリック系フォーラム]（https://forums.catholic.com/t/ivescrewedup-com/）には，「僕は 4 人を殺した．そのうちの 1 人は 17 歳の少年だった」というメッセージがあった．以下を参照．Fantz, "Forgive Us Father. "
8. Ray Oldenberg. *The Great Good Place: Cafés, Coffee Ships, Community Centers, Beauty Parlors, General Stores, Bars, Hangouts, and How They Get You Through the Day* (New York: Paragon House, 1989)（レイ・オルデンバーグ『サードプレイス――コミュニティの核になる「とびきり居心地よい場所」』忠平美幸訳，みすず書房，2013 年）．コミュニティとしてのバーチャル環境については Howard Rheingold, *The Virtual Community: Homesteading on the Electronic Frontier* (Reading, MA: Addison Wesley, 1993)（ハワード・ラインゴールド『バーチャル・コミュニティ：コンピューター・ネットワークが創る新しい社会』会津泉訳，三田出版会，1995 年）を参照．

9. 「世界」（world）という言葉もある．社会学者でワールド・オブ・ウォークラフト（World of Warcraft）を研究しているウィリアム・ベインブリッジは，ゲームのタイトルを文字通りに受け止め，このゲームを世界とみなして話をする．以下を参照．William Bainbridge, *The Warcraft Civilization: Social Science in a Virtual World* (Cambridge, MA: MIT Press, 2010)．ゲームを「世界」あるいは「近隣」と置き換えることについては以下を参照．Tom Tom Ashbrook's *On Point* interview with William Bainbridge, "Deep in the 'World of Warcraft,'" WBUR, March 30, 2010, www.onpointradio.org/2010/03/warcraft-civilization (accessed August 10, 2010).

第 13 章　脅かされるプライバシー

1. "No More Teachers? No More Books? Higher Education in the Networked Age," A Centennial Panel on Information Technology, Harvard University, Cambridge, Massachusetts, November 16, 2009.
2. 紙の本がオンライン・メディアに変わると，少なくとも 3 つ損なわれるものがある．第 1 に紙の本にはあった個人的・特異的なつながりが失われる．第 2 に，読書からの広がりが，ダブルクリックで飛べるリンク先という形で著者によってあらかじめ設定されてしまう．第 3 に，そのリンクの便利さは受け入れられるとしても，現実的にはEメールの着信やその他，注意散漫にさせるもののために容易に読書の本筋から迷い出てしまう．
3. ジョーン・ディディオン（訳注：アメリカ人の小説家，エッセイスト）は，夫の死から 1 年間の回想記で，物がどれほど大きな意味を持つようになるかを書いている．Joan Didion, *The Year of Magical Thinking* (New York: Alfred A. Knopf, 2005)（ジョーン・ディディオン『悲しみにある者』池田年穂訳，慶応義塾大学出版会，2011 年）．たとえばディディオンは，夫が必要になるかもしれないと考えて，夫の靴を捨てることができない．これと同じような不思議な考えは，宗教的な信仰や，服喪の " 病理 " と結びついている．フロイトは,時間が経つにつれて本当の対象（ディディオンの場合は亡くなった夫）が，心を占めるようになると考えた．Sigmund Freud, "Mourning and Melancholia"（フロイト『喪とメランコリー』）を参照．
4. サマーキャンプでは，携帯電話の持ち込みを禁止するところが多く，キャンプが始まる前に電話は " 没収 " される．子どもたちによると，最近では親が電話を 2 台持たせるという．1 つは提出するもの，もう 1 台は持っていて家に電話するためのものだ．
5. 2005 年 10 月，ABC ニュースは「ヘリコプター・ペアレント」（helicopter parents）を「流行語」であると報道した．以下を参照．"Do 'Helicopter Moms' Do More Harm Than Good?" ABCNews.com, October 21, 2005, http://abcnews.go.com/2020/Health/story?id=1237868&page=1 (accessed April 7, 2004).
6. 2004 年，ペンタゴンは，個人の全行動（かけた電話，観たテレビ番組，読んだ雑誌，購入した航空チケット，送受信したEメールなど）を追跡するデータベースを作成するという野心的な事業，いわゆる LifeLog プロジェクトを取りやめた．その 9 か月後，それが部分的に復活した．以下を参照．Noah Schachtman, "Pentagon Revives Memory Project," *Wired News*, www.wired.com/politics/security/news/2004/09/6491 (accessed August 4, 2010)．このプロジェクトの支持者は，これをほぼ完璧に近いデジタル記憶と見ている．市民の自由擁護派は，これは究極の人権侵害的なプロファイリング・ツールになり得ると主張する．当然のことながら，人々が民間のサービス（フェイスブックやグーグルなど）に対し，サービスを利用することと引き換えに，自分に関するデータを提供することに同意していたら，反対の根拠が弱まる．そのような利用規約に同意すると，問題はそのサービスを通してプライバシーがどの程度公開されてしまうのか，プライバシー・オプションの設定は容易か，ということになる．こうした問題を議論するときはおもにフェイスブックが注目され，デフォルトの状態でプライバシーがどのくらい守られているかが関心の中心だった．たとえば 2007 年，フェイスブックのユーザーは，購入したものをフェイスブックや他のサイトで公開される Beacon 機能に猛反発した．5 万人を超えるユーザーが，オンライン請願書に署名し抗議した結果，Beacon はユーザーが「オプトイン」［訳注：広告の配信や企業が入手した個人情報の利用などについて事前に利用者が承諾すること］形式のアプリケーションとなった．2009 年になると，それは完全に停止され，フェイスブックは 950 万ドルを費

やして,ネットのプライバシー問題に専門的に取り組む基金の設立に同意した. 以下を参照. "Facebook Shuts Down Beacon Marketing Tool," *CBC News*, September 21, 2009, www.cbc.ca/technology/story/2009/09/21/tech-internet-facebook-beacon.html (accessed October 15, 2009).
2010 年春, フェイスブックのプライバシー・ポリシーが再びトップニュースとなった. 以下を参照. Jenna Wortham, "Facebook Glitch Brings New Privacy Worries," *New York Times*, May 5, 2010, www.nytimes.com/2010/05/06/technology/internet/06facebook.html?scp=2&sq=wortham%20facebook&st=cse (accessed May 10, 2010), ならびに Miguel Helft and Jenna Wortham, "Facebook Bows to Pressure over Privacy," *New York Times*, May 27, 2010, www.nytimes.com/2010/05/27/technology/27facebook.html (accessed May 29, 2010). この議論は間違いなくこの先も続く.

7. Miguel Helft, "Anger Leads to Apology from Google About Buzz," *New York Times*, February 14, 2010, www.nytimes.com/2010/02/15/technology/internet/15google.html (accessed May 29, 2010).
8. 企業の世界は, プライバシー・ポリシーの透明性を高めることを必ずしも最優先せずに行動してきた. フェイスブックが自社はユーザーのデータをどの程度まで所有していると感じているかを公開していたとき, ユーザーは不満を持っていた. しかし企業のリアリティは公式記録に残されている. フェイスブックのある社員が匿名で, 同社は「保有するすべてのサーバー上のすべてのデータを, 毎時間, 毎日, すべて保管している」ことを暴露した.「少なくとも 2 人が, アカウントをのぞき見して解雇された」とその社員は言う. Stephen Burt, "Always On," *London Review of Books* 32, no. 11 (June 10, 2010): 21–22 に引用されている.
9. Polly Sprenger, "Sun on Privacy: Get over It," *Wired News*, January 26, 1999, www.wired.com/politics/law/news/1999/01/17538 (accessed August 4, 2010).
10. これはグーグルの会長エリック・シュミット (Eric Schmidt) が CNBC に言った言葉. 映像は以下で閲覧可能. Ryan Tate, "Google CEO: Secrets Are for Filthy People," Gawker, December 4, 2009, http://gawker.com/5419271/google-ceo-secrets-are-for-filthy-people (accessed June 5, 2010).
11. 現実として受け止められている, コンピュータ利用における比喩の問題については以下を参照. Harry R. Lewis (with Hal Abelson and Ken Ledeen), *Blown to Bits: Your Life, Liberty, and Happiness After the Digital Explosion* (New York: Pearson, 2006), ch. 3.
12. Robert Jay Lifton, "Protean Man," *Archives of General Psychiatry* 24 (1971): 298–304, および Robert Jay Lifton, *The Protean Self: Human Resilience in an Age of Fragmentation* (New York: Basic Books, 1993). さらに以下も参照されたい. Turkle, *Life on the Screen* (タークル『接続された心』).
13. Michel Foucault, *Discipline and Punish: The Birth of the Prison*, trans. Alan Sheridan (New York: Vintage Books, 1995 [1st ed. 1979]) (ミシェル・フーコー『監獄の誕生』田村俶訳,新潮社,1977 年).
14. Foucault, *Discipline and Punish*, 195–228 (フーコー『監獄の誕生』). 記憶と新しい種類の自己の関係について, フーコーはたとえば次のように論じる.「まず, 著述の問題を提起するときに隠されることの多い歴史的事実を明るみに出すために, 私たちは有名なヒポンネマタ (訳注: 備忘録, メモ, 公的記録, 注解, 逸話的記録, 草稿, コピーなどと訳されるギリシャ語. 再読や瞑想のための宝物, 体系的な論文を書くための原材料を形成する) をめぐる疑問について詳しく調べなければならない. ……実は, これにはいま, きわめて明確な意味がある. それは手本帳, ノートのことだ. この手のノートはプラトンの時代に, 個人や行政向けとして流行した. この新しいテクノロジーは, 現代の個人の生活にコンピュータが持ち込まれたときと同じような混乱を招いた. 著述と自己の問題は, それが生じる技術的・物質的枠組みの中で提起されなければならないと私には思える. ……注目すべきは, これらの新しい道具が恒久的な自己を形成するためにたちまち使われるようになったことだ. 私たちは支配者が被支配者を管理するように, 企業の長が企業を管理するように, 家庭の長が家庭を管理するように, 自分自身を管理しなければならない」
Paul Rabinow, "An Interview with Michel Foucault," in *The Foucault Reader*, ed. Paul Rabinow (New York: Pantheon, 1984), 363–365 を参照されたい.

第 14 章　古き良き時代への郷愁

1. 私はこれで，フランス人精神分析家のジャック・ラカンが分析的遭遇について語ったことを思い出す．聞こうとする姿勢は，聞いてほしいという需要を生み出す．「要するに私は，ふつうの商売人たちができるようになりたいと望んでいることに成功した．つまり商品を提供することで需要を生み出したのだ」．以下を参照．Jacques Lacan, "The Direction of the Treatment and the Principles of Its Power," *Ecrits: A Selection*, trans. Alan Sheridan (New York: W.W. Norton, 1977), 254．ラカンと "intransitive demand" について は Sherry Turkle, *Psychoanalytic Politic: Jacques Lacan and Freud's French Revolution* (1978; New York: Guilford Press, 1992), 85 を参照．
2. David Andersen, "Erik H. Erikson's Challenge to Modernity" (PhD diss., Bowling Green State University, 1993)．第 14 章と終章を書き終えた後で，ここで扱ったテーマを想起させるアラン・ライトマンの洗練された論考の存在に気づいた．Alan Lightman, "Prisoner of the Wired World," in *A Sense of the Mysterious: Science and the Human Spirit* (New York: Pantheon, 2005), 183-208.
3. Anthony Storr, *Solitude: A Return to the Self* (New York: Random House, 1988), 198（アンソニー・ストー『孤独』吉野要監訳，三上晋之助訳，創元社，1999 年）．
4. Henry David Thoreau, "Solitude," in *Walden* (1854; New York: American Renaissance Books, 2009)（ヘンリー・デイヴィッド・ソロー「孤独」，『森の生活』所収，邦訳各種）．
5. Thoreau, "Solitude," in Walden（ソロー「孤独」，『森の生活』所収）．
6. Katy Hafner, "To Deal with Obsession, Some Defriend Facebook," *New York Times*, December 20, 2009, www.nytimes.com/2009/12/21/technology/internet/21facebook.html?_r=1 (accessed January 6, 2009).
7. Thoreau, "Where I Lived and What I Lived For," in Walden（ソロー「住んだ場所とその目的」，『森の生活』所収）．
8. Kevin Kelly, "Technophilia," The Technium, June 8, 2009, www.kk.org/thetechnium/archives/2009/06/technophilia.php (accessed December 9, 2009).
9. 次を参照．Sherry Turkle, "Simulation and Its Discontents," in Sherry Turkle, *Simulation and Its Discontents* (Cambridge, MA: MIT Press, 2009).

終章　人間の会話をとりもどす

1. ニールス・ボーア（Niels Bohr）は「反対語も深い真実であることが，深い真実であることの証明だ」と言った．以下に引用されている．Max Delbrück, *Mind from Matter: An Essay on Evolutionary Epistemology* [Palo Alto, CA: Blackwell Scientific Publications, 1986], 167.
2. 1985 年と 2004 年のデータを比較したある研究によると，アメリカ人が自分にとって重要な問題を話し合える人数の平均は，2.94 人から 2.08 人と，約 3 分の 2 に減った．またそのような問題を話し合える人はいないと答えた人の数はほぼ 2 倍になり，全体の 25 パーセントを占めた．この調査では，家族でも家族でなくても大事なことを相談できる相手が減り，特に家族以外のつながりが失われていることが明らかになった．Miller McPherson, Lynn Smith-Lovin, and Matthew E. Brashears, "Social Isolation in America: Changes in Core Discussion Networks over Two Decades," *American Sociological Review* 71 (June 2006): 353–375.
3. Barry Wellman and Bernie Hogan (with Kristen Berg et al.), "Connected Lives: The Project," in *Networked Neighborhoods*, ed. Patrick Purcell (London: Springer-Verlag, 2006), 161–216.
4. 哲学的な問題はさておくとしても，現実に問題が生じる．"ハグできる" ロボットは人に反応するテディベアであり，それがあればデトロイトに住む祖母はマサチューセッツ州ケンブリッジに住む孫を抱きしめた気分になれる．祖母はテディベアの目と耳を通して，孫を見，声を聞くことができる．ロボットを孫のように撫でる．どこにも問題はなさそうに思える．しかし，テレビ電話で話せたりロボットをハグできたりするせいで祖母が長距離を旅して孫に会いに行くのをやめるとすれば（すでにそうなっ

ているという証拠がある)，それは子どもたちから貴重なものを奪う結果になる．糊のきいた祖母のエプロンの肌触り，香水の匂い，料理の味などを，子どもたちは体験することができなくなるのである．Amy Harmon, "Grandma's on the Computer Screen," *New York Times*, November 26, 2008, www.nytimes.com/2008/11/27/us/27minicam.htm?pagewanted=all (accessed December 11, 2009). "ハグできる" ロボットのプロジェクトについては次を参照．http://robotic.media.mit.edu/projects/robots/huggable/overview/overview.html (accessed April 5, 2010).

5. イライザ（ELIZA）については以下を参照．Joseph Weizenbaum, *Computer Power and Human Reason: From Judgment to Calculation* (San Francisco: Freeman, 1976)（ジョセフ・ワイゼンバウム『コンピュータ・パワー—人工知能と人間の理性』秋葉忠利訳，サイマル出版会，1979 年）; Turkle, *The Second Self*; そして Turkle, *Life on the Screen*（タークル『接続された心』）.
6. 心理療法士が冷たいとか無礼だとか感じる人は，コンピュータのカウンセラーを好むかもしれない．MIT の事務アシスタントが私にこう言った．「心理療法士のところへ行くというのが，もうロボットに会いに行ってるのと同じなんです」
7. じつはロボットに関する夢は 2 つある．1 つはロボットは非の打ち所のない仲間と考えること．もう 1 つは，ロボットと融合して新しい自分になることだ．この第 2 のシナリオには 2 つのパターンがある．第 1 は私たちが進化する．ロボットのパーツと同化していくうち，"私たち" も "それら" もなくなってしまう．短期的には，頭がよくなり，より健康的に感じる．長期的には，死ななくなる．第 2 のパターンでは，決定的な転換点，コンピュータのパワーが大きくなって，基本的に人が機械と 1 つになる "シンギュラリティ（特異点）" がある．どちらのケースでも，私たちはより機械に近くなるため，それを本当の仲間として自然に受け入れる．人がトランスヒューマンへと向かうことを考える夢想家の夢については以下を参照．Joel Garreau, *Radical Evolution: The Promise and Peril of Enhancing Our Minds, Our Bodies—and What It Means to Be Human* (New York: Doubleday, 2005). また，「サイバネティック全体主義」(cybernetic totalism) に対するジャロン・ラニアーの批判的考察は Jaron Lanier,"Our Halh a Manifesto," www.edge.org/3rd-culture/nanier-pl.html(accessed August 3,2010) および *You Are Not a Gadget: A Manifesto*(New Yprk: Knopf,2010)（ジャロン・ラニアー『人間はガジェットではない』井口耕二訳，早川書房，2010）を参照．
8. 精神分析家は症状の中に真実を見出す．しかし，症状はまだ自由な表現が与えられていない真実だ．人がその真実と縁を切ろうとしないのは，それが「その他多くの，症状が表れない経験から切り離された重要な経験であることを示すサインだからだ．精神分析の目的は，壊れたつながりを回復し，ゆがめられ切り離された経験（つまり症状）を，普通のつながった経験に転換することである」．以下を参照．Robert Caper, *Building Out into the Dark: Theory and Observation in Science and Psychoanalysis* (New York: Routledge, 2009), 90.
9. Kevin Kelly, "Technophilia," The Technium, June 8, 2009, www.kk.org/thetechnium/archives/2009/06/technophilia.php (accessed December 9, 2009).
10. Caper, *Building Out into the Dark*, 93.
11. 個人的な会話．2008 年 10 月．
12. ケイパーは「私たちが神経症の兆候の蔓延に耐えているのは，兆候の基礎であると同時にそれを隠してもいる真実を発見すると，自分たちが崩壊してしまうのではないかと恐れているからだ」と言う．さらに，新しいテクノロジーと同様，「(解釈が) 危険をもたらす……危険は，分析家の真実探求にあるのでも，彼らの解釈が間違いを避けられないことにあるのでもなく，彼らが誤りであることを認めないことにある」．以下を参照．Caper, *Building Out into the Dark*, 91, 94.
13. Henry Adams, "The Dynamo and the Virgin," in *The Education of Henry Adams: An Autobiography* (Boston: Massachusetts Historical Society, 1918), 380（ヘンリー・アダムズ『ヘンリー・アダムズの教育』刈田元司訳，教育書林，1955 年）.
14. Kelly, "Technophilia."
15. 人間の将来について，途方もない予想をしているロボット研究者と言えば，デイヴィッド・ハンソン（David Hanson）だ．彼の動画と進捗報告は www.hansonrobotics.com (accessed December 11, 2009) を参照．そしてもちろんデイヴィッド・レヴィによる，ロボットの愛情についての特筆すべき著

作もある．David Levy, *Love and Sex with Robots: The Evolution of Human-Robot Relationships* (New York: Harper Collins, 2007).

16. これはわかりやすく言い換えた言葉だ．正確には「何かを使って物を作ろうと思ったら，その性質を吟味することが必要だ．デザインはそこから考える．たとえばレンガで考えると,まずこうレンガに尋ねる．“レンガよ，何になりたい？”　するとレンガが答える．“アーチがいい”．そしてあなたが“いや，アーチは高価だ．コンクリートのリンテルを使えるんだけど，どう思う？”　それでもレンガはこう答える．“アーチがいい”」.以下を参照.Nathaniel Kahn, *My Architect: A Son's Journey* (New Yorker Films, 2003)（ナサニエル・カーン『マイ・アーキテクト　ルイス・カーンを探して』（ドキュメンタリー映画，2003年）．
17. ロドニー・ブルックス (Rodney Brooks) の発言は以下に引用されたもの．“MIT: ‘Creating a Robot So Alive You Feel Bad About Switching It Off’—a Galaxy Classic,” The Daily Galaxy, December 24, 2009, www.dailygalaxy.com/my_weblog/2009/12/there-is-ongoing-debate-about-what-constituteslife-synthetic-bacteria-for-example-are-created-by-man-and-yet-also-alive.html (accessed June 4, 2010).
18. シンシア・ブリジールもロドニー・ブルックスも，ロボットの感情は人間の感情と同じである必要はなく，その価値そのものによって評価されるべきだと主張している．以下を参照．Cynthia Breazeal and Rodney Brooks, “Robot Emotion: A Functional Perspective,” in J.-M. Fellous and M. Arbib (eds.) *Who Needs Emotions: The Brain Meets the Robot*, MIT Press, 2005, 271–310. ブリジールは「ロボットの感情の問題は，“人間と同じ感情を持つことがあるのだろうか？”ではない．イヌだって人間と同じ感情は持っていないが，本物の感情があると誰もが思っている．問題は“ロボットにとって本当の感情とは何か？”なのだ」と強調している．Boston, WBUR, May 26, 2010. ブリジールはキスミットを人工的な存在と語り，「あらゆる生き物に払うのと同じだけの敬意と配慮がなされることを」望むと言っている．WNPR, “Morning Edition,” April 9, 2001, www.npr.org/programs/morning/features/2001/apr/010409.kismet.html (accessed August 12, 2010). さらに以下も参照されたい．Susan K. Lewis, "Friendly Robots," Nova, www.pbs.org/wgbh/nova/tech/friendly-robots.html および Robin Marantz Henig,"The Real Transformers," *New York Times*, July 29,2007,www.nytimes.com/2007/07/29/magazine/29robots-t.html (accessed September 3, 2010).
19. 近年では「ロボットの権利章典」について語られることも多い．ロボットが複雑化するにつれて，人工の感覚をどう扱うか，正式なルールをつくろうという動きがみられる．ロボットの権利はイギリスでは議会で審議されるテーマだ．韓国では2020年までにすべての家庭にソーシャル・ロボットを入れる計画を政府が進めているが，その取り扱いについて，法的なガイドラインを作成する計画がある．こうした動きはロボットを守るためのものだ．しかし早くも1990年代半ばには，人々は「ノルンズ」(norns) と呼ばれるバーチャル生物を精神が病むまでいじめ，バーチャルな頭をバーチャルな壁にたたきつけていた．人気のウェブ動画では，ハスブロ社のエルモ（Elmo）のような単純なおもちゃが，ガソリンをかけられて火をつけられ，その赤い毛が炭になって，苦しげにのたうちまわっていた．私はたまごっち，ファービー，マイ・リアル・ベビー，パロがいじめられているのも見たことがある．「ロボットの権利」とは,つまりはロボットを傷つけてはいけないということなのだ．私が心配しているのは,ソーシャル・ロボットには「心がある」と信じていながらそれをいじめるとき，私たちは自分自身を傷つけるということだ．
Daniel Roth, “Do Humanlike Machines Deserve Human Rights,” *Wired Magazine*, January 19, 2009, www.wired.com/culture/culturereviews/magazine/17–02/st_essay (accessed June 4, 2010).
20. 同僚でケンブリッジの精神科医であるドクター・デイヴィッド・マンは，私の目を彼が言う「感情の不完全型」(“formes frustes of feeling") に向けさせてくれた．そのことに感謝する．彼は不快な感情（たとえば羨望，貪欲，憤懣）の全体を定義しなおした．David Mann, “Failures of Feeling,” unpublished essay, 2009.
21. Storr, *Solitude: A Return to the Self*（アンソニー・ストー『孤独』）．
22. 二者択一は道徳的ジレンマを考えるための古典的な手法になっている．例として以下を参照．Marc Hauser, *Moral Minds: How Nature Designed Our Universal Sense of Right and Wrong* (New York: Ecco, 2006). 有名な二者択一問題は,トロリーカーと避けられない死を使ったものだ．典型的なパター

ンはこうだ．あなたがトロリーを運転しているとき線路の向こうに 5 人の労働者が見えた．そのまま何もしなければ 5 人が死ぬ．線路を切り替えることはできるが，その先にも労働者が 1 人いる．あなたは 5 人の死を避けて 1 人の死を選ぶだろうか？　もう 1 つのパターンは，あなたは線路の上に架かる橋にいて，トロリーの緊急事態を見下ろしている．隣りには太った男がいる．あなたはその男を線路に突き飛ばしてトロリーを止め，5 人の命を救うだろうか？

23. 従来の心理学は男性のみを対象に行った実験と，男性の成長のみを考慮した理論にもとづいて構成されていた．第 1 次と第 2 次の世界大戦中，心理テストは男性兵士を基準に開発され，標準化された．その先はない．そのため心理学者は男性の反応を " 標準 " とみなすようになった．ほとんどの男性に見られる行動，態度，人間関係のパターンが，" 人間 " の標準になった．1982 年に心理学者のキャロル・ギリガン（Carol Gilligan）が著した *In a Different Voice*（『もうひとつの声』）は，その枠を壊した 1 つの例だ．ギリガンは規範的な道徳的思考（ステレオタイプな " 男性的 " 思考）を描写し，そこには道徳的な決定を行うための方法が 1 つしかないと指摘した．抽象的な原則に基づいて道徳的選択を行うのが規範的なアプローチだ．道徳的な声を発展させたもう 1 つのアプローチは，具体的な状況と人間関係に基づくものだ．その例として，*In a Different Voice*（『もうひとつの声』）の中でギリガンが「エイミーとハインツ」（"Amy and Heinz"）をどう論じているかを参照されたい．老人介護に " ロボットか何もなしか " という考え方は文脈に即したアプローチが必要なジレンマを生む．ミス・グラントのクラスの 5 年生が言葉に出したのがそのアプローチである．
枠組みの作り直しのもう 1 つの例は，ニックが考えた，家族で夕食をとっているときに父親にブラックベリーを見ないようにさせる方法だ．ニックの家では食事の時間が長かった．母は何皿も手の込んだ料理をつくることを自慢にしていた．ニックは食事をもっと短くしたらどうかと提案した．両親は，仕事を優先するか愛情込めて準備された料理を優先するかという原則に立脚して問題解決を考えた．だがニックは人間関係を重視した．家族には家族の時間が必要だ．どうすればお互いにそれを与え合うことができるだろうか．そこでニックは食事の時間を短くし，その代わりその間は電話を持ち込まないことを提案したのだ．

24. Anthony Appiah, *Experiments in Ethics* (Cambridge, MA: Harvard University Press, 2008), 196–197. アッピアは「トロリーカーの問題」について書いているが，「ロボットか何もなしか」の問題とも考えられる．

25. ここで自閉症スペクトラムの治療ツールとしてロボットを使用する研究について記しておこう．ロボットは人間に比べて患者を当惑させることは少ない．ロボットの行動は予想がつくので安心感があるからだ．ただし、ロボットが人間との関係を築く練習に使えるかという問題はある．私は MIT で，ロボットと自閉症について，ロザリンド・ピカードとシンシア・ブリジールと共同で授業をした．ロボット研究者もこの分野の治療に貢献できることを喜んでいる．人間以外の顔を見ているうちに人間の顔を見るのが平気になるかどうかは，まだ判断ができない．この分野でマヤ・マタリック（Maja Matarić）の研究に目を向けた議論については以下を参照．Jerome Groopman, "Robots That Care: Advances in Technological Therapy," *The New Yorker*, November 2, 2009, www.newyorker.com/reporting/2009/11/02/091102fa_fact_groopman (accessed November 11, 2009).

26. アヴェロンの " 野生児 " について書かれた本の書名を借用した．Roger Shattuck, *The Forbidden Experiment* (New York: Farrar, Strauss, and Giroux, 1980)（ロジャー・シャタック『アヴェロンの野生児―禁じられた実験』生月雅子訳，家政教育社，1982 年）．

27. 「基本的な信頼」とはエリック・エリクソンの言葉．Erikson, *Childhood and Society*（エリクソン『幼児期と社会』）ならびに Erikson, *Identity and the Life Cycle*（エリクソン『アイデンティティとライフサイクル』）．

28. MIT の私の教え子の大半にとって，リスクの問題は奇妙に思えるようだ．彼らは，ロボット研究者のデイヴィッド・ハンソン（David Hanson）と同じように，ロボットは最終的に「社会的知能を持つ存在に進化し，愛せるようになって大家族の中に居場所を見つける」と考えている．以下を参照．Groopman, "Robots That Care."

29. ミシガン大学の調査で，現在の大学生は 1980 年代，90 年代に比べて，共感的でないことがわかった．現世代は 20 年前，30 年前の同世代より共感度のポイントが 40 パーセントも低かった．ミシガ

ン大学社会学研究所のサラ・コンラス（Sara Konrath）が，ミシガン大学大学院生のエドワード・オブライエン（Edward O'Brien），学部生のコートニー・シン（Courtney Hsing）とともに，共感性についてのデータのメタ分析を行い，その結果をアメリカの大学生を対象に 1979 年から 2009 年までに行われた他の 72 件の研究と組み合わせた．70 年代後半の学生と比べると，現在の大学生は次のようなコメントに共感を示しにくいことがわかった．「その人の立場に立って考えて，友だちを理解しようとすることがある」「自分より恵まれていない人に対して，温かく相手を思いやる気持ちになる」．以下を参照．"Empathy: College Students Don't Have As Much As They Used To," EurekAlert! May 28, 2010, www.eurekalert.org/pub_releases/2010–05/uom-ecs052610.php (accessed June 4, 2010).

30. これらの問題についていまも話し合ってくれる同僚たちに感謝する．特に以下の方々に感謝する．精神科医のジョン・ハミルトン．米国児童青年精神医学会年次集会（2004 年 10 月と 2008 年 10 月）においてハミルトンと私も協力した「サイバースペースの青少年たち」（Adolescence in Cyberspace）の討論参加者．「テクノロジーと自己」プロジェクト（2003 年から 04 年にかけて実施）において「デジタル文化の中で精神分析はどこへ行くのか」（Whither Psychoanalysis in Digital Culture）のテーマで取り組んだ MIT のワーキンググループ．ワシントン精神分析研究所で行われた「新しい方向」（New Directions）会議（2010 年 4 月 30 日）の参加者．
31. Maggie Jackson, *Distracted: The Erosion of Attention and the Coming Dark Age* (New York: Prometheus, 2008). そうした渇望のすべてがネットに注ぎ込まれる．
32. Matt Richtel, "Hooked on Gadgets and Paying a Mental Price," *New York Times*, July 7, 2010, http://community.nytimes.com/comments/www.nytimes.com/2010/06/07/ technology/07brain.html?sort=oldest&offset=2 (accessed July 7, 2010).
33. Nicholas Carr, *The Shallows: What the Internet Is Doing to Our Brains* (New York: W. W. Norton and Company, 2010)（ニコラス・G・カー『ネット・バカ―インターネットがわたしたちの脳にしていること』篠儀直子訳，青土社，2010 年）．ここで議論されているのは，ネット上の活動――ネットサーフィン，検索，Eメールとテキスト間の移動など――が実際に脳の性質を変えるということだ．ネットで過ごす時間が長いほど，静かに考えることができなくなる．脳の習慣のためではなく，脳の回路が変わるのだ．うれしいことに，この研究分野にどんどん注目が集まっている．以下を参照．Matt Richtel, "Your Brain on Computers: Outdoor and Out of Reach, Studying the Brain," *New York Times*, August 16, 2010, www.nytimes.com/2010/08/16/technology/16brain.html (accessed August 16, 2010).
34. 当然のことながら，私の懸念の 1 つは，行動を起こすべきときが過ぎてしまうのではないかということだ．いまはまだ，ロボットに老人の話し相手やベビーシッターをさせることを提案すると，それに対する反論が起こる時点にいる．私たちはなぜそれが問題なのか，まだおぼえている．私が心配しているのは，20 年後には「子どもはナニー・ロボットに育てさせた」と言うのが普通になってしまわないかということだ．いったん購入してしまえばお金もかからないし頼りにもなる．逸脱的事態（たとえば発熱や想定外の行動）が起これば連絡してくれる．私は 2001 年の MIT のセミナーのことをはっきりとおぼえている．それはスティーヴン・スピルバーグの『A.I.』が封切られたことを祝うイベントの一環だったが，教室にいた 30 人のうち，私以外全員がコンピュータの心理セラピストが登場するという予測に何の問題もないと考えていた．そのような状況は初めてだった．テクノロジーによる大きな進歩が問題に思える時期は，いつのまにか過ぎてしまうのだ．

エピローグ　娘への手紙

1. Vannevar Bush, "As We May Think," *Atlantic Monthly* (July 1945): 101–106, www.theatlantic.com/doc/194507/bush (accessed November 20, 2009).
2. Steve Mann (with Hal Niedzviecki), *Digital Destiny and Human Possibility in the Age of the Wearable Computer* (New York: Random House, 2001).
3. C. Gordon Bell and Jim Gemmell, "A Digital Life," *Scientific American* 296, no. 3 (March 2007): 58–65, http://sciam.com/print_version.cfm?articleID=CC50D7BFE7F2–99DF-34DA5FF0B0A22B50 (accessed August 7, 2007). マイライフビッツのウェブサイトは以下の通り．http://research.microsoft.

com/en-us/projects/mylifebits (accessed July 30, 2010). ベルとゲメルはこのプロジェクトに関する議論を本にして出版した. C. Gordon Bell and Jim Gemmell, *Total Recall: How the E-Memory Revolution Will Change Everything* (New York: Dutton, 2009)（ゴードン・ベル , ジム・ゲメル『ライフログのすすめ—人生の「すべて」をデジタルに記録する!』飯泉恵美子訳, 早川書房, 2010).

4. Bell and Gemmell, "A Digital Life."
5. ジャーナリストのクライブ・トンプソンは 2007 年にベルを訪ねて次のように記している.「マイライフビッツは彼の電話をすべて記録し, すべての写真を保管している. 写真は彼の首にぶら下がっている自動" SenseCam "で撮られ, その数は 1 日 1000 枚にも上る. 彼は過去さえもすべてしまいこんでいた. 47 年に及ぶコンピュータのキャリア（最初は億万長者の企業エグゼクティブとして, その後はインターネットを管轄する政府機関の官僚として）が生み出した大量の書類が吸い込まれ, スキャンされて取り込まれていた. いちばん最近の計算では, マイライフビッツには 10 万 1000 通を超えるEメール,ほぼ 1 万 5000 件近いワードとPDF文書,9 万 9000 件のウェブページ,4 万 4000 枚の写真があった」. 以下を参照. Clive Thompson, "A Head for Detail," *Fast Company*, December 19, 2007, www.fastcompany.com/magazine/110/head-for-detail.html (accessed October 1, 2009).
6. Susan Sontag, *On Photography* (New York: Dell, 1978), 9（スーザン・ソンタグ『写真論』近藤耕人訳, 晶文社, 1979 年).
7. ベルとゲメルはデジタル化された個人情報を持つことの負担を議論している. 彼らが予想する問題は 3 つある. キャプチャーした他人については, その人たちのプライバシーを侵害しないようピクセレート（モザイクをかける）する必要があるかもしれないこと. データの紛失や不法使用から守るよう"遠くに"保管しなければならないこと. そして「ID泥棒, ゴシップ屋, 専制国家がもたらす危険」である. これら 3 つが技術的に解決すべき問題として一括りにされていることが, 全生活の記録という幻想の力を示している. ゴシップ屋と専制国家がもたらすダメージは同等ではなく, 同じ技術的な措置で対処することはできないはずだ. しかしその幻想には力がある. ベルとゲメルは, 問題は多々あるが,「私たちからすると, 期待が恐怖を上回る」と言っている. Bell and Gemmell, "A Digital Life."
8. 実際, "記憶のためのテクノロジー"をそれほど持っていない多くの人たちは, 憶えるより検索してさがすほうがつねに簡単なため, グーグルが「自分たちをバカにしてしまう」のではないかと考える. この印象的な言葉はニコラス・カーの『アトランティック』の記事より. Nicholas Carr, "Is Google Making Us Stupid?" *The Atlantic*, July/August 2008, http://www.theatlantic.com/magazine/archive/2008/07/isgoogle-making-us-stupid/6868/ (accessed August 12, 2010).
9. Thompson, "A Head for Detail."
10. Thompson, "A Head for Detail."
11. オバマ自身, ブラックベリーを使い続けようと努力したのは有名だ. 執務室での"幻想"によって"現実"の世界から切り離されるのを防ぐために, このデジタル機器が必要だというのが彼の言い分だった. オバマ大統領はブラックベリーを使い続けたが, バチカンは 2009 年 3 月, イタリアの司教たちに通達を出し, レント（受難節）の期間中（少なくとも金曜日）は信者がテキスト, ソーシャル・ネットワークのウェブサイト, コンピュータ・ゲームに手を出さないよう指導することを求めた. 教皇ベネディクト 16 世はバーチャルな友だちを本当の人間関係の代用にするべきではないと警告した. 教皇はユーチューブで, 携帯電話やコンピュータの「過度」の使用は「人を現実の社会的関係から切り離し, 人間の健康な発達に不可避の休憩,静寂,熟考のパターンを乱す可能性がある」と述べた.『ロンドン・タイムズ』紙は,フランスのニコラ・サルコジ大統領が個人的に教皇に謁見したときにテキストをチェックした無礼に触れ,「教皇ベネディクト 16 世もメールの過度な使用によって心を乱された」と書いた. 以下を参照. Richard Owen, "Thou Shalt Not Text until Easter, Italians Told," *The Times*, March 3, 2009 (accessed July 30, 2010).
12. Sherry Turkle, "Reading the Inner History of Devices," in Sherry Turkle, ed., *The Inner History of Devices* (Cambridge, MA: MIT Press, 2008).
13. テクノロジーと記憶は成長中の分野だ. サイボーグに加え, スティーヴ・マンはコンピュータと記憶について積極的に執筆している. 例として以下を参照. Steve Mann, "Wearable Computing: Toward Humanistic Intelligence," *Intelligent Systems* 16, no. 3 (May–June 2001): 10–15. 1996 年以降, サッ

ド・スターナーもスティーヴ・マンと同じく，MIT のサイボーグ・グループに属し，記憶支援装置の研究に取り組んでいる．それはデスクトップ（あるいは今ならモバイル機器）に常駐し，あなたがしていることを記録するだけでなく，次に見たいと思いそうなものを提案する．以下を参照．Bradley J. Rhodes and Thad Starner, "Remembrance Agent: A Continuously Running Personal Information Retrieval System," *Proceedings of the First International Conference on the Practical Application of Intelligent Agents and Multi Agent Technology* (PAAM '96),487–495, www.bradleyrhodes.com/Papers/remembrance.html (accessed December 14, 2009).
2004 年にオーストリア，ウィーンで開かれた「記憶と経験の共有」についてのワークショップで，アルバート・フリゴは「自伝的記録の保管，インデックス付け，抽出」と題する発表を行い，自分が手に持ったものの写真を撮る機器について説明した．彼はその意味について,こうコメントしている．「手に持って何かを使っているときにそれを撮った写真は，私の意図，欲求，悲しみが人生の中でどのように変化してきているのかを示す 1 つの活動を表現している．写真に写ったそれらの物が私の象徴，記号となり，それらを通して私の全体が再構成され，解釈される」．以下を参照．Albert Frigo, "Storing, Indexing and Retrieving My Autobiography," Nishida & Sumi Lab, www.ii.ist.i.kyoto-u.ac.jp/~sumi/pervasive04/program/Frigo.pdf (accessed November 2009). この分野が現在目指していることについては，次のサイトでメモリーズ・フォー・ライフ（Memories for Life）プロジェクトを参照のこと．www.memoriesforlife.org (accessed July 30, 2010). また以下のサイトで MIT とサンタフェ研究所のリアリティ・マイニング（Reality Mining）グループを参照のこと．http://reality.media.mit.edu/about.php (accessed December 14, 2009).
ウィリアム・C・チェン，リアナ・ゴルブチク，デイヴィッド・G・ケイが記憶の政治学について書いている．彼らは，誰もが自分を監視，記録する装置を身に着ける未来の到来を予想する．遵法精神のある市民はそうした装置を身に着けるものだと国家当局が推定する危険について議論している．そうなれば，装置を身に着けないことは犯罪の意図の証明とみなされてしまう．こうした暗い予想があるとしても，基本的に，列車はすでに駅を離れたと彼らは結論づける．「いずれトータル・リコール（Total Recall）のようなシステムがつくられ，それには有益な使い道があり，そしてそれがプライバシーの概念を大きく変えるだろうと私たちは考えている．プライバシー保護のために意味のある法的措置が取られることを疑いたくなる材料はあるが，それでも便利なテクノロジーは必ず現れ，そこに社会的な変化がともなう．そしてその結果は必ず痛みと利益の両方をもたらす」．以下を参照．William C. Cheng, Leana Golubchik, and David G. Kay, "Total Recall: Are Privacy Changes Inevitable?" (paper presented at Capture, Archiving, and Retrieval of Personal Experiences [CARPE] workshop, New York, October 15, 2004), http://bourbon.usc.edu/iml/recall/papers/carpe2k4-pub.pdf (accessed December 14, 2009).

14. Alec Wilkinson, "Remember This?" *The New Yorker*, May 28, 2007, 38–44, www.newyorker.com/reporting/2007/05/28/070528fa_fact_wilkinson (accessed November 20, 2009).
15. Wilkinson, "Remember This?"

［著者］
シェリー・タークル (Sherry Turkle)
1948年ニューヨーク生まれ。ハーバード大学卒。臨床心理学者で、マサチューセッツ工科大学（MIT）科学技術社会論の教授。1980年代からコンピュータや仮想現実などのテクノロジーが人間にどのように影響を与えるかを研究しており、技術と人間との関係についての第一人者。当初はポジティブな側面に注目していたが、ここ数年はインターネットやソーシャルメディア、またはロボットといったテクノロジーが人間関係を希薄にすることについて警鐘を鳴らしている。著書に『インティメイト・マシン――コンピュータに心はあるか』（講談社）、『接続された心――インターネット時代のアイデンティティ』（早川書房）、『一緒にいてもスマホ――SNSとFTF』（青土社）などがある。

［訳者］
渡会圭子（わたらい・けいこ）
翻訳家。上智大学文学部卒業。主な訳書に、ロバート・キンセル／マーニー・ペイヴァン『YouTube革命　メディアを変える挑戦者たち』、マイケル・ルイス『かくて行動経済学は生まれり』（以上、文藝春秋）、エーリッヒ・フロム『悪について』（ちくま学芸文庫）、スコット・ギャロウェイ『the four GAFA 四騎士が創り変えた世界』（東洋経済新報社）などがある。

つながっているのに孤独
――人生を豊かにするはずのインターネットの正体

2018年9月19日　第1刷発行

著　者――シェリー・タークル
訳　者――渡会圭子
発行所――ダイヤモンド社
〒150-8409　東京都渋谷区神宮前6-12-17
http://www.diamond.co.jp/
電話／03·5778·7232（編集）　03·5778·7240（販売）
編集協力、DTP―御立英史
装丁――松昭教(bookwall)
本文レイアウト―布施育哉
校正――鷗来堂
製作進行――ダイヤモンド・グラフィック社
印刷――勇進印刷(本文)・加藤文明社(カバー)
製本――ブックアート
編集担当――廣畑達也

ISBN 978-4-478-02610-6